La

de femme

DU MÊME AUTEUR AUX ÉDITIONS J'AI LU

La supplication, n° 5408

SVETLANA ALEXIEVITCH

La guerre n'a pas un visage de femme

RÉCIT

Traduit du russe par Galia Ackerman
et Paul Lequesne

Pour la traduction française
© Presses de la Renaissance, 2004

Le Code de la propriété intellectuelle interdit les copies ou reproductions destinées à une utilisation collective. Toute représentation ou reproduction intégrale ou partielle faite par quelque procédé que ce soit, sans le consentement de l'auteur ou de ses ayants droit ou ayants cause, est illicite et constitue une contrefaçon sanctionnée par les articles L335-2 et suivants du Code de la propriété intellectuelle.

Quand, pour la première fois dans l'Histoire, des femmes apparaissent-elles dans une armée ?

— Dès le IVe siècle avant notre ère, à Athènes et à Sparte, des femmes combattaient dans les troupes grecques. Plus tard, elles ont participé aux campagnes d'Alexandre de Macédoine.

— Et à l'époque moderne ?

— Le premier pays à en enrôler a été l'Angleterre... Entre 1560 et 1650, des hôpitaux ont commencé d'être créés dans lesquels servaient des femmes soldats. Et durant la Première Guerre mondiale, on acceptait déjà des femmes dans la Royal Air Force ; les Britanniques avaient en outre formé un Corps royal auxiliaire et une légion féminine de transport automobile – le tout représentant un effectif de 100 000 personnes.

— Comment s'est développée la féminisation de l'armée pendant la Seconde Guerre mondiale – la guerre la plus terrible du XXe siècle ?

— Durant ces années-là, le monde a été témoin de l'amplification du phénomène. On a vu des femmes servir dans les différents corps de l'armée, et cela dans de nombreux pays – dans l'armée britannique, elles étaient 225 000, dans l'armée américaine, de 450 000 à 500 000, en Allemagne, près de 500 000.

Dans l'armée soviétique, près d'un million de femmes ont servi dans les différentes armes. Il y avait parmi elles des tireurs d'élite, des pilotes d'avion, des conducteurs-mécaniciens de chars lourds, des mitrailleurs...

       Conversation avec un historien.

L'homme est plus grand que la guerre

(Extraits du journal de l'auteur)
1978-1985.

J'ÉCRIS UN LIVRE sur la guerre... Moi, qui n'ai jamais aimé lire des livres de guerre, bien qu'en mon enfance et mon adolescence ce fût la lecture préférée de tous. De tous les garçons et filles de mon âge. Et cela n'avait rien d'étonnant : nous étions les enfants de la Victoire. Les enfants des vainqueurs. Quel souvenir ai-je de la guerre ? Celui de mon angoisse d'enfant perdue au milieu de mots effrayants et incompréhensibles. La guerre était constamment évoquée : à l'école et à la maison, aux mariages et aux baptêmes, aux fêtes et aux enterrements. Et même dans les conversations entre gosses. La guerre, même après la guerre, était restée la demeure de nos âmes. Tout le monde logeait à cette même enseigne, tout procédait de ce monde effarant, et notre famille n'échappait pas à la règle : mon grand-père ukrainien, le père de ma mère, était mort au front, tandis que ma grand-mère biélorusse, la mère de mon père, avait été emportée par le typhus dans les rangs des partisans ; deux de ses fils avaient été portés disparus : sur les trois qu'elle avait envoyés se battre, un seul était revenu... Quant à mon père... Enfants, nous n'avions pas idée d'un monde sans guerre, le monde de la guerre était le seul connu de nous, et les gens de la guerre, les seuls qui nous fussent familiers. Aujourd'hui encore je ne sais pas d'autre monde ni d'autres gens. Mais ont-ils jamais vraiment existé ?

*
* *

Sans doute serait-il impossible de compter combien de livres dans le monde ont été écrits sur la guerre. J'ai récemment lu quelque part que la terre a déjà connu plus de 3 000 guerres. Or les livres qui en parlent sont encore plus nombreux... Tout ce que nous savons, cependant, de la guerre, nous a été conté par des hommes. Nous sommes prisonniers d'images « masculines » et de sensations « masculines » de la guerre. De mots « masculins ». Les femmes se réfugient toujours dans le silence, et si d'aventure elles se décident à parler, elles racontent non pas leur guerre, mais celle des autres. Elles adoptent un langage qui n'est pas le leur. Se conforment à l'immuable modèle masculin. Et ce n'est que dans l'intimité de leur maison ou bien entourées d'anciennes camarades du front, qu'après avoir essuyé quelques larmes elles évoquent devant vous une guerre (j'en ai entendu plusieurs récits au cours de mes expéditions journalistiques) à vous faire défaillir le cœur. Votre âme devient silencieuse et attentive : il ne s'agit plus d'événements lointains et passés, mais d'une science et d'une compréhension de l'être humain dont on a toujours besoin. Même au jardin d'Éden. Parce que l'esprit humain n'est ni si fort ni si protégé qu'on le croit, il a sans cesse besoin qu'on le soutienne. Qu'on lui cherche quelque part de la force. Les récits des femmes ne contiennent rien ou presque rien de ce dont nous entendons parler sans fin et que sans doute, d'ailleurs, nous n'entendons plus, qui échappe désormais à notre attention, à savoir comment certaines gens en ont tué héroïquement d'autres et ont vaincu. Ou bien ont perdu. Les récits de femmes sont d'une autre nature et traitent d'un autre sujet. La guerre « féminine » possède ses propres couleurs, ses propres odeurs, son propre éclairage et son propre espace de sentiments. Ses propres mots enfin. On n'y trouve ni héros ni exploits incroyables, mais simplement des individus absorbés par une inhumaine besogne humaine. Et ils (les humains !) n'y sont pas les seuls à en souffrir : souffrent avec eux la terre, les oiseaux, les arbres. La nature entière. Laquelle souffre sans dire mot, ce qui est encore plus terrible...

Aussitôt la question se pose : pourquoi ? Pourquoi, après avoir disputé et occupé leur place dans un monde naguère exclusivement masculin, les femmes n'ont-elles pas défendu leur histoire ? Leurs paroles et leurs sentiments ? Pourquoi n'ont-elles pas eu foi en elles-mêmes ? Tout un monde nous est ainsi dérobé. Le continent isolé des femmes. Mais qu'est-ce qui nous empêche d'y pénétrer ? D'y aborder et d'écouter ? D'un côté un mur aveugle, celui d'une certaine résistance masculine, que je qualifierais même volontiers de conspiration secrète ourdie par les hommes, de l'autre un manque de désir et de curiosité de notre part, qu'on peut expliquer par le fait que personne n'attend de cette exploration la moindre découverte. Car l'homme, dit-on, ne vit que pour faire la guerre et pour parler de la guerre. Nous croyons tout savoir de la guerre. Mais moi qui écoute parler les femmes – celles de la ville et celles de la campagne, femmes simples et intellectuelles, celles qui sauvaient des blessés et celles qui tenaient un fusil –, je puis affirmer que c'est faux. C'est même une grande erreur. Il reste encore une guerre que nous ne connaissons pas.

Je veux écrire l'histoire de cette guerre... Une histoire féminine...

*
* *

Premiers enregistrements... Et première surprise : les emplois militaires de ces femmes – brancardier, tireur d'élite, mitrailleur, chef de pièce antiaérienne, sapeur –, alors qu'elles sont aujourd'hui comptables, laborantines, guides touristiques, institutrices... À croire que ce ne sont pas leurs souvenirs qu'elles me rapportent, mais ceux de je ne sais quelles autres filles. Aujourd'hui, elles sont elles-mêmes étonnées de ce qu'elles ont vécu. Et sous mes yeux, l'Histoire peu à peu « s'humanise ». J'ai le sentiment qu'elles et moi ne parlons pas tant de la guerre, justement, que de l'existence humaine. Qu'en somme nous méditons sur l'homme.

Je tombe sur des conteuses au talent bouleversant ; il est dans leur vie des pages comme on en rencontre rarement, même dans les romans de mon cher Dostoïevski. Des pages où le personnage devient le jouet du destin, et pourtant s'observe très clairement à la fois d'en haut – depuis le ciel – et d'en bas – depuis la terre. L'évocation des souvenirs, ce n'est pas un récit passionné ou au contraire indifférent des événements qu'on a connus et d'une certaine réalité enfuie, mais une vraie renaissance du passé. C'est une pure création. En se racontant, les gens recréent, « récrivent » leur vie. Il arrive qu'ils la complètent ou en rajoutent. Il faut être vigilant. J'ai eu le temps de remarquer que ce sont les femmes simples qui manifestent le plus de sincérité : infirmières, cuisinières, blanchisseuses... Comment définir ça plus précisément ? Les mots qu'elles emploient, elles les tirent d'elles-mêmes et non pas des journaux et des livres qu'elles ont lus. De leur culture. Et uniquement de leurs propres souffrances. Les sentiments et le langage des gens instruits, si étrange qu'il puisse paraître, sont souvent davantage soumis à l'influence du temps présent. À ses codes. Sont contaminés par un savoir et une expérience qui ne sont pas les leurs. Il faut souvent de longs travaux d'approche et toutes sortes de détours avant d'entendre le récit d'une guerre « féminine » et non « masculine », avec retraites, contre-attaques et numéros de secteurs de front... Une seule rencontre n'y suffit pas, il est besoin de plusieurs séances. Comme le réclame tout portraitiste un peu persévérant.

Je reste longtemps dans la demeure inconnue, parfois une journée entière. Nous prenons le thé, comparons nos chemisiers achetés récemment, parlons coiffures et recettes de cuisine. Regardons ensemble les photographies des petits-enfants. Et alors seulement... Au bout de quelque temps, on ne sait jamais à l'avance ni combien ni pourquoi, survient soudain l'instant tant attendu, où la personne s'éloigne du modèle communément admis – modèle de plâtre ou de béton armé, comme sont nos monuments – pour retourner vers soi. En soi. Commence à évoquer, non plus la guerre, mais sa propre jeunesse. Tout un pan de sa vie... Il faut savoir saisir cet instant. Ne pas le laisser échapper. Mais souvent, après une longue journée emplie de paroles et de faits, ne vous reste en mémoire qu'une seule phrase (mais quelle phrase !) : « J'étais si petite, quand je suis partie au front, que j'ai grandi pendant la guerre. » C'est cette phrase que je note dans mon carnet, bien que j'aie enregistré des dizaines de mètres de bande sur mon magnétophone. Quatre à cinq cassettes...

Par quoi ma tâche est-elle facilitée ? Elle l'est par le fait que nous sommes habitués à vivre ensemble.

à communiquer. Nous sommes gens de communauté. Nous mettons tout en commun : et le bonheur, et les larmes. Nous savons souffrir et parler de nos souffrances. Pour nous, la douleur est un art. Je dois avouer que les femmes s'engagent hardiment dans cette voie...

*
* *

Comment m'accueillent-elles ?

Elles m'appellent « fillette », « ma fille », « mon enfant ». Sans doute, si j'étais de la même génération qu'elles, se comporteraient-elles avec moi autrement. De manière plus sévère et sereine. Sans la joie qu'offre souvent la rencontre entre la vieillesse et la jeunesse. La fin et le début. Je suis jeune, elles sont vieilles. Elles m'expliquent les choses comme à une enfant. J'ai depuis longtemps remarqué que c'est avec les enfants que nous parlons le mieux : nous cherchons alors des mots neufs, parce qu'il nous est autrement impossible de franchir la frontière qui nous sépare de leur monde désormais pour nous inaccessible. Je vois souvent les femmes assises en face de moi tendre l'oreille à elles-mêmes. Au son qu'émet leur propre cœur. Le comparer aux mots qu'elles prononcent. À l'âge de la vieillesse, l'individu comprend que la vie désormais est derrière lui, et qu'il faut à présent se résigner et se préparer au départ. Il n'a pas envie, il serait fâché même, de disparaître simplement, comme ça. Sans se soucier de rien. En cours de route. Et quand il regarde en arrière, il ressent en lui le désir non pas seulement de se raconter, mais de parvenir jusqu'au mystère de la vie. De se poser à soi-même la question : « Pourquoi tout cela m'est-il arrivé ? » Il porte sur tout son passé un regard d'adieu un peu triste... Il n'a plus de raison de s'abuser ni d'abuser les autres. Et nulle envie, car le temps manque pour jouer. Tout est définitif et proche du mystère. Du dernier mystère.

La guerre est une épreuve trop intime. Et aussi interminable que l'existence humaine...

Une fois, une femme (une aviatrice) a refusé de me rencontrer. Elle m'a expliqué pourquoi au téléphone : « Je ne peux pas. Je ne veux pas me souvenir. Trois ans passés à la guerre... Et durant trois ans, je n'ai plus été une femme. Mon organisme était comme en sommeil. Je n'avais plus de règles, plus de désir sexuel. J'étais une jolie femme, cependant... Quand mon futur mari m'a fait sa demande, c'était à Berlin. Devant le Reichstag. Il m'a dit : "La guerre est finie. Nous sommes vivants. Épouse-moi." J'aurais voulu pleurer. Crier. Le frapper ! Comment ça, l'épouser ? L'épouser – tout de suite ? Tu as bien regardé à quoi je ressemble ? Fais d'abord de moi une femme : offre-moi des fleurs, fais-moi la cour, dis-moi de belles paroles. J'en ai tellement envie ! J'ai failli lui flanquer une gifle... Je voulais le frapper... Mais il avait une joue brûlée, toute cramoisie, et j'ai vu qu'il avait compris : des larmes coulaient sur cette joue... Sur les cicatrices encore fraîches... Et je me suis entendue répondre, sans y croire moi-même : "D'accord, je vais t'épouser."

« Mais je ne peux pas raconter... Je n'ai pas la force de revenir en arrière... De devoir revivre encore une fois tout ça... »

Je l'ai comprise. Mais c'est aussi une page ou une demi-page du livre que j'écris.

Des textes, des textes. Partout : des textes. Dans des appartements et des maisons en bois, dans la rue, dans des cafés... Moi, j'écoute... Je me métamorphose de plus en plus en une seule grande oreille sans relâche tournée vers l'autre. Je « lis » les voix...

*
* *

L'homme est plus grand que la guerre... Je retiens précisément les moments où il est plus grand qu'elle. C'est quand il y est gouverné par quelque chose de plus fort que l'Histoire. Il me faut embrasser plus large : écrire la vérité sur la vie et la mort en général, et non pas seulement la vérité sur la guerre. Il ne fait aucun doute que le mal est séduisant : il nous hypnotise par sa provision d'inhumanité profondément enfouie en l'homme. J'ai toujours été curieuse de savoir combien il y avait d'humain en l'homme, et comment l'homme pouvait défendre cette humanité en lui. Mais pourquoi alors un tel intérêt pour le mal ? Peut-être pour savoir quels dangers nous menacent et comment les éviter ? Je m'enfonce de plus en plus loin dans le monde infini de la guerre, tout le reste a légèrement terni, est devenu plus ordinaire qu'à l'ordinaire. C'est un monde trop envahissant, trop puissant. Je comprends à présent la solitude de l'individu qui en revient. C'est comme s'il revenait d'une autre planète ou bien de l'autre monde. Il possède un savoir que les autres n'ont pas, et qu'on ne peut acquérir que là-bas, au contact de la mort. Quand il essaie d'en transmettre quelque chose par des mots, il a le sentiment d'une catastrophe. Il devient muet. Il voudrait bien raconter, les autres voudraient bien savoir, mais tous sont impuissants. J'ai peur de ce phénomène...

Ils sont toujours dans un autre espace que moi, à qui ils se confient. Au moins trois personnes participent à l'entretien : celui qui raconte aujourd'hui, celui que fut cette personne autrefois, au moment des événements, et moi. Mon but : avant tout obtenir la vérité de ces années-là. De ces jours-là. Une vérité débarrassée de toute fausseté de sentiments. Sans doute, juste après la Victoire, la personne aurait-elle raconté une guerre, et dix ans plus tard une autre, parce qu'elle engrange désormais dans ses souvenirs sa vie tout entière. Son être tout entier. La manière dont elle a vécu ces dernières années, ce qu'elle a lu, ce qu'elle a vu, les gens qu'elle a rencontrés. Enfin, le fait d'être heureux ou malheureux. Ou celui de parler, elle et moi, seule à seule ou bien avec quelqu'un d'autre à côté. Il importe alors de savoir de qui il s'agit. Un membre de la famille ? Un ami ? De quelle espèce ? Si c'est un ancien camarade du front, c'est une chose, sinon c'en est une autre. Les documents sont des êtres vivants, ils changent en même temps que nous, on peut en tirer sans fin quelque chose. Sans fin quelque chose de nouveau. Ceux qui racontent ne sont pas seulement des témoins – ils sont rien moins que des témoins –, mais des acteurs et des créateurs. Il est impossible de s'approcher directement de la réalité, front contre front. Ce sont nos sentiments qui s'interposent entre la réalité et nous. On peut dire que j'ai affaire à des versions – chacun a la sienne propre –, d'où ressurgit l'image de toute une époque et des gens qui y vivaient, selon le nombre de ces versions, et leurs entrecroisements. Mais je ne voudrais pas qu'on dise de mon livre : « Ses héros sont vrais », et puis c'est tout. Je cherche une image, un rythme...

Je n'écris pas sur la guerre, mais sur l'homme dans la guerre. J'écris non pas une histoire de la guerre, mais une histoire des sentiments. D'un côté, j'étudie des individus concrets ayant vécu à une époque concrète et participé à des événements concrets, mais d'un autre, j'ai besoin de discerner en chacun d'eux l'être humain de toute éternité. La part d'humain toujours présente en l'homme.

Sans doute certains formuleront-ils des doutes : les souvenirs, objecteront-ils, ça ne fait pas de l'Histoire.

Ni de la littérature. Mais pour moi c'est là, dans la voix vivante de l'homme, dans la vivante restauration du passé, que se dissimule la joie originelle et qu'est mis à nu le tragique de la vie. Son chaos et son absurde. Son horreur et sa barbarie. Tous ces éléments y apparaissent, vierges de toute altération. Ce sont des originaux.

*
* *

Hier, un coup de téléphone : « Nous ne nous connaissons pas, vous et moi... Mais j'arrive de Crimée, je vous appelle de la gare. J'aimerais vous raconter ma guerre... J'ai déjà lu les extraits que vous avez publiés... » Ah bon ?

Seulement nous nous apprêtions, ma fille et moi, à aller au parc. Faire du manège. Comment expliquer à une petite personne de six ans ce sur quoi je travaille ? Elle m'a demandé récemment : « Qu'est-ce que c'est, la guerre ? » Que lui répondre ?... J'aimerais la lâcher dans ce monde le cœur tout empli de douceur, alors je lui apprends qu'il ne faut pas cueillir une fleur quand ce n'est pas nécessaire, quand on n'en a nul besoin. Qu'il est dommage d'écraser une coccinelle, d'arracher une aile à une libellule. Mais comment expliquer la guerre à un enfant ? Comment répondre à la question : « Pourquoi y a-t-on tué mon grand-père ? » Après la guerre, mes parents me l'avaient expliqué peu ou prou, mais moi je ne puis plus en faire autant avec ma fille. Il n'y a aucun moyen qu'elle accepte de comprendre : « Mais tout de même, pourquoi ? »

Il faudrait écrire un livre sur la guerre, qui soit tel que le lecteur en ressente une nausée profonde, que l'idée même de guerre lui paraisse odieuse. Démente.

Mes amis hommes (à la différence de mes amies femmes) restent pantois devant une logique aussi « féminine ». Et j'entends à nouveau l'argument « masculin « : « Tu n'as pas fait la guerre. » Mais peut-être, justement, cela vaut-il mieux. J'ignore l'emprise de la haine, je conserve une vision normale. Une vision « non guerrière »…

La guerre des femmes possède son propre langage… Les hommes se retranchent derrière les faits, la guerre les captive, comme l'action et l'opposition des idées, alors que les femmes la perçoivent à travers les sentiments. Je le répète malgré tout : il s'agit d'un autre monde, différent de celui des hommes. Avec ses odeurs, ses couleurs propres, et un environnement détaillé : « On nous avait distribué des sacs, nous nous sommes taillé dedans des jupes », « Au bureau de recrutement, je suis entrée par une porte vêtue d'une robe, et ressortie par une autre en pantalon et vareuse ; on avait coupé ma tresse, il ne me restait plus qu'un petit toupet sur le crâne… » Plus d'une fois, on m'a mise en garde (surtout les hommes écrivains) : « Les femmes vont t'inventer des tas de contes. Elles vont fabuler tout leur saoul. » Mais peut-on inventer pareilles choses ? Les bâtir de toutes pièces ? Si l'on peut avoir usé d'un modèle, celui-ci s'appelle forcément la vie, car elle seule possède une telle imagination.

Mais quel que soit le sujet qu'abordent les femmes, elles ont constamment une idée en tête : la guerre, c'est avant tout du meurtre, ensuite c'est un labeur harassant. Puis, en dernier lieu, c'est tout simplement la vie ordinaire : on chantait, on tombait amoureuse, on se mettait des bigoudis…

Mais surtout, elles ressentent tout ce qu'il y a d'intolérable à tuer, parce que la femme donne la vie. Offre la vie.

*
* *

Les hommes... Ils laissent de mauvais gré les femmes pénétrer dans leur monde, sur leur territoire...

J'ai retrouvé une femme à l'usine de tracteurs de Minsk, qui avait servi comme tireur d'élite. Elle était célèbre pour ses faits d'armes. On avait publié de nombreux articles sur elle dans les journaux du front. Quelques-unes de ses amies moscovites m'avaient donné son numéro de téléphone, mais il n'était plus valable. Je suis donc allée au service des cadres de l'usine où j'ai entendu des hommes (le directeur de l'usine et le chef du service) me dire : « Est-ce qu'il n'y a pas assez d'hommes à interroger ? Pourquoi avez-vous besoin de femmes ? À quoi bon écouter leurs délires... leurs histoires de bonnes femmes... »

Je suis arrivée dans une famille... Le mari et la femme avaient fait la guerre tous les deux. Ils s'étaient rencontrés au front et s'y étaient mariés : « Nous avons fêté nos noces dans la tranchée, je m'étais confectionné une robe avec de la gaze. » Il était mitrailleur, elle agent de liaison. L'homme a aussitôt expédié son épouse à la cuisine : « Prépare-nous donc quelque chose. » Sur ma demande insistante, il a fini à contrecœur par lui céder la place, non sans lui recommander : « Raconte comme je te l'ai appris. Sans larmes ni détails idiots, du genre "j'avais envie d'être jolie, j'ai pleuré quand on m'a coupé ma tresse". » La femme m'a avoué : « Il a potassé toute la nuit avec moi l'*Histoire de la Grande Guerre patriotique*. Il avait peur pour moi. Et maintenant encore, il est anxieux à l'idée que je n'évoque pas les souvenirs qu'il faut... »

Oui, elles pleurent beaucoup. Elles crient. Après mon départ, elles avalent des comprimés pour le cœur.

Elles appellent les secours d'urgence. Mais elles me répètent malgré tout : « Reviens nous voir. Reviens sans faute. Nous nous sommes tues durant si longtemps. Voilà quarante ans que nous nous taisons… »

Je suis bien consciente qu'on ne peut soumettre les cris et les pleurs à aucun travail d'écriture, car autrement l'essentiel n'est plus les cris et les pleurs, mais l'écriture elle-même. Telle est la nature du matériau : nulle part l'individu ne se montre autant, ne révèle autant de lui-même que dans la guerre, et aussi peut-être dans l'amour. Il y dévoile ses secrets les plus intimes. On lui voit jusqu'à travers la peau. Son enveloppe de banalité se déchire, découvrant un abîme que lui-même n'est pas prêt à affronter. Bien que ce soit sa propre histoire. Plusieurs fois, j'ai récupéré des textes envoyés pour relecture, avec en marge : « Inutile de mentionner les détails sans importance… Il faut parler de la Victoire… » Seulement, les « menus détails », c'est ce qui, pour moi, est l'essentiel – la part d'humain : le malheureux toupet qui subsiste à la place de la tresse, la marmite de kacha brûlante qui ne trouve pas d'amateur, parce que sur cent hommes partis au combat n'en sont revenus que sept, ou bien le fait de ne plus pouvoir aller au marché après la guerre, pour ne pas voir les étals de boucherie… La viande sanguinolente…

Qui étaient-ils, ces gens, des Russes ou bien des Soviétiques ? Non, ils étaient soviétiques, mais ils étaient aussi russes, biélorusses, ukrainiens, tadjiks…

Il a malgré tout bel et bien existé, l'homme soviétique. Il ne ressemble pas aux autres. Il savait les noms de ses victimes et de ses martyrs, il a créé ses idéaux et ses valeurs. Des hommes de cette sorte, je crois qu'il n'y en aura jamais plus. Même nous, leurs enfants, nous sommes différents. Et que dire de leurs petits-enfants…

Mais je les aime. Je les admire. Oui, ils avaient le Goulag, mais ils ont eu aussi la Victoire. Et ils le savent...

Dix-sept ans plus tard

2003.

Je relis mes vieilles notes... Je tente de me rappeler la femme que j'étais alors, quand j'écrivais ce livre. Cette femme par certains côtés me plaît, par d'autres elle est avec moi en désaccord. J'élève des objections. Je poserais sûrement aujourd'hui beaucoup d'autres questions et j'entendrais bien d'autres réponses. Et j'écrirais un autre livre, pas totalement différent, mais différent tout de même. Les documents ne meurent pas, ne restent pas figés une fois pour toutes sous une forme donnée, dans les mêmes termes, ils bougent. Nous sommes capables de puiser sans fin de la matière neuve au fond des mots, ou plus exactement au fond de nous-mêmes. Surtout quand il est question de documents vivants, de nos témoignages. De nos sentiments.

C'est pourquoi je suis condamnée à compléter sans fin mes livres. Posez un point, il se métamorphose aussitôt en points de suspension...

Ce qui m'a le plus intéressée dans mes archives, c'est d'abord le carnet où je notais les épisodes supprimés par la censure. Mes conversations avec le censeur. Mais plus encore, les pages où j'ai conservé ce que j'éliminais moi-même. Mon autocensure. Et mes explications sur les raisons qui me poussaient à rejeter tel ou tel fait. J'ai déjà restauré dans le livre nombre de passages appartenant à ces deux catégories. Ainsi de ces quelques pages : c'est aussi et déjà un document. Et c'est mon chemin...

Ce que la censure a supprimé

« On avait parcouru quarante kilomètres à pied... Tout un bataillon, composé en grande majorité de filles. On crevait de chaud. Il faisait bien trente degrés. Beaucoup de filles avaient... Comment dire... Ce qu'ont toutes les femmes... Ça leur dégoulinait le long des jambes... On ne nous fournissait rien, n'est-ce pas ? Aucun moyen pour y remédier. Nous sommes arrivées à un point d'eau. Nous avons vu une rivière... Et ces filles, dont je parle, s'y sont toutes précipitées. Mais les Boches de l'autre côté ont aussitôt ouvert le feu. Ils visaient bien... Nous, nous avions besoin de nous laver, car nous avions trop honte devant les hommes... Nous ne voulions pas sortir de l'eau, et une fille a été tuée... »

« J'étais de service une nuit... Je suis entrée dans la salle des blessés graves... Il y avait là un capitaine... Les médecins m'avaient avertie avant que je prenne mon service qu'il allait mourir dans la nuit, qu'il ne tiendrait pas jusqu'au matin. Je lui demande : "Eh bien ! comment va ? Que puis-je faire pour t'aider ?" Je n'oublierai jamais... Il a souri soudain, un sourire lumineux sur son visage épuisé : "Déboutonne ta blouse... Montre-moi tes seins... Il y a si longtemps que je n'ai pas vu ma femme..." J'ai senti le rouge me monter au front, je lui ai répondu je ne sais plus quoi... Je suis partie et ne suis revenue qu'une heure plus tard...

« Il était mort... Et son sourire ne s'était pas effacé. »

« On était encerclés... On a pris une décision : à l'aube, on ferait une tentative pour percer les lignes ennemies. De toute façon, nous allions périr, mieux valait alors périr au combat. Il y avait trois jeunes filles chez nous. La nuit, elles sont allées avec tous ceux qui pouvaient... Car, bien sûr, tout le monde n'en était pas capable. C'est une question de nerfs, voyez-vous. Nous nous apprêtions à mourir... Certains ont fait le choix entre l'amour et la mort, parce qu'ils n'avaient pas la force pour les deux, mais pas tous. Et il y a eu cette nuit...

« Je me souviens de nos filles avec gratitude... Elles ont toutes été tuées... »

Extrait d'un entretien avec un censeur :

— À quoi bon tous ces détails physiologiques ? Vous abaissez la femme à force de naturalisme primaire. La femme héroïne. Vous la découronnez. Vous en faites une femme ordinaire. Une femelle. Or chez nous, ce sont des saintes !

— Notre héroïsme est stérile, il ne veut tenir compte ni de la physiologie, ni de la biologie. Il est impossible d'y croire. Ce n'est pas seulement l'esprit qui était mis à l'épreuve, mais aussi le corps. Son enveloppe matérielle.

— D'où vous viennent ces idées ? Elles nous sont étrangères. Elles ne sont pas soviétiques. Vous vous moquez des victimes qui gisent dans les fosses communes. Vous avez trop lu Remarque... Chez nous, le remarquisme ne passera pas. La femme soviétique n'est pas un animal...

« Quelqu'un nous a trahis... Les Allemands ont su où stationnait le groupe de partisans. Ils ont encerclé la forêt et ses abords. Nous nous sommes cachés dans les marais. Nous avons été sauvés par les marais, où les SS ne s'aventuraient pas. Le marécage. Il engloutissait tout, et les machines, et les hommes. Durant plusieurs semaines, nous avons passé des journées entières debout dans la vase, de l'eau jusqu'au cou. Il y avait avec nous une radiotélégraphiste. Elle relevait de couches. L'enfant était tout petit, il fallait le nourrir au sein. Mais la mère ne mangeait pas à sa faim, elle manquait de lait, et le gosse pleurait. Les SS étaient tout près... Avec des chiens... Si jamais ils nous entendaient, nous étions tous perdus. Le groupe entier. Une trentaine de personnes... Vous comprenez ?

« Nous prenons une décision...

« Personne n'ose transmettre l'ordre du commandant, mais la mère devine toute seule. Elle plonge l'enfant emmailloté dans l'eau et l'y maintient longtemps... Le gosse ne braille plus. Il est mort. Et nous, nous ne pouvons plus lever les yeux. Ni sur la mère, ni sur personne d'entre nous... »

« Quand nous faisions des prisonniers, nous les amenions devant les hommes rassemblés... On ne les fusillait pas, ç'aurait été une mort trop légère pour eux, on les crevait, comme des porcs, à coups de baguette de fusil, on les coupait en morceaux. J'allais voir ça... J'attendais ! J'attendais longtemps le moment où, sous la douleur, les yeux leur saillaient hors des orbites... leurs pupilles...

« Qu'est-ce que vous savez de ça ? ! Ils avaient brûlé ma mère et mes jeunes sœurs sur un bûcher, au milieu du village... »

« À Stalingrad, il y avait tant de tués, que les chevaux n'en avaient plus peur. D'habitude, ils en ont peur. Un cheval ne marcherait jamais sur un cadavre d'être humain. Nous avions ramassé nos morts, mais pas ceux des Boches, qui traînaient par terre, gelés. Il y en avait partout. J'étais chauffeur, je transportais des caisses de munitions pour l'artillerie, j'entendais leurs os craquer sous les roues... leurs crânes... Et j'étais heureuse... »

Extrait d'un entretien avec un censeur :

— Oui, la Victoire nous a coûté bien des souffrances, mais vous devez chercher des exemples héroïques. Il s'en trouve par centaines. Or vous ne montrez de la guerre que la fange. Le linge sale. Avec vous, notre Victoire devient horrible... Quel but poursuivez-vous ?
— Dire la vérité.
— Et vous pensez que la vérité, vous allez la trouver dans la vie ? Dans la rue ? Sous vos pieds ? Pour vous, elle est aussi basse que ça ? Aussi terre à terre ? Non, la vérité, c'est ce dont nous rêvons. Ce que nous voulons être !

« L'offensive progressait... Les premiers villages allemands... Nous étions jeunes. Vigoureux. Quatre années sans femmes. Dans les caves : du vin. Et puis de quoi le faire passer. On chopait des filles et... On s'y mettait à dix pour en violer une... Il n'y avait pas assez de femmes, la population fuyait devant l'armée soviétique. On en chopait qui étaient toutes jeunes. Des gamines... Douze ans... Si la gosse pleurait, on la battait, on lui fourrait un chiffon dans la bouche. Elle avait mal, et nous, ça nous faisait rire. Aujourd'hui je ne comprends pas comment j'ai pu participer à ça... Un garçon sortant d'une famille cultivée... Mais c'était bien moi...

« La seule chose dont nous avions peur, c'était que nos filles, à nous, l'apprennent. Nos infirmières. Devant elles, nous avions honte... »

« Nous étions encerclés... Nous tournions en rond dans les bois, dans les marécages. Nous mangions des feuilles, nous mangions l'écorce des arbres. Des racines. Nous étions cinq, l'un tout gamin encore. Il venait juste d'être mobilisé. Une nuit mon voisin me murmure à l'oreille : "Le gamin est à peine encore vivant. De toute manière, il va calancher. Tu me comprends... — Que veux-tu dire ? — La chair humaine, ça peut aussi se consommer. Autrement, nous y passerons tous. Un ancien prisonnier m'a raconté comment il s'était évadé d'un camp avec quelques autres. En traversant la forêt sibérienne. C'est comme ça qu'ils s'en sont tirés..."

« J'ai senti la nausée me tordre les tripes, même si je n'avais rien à vomir. Je n'avais plus la force de frapper. Le lendemain, nous avons rencontré des partisans... »

« Les partisans sont arrivés à cheval dans le village, en plein jour. Ils ont tiré de chez eux le *staroste*[1] et son fils. Ils leur ont cinglé la tête à coups de baguettes de fer, jusqu'à ce qu'ils s'écroulent. Puis ils les ont achevés à terre. J'étais assise à la fenêtre, j'ai tout vu. Parmi

---

1. Le chef (élu ou désigné) de la communauté villageoise sous l'Ancien Régime. Les nazis avaient restauré ce système de gouvernement rural dans les zones qu'ils occupaient. *(N.d.T.)*

les partisans, il y avait mon frère aîné… Quand il est entré dans notre maison et qu'il a voulu m'embrasser – "Petite sœur ! !" –, je me suis mise à hurler… Puis je suis devenue muette. Durant un mois, je n'ai pas prononcé un mot.

« Mon frère est mort à la guerre… Mais que serait-il advenu s'il était resté en vie ? Et s'il était revenu à la maison… Je ne sais pas… Aurais-je retrouvé l'usage de la parole ou bien non ?

« Je suis restée traumatisée par la guerre, à jamais… »

« Les SS ont incendié notre village. N'ont eu la vie sauve que ceux qui se sont enfuis. Nous sommes partis sans rien, les mains vides, sans même emporter du pain. Nous n'avons pas eu le temps. La nuit, Nastia, notre voisine, battait sa fille parce qu'elle ne cessait de pleurer. Nastia avait à s'occuper de ses cinq enfants. Tous étaient encore petits, et tous réclamaient à manger. Et Nastia est devenue folle. Une nuit, nous avons entendu sa fille, ma petite amie Iouletchka, la supplier : "Maman, ne me noie pas. Je ne le ferai plus… Je ne te demanderai plus à manger."

« Le lendemain matin, Iouletchka n'était plus là… Personne ne l'a jamais revue…

« Quant à Nastia, lorsque nous avons regagné le village, ou plutôt l'endroit où le village se trouvait encore quelques jours auparavant, car il n'en restait que des cendres, nous l'avons retrouvée dans son jardin… Elle s'était pendue à un pommier noir… Ses enfants se tenaient auprès d'elle et réclamaient à manger… »

Extrait d'un entretien avec un censeur :

— C'est un mensonge ! C'est une calomnie destinée à salir nos soldats qui ont libéré la moitié de l'Europe.

Destinée à salir nos partisans. Notre peuple. Nous n'avons pas besoin de votre petite histoire, nous avons besoin de la grande Histoire. Celle de la Victoire. Vous n'aimez personne ! Vous n'aimez pas nos grandes idées. Les idées de Marx et de Lénine.

— C'est vrai, je n'aime pas les grandes idées, j'aime les petits et les humbles. Et plus encore, j'aime la vie…

Ce que j'ai écarté moi-même

« Nous étions encerclés… Il y avait avec nous un instructeur politique nommé Lounine… Il nous a donné lecture d'un ordre qui disait que les soldats soviétiques ne se constituaient pas prisonniers. Chez nous, comme avait dit le camarade Staline, il n'y avait pas de prisonniers, il n'y avait que des traîtres. Les gars ont sorti leurs pistolets… L'instructeur les a arrêtés : "C'est inutile. Vivez donc, les gosses, vous êtes jeunes." Mais lui-même s'est tiré une balle dans la tête…

« Et quand nous sommes revenus… on était passé déjà à la contre-offensive… Je me rappelle un petit garçon qui, jaillissant soudain hors d'une cave, ou de je ne sais quel abri enterré, a déboulé vers nous en criant : "Tuez ma sœur… Tuez-la ! Elle a couché avec un Allemand…" Il avait les yeux exorbités de frayeur. Sa mère courait derrière lui… Elle courait et se signait… »

« On m'a convoquée à l'école… L'institutrice revenue d'évacuation voulait me parler :

« "Je veux transférer votre fils dans une autre classe. La mienne est réservée aux meilleurs élèves.

« — Mais mon fils n'a que des notes excellentes !

« — Peu importe. Le garçon a vécu sous l'occupation allemande.

« — Oui, ça a été très dur pour nous.

« — Ce n'est pas ce que je veux dire. Tous ceux qui ont subi l'occupation... Tous ces gens sont l'objet de soupçons. Ainsi vous-même...

« — Quoi ? Je ne comprends pas...

« — Nous ne sommes pas sûrs qu'il ait un développement normal. Tenez, par exemple, il bégaie...

« — Je sais. C'est dû à la peur. Il a été roué de coups par l'officier allemand qui logeait chez nous.

« — Vous voyez... Vous l'avouez vous-même... Vous viviez au côté de l'ennemi...

« — Et qui l'a laissé arriver jusqu'à Moscou, cet ennemi ? Qui nous a abandonnés ici avec nos enfants ?"

« J'ai piqué une crise d'hystérie...

« J'ai tremblé pendant deux jours à l'idée que l'institutrice me dénonce. Puis, finalement, elle a gardé mon fils dans sa classe. »

« Le jour nous redoutions les Boches et la *Polizei*, la nuit c'étaient les partisans. Les partisans m'avaient confisqué ma dernière vache, me laissant toute seule avec le chat. Dans une maison vide.

« Nos propres villageois se faisaient la guerre. Les enfants des koulaks étaient revenus de déportation. Leurs parents y étaient morts. Désormais, ils servaient les autorités allemandes. Ils se vengeaient. L'un d'eux a tué le vieil instituteur... Mon voisin... Celui-ci avait autrefois dénoncé son père, au moment de la "dékoulakisation". C'était un communiste fervent.

« Oh ! ma petite fille, j'ai peur des mots. Ces mots-là sont effrayants. À quoi bon juger les hommes ? Les hommes ont grandi dans le mal, dans la terreur. J'ai été, moi, sauvée par le bien, je n'ai jamais voulu de mal à personne. J'avais pitié de tous... »

« Je suis revenue dans mon village décorée de deux ordres de la Gloire[1] et de plusieurs médailles. J'ai vécu là trois jours ; le quatrième, maman est venue me tirer du lit en disant : "Ma chérie, je t'ai préparé ton paquet. Il faut t'en aller, tu as deux jeunes sœurs qui n'ont pas fini de grandir. Qui les prendra pour épouses ?... Tout le monde sait que tu as passé quatre ans au front..."

« Je ne tiens pas à en raconter davantage. Vous n'avez qu'à parler, comme les autres, de mes décorations... »

« J'étais servant d'une mitrailleuse. J'en ai tant tué... J'étais habitée par une telle haine... J'en suffoquais... Après la guerre, j'ai longtemps eu peur d'avoir des enfants. J'en ai eu quand je me suis sentie un peu apaisée. Au bout de sept ans...

« Épargnez-moi... ne citez pas mon nom. Je ne veux pas que quelqu'un sache... Que mes enfants sachent... Jusqu'à aujourd'hui, je n'ai rien pardonné. Je ne pardonnerai jamais... »

« Beaucoup d'entre nous pensaient... croyaient qu'après la guerre tout serait changé, que les gens ne vivraient plus dans la peur. Que Staline aurait confiance en son peuple. La guerre n'était pas terminée que des convois partaient déjà pour Magadan. Des convois de vainqueurs, des trains entiers remplis de héros. On envoyait dans les camps ceux qui avaient été prisonniers de guerre, qui avaient survécu aux camps allemands, qui avaient vu l'Europe et pouvaient raconter comment on y vivait. Sans communistes. Qui pouvaient raconter comment étaient là-bas les maisons et les routes. Et dire qu'on n'y voyait nulle part de kolkhozes...

---

1. L'ordre de la Gloire est une des hautes décorations militaires introduites en 1943.

« La censure lisait le courrier de la poste aux armées. Chaque unité avait ses délateurs...

« Après la Victoire, tout le monde s'est tu. Tout le monde a recommencé à se taire et à trembler, comme avant la guerre... »

« D'accord, nous partons. Mais qui prend la relève ? Que restera-t-il après nous ? J'enseigne l'histoire. Je suis une vieille prof. Au cours de ma carrière, on a déjà récrit l'histoire trois fois. Je l'ai enseignée suivant trois manuels différents... J'ai bien peur que notre vie aussi, on ne la récrive. Pour nous, à notre place. Mieux vaut que je la raconte moi-même... Nous-mêmes... Ne parlez pas à notre place et ne nous jugez pas... »

*
* *

J'avais peur du mal, je ne croyais pas en l'incroyable diversité du mal, parce que l'homme me semblait être une créature plus solide qu'il ne l'est en réalité. C'est ce qu'on nous enseignait, et c'est ce que je pensais, moi aussi. J'étais un individu de mon temps, et j'avais ma propre guerre...

« Je ne veux pas me souvenir… »

UN VIEIL IMMEUBLE de deux étages dans la banlieue de Minsk, de ceux qui furent construits à la hâte et, croyait-on alors, à titre temporaire, juste après la guerre, mais qui tiennent toujours debout, agrémentés de buissons touffus de jasmin. C'est là qu'a commencé ma quête qui devait durer sept ans, sept années étonnantes autant que douloureuses, qui m'ont permis de découvrir le monde de la guerre, un monde dont le sens nous échappe. Au fil de ces jours, je suis tombée amoureuse de notre passé et en même temps l'ai pris en détestation, plus d'une fois je suis descendue au fond de l'abîme et suis montée au ciel. J'ai appris à croire en l'homme et me suis étonnée de son infinie faculté d'extension dans un sens comme dans l'autre – celui du bien et celui du mal. J'ai éprouvé douleur, haine, tentation… Tendresse et perplexité… J'ai essayé de comprendre en quoi mourir est différent d'être tué, et où se trouve la frontière entre humain et inhumain. J'ai découvert que la guerre ne se réduisait pas à la mort, qu'elle était constituée d'une multitude d'autres éléments, qu'on y retrouvait tout ce qui compose l'ordinaire de la vie. Je me suis trouvée confrontée à l'infinité des sens, à l'infinité des vérités humaines, des mystères humains. Je me suis mise à réfléchir à des questions qui auparavant ne m'eussent même pas effleurée : par exemple, pourquoi ne sommes-nous pas surpris par l'existence du mal, pourquoi sommes-nous dénués d'étonnement devant le mal ? Ou encore : la guerre n'est-elle pas du temps assassiné ? Un lieu où l'on tue le temps...

Ce fut un long périple... Des dizaines d'expéditions à travers tout le pays, des centaines de cassettes enregistrées, des milliers de mètres de bande magnétique. Cinq cents entretiens, après quoi j'ai cessé de compter, les visages se sont effacés de ma mémoire, ne me sont restées que les voix. Tout un chœur qui résonne encore en ma mémoire. Non, je ne mentirai pas, je l'avoue : je n'ai pas toujours été certaine d'être de taille à aller jusqu'au bout de ce chemin. J'avais parfois envie de m'arrêter... de revenir sur mes pas... de retrouver celle que j'étais avant mon départ, celle qui ne savait encore rien, à laquelle on n'avait encore jamais rien confié. Je ne pouvais plus, cependant, renoncer. J'étais devenue prisonnière du mal, je tenais à le déchiffrer, à le comprendre. J'ai acquis, je crois, un certain nombre de connaissances, mais les questions se sont faites encore plus nombreuses. Et les réponses, de plus en plus rares...

Mais à ce moment, au tout début de mon chemin, je ne le soupçonnais pas encore...

J'avais été amenée dans cet immeuble par un petit article paru dans un journal local, faisant état d'une récente cérémonie d'adieu qui avait eu lieu à l'usine de voitures de voirie Oudarnik, à l'occasion du départ en retraite de sa chef comptable, Maria Ivanovna Morozova. L'article disait que celle-ci avait été tireur d'élite pendant la guerre, qu'elle s'était vue onze fois décorée pour faits d'armes, et comptait soixante-quinze ennemis à son tableau de chasse. Il m'était difficile de relier mentalement l'activité de cette femme pendant la guerre avec sa profession en temps de paix. Et pas davantage avec la banale photographie publiée par le journal. Avec tous ces signes d'un quotidien très ordinaire.

... Une petite femme, coiffée de manière touchante comme une jeune fille d'autrefois, la longue tresse de ses cheveux enroulée autour de la tête, et qui ne ressemblait nullement à la photo du journal... Elle était assise dans un grand fauteuil, les mains sur le visage :

— Non, non, je ne veux pas. Je ne peux pas. Même aujourd'hui je suis incapable de regarder un film de guerre. De retourner là-bas. Tiens, tu me fais même pitié... Je te parle comme je le ferais à ma fille. Tu es si jeune, et tu voudrais connaître ça ! Et moi ? À l'époque j'étais encore presque une enfant... Je rêvais et je grandissais, je grandissais et je rêvais...

Puis, elle me demanda :

— Mais pourquoi venir me trouver, moi ? Tu devrais plutôt rencontrer mon mari, il t'en raconterait... Les noms des commandants, des généraux, les numéros des unités – il se rappelle tout. Pas moi. Je ne me souviens que de ce que j'ai vécu... Il y avait beaucoup de monde autour de moi, mais on est toujours seul... L'être humain est toujours seul devant la mort...

Elle me demanda de ranger mon magnétophone :

— J'ai besoin de tes yeux pour parler, et ce truc va me gêner.

Mais au bout de quelques minutes, elle avait oublié sa présence.

Récit de Maria Ivanovna Morozova (Ivanouchkina), caporal, tireur d'élite :

« Ce sera un récit tout simple... celui d'une simple jeune fille russe...

« Là où était situé mon village natal de Diakovskoïe s'étend à présent le district Proletarski de Moscou. Lorsque la guerre a éclaté, je n'avais pas encore dix-huit ans. J'avais de très longues nattes qui me tombaient jusqu'aux genoux... Personne ne croyait que la guerre durerait encore longtemps, tout le monde pensait que quelques semaines suffiraient à la conclure. À chasser l'ennemi. J'ai travaillé un temps au kolkhoze, puis j'ai suivi des cours de comptabilité, et j'ai été embauchée comme comptable. La guerre continuait... Je me suis inscrite aux cours d'instruction militaire dispensés par le bureau de recrutement. On nous y apprenait à tirer au fusil d'assaut, à lancer des grenades. Au début, j'avais peur de prendre le fusil dans mes mains, c'était désagréable. Nous étions une quarantaine à suivre les cours. Quatre jeunes filles de notre village, cinq du village voisin, bref, chaque village environnant fournissait son lot. Et uniquement des filles. Les hommes, ils étaient déjà tous partis à la guerre, tous ceux qui pouvaient...

« Bientôt, comme l'ennemi se trouvait déjà aux abords de Moscou, le comité central du Komsomol a appelé la jeunesse à assurer la défense de la Patrie. Comment ça, les Allemands allaient prendre Moscou ? Nous ne les laisserions pas faire ! Je n'étais pas la seule à vouloir aller à la guerre, toutes les filles de mon âge exprimaient le même désir. Mon père était déjà au front. Nous pensions bien cependant faire exception... Mais quand nous nous sommes présentées au bureau de recrutement, il y en avait beaucoup d'autres comme nous. La sélection était très rigoureuse. Premièrement, il fallait, bien sûr, avoir une solide santé. J'avais peur de ne pas être prise car, dans mon enfance, j'avais été souvent malade. J'étais, comme on dit, de faible constitution. Fragile, quoi. Ensuite, s'il n'y avait pas d'autre enfant au foyer, hormis la fillette qui voulait s'engager, on vous refusait aussi, parce qu'il ne fallait pas que votre mère se retrouve seule. Oh ! nos petites mamans ! Nos mamans pleuraient sans relâche, leurs joues n'avaient pas le temps de sécher... Quant à moi, j'avais deux sœurs et deux frères, tous, c'est vrai, beaucoup plus jeunes que moi, mais cela comptait quand même. Il y avait encore un autre obstacle : tout le monde avait quitté le kolkhoze, on manquait de bras pour labourer les champs, et le président du kolkhoze était opposé à notre départ. Bref, nous avons toutes été recalées. Nous sommes allées protester auprès du comité de district du Komsomol. Nouveau refus. Alors nous avons formé une délégation pour notre district et nous nous sommes rendues au comité de région. Nous étions toutes pleines d'enthousiasme. Mais, une fois de plus, on a nous a renvoyées chez nous. Puisque aussi bien nous étions à Moscou, nous avons décidé de nous adresser directement au comité central du Komsomol. De rencontrer le premier secrétaire. De nous battre jusqu'au bout... Qui d'entre nous serait le rapporteur ? Qui était la plus hardie ? Nous pensions que là, à coup sûr, nous serions les seules visiteuses, mais tu parles ! impossible de se frayer un chemin dans le couloir, je ne parle même pas de parvenir jusqu'à la porte du secrétaire. Il y avait là des jeunes venus de toute l'Union, dont beaucoup avaient déjà subi l'occupation et brûlaient de venger la mort de leurs proches. Des gens des quatre coins du pays...

« Dans la soirée, finalement, nous avons réussi à obtenir une entrevue avec le secrétaire. On nous demande : "Allons, comment prétendez-vous combattre, alors que vous ne savez pas tirer ?" Nous répondons en chœur que nous avons déjà appris... "Où ça ? Comment ? Et savez-vous faire des pansements au moins ?" Or, tu sais, à ces mêmes cours dispensés par notre bureau de recrutement, le médecin du district nous avait montré comment panser une blessure. Alors, ils n'ont plus rien dit. Et ils ont commencé à nous regarder d'un autre œil. Et puis, nous avions un autre atout : nous n'étions pas quelques-unes, nous étions quarante qui toutes savaient tirer et étaient capables de donner les premiers soins. La décision fut : "Rentrez attendre chez vous. Vous aurez une réponse favorable." Que nous étions heureuses au retour ! C'est inoubliable...

« Deux jours plus tard, exactement, nous recevions nos convocations...

« On est arrivées au bureau de recrutement : on nous faisait aussitôt entrer par une porte pour ressortir par une autre. J'avais une tresse magnifique... Quand je suis ressortie, je ne l'avais plus ! On m'a fait quitter aussi ma robe. Je n'ai eu le temps de donner ni la tresse ni la robe à ma mère. Elle qui m'avait suppliée de lui laisser quelque chose de moi. On nous a distribué sur-le-champ vareuses, calots et sacs de soldat et on nous a embarquées dans un train de marchandises... des wagons jonchés de paille...

« On a embarqué gaiement... Crânement... En échangeant des blagues...

« Où allions-nous ? Nous n'en savions rien. En fin de compte, ce que nous allions devenir ne nous importait pas tant que ça. Pourvu qu'on nous envoie au front. Tout le monde combattait, nous aussi. On est descendues à Chtchelkovo. Une école de tir réservée aux femmes se trouvait à proximité. Telle était notre affectation. Nous allions devenir des tireurs d'élite. Tout le monde était content. Ça, c'était du vrai. On allait tirer au fusil.

« Nous avons commencé notre apprentissage. On nous a enseigné les règlements : le service de garnison, la discipline militaire, le camouflage sur le terrain, la protection contre les gaz de combat. Toutes les filles s'appliquaient énormément. Nous avons appris à monter et à démonter notre arme les yeux fermés, à évaluer la vitesse du vent et celle de cibles en mouvement, à estimer la distance nous séparant de celles-ci, à creuser des trous pour nous y cacher, à ramper le ventre collé au sol. Tout cela, nous savions déjà le faire. Nous avions envie d'aller au front le plus tôt possible... Sous le feu... À la fin du stage, j'ai obtenu un "très bien" pour le tir et pour la préparation militaire. Le plus dur, je me souviens, c'était de se lever la nuit au signal d'alerte et d'être prête en cinq minutes. Nous avions pris des bottes d'une ou deux pointures au-dessus pour ne pas perdre de temps à les enfiler. En cinq minutes, il fallait s'habiller, se chausser et filer se mettre en rang. Il arrivait qu'on coure dehors pieds nus dans ses bottes. Une fille a failli ainsi avoir les pieds gelés. L'adjudant-chef s'en est aperçu, nous a fait une observation, puis nous a appris à enrouler correctement les *portianki*[1] autour des pieds. Il se campait près de nous et grondait : "Comment vais-je pouvoir faire de vous des soldats, mes petites, et non des cibles pour les Boches ?" *Mes petites, mes petites*... Tout le monde nous aimait et sans cesse nous plaignait... Nous étions vexées d'attirer cette pitié. N'étions-nous pas des soldats comme les autres ?...

« Enfin, nous sommes arrivées au front. À Orcha... Versées dans la 62ᵉ division d'infanterie... Le commandant, si je me souviens bien, était le colonel Borodkine. Quand il nous a vues, il s'est mis en colère : "Voilà qu'on me colle des filles sur le dos ! Qu'est-ce que c'est que ce corps de ballet ? C'est la guerre, ici,

---

1. En français, on parle parfois de « chaussettes russes « ; bandes de tissu remplaçant les chaussettes, qui sont toujours en usage dans l'armée russe. *(N.d.T.)*

pas une soirée dansante. Une guerre cruelle..." Mais ensuite, il nous a invitées chez lui, nous a fait servir à manger. Et on l'a entendu demander à son aide de camp : "N'avons-nous rien de sucré pour accompagner le thé ?" Nous nous sommes senties insultées, bien sûr. Pour qui nous prenait-il ? Nous étions venues pour faire la guerre ! Et il nous recevait non comme des soldats, mais comme des gosses. Il est vrai que nous avions l'âge d'être ses filles. "Que vais-je faire de vous, mes jolies ? Où est-on allé vous ramasser ?" Voilà quelle était son attitude à notre égard, voilà comment il nous a accueillies. Et nous qui nous voyions déjà grands foudres de guerre... Sur les champs de bataille !

« Le lendemain, il nous a forcées à montrer ce dont nous étions capables : tir, camouflage. Pour ce qui est de la première épreuve, nous nous en sommes très bien tirées, mieux même que les hommes tireurs d'élite qui avaient été rappelés des avant-lignes pour un stage de deux jours. Puis est venu le camouflage sur le terrain... Le colonel est arrivé, a déambulé un moment dans la clairière, l'a soigneusement inspectée, puis a grimpé sur un monticule de terre pour mieux voir. Toujours rien. Et là, le "monticule" sous ses pieds s'est mis à geindre : "Oh ! camarade colonel, je n'en peux plus, vous êtes trop lourd !" Ce qu'on a ri ! Il n'arrivait pas à croire qu'on pouvait se camoufler aussi bien. "À présent, a-t-il déclaré, je retire ce que j'ai dit au sujet des 'filles'." Mais il était tourmenté quand même... Il a mis longtemps à s'habituer à nous...

« Je suis partie pour la première fois "à la chasse" (c'est comme ça qu'on dit, chez les francs-tireurs) avec une coéquipière, Macha Kozlova. Nous nous sommes camouflées et avons attendu, couchées : j'étais chargée de l'observation, Macha tenait sa carabine épaulée. Tout à coup, elle me dit :

« — Tire ! Tire ! Tu ne vois pas ? Un Allemand…
« Je réponds :
« — Moi, j'observe. C'est à toi de tirer !
« — Pendant que nous sommes là à discuter, dit-elle, il va décamper.
« Mais j'insiste :
« — Il faut d'abord établir une carte de tir, marquer les points de repère : la grange, le bouleau…
« — Tu te crois encore à l'école pour vouloir faire la bureaucrate ? Je ne suis pas venue ici pour m'occuper de paperasse, mais pour me battre !
« Visiblement, elle commençait à être fâchée contre moi.
« — Eh bien alors, tire ! Qu'attends-tu ?
« Et notre querelle reprend. Or, pendant ce temps, en effet, l'officier allemand donnait des instructions à ses soldats. Un fourgon était arrivé, et les soldats faisaient la chaîne pour le décharger. L'officier est resté un moment, a prononcé encore quelques paroles, puis s'est éclipsé. Et nous, nous ne parvenions toujours pas à nous mettre d'accord. Mais c'était la deuxième fois qu'il se montrait, et j'ai senti que si on laissait encore passer l'occasion, il nous échapperait. Lorsqu'il est apparu pour la troisième fois – juste un bref instant, car il surgissait puis disparaissait presque aussitôt –, j'ai décidé de tirer. J'ai pris cette décision, et subitement une idée m'a traversée : c'est tout de même un être humain, un ennemi, d'accord, mais un être humain. Mes mains se sont mises à trembler, un frisson m'a parcouru tout le corps. Une sorte de terreur m'a envahie… C'était difficile de tirer sur un homme, après les cibles en contreplaqué. Presque impossible. Je le voyais très bien dans la lunette de visée. Il paraissait tout proche. Et quelque chose en moi résistait… M'empêchait… Mais je me suis ressaisie et j'ai appuyé sur la détente… Il a agité les bras et s'est effondré.

J'ignore si je l'ai tué ou seulement blessé. Mais après cela, j'ai été prise d'un tremblement encore plus violent, j'étais comme terrorisée : moi, je venais de tuer un homme ?...

« À notre retour à la section, nous avons raconté ce qui m'était arrivé. On a organisé une réunion. Klava Ivanova, la responsable de notre cellule de Komsomol, a bien cherché à me convaincre : "Il ne faut pas avoir pitié d'eux, il faut les haïr..." Les nazis avaient tué son père. Parfois, nous nous mettions à chanter, et elle nous disait : "Les filles, il ne faut pas ; quand nous aurons vaincu ces vermines, alors oui, nous chanterons."

« Mais ça n'a pas marché tout de suite... Tant s'en faut... Il a fallu d'abord se convaincre. Se persuader. »

Quelques jours plus tard, Maria Ivanovna m'appelle et m'invite chez une de ses amies, ancienne combattante comme elle, Klavdia Grigorievna Krokhina. Et j'entends raconter une nouvelle fois que c'est une chose que de haïr le fascisme, mais que c'en est une autre que de tuer un homme pour de vrai. De devenir soldat. On a beau apprendre, se préparer, être enthousiaste, dès les premiers jours on découvre combien le monde dans lequel on vient d'entrer est dur et cruel.

Récit de Klavdia Grigorievna Krokhina, sergent-chef, tireur d'élite :

« Nous nous étions embusquées, et j'observais. Et tout à coup, je vois un Allemand hausser la tête hors de sa tranchée. Je fais feu. Il tombe. Eh bien ! vous savez, je me suis mise à trembler de tous mes membres, j'entendais mes os s'entrechoquer. J'ai fondu en sanglots. Quand je tirais sur des cibles, ça ne faisait rien, mais là : j'avais tué ! Moi !

« Puis ça m'a passé. Et voici comment. Nous étions déjà en pleine offensive, on était près d'une petite bourgade, je ne sais plus son nom. Et comme nous marchions par là, nous avons croisé un baraquement ou une maison – impossible de s'y reconnaître, car tout avait brûlé, il n'en restait que des cendres. Rien que des cendres... La plupart des filles ne se sont pas approchées, mais moi, j'étais comme attirée... Au milieu de ces cendres, nous avons distingué des os humains carbonisés et, parmi eux, des étoiles[1] noircies : ces restes étaient ceux des nôtres, des blessés ou des prisonniers, qui avaient été brûlés vifs. Après cela, j'ai eu beau tuer et tuer encore, je n'ai plus ressenti aucune pitié. Depuis que j'avais vu ces ossements achevant de se consumer...

« Je suis rentrée de la guerre avec les cheveux blancs. Vingt et un ans, et la tête chenue comme celle d'une vieille femme. J'avais eu une blessure grave, une commotion, j'entendais mal d'une oreille. Maman m'a accueillie avec ces paroles : "J'étais certaine que tu reviendrais. J'ai prié pour toi jour et nuit." Mon frère était mort au front. Elle pleurait : "Engendrer des filles ou bien des garçons, maintenant ça ne fait plus de différence ! Mais lui, c'était un homme, il avait pour devoir de défendre la Patrie, alors que toi, tu n'étais encore qu'une petite fille. Il y a une chose pour laquelle j'ai prié : si tu étais défigurée, mieux valait encore qu'on te tue. J'allais tout le temps à la gare... Pour voir les trains. Une fois, j'ai aperçu là une jeune fille en uniforme au visage entièrement brûlé... J'ai cru un instant que c'était toi ! Par la suite, j'ai prié aussi pour elle."

---

1. Il s'agit d'insignes cousus sur les épaulettes. *(N.d.T.)*

« Je suis originaire de la région de Tcheliabinsk, et il y avait des carrières non loin de chez nous. Dès que s'entendait une explosion – ce qui se produisait toujours la nuit –, instantanément, je bondissais hors de mon lit et empoignais mon manteau, prête à déguerpir, c'était plus fort que moi. Maman m'attrapait, me serrait contre elle et s'employait à m'apaiser, comme dans mon enfance : "Réveille-toi, réveille-toi. C'est moi, ta maman." »

Il fait chaud dans la pièce, mais Maria Ivanovna s'emmitoufle dans une lourde couverture de laine – elle frissonne. Elle reprend son récit interrompu :

« Nous sommes devenues de bons soldats… Vous savez, on n'avait pas beaucoup de temps pour réfléchir. Pour s'inquiéter, pour hésiter…
« Nos éclaireurs, un jour, ont capturé un officier allemand. Celui-ci était extrêmement étonné d'avoir eu tant d'hommes abattus sur la position qu'il occupait, et tous d'une balle dans la tête. Presque au même endroit. Il affirmait qu'un simple tireur n'était pas capable de faire mouche autant de fois. Avec une telle précision. "Montrez-moi, a-t-il demandé, ce tireur qui a tué tant de mes soldats. J'avais reçu de gros renforts, et chaque jour, j'en perdais jusqu'à une dizaine." Le commandant du régiment lui a répondu : "Malheureusement, il m'est impossible de vous satisfaire. Il s'agissait d'une jeune fille tireur d'élite, mais elle est morte." Il parlait de Sacha Chliakhova. Elle avait péri dans un duel contre un franc-tireur adverse. Ce qui l'avait trahie, c'était son écharpe rouge. Elle l'adorait. Mais une écharpe rouge, ça se remarque sur la neige, et elle s'était fait repérer. Lorsque l'officier allemand a entendu qu'il s'agissait d'une jeune fille, il a paru bouleversé. Il ne savait plus quoi dire. Au cours de son

dernier interrogatoire, avant qu'il soit expédié à Moscou (il s'était révélé que c'était du gros gibier !), il ne l'a pas caché : "Je n'y comprends rien… Vous êtes toutes très jolies. Or notre propagande affirme que l'armée soviétique enrôle non pas des femmes mais des hermaphrodites." Ainsi, jusqu'au bout il n'a rien compris…

« Nous allions "à la chasse" par deux. Rester toute seule en planque jusqu'à la tombée du jour, c'est trop dur, les yeux fatiguent, larmoient, on ne sent plus ses bras, le corps s'engourdit à force de tension. C'est particulièrement difficile au début du printemps. La neige, elle fond sous toi, tu barbotes dans l'eau la journée entière. Tu nages. Nous sortions dès que le jour commençait à poindre et nous ne quittions les avant-lignes qu'au crépuscule. On restait couchées dans la neige douze heures et davantage ; ou bien l'on se juchait au sommet d'un arbre, sur le toit d'une remise ou d'une maison en ruine, et l'on s'y camouflait de manière que personne ne remarque où nous étions, ne devine quel était notre point d'observation. On s'efforçait de trouver la position la plus rapprochée : la distance qui nous séparait des tranchées où étaient embusqués les Allemands n'était que de sept à huit cents mètres, voire parfois cinq cents mètres. À l'aube, on entendait même leurs conversations. Leurs rires.

« Je ne sais pas pourquoi nous n'avions pas peur… Aujourd'hui, je ne m'en souviens plus… On n'avait peur de rien…

« Notre offensive a été rapide, très rapide. Mais nous nous sommes essoufflés, les services d'approvisionnement avaient du mal à nous suivre : nous n'avions plus de munitions, plus de nourriture, et même la roulante avait été détruite par un obus. Pendant trois jours, nous n'avons eu à manger que du pain de guerre : à force, nous avions la langue tellement râpeuse que nous ne pouvions plus parler. Ma coéquipière avait été tuée. J'étais partie en avant-poste avec une bleue. Et brusquement, nous apercevons un poulain au milieu de la zone "neutre". Très beau, la queue et la crinière bien fournies... Il se baladait tranquillement, comme si de rien n'était, comme s'il n'y avait jamais eu de guerre. Nous avons entendu les Allemands s'agiter : eux aussi avaient vu l'animal. Nos soldats, affamés, échangeaient déjà leurs avis :

« — Il va partir. Dommage, ça nous aurait fait une bonne soupe.

« — À cette distance, impossible de l'abattre à la mitraillette.

« À ce moment, ils nous aperçoivent.

« — Voilà les tireurs d'élite. Elles l'auront sans problème... Allez, les filles !

« Que faire ? Je n'ai pas eu le temps de réfléchir : mécaniquement, j'ai visé et j'ai tiré. Les jambes du poulain ont plié, il s'est effondré sur le flanc. Et le vent a porté jusqu'à nous un léger hennissement ténu.

« Je n'ai réalisé qu'ensuite : pourquoi avais-je fait ça ? Il était tellement beau, et je venais de le tuer. Pour le mettre dans la soupe ! Derrière moi quelqu'un a éclaté en sanglots. Je me suis retournée : c'était ma nouvelle coéquipière.

« — Qu'est-ce que tu as ? lui ai-je demandé.

« — Je pleure le petit poulain...

« Ses yeux étaient remplis de larmes.

« — Oh ! quelle petite nature ! Ça fait trois jours qu'on n'a rien à bouffer. Tu as de la peine parce que tu n'as encore enterré personne. Essaie donc de marcher trente kilomètres par jour, avec tout le barda, et le ventre vide par-dessus le marché. Il faut d'abord chasser les Fritz, ensuite on verra pour les sentiments... Plus tard...

« Je regarde les soldats qui un instant plus tôt m'encourageaient, criaient, insistaient. Juste un instant plus tôt... Quelques minutes à peine... Personne n'a les yeux tournés vers moi, chacun fait comme s'il ne me voyait pas, le nez plongé dans ses affaires. Les uns fument, les autres creusent... Quelqu'un taille un bout de bois. Et moi, je dois assumer toute seule. Assieds-toi là et pleure. Vide-toi de tes larmes ! Comme si j'étais un écorcheur à l'abattoir, comme si ça ne coûtait rien de tuer n'importe qui. Or, moi, j'ai toujours aimé tout ce qui est vivant. Chez nous, un jour (j'allais déjà à l'école), une vache était tombée malade, et on avait dû l'abattre. J'avais pleuré alors pendant deux jours. Et là – crac ! – je venais de buter un poulain sans défense. Deux ans déjà que je faisais la guerre. Et en deux ans, c'était le premier poulain que je voyais...

« Le soir, on a apporté le dîner. Les cuistots m'ont félicitée : "Bravo, le tireur d'élite. Aujourd'hui on a de la viande à se mettre sous la dent." On distribue les gamelles de soupe. Mais les filles ne bougent pas, elles ne touchent pas au dîner. J'ai bien compris pourquoi, et j'ai quitté la cagna en larmes... Les filles m'ont suivie, et toutes, d'une seule voix, ont entrepris de me consoler... Elles sont vite allées chercher leurs gamelles et les ont nettoyées bien proprement...

« Oui, une histoire pareille... ça ne s'oublie pas...

« La nuit, bien sûr, nous avions des conversations. De quoi parlions-nous ? De la maison, naturellement. Chacune parlait de sa mère, de son père et de ses frères qui étaient à la guerre. Et de ce qu'on deviendrait quand la guerre serait finie. On se demandait si on se marierait et si nos maris nous aimeraient. Le commandant riait : "Eh ! les filles ! Vous êtes toutes bien gentilles, mais après la guerre, on aura peur de vous épouser. Vous avez la main trop bien entraînée, si jamais vous balancez une assiette à la tête de votre mari, vous le tuerez !"

« J'ai rencontré mon mari à l'armée, nous servions dans le même régiment. Il a eu deux blessures, une commotion. Il a traversé toute la guerre, de bout en bout ; et puis, toute sa vie, il est resté militaire. Il ne fallait pas lui expliquer ce que c'était que la guerre. D'où je revenais. Ni qui j'étais. S'il m'arrivait de hausser le ton, ou bien il ne le remarquait pas ou bien il gardait le silence. Mais je ne lui en veux pas. Moi aussi, j'ai appris. Nous vivons ensemble depuis quarante ans, et nous comptons nos années de mariage de Jour de la Victoire en Jour de la Victoire. Depuis 1945... Nous avons eu deux enfants, ils ont déjà terminé la fac. Mon mari et moi, nous sommes heureux...

« Mais tenez, une autre histoire... Je venais d'être démobilisée, je suis arrivée à Moscou. Seulement, de la ville jusqu'à chez nous, il y avait encore quelques kilomètres à parcourir, d'abord en voiture puis à pied. De nos jours, le métro arrive jusque-là, mais à l'époque, il fallait traverser d'anciennes cerisaies, des ravins profonds. Il y en avait un en particulier, très large, que je devais franchir. Mais le temps que j'y parvienne, la nuit était tombée. Évidemment, j'ai eu peur d'y descendre. Je me tenais là, campée devant et je ne savais pas quoi faire : rentrer à Moscou et attendre l'aube ou bien prendre mon courage à deux mains et tenter l'aventure. Quand j'y repense, c'était ridicule : j'avais combattu sur le front, j'en avais vu, des morts, et toutes sortes de choses, et voilà que j'avais peur d'un ravin. J'étais restée une gosse... Dans le train, pendant le trajet du retour... Nous revenions d'Allemagne, nous rentrions chez nous... Une souris s'est échappée d'un sac à dos. Toutes nos filles ont bondi de leur place, celles qui étaient installées sur les couchettes supérieures ont dégringolé en vitesse. Tout le monde piaillait. Or il y avait un capitaine qui voyageait avec nous : "Vous avez toutes une décoration et vous avez peur d'une souris !"

« Heureusement, un camion est passé près du ravin. J'ai décidé de me faire prendre en stop.

« Le camion s'arrête. Je crie :

« — Je vais à Diakovskoïe !

« — Moi aussi !

« Et un jeune gars m'ouvre la portière.

« Je monte dans la cabine, il pose ma valise à l'arrière, et on démarre. Il voit mon uniforme, mes décorations. Il me demande :

« — Combien de Boches as-tu descendus ?

« Je lui réponds :

« — Soixante-quinze.

« Il émet un petit ricanement :

« — Allons donc, si ça se trouve, tu n'en as pas vu un seul...

« Mais à ce moment, je l'ai reconnu :

« — Kolka Tchijov ? C'est bien toi ? Te souviens-tu ? C'est moi qui t'ai noué la cravate rouge autour du cou[1].

« Car pendant un temps, avant à la guerre, j'avais travaillé dans mon école comme monitrice de pionniers.

« — Maroussia, c'est toi ?

« — Eh oui !

« — C'est pas vrai !

« Et il pile sur place.

« — Mais conduis-moi donc à la maison, pourquoi t'arrêtes-tu au milieu de la route ?

« J'avais les larmes aux yeux. Et je voyais bien que lui aussi. Quelle rencontre !

---

1. Les pionniers soviétiques portaient obligatoirement des cravates rouges à l'école. *(N.d.T.)*

« On arrive devant chez moi, il court avec ma valise trouver ma mère, il danse dans la cour avec cette valise :

« — Venez vite, je vous ai ramené votre fille !

« Impossible d'oublier ça... Impossible...

« J'étais revenue, et j'avais tout à reprendre de zéro. J'ai réappris à marcher avec des escarpins, après avoir passé trois ans au front les pieds dans des bottes. On était habituées aux ceintures, on était toujours sanglées. Maintenant, j'avais l'impression que mes vêtements pendaient sur moi comme des sacs, je me sentais mal à l'aise. Je regardais une jupe ou une robe avec horreur... Car au front, nous étions tout le temps en pantalon. On le lavait le soir, on le plaçait sous le matelas, on se couchait, et le matin, on pouvait dire qu'il était repassé. Même s'il n'était pas tout à fait sec. S'il gelait, il se couvrait d'une croûte de glace. Comment réapprendre à porter la jupe ? On croit avoir les jambes qui s'emmêlent. On se promène en habits civils, avec chaussures à talons, mais lorsqu'on croise un officier, on a le bras qui se lève tout seul pour saluer. On était accoutumées à toucher notre ration, à être entièrement prises en charge par l'État, alors quand on entrait dans une boulangerie, on prenait tout le pain dont on avait besoin et on oubliait de payer. La vendeuse me connaissait, elle comprenait de quoi il retournait et elle n'osait pas me rappeler à l'ordre. Et moi, j'avais pris le pain et j'étais repartie sans payer. Ensuite, j'avais honte, je revenais le lendemain pour m'excuser, j'achetais autre chose et payais le tout ensemble. Pour tout, il fallait réapprendre à vivre normalement. Réapprendre depuis le commencement... Se remémorer quelle était la vie en temps de paix...

« Il y a autre chose à quoi je pense... Tenez, écoutez... La guerre a duré longtemps, très longtemps... Je ne me souviens ni d'oiseaux, ni de fleurs. Il y en avait, évidemment, mais je n'en ai pas gardé le moindre souvenir. C'est comme ça... Bizarre, non ? Est-ce que les films de guerre peuvent être en couleurs ? Au front, tout est noir... Seul le sang est d'une autre couleur... Seul le sang est rouge...

« Ce n'est que récemment, il y a sept ou huit ans à peine, que nous avons retrouvé notre Machenka Alkhimova. Le commandant du groupe d'artillerie avait été blessé, elle avait rampé pour tenter de le sauver. Un obus a explosé devant elle... Tout près... Le commandant est mort avant qu'elle ait eu le temps de parvenir jusqu'à lui : elle a eu les deux jambes littéralement déchiquetées, au point qu'on n'arrivait même pas à la panser correctement. C'était impossible. Pendant qu'on la transportait à l'infirmerie de campagne, elle nous suppliait, sitôt qu'elle reprenait connaissance : "Les filles, achevez-moi... À qui pourrai-je être utile, dans cet état ?" Elle insistait... elle suppliait... Elle a été envoyée dans un hôpital, et nous, nous avons poursuivi l'offensive. On a perdu sa trace. Personne ne savait où elle était, ni ce qui lui était arrivé. Nous avions écrit partout, nous n'avions reçu aucune réponse positive. Ce sont des "trappeurs" de l'école n° 73 de Moscou[1] qui nous ont aidées. Ils l'ont dénichée dans une maison pour invalides. Quelque part dans l'Altaï. Très loin. Au cours de toutes ces années, elle avait séjourné dans plusieurs hôpitaux, et subi des dizaines d'opérations. Elle n'avait même jamais écrit à sa mère pour lui dire qu'elle était encore en vie... Elle se cachait de tous... Nous l'avons amenée à l'une de nos réunions. Puis, nous lui avons fait ren-

---

1. C'est ainsi qu'on appelait à l'époque soviétique certains jeunes qui se spécialisaient dans l'étude de l'histoire contemporaine et qui recherchaient, entre autres, des héros oubliés de la Seconde Guerre mondiale. *(N.d.T.)*

contrer sa mère... Elles se sont retrouvées après trente ans de séparation... Sa mère a failli en devenir folle : "Quel bonheur que mon cœur ne soit pas brisé de chagrin ! Quel bonheur !" Et Machenka qui répétait : "Maintenant, je n'ai plus peur de la revoir. Je suis vieille à présent." Voilà ce que c'est, la guerre...

« Je me rappelle, une nuit, je suis couchée dans le gourbi. Je ne dors pas. L'artillerie se déchaîne au loin... J'entends des coups de feu... Et je n'ai pas envie de mourir. J'ai prêté le serment, le serment militaire, que je donnerais ma vie, s'il le faut, mais je n'ai aucune envie de mourir... Même si on en revient vivant, c'est avec l'âme malade. Aujourd'hui, je me dis : mieux vaudrait avoir été blessée à la jambe ou au bras, qu'au moins je souffre dans mon corps. Mais l'âme... C'est trop douloureux. Nous étions toutes jeunettes lorsque nous sommes parties à la guerre. Nous sortions de l'enfance. J'ai même grandi, figurez-vous, sous l'uniforme. Maman m'a mesurée quand je suis rentrée à la maison... Pendant la guerre, j'avais pris dix centimètres... »

En guise d'adieu, elle m'a tendu d'un air gauche ses mains brûlantes. Et elle m'a serrée dans ses bras.

« Grandissez encore, les filles…
Vous êtes trop jeunes… »

Des voix… Des dizaines de voix… Elles ont irrésistiblement fondu sur moi, me dévoilant une vérité insolite, une vérité qui ne rentrait pas dans la brève formule connue depuis l'enfance : « Nous avons vaincu. » Formule scellée dans le bronze et le marbre. Il s'était produit une réaction chimique instantanée : le pathos s'était dissous dans le tissu vivant des destinées humaines, se révélant l'élément le plus éphémère. Le plus volatil et fugace.

Que cherchais-je à savoir, que voulais-je entendre raconter à présent, des dizaines d'années plus tard ? Ce qui s'était passé devant Moscou ou à Stalingrad, la description des opérations militaires elles-mêmes, les noms oubliés des hauteurs et des cotes qui avaient été prises ? Avais-je besoin qu'on me décrive les différents mouvements des secteurs et des fronts, qu'on me narre par le menu la retraite et la contre-offensive, en précisant le nombre de convois militaires détruits et de raids effectués par les partisans – éléments sur lesquels des milliers de volumes ont déjà été écrits ? Non, j'étais en quête d'autre chose. Le livre que j'allais écrire contiendrait peu de documents proprement militaires et spécialisés (ce n'était pas mon but), on y découvrirait, en revanche, accumulé en abondance, un autre matériau – humain, celui-là. J'étais en quête de ce que je nommerais un savoir de l'esprit.

Je marche sur les traces de la vie intérieure, je procède à l'enregistrement de l'âme. Le cheminement de l'âme est pour moi plus important que l'événement lui-même. Savoir « comment ça s'est passé » n'est pas si important, n'est pas si primordial ; ce qui est palpitant, c'est ce que l'individu a vécu... ce qu'il a vu et compris... ce qu'il a vu et compris de la guerre, plus généralement de la vie et de la mort. Ce qu'il a extrait de lui-même au milieu des ténèbres sans fond... J'écris l'histoire des sentiments. Non pas l'histoire de la guerre ou de l'État, mais l'histoire d'hommes ordinaires menant une vie ordinaire, précipités par leur époque dans les profondeurs épiques d'un événement colossal. Dans la grande Histoire. Ce ne sont pas des héroïnes célèbres et encensées qu'on entendra parler – j'ai sciemment évité leurs noms –, mais de celles qui disent d'elles-mêmes : « Nous étions des filles ordinaires, comme il y en avait alors des milliers. » *(A. Sourova, agent de liaison de la Résistance.)* Mes héroïnes, on les voit dans la rue, dans la foule, et non sur des tableaux accrochés au musée.

Je recompose une histoire à partir de fragments de destins vécus, et cette histoire est féminine. Je veux connaître la guerre des femmes, et non celles des hommes. Quels souvenirs ont gardés les femmes ? Que racontent-elles ? Personne encore ne les a écoutées...

Les filles de 1941... La première question que j'aimerais leur poser, c'est : d'où venaient-elles ? Qu'est-ce qui les animait, les motivait ?

Cette même question était déjà posée au XIXe siècle par Pouchkine au moment où il publiait, dans sa revue *Le Contemporain*, des extraits des Mémoires de « la demoiselle cavalier », Nadejda Dourova[1], célèbre pour avoir pris part à la guerre contre Napoléon : « Quelles raisons poussèrent une jeune fille bien née à quitter le toit paternel, à répudier son sexe, à assumer des tâches et des devoirs dont bien des hommes se fussent effrayés, pour enfin paraître sur les champs de bataille, et au cours de quelles guerres encore ? Les guerres napoléoniennes ! Qu'est-ce qui l'y décida ? Quelques secrets malheurs familiaux ? Une imagination enflammée ? Un penchant inné et invincible ? L'amour ? »

Quoi, en définitive ?

Toutes ces jeunes filles qui brûlent d'aller au front... Les premiers jours de la guerre, les bureaux de recrutement et les centres de mobilisation se sont trouvés débordés de jeunes filles qui voulaient s'engager comme volontaires et aller au combat, au cœur de l'enfer. Elles suppliaient, exigeaient. Sanglotaient. Se sauvaient clandestinement pour rallier les troupes qui battaient en retraite. Au début, on les refusait. Personne encore ne croyait que l'Armée rouge eût été victime d'une catastrophe, fût presque anéantie, ni que la moitié de ses effectifs eussent été faits prisonniers par l'ennemi, ni que la guerre serait longue et impitoyable. Qu'elle réclamerait d'impensables sacrifices. Mais très vite, on les enrôla néanmoins, et on leur remit leur feuille de route. Implacable, le fléau de la balance de l'Histoire oscillait : être ou ne pas être ? Smolensk, Kiev, Odessa étaient tombés... Les généraux

---

1. Première femme officier dans l'armée russe, écrivain. En 1806, s'étant travestie en homme, elle incorpora un régiment de cavalerie, participa aux guerres avec la France en 1807, puis en 1812-1814, et fut ordonnance du maréchal Koutouzov. Auteur de Mémoires (*La demoiselle cavalier*, publiés en français par Viviane Hamy sous le titre *La cavalière du tsar*, traduction Paul Lequesne, 1997) et de récits à caractère romantique. *(N.d.T.)*

allemands se préparaient à parader sur la place Rouge, les cartons d'invitation étaient déjà imprimés... « Nous étions descendues du train à une gare pour aller chercher de l'eau. Quelqu'un parmi nous s'est exclamé : "Oh ! les filles, des convois entiers de femmes s'en vont à la guerre. Ça veut dire qu'il n'y a plus assez de types. Ils sont tombés. Soit ils sont en terre, soit ils sont prisonniers..." » (*N. Ravinskaïa, simple soldat affecté à un détachement d'hygiène de campagne.*) Elles étaient nombreuses, bien qu'on n'eût pas déclaré de mobilisation pour les femmes, même à l'époque la plus dure. Si certaines ont été appelées sous les drapeaux, c'étaient seulement celles qui répondaient à quelque spécialité militaire : téléphoniste, médecin, infirmière, employée du chemin de fer... Ces gamines voulaient aller faire la guerre... C'était un choix délibéré. Un sacrifice personnel. Je dis bien des gamines, je ne me trompe pas de mot, car elles avaient en moyenne dix-sept, dix-huit ans ; la plupart sortaient juste de l'école, tout au plus avaient-elles derrière elles une ou deux années de fac. Tout de même, quelles étaient leurs motivations ? Quels étaient leurs sentiments ? Je n'ai toujours entendu qu'une seule réponse : « Nous étions prêtes à mourir pour la Patrie ! On nous avait élevées comme ça. » Cette réponse reflète toute leur époque. Leur foi. Elles étaient animées d'une telle foi que, de la mort, elles attendaient la vie.

On leur tondait les cheveux comme à des gamins. Ce détail, aucune n'omet de l'évoquer : il est chaque fois question de la longue tresse abandonnée sur le plancher sale du bureau de recrutement. On les affublait d'uniformes taillés pour des hommes – capote, bottes, *portianki* –, dénichant avec difficulté un assortiment convenable, fournissant le plus souvent des effets trop grands de deux à trois tailles. Bottes de pointure 40 au lieu de 36. Imaginez un peu ! Pantalons et vareuses pas mieux accordés. L'armée ne les attendait pas, et encore moins en un nombre aussi stupéfiant – elles étaient des centaines de mille –, et n'était pas prête à les recevoir. On leur apprenait à la va-vite à manier une mitraillette, une mitrailleuse, une carabine de précision. À lancer des bombes et à poser des mines. Elles ont assimilé toutes les spécialités militaires, même les plus « viriles ». Et fait la guerre non seulement en tant que brancardiers ou personnel affecté à la défense antiaérienne, mais aussi comme tireurs d'élite, conducteurs de chars, pilotes d'avions, sapeurs mineurs, fantassins, matelots, mitrailleurs... Elles tiraient au fusil, larguaient des bombes, menaient des opérations de sabotage. Un problème linguistique est d'ailleurs apparu : des mots tels que *sapeur*, *fantassin*, *mitrailleur* n'avaient pas de féminin, car ce genre de besogne n'avait jamais encore été accompli par des femmes. Les termes féminins sont nés là-bas, au front...

Avant d'apprendre à tuer, il leur fallait également s'initier à un autre exercice inconnu : savoir produire de la haine à partir de l'amour, et de l'amour à partir de la haine. « Ah ! tuer et haïr, ce n'est pas l'affaire des femmes. Ce n'est pas pour nous... C'est ce qu'il y a de plus pénible... » *(A. Volossiouk, simple soldat, fantassin.)* Se retrouvant au cœur des combats sans y avoir été préparées, ces femmes ont aussi découvert la guerre par un côté inattendu, ignoré de nous. Avec d'autres yeux. La guerre des femmes possède d'autres mots, d'autres couleurs et odeurs. « Je me rappelle un grand verger... En fleurs... Et nous qui arpentions le terrain après le combat et ramassions nos morts sous les arbres. Et quel bonheur c'était, si c'était un blessé et non un mort ! Il souffrait, mais il souriait, parce qu'il était encore en vie... Et que le verger était en fleurs... » *(A.V. Gorioukhina, brancardière.)*

Premier coup de feu... première mort... « Une fille est étendue par terre... C'est notre agent de transmission. Elle est en train de mourir... Je vois cela pour la première fois. Nous sommes des "bleues"... Et des grues passent dans le ciel. Juste à ce moment. Elles craquettent. Tout le monde lève la tête, et elle, elle ouvre les yeux. Elle regarde : "Quel dommage..." Puis elle se tait et nous sourit : "Ce n'est pas possible, je vais vraiment mourir ?" Et ce fut tout... » *(M.N. Vassilevskaïa, agent de transmission.)*

On pourrait penser que seuls des gens extraordinaires ou anormaux ont pu endurer toutes ces épreuves, mais non, c'étaient des écolières de la veille, des étudiantes, des fillettes qui n'avaient encore jamais quitté leur maison. Comment ont-elles fait ? Comment ?

J'ai beaucoup de questions. J'ai hâte de les poser, mais j'ai peur de déranger, quand la personne s'écoute soi-même...

Des serments et des prières

« Je veux parler ! Parler ! Dire tout ce que j'ai sur le cœur. Enfin, on veut bien nous écouter. Savoir. Nous avons gardé le silence durant tant d'années, même chez nous. Durant des dizaines d'années. La première année, lorsque je suis rentrée de la guerre, je parlais, je parlais. Personne ne m'écoutait. Ne me comprenait. Alors je me suis tue...

« C'est bien que tu sois jeune. Tu pourrais être ma fille. Je suis déjà vieille. Je regarde le monde et je fais mes adieux, je sais que c'est peut-être la dernière fois que je contemple tout cela. J'ai le cœur malade. J'ai déjà eu un infarctus. Mais toi, tu es jeune... Écoute-moi. Même si tu ne comprends pas, au moins, tu pourras pleurer avec moi...

« J'étais très jeune. J'avais une conscience... absolument... puérile... Je n'ai même pas su retenir tout cela...

« Dans notre famille, il y avait huit enfants, les quatre premiers, c'étaient toutes des filles, et j'en étais l'aînée. La guerre va son train, les Allemands sont déjà aux abords de Moscou... Un jour, papa rentre du travail, en larmes : "Autrefois, je me réjouissais d'avoir eu des filles en premier. Des filles à marier. Mais maintenant, dans chaque famille quelqu'un part au front, et chez nous, personne... Je suis trop vieux, on ne veut pas me prendre, vous, vous êtes des filles, et les garçons sont trop petits."

« Des cours pour devenir infirmière avaient été organisés. Mon père nous y a envoyées, ma sœur et moi. J'avais quinze ans, ma sœur, quatorze. Il disait : "C'est tout ce que je peux donner pour la victoire. Mes filles..." À l'époque, on n'avait pas d'autre pensée.

« Un an plus tard, j'étais au front... »

*Natalia Ivanovna Sergueïeva,
simple soldat, aide-soignante.*

« Les premiers jours... En ville, c'était la confusion. Le chaos. La peur... Chaque jour on capturait un ou deux espions... Mais personne, jusqu'à la fin, n'a accepté d'admettre, même en son for intérieur, que notre armée battait en retraite. Comment cela ? Où était Staline ? Staline se taisait.

« Avant la guerre, des rumeurs circulaient, selon lesquelles Hitler se préparait à attaquer l'Union soviétique, mais de tels propos étaient dangereux. Ils étaient sévèrement réprimés. On tenait les gens qui les propageaient pour des semeurs de panique, les services compétents s'intéressaient à eux. Vous comprenez de quels services je parle ? Le NKVD... Les tchékistes... Si les gens murmuraient, c'était chez eux, à la cuisine, et dans les appartements communautaires, uniquement dans leur chambre, la porte close. Mais quand Staline a parlé... Il s'est adressé à nous : "Frères et sœurs..." Aussitôt, tout le monde a oublié ses ressentiments... Nous avions un oncle prisonnier dans un camp à la Kolyma, le frère de maman, il était cheminot, un vieux communiste. Il avait été arrêté sur son lieu de travail... Vous comprenez qui l'a arrêté ? Le NKVD... Notre cher oncle... Il avait des décorations qui lui venaient de la guerre civile... Mais maman a dit : "Défendons d'abord la Patrie, nous verrons le reste après." Tout le monde aimait la Patrie.

« J'ai couru sur-le-champ au bureau de recrutement. J'y suis allée à peine sortie d'une angine, j'avais encore de la fièvre. Mais je ne pouvais attendre... »

Elena Antonovna Koudina,
simple soldat, chauffeur.

« Notre mère n'avait pas eu de fils... Nous étions cinq filles. On a annoncé : "La guerre est déclarée !" J'avais une excellente oreille. Je rêvais d'entrer au conservatoire supérieur. J'ai décidé que mon oreille serait utile au front : je serais agent de transmission.

« On avait été évacuées à Stalingrad. Quand la ville s'est trouvée assiégée, nous sommes parties au front comme volontaires. Toutes ensemble. Maman et ses cinq filles. Papa à ce moment-là avait déjà été appelé... »

Antonina Maksimovna Kniazeva,
sergent, agent de transmission.

« Nous n'avions toutes qu'un seul désir : partir au front. Nous sommes allées au bureau de recrutement, mais on nous a dit : "Grandissez encore, les filles… Vous êtes trop jeunes." On avait seize ou dix-sept ans. Mais à force d'insister, j'ai obtenu ce que je voulais : j'ai été recrutée. Nous espérions, une amie et moi, intégrer une école de tireurs d'élite, mais on a statué à notre place : "Vous serez agents de la circulation. On n'a pas le temps de vous former." Pendant plusieurs jours, maman a monté la garde à la station de chemin de fer, guettant le moment où l'on nous emmènerait. Lorsqu'elle nous a vues marcher vers le convoi, elle m'a remis un gâteau, une dizaine d'œufs et est tombée dans les pommes… »

Tatiana Efimovna Semionova,
sergent, agent de la circulation.

« Le premier jour de la guerre, j'ai trouvé maman campée le soir devant la fenêtre, en train de prier. J'ignorais que ma mère croyait en Dieu. Elle est restée un long moment à fixer le ciel…

« Dans notre famille, il n'y avait que des filles, uniquement des filles. J'ai été la seule à partir au front. Et mon père était heureux que sa fille fût à la guerre. À défendre la Patrie. Papa allait au bureau de recrutement tôt le matin. Il y allait pour toucher ma solde, et exprès très tôt, pour que tout le village voie bien qu'il avait une fille au front… »

Efrossinia Grigorievna Bréous,
capitaine, médecin.

« C'était l'été… Le dernier jour de paix… Ce soir-là, nous étions allés danser. Nous avions dans les seize ans. On se promenait encore en bande, on raccompagnait tous ensemble l'un, puis l'autre. Il n'y avait pas encore parmi nous de couples formés. On était, mettons, six gars et six filles à se balader.

« Et voici que deux jours plus tard, ces garçons, tous élèves officiers d'une école de conducteurs de chars, les mêmes qui nous avaient raccompagnées après le dancing, ont été ramenés estropiés, mutilés, couverts de bandages. C'était horrible. Si j'entendais quelqu'un rire, je ne pouvais le lui pardonner. Comment pouvait-on rire, comment pouvait-on se réjouir, quand une pareille guerre faisait rage ?

« Mon père est bientôt parti rejoindre les milices populaires. Seuls mes jeunes frères et moi sommes restés à la maison. Mes frères étaient de 1934 et de 1938. J'ai annoncé à ma mère que j'allais partir au front. Elle a pleuré... Je me suis sauvée de la maison... Je lui ai écrit depuis mon unité. Une fois là, elle ne pouvait plus me récupérer... »

Lilia Mikhaïlovna Boutko, infirmière,
assistante chirurgicale.

« On s'est rangées par ordre de taille, j'étais la plus petite. Le commandant nous passe en revue. Il s'approche de moi : "Qu'est-ce que c'est que cette demi-portion ? Qu'espères-tu faire ici ? Peut-être pourrais-tu retourner auprès de ta maman et attendre d'avoir grandi un peu ?"

« Mais je n'avais plus de maman... »

Polina Semionovna Nozdratcheva,
brancardière.

« J'avais dit à maman : surtout, il ne faut pas pleurer. La nuit n'était pas encore tombée, mais il faisait sombre, et l'air était empli de hurlements. Elles ne pleuraient pas, ces mères qui faisaient leurs adieux à leurs filles, elles hurlaient. Ma mère, elle, n'a pas pleuré, elle se tenait toute droite, comme si elle était de pierre. Elle se retenait, elle avait peur de me voir éclater en sanglots. J'étais une fille à sa maman, on m'avait toujours beaucoup gâtée à la maison. Et là, on m'avait coupé les cheveux très court, on m'avait juste laissé une petite frange devant. Mes parents ne voulaient pas me laisser partir, et moi, je n'avais qu'une idée en tête : aller au front, au front ! Ces affiches, par exemple, qui sont exposées de nos jours au musée, m'avaient fortement influencée : "La mère Patrie t'appelle !", "Qu'as-tu fait pour le front ?" Elles étaient tout le temps devant mes yeux...

« Au cours du voyage en train, nous avons été frappées de voir des tués étendus à même le sol sur les quais... C'était déjà la guerre... Mais la jeunesse reprenait le dessus, et nous entonnions des chants militaires. Des couplets joyeux.

« Vers la fin de la guerre, toute ma famille était sous les drapeaux. Mon père, ma mère, ma sœur s'étaient engagés dans le service ferroviaire. Ils suivaient la ligne de front et aidaient à remettre en état les voies ferrées. Tout le monde dans la famille a reçu la médaille "de la Victoire" : mon père, ma mère, ma sœur et moi... »

Evguenia Sergueïevna Sapronova,
sergent de la garde[1], mécanicien dans l'armée de l'air.

« Avant la guerre, je travaillais comme téléphoniste dans l'armée ; notre unité était cantonnée à Borissov où la guerre arriva dès les premières semaines. Le chef du service de transmissions nous a ordonné de nous mettre en rang. Nous n'étions pas des soldats, mais des auxiliaires civils.

---

1. Pendant la Seconde Guerre mondiale, les unités, régiments, navires, etc., qui avaient combattu avec un courage particulier se voyaient octroyer, à titre honorifique, le qualificatif « de la garde ». *(N.d.T.)*

« Il nous a dit : "Une guerre très cruelle a commencé. Cela va être très dur pour vous, les filles. Pendant qu'il est encore temps, celles qui le désirent peuvent rentrer chez elles. Celles, en revanche, qui souhaitent rester au front, faites un pas en avant..."

« Et toutes les filles, d'un seul mouvement, se sont avancées d'un pas. Nous étions une vingtaine. Toutes étaient prêtes à défendre la Patrie.

« On travaillait jour et nuit, jour et nuit. Des soldats nous apportaient nos gamelles. Nous mangions et dormions sur place, à côté de nos téléphones de campagne, puis reprenions notre service. Nous n'avions pas le temps de nous laver les cheveux, alors j'ai demandé : "Eh ! les filles, coupez-moi mes nattes..." »

*Galina Dmitrievna Zapolskaïa,
téléphoniste.*

« Nous sommes allées à plusieurs reprises au bureau de recrutement. Nous n'avons pas cessé de frapper à cette porte. Et lorsque nous nous sommes présentées pour la énième fois, le chef du bureau a failli nous flanquer à la porte : "Si au moins vous aviez un métier. Si vous étiez infirmières ou bien chauffeurs... Mais qu'est-ce que vous savez faire ? Qu'allez-vous faire à la guerre ?" Nous ne comprenions pas que nous empêchions des gens de travailler. On ne s'était pas posé cette question : "Qu'allions-nous faire ?" Nous voulions nous battre, un point c'est tout. Nous ne comprenions pas que faire la guerre, c'est d'abord savoir faire quelque chose. Quelque chose de concret, dont les autres ont besoin. Sa remarque nous a laissées interloquées.

« Je suis allée, avec plusieurs autres filles, m'inscrire à des cours pour devenir infirmière. On nous a annoncé là que nous aurions à étudier pendant six mois. C'était trop long, cela ne nous convenait pas. Nous avons déniché d'autres cours qui ne duraient que trois mois. Cela nous a semblé bien long quand même. Mais cette formation-là touchait déjà à sa fin. Nous avons demandé qu'on nous autorise à passer les examens. Il y en avait encore pour un mois d'études. La nuit, nous étions en stage pratique à l'hôpital, et dans la journée, nous étudiions la théorie. En fait, nous n'avons été à l'école qu'un peu plus d'un mois.

« On nous a expédiées non pas au front, mais dans un hôpital. C'était à la fin du mois d'août 1941. En février, j'ai quitté l'endroit, je peux même bien le dire, je me suis enfuie, j'ai déserté, on ne peut pas qualifier ça autrement. Sans papiers ni rien, je me suis sauvée à bord d'un convoi sanitaire. J'ai laissé un mot : "Je ne reprendrai pas mon service. Je pars au front." C'est tout… »

Elena Pavlovna Iakovleva,
adjudant-chef, infirmière.

« Ce jour-là, j'avais un rendez-vous. Je pensais que ce jour-là, il me dirait enfin : "Je t'aime", mais il est arrivé, la mine consternée : "Vera, c'est la guerre ! Notre promotion est envoyée directement au front." Il étudiait dans une école militaire. Je me suis aussitôt imaginée, bien sûr, dans le rôle de Jeanne d'Arc. Au front, forcément, et le fusil dans les mains. Il fallait que nous restions ensemble. J'ai couru au bureau de recrutement, mais on m'a répondu que pour l'instant, on n'avait besoin que de personnel médical et qu'il fallait d'abord suivre six mois de formation. Six mois – c'était à devenir dingue !

« Néanmoins, on a fini par me convaincre qu'il fallait étudier. Bon, d'accord, j'allais étudier, mais pas pour devenir infirmière… Je voulais me battre ! En quelque sorte, j'y étais prête. Notre école accueillait souvent des héros de la guerre civile, des gens qui avaient combattu en Espagne, qui venaient nous raconter leur expérience. Les filles se sentaient à égalité avec les garçons. On ne nous traitait pas de manière différente. Nous entendions tout le temps répéter... depuis l'enfance, depuis l'école : "Les filles, au volant des tracteurs ! Les filles, aux commandes des avions !" Nous rêvions de défendre notre grand pays ! Le meilleur au monde ! Notre pays bien-aimé ! Nous étions prêtes à mourir.

« Avant la guerre, j'étudiais à la fac de théâtre. Je rêvais de devenir actrice. Mon héroïne préférée était Larissa Reisner[1]. Une héroïne de la révolution... Une femme-commissaire en veste de cuir. J'aimais qu'elle fût si belle... »

Vera Danilovtseva, sergent, tireur d'élite.

« Mes amis avaient tous été envoyés au front. Je pleurais horriblement, parce que je me retrouvais toute seule, et qu'on ne m'avait pas prise. Il n'y avait pas besoin de propagande, tout le monde était impatient de partir au front. On suppliait.

« Mais mes études n'ont pas duré très longtemps. Bientôt, le doyen nous a convoquées et nous a dit : "Vous achèverez vos études, les filles, lorsque la guerre sera terminée. Il faut défendre la Patrie..."

« Nos "parrains" de l'usine[2] ont organisé en notre honneur une cérémonie d'adieux. C'était en été. Je me

---

1. Journaliste et écrivain (1895-1926). Pendant la guerre civile, elle fut combattante, commissaire politique dans l'Armée rouge. *(N.d.T.)*
2. La tradition du « parrainage » était largement répandue à l'époque soviétique : des grandes entreprises « parrainaient » des écoles, des orphelinats, des écoles supérieures, en aidant leurs « filleuls » à faire, par exemple, des travaux de rénovation, en les invitant dans leurs centres de vacances, etc. C'est ainsi qu'on créait des liens entre les jeunes et le monde du travail. *(N.d.T.)*

souviens que les wagons de notre train semblaient couverts de verdure et de fleurs. On nous avait apporté plein de cadeaux. J'ai reçu de délicieux gâteaux faits maison et un joli petit pull. Avec quel entrain je dansais le *gopak* ukrainien sur le quai… »

Anna Nikolaevna Khrolovitch, infirmière.

« J'étais aviatrice.

« Quand j'étais encore en cinquième, au collège, un avion a atterri chez nous. En 1936, vous imaginez ! C'était alors très exotique. À cette même époque, un slogan avait été lancé : "Jeunes filles et jeunes gens, aux avions !" Naturellement, en tant que membre du Komsomol, je me suis trouvée dans les premiers rangs. J'ai tout de suite adhéré à un club de pilotage. Mon père, c'est vrai, était contre. Jusque-là, tout le monde dans notre famille avait été métallo, nous avions derrière nous plusieurs générations d'ouvriers métallurgistes employés dans les hauts fourneaux. Mon père considérait qu'une femme pouvait bien être métallo, mais pas aviateur. Le directeur du club de l'aviation l'a su, et il m'a permis d'offrir un baptême de l'air à mon père. C'est ce que j'ai fait. Mon père et moi nous sommes élevés dans les airs, et de ce jour-là, il n'a plus rien dit. Cela lui a plu. J'ai obtenu le diplôme du club avec mention, je sautais également très bien en parachute. Avant que la guerre éclate, j'avais eu le temps de me marier et de donner naissance à une petite fille.

« Je n'ai pas réussi à partir au front tout de suite. Il y a d'abord eu divers changements dans notre aéro-club : les hommes instructeurs ont été mobilisés, et nous, les femmes, les avons remplacés. Nous donnions les cours. Il y avait énormément de travail, du matin au soir. Je devais m'occuper de ma fille ; or, nous vivions tout le temps dans des camps. Le matin, je l'enfermais à clé, je lui laissais de la kacha, et dès quatre heures du matin, on volait. Je ne rentrais qu'à la tombée du soir, et elle, qu'elle ait mangé ou non, était toute barbouillée de cette kacha. Elle avait trois ans. Une puce...

« À la fin de l'année 1941, j'ai reçu un faire-part : mon mari était mort aux environs de Moscou. Il était pilote, chef d'escadrille. J'ai emmené ma fille chez mes parents. Et j'ai demandé à être envoyée au front... »

Antonina Grigorievna Bondareva,
lieutenant de la garde, chef pilote.

« Je viens d'avoir dix-huit ans... Je suis heureuse... Et puis soudain, autour de moi, tout le monde se met à crier : "La guerre est déclarée !" Je me rappelle comme les gens pleuraient. Tous ceux que je croisais dans la rue étaient en larmes. Certains priaient. C'était étrange... Inhabituel... Des gens qui priaient dans la rue... Se signaient... À l'école, on nous avait appris que Dieu n'existait pas. Bien sûr, tout le monde était désemparé... Où étaient nos tanks et nos si beaux avions ? On les voyait toujours lors des parades. On en était fiers ! Et là... Il y a eu, bien sûr, un moment de désarroi. Un bref moment... Mais ensuite une autre question s'est imposée à nous : comment vaincre ?

« J'étais en deuxième année à l'école de *feldschers*[1] et de sages-femmes, à Sverdlovsk. J'ai aussitôt pensé : "Si c'est la guerre, il faut partir au front." Mon père était communiste, un vieux de la vieille, un ancien détenu politique qui avait connu le bagne. Il nous avait inculqué, dès notre enfance, que la Patrie, c'était tout,

---

1. Personnel médical qui n'a pas d'équivalent dans le système français : une formation intermédiaire entre un infirmier et un médecin généraliste. *(N.d.T.)*

qu'il fallait défendre la Patrie. Aussi n'ai-je pas hésité : si je n'y allais pas, qui irait ? J'étais obligée... »

*Serafima Ivanovna Panassenko,
sous-lieutenant, feldscher dans un bataillon
de fusiliers-motocyclistes.*

« On m'a affectée dans un régiment de transmissions. Je n'aurais jamais choisi cet emploi et je ne l'aurais pas accepté, car je ne comprenais pas que c'était cela aussi, combattre. Le commandant de la division est venu nous rendre visite. On nous a tous fait mettre en rang. Parmi nous, il y avait une certaine Machenka Soungourova. Et voici que cette Machenka avance d'un pas :

« "Camarade général, permettez-moi de m'adresser à vous."

« Il répond :

« "Adressez-vous, allez-y, soldat Soungourova !

« — Le soldat Soungourova demande à être exempté du service dans les transmissions et envoyé là où on se sert d'un fusil."

« Vous comprenez, c'était notre état d'esprit général. Nous avions l'idée que ce que nous faisions, liaisons et transmissions, était bien peu de chose, que c'était même humiliant. On voulait être en première ligne, et c'est tout.

« Le sourire du général s'est effacé d'un coup :

« "Mes filles !" (Et si vous aviez vu dans quel état nous étions alors, après tant de temps passé sans manger ni dormir... bref, il nous a parlé non pas en tant que commandant, mais comme un père.) "Vous ne comprenez probablement pas l'importance de votre rôle à la guerre : vous êtes nos yeux et nos oreilles ; une armée sans transmissions est comme un homme exsangue."

« Machenka Soungourova a été la première à se rendre :

« "Camarade général ! Le soldat Soungourova se sent d'attaque pour accomplir n'importe quelle mission que vous lui confierez !"

« C'est ainsi que, jusqu'à la fin de la guerre, on ne l'a plus appelée que l' "attaquante".

«... En juin 1943, à Koursk, on nous remet le drapeau du régiment. Or, notre régiment, le régiment spécial de transmissions, le 129e de la 65e armée, était déjà composé à quatre-vingts pour cent de femmes. Et voici ce que je veux vous montrer pour que vous ayez une idée... Ce qui se passait dans nos âmes : car des gens comme ceux que nous étions alors, il n'y en aura probablement plus jamais. Jamais ! Des gens aussi naïfs, aussi sincères ! Aussi aimants et aussi croyants. Lorsque notre commandant de régiment a reçu le drapeau et donné l'ordre : "Régiment, sous le drapeau ! À genoux !" nous nous sommes toutes senties heureuses. On nous témoignait de la confiance, nous étions maintenant un régiment comme tous les autres, pareil à un régiment blindé ou d'infanterie. Nous étions là à pleurer, chacune avait les larmes aux yeux. Vous n'allez pas me croire mais, sous la puissance de cette émotion, mon organisme entier a subi un choc, et l'héméralopie que j'avais développée à cause de la sous-alimentation et de la fatigue nerveuse, cette maladie m'est passée. Vous comprenez, le lendemain, j'étais guérie, à la suite de ce bouleversement de mon âme... »

Maria Semionovna Kaliberda,
sergent-chef, agent de transmission.

« Je venais juste d'être majeure... Le 9 juin 1941, j'avais eu dix-huit ans, j'étais devenue majeure. Et deux semaines plus tard, douze jours plus exactement, cette maudite guerre a commencé. On nous a envoyés sur le chantier de construction de la ligne de chemin de fer Gagra-Soukhoumi. On n'y avait rassemblé que des jeunes. Je me souviens du pain que nous mangions. Il ne contenait presque pas de farine, il y avait là-dedans n'importe quoi et, surtout, de l'eau. Si le pain restait sur la table, une petite flaque se formait qu'on léchait.

« En 1942, je me suis portée volontaire pour travailler à l'hôpital d'évacuation primaire n° 3201. C'était un énorme hôpital de campagne qui desservait le front de la Transcaucasie et du Caucase du Nord ainsi que l'armée spéciale du Littoral. Les combats étaient d'une brutalité extrême, il y avait beaucoup de blessés. On m'a affectée à la distribution des repas. On faisait des permanences de vingt-quatre heures. Le matin arrivait, il fallait servir le petit déjeuner quand on n'avait pas encore fini de distribuer le dîner. Quelques mois plus tard, j'ai été blessée à la jambe gauche : je sautillais sur la jambe droite, mais j'ai continué de travailler. Ensuite, on m'a confié en plus la charge d'économe : cela supposait également que je reste sur place vingt-quatre heures d'affilée. Bref, je vivais au travail.

« Le 30 mai 1943, exactement à une heure de l'après-midi, un raid massif a été déclenché sur Krasnodar. J'ai bondi hors du bâtiment pour voir si on avait eu le temps d'embarquer dans un train les blessés qui se trouvaient à la gare. Deux bombes ont touché une remise où étaient stockées des munitions. Sous mes yeux, des caisses ont été propulsées à la hauteur d'un immeuble de six étages et ont explosé en l'air. L'onde de choc m'a projetée contre le mur de brique avec la violence d'un ouragan. J'ai perdu connaissance... Lorsque j'ai repris conscience, la nuit tombait déjà. J'ai relevé la tête, tenté de serrer les doigts – tout semblait fonctionner, j'ai réussi à entrouvrir l'œil gauche et me suis dirigée vers mon service, toute couverte de sang. Dans le couloir, j'ai croisé l'infirmière en chef. Elle ne m'a pas reconnue. Elle me demande : "Qui êtes-vous ? D'où venez-vous ?" Elle s'approche plus près, pousse un cri, puis me dit : "Où es-tu allée traîner si longtemps, Xenia ? Les blessés ont faim et tu n'es pas là !" On m'a vite pansé la tête et le bras gauche, au-dessus du coude, et je suis allée réceptionner le dîner. Je voyais trouble, j'étais trempée de sueur. Je commence à distribuer le dîner et tout à coup je m'effondre. On me ramène à moi, et aussitôt je suis assaillie de cris, à droite, à gauche : "Pressez-vous, plus vite !" Quelques jours plus tard, on me prenait déjà du sang pour des blessés graves. Beaucoup d'hommes mouraient...

«... Aujourd'hui, tout a été reconstruit chez nous, tout disparaît sous les fleurs, mais moi, je reste taraudée par la douleur, et je n'ai toujours pas visage de femme. Souvent, je pleure, je passe mes journées à gémir. À ressasser mes souvenirs. Au cours de la guerre, j'ai tellement changé que lorsque je suis rentrée à la maison, maman ne m'a pas reconnue. On m'avait montré où elle habitait, je me suis arrêtée devant la porte, j'ai frappé. Une voix a répondu : "Oui, entrez."

« J'entre, je dis bonsoir, je demande : "Permettez-moi de passer la nuit chez vous."

« Ma mère était en train d'allumer le poêle. Mes deux frères cadets étaient assis par terre sur un tas de paille, tout nus, car ils n'avaient rien pour se vêtir. Maman ne m'a pas reconnue. Elle m'a répondu :

« "Vous voyez, citoyenne, comment nous vivons ? Allez voir plus loin avant qu'il fasse nuit."

« Je m'approche d'elle. Elle me lance une nouvelle fois : "Citoyenne, partez avant qu'il fasse nuit."

« Je me penche vers elle, je la prends dans mes bras et je dis : "Maman, maman chérie !"

« Alors ils se tous jetés à mon cou, il fallait voir, en poussant des sanglots...

« J'ignore quand ma guerre, à moi, sera finie... Je ne ris jamais... À ce jour, je n'ai même toujours pas réappris à sourire... »

Xenia Sergueïevna Ossadtcheva,
simple soldat, infirmière-économe.

De l'odeur de la peur et d'une valise de chocolats

« Je suis partie au front par une belle journée. Le ciel était lumineux et il tombait une toute petite pluie, toute fine. C'était si beau ! Je sors le matin, je m'attarde un moment : est-ce que vraiment je ne reviendrai plus ici ? Est-ce que vraiment je ne reverrai plus notre jardin... Notre rue... Maman pleure. Elle m'empoigne et ne veut pas me lâcher. Me voilà partie, elle me rattrape, me serre dans ses bras et m'empêche d'avancer... »

Olga Mitrofanovna Roujnitskaïa,
infirmière.

« Mourir... Je n'avais pas peur de mourir. La jeunesse, sans doute, ou je ne sais quoi d'autre d'inexplicable. La mort était autour de moi, la mort était toujours à deux pas, mais je n'y pensais pas. Je ne la prenais pas en compte. Elle rôdait sans cesse quelque part, tout près, mais passait toujours à côté. Une nuit, une compagnie entière a effectué une reconnaissance en combat dans le secteur de notre régiment. À l'aube, elle s'est retirée, et des gémissements se sont fait entendre dans la zone neutre. Un blessé était resté sur le terrain. "N'y va pas, tu vas te faire tuer." (Les soldats essayaient de me retenir.) "Tu vois bien que le jour se lève déjà…"

« Je ne les ai pas écoutés, j'ai rampé. J'ai trouvé le blessé, je l'ai traîné pendant huit heures, attaché à mon bras par une ceinture. Je l'ai ramené vivant. Lorsque le commandant du régiment l'a appris, il a tout de suite voulu me coller cinq jours d'arrêts pour absence irrégulière. Mais son second a réagi autrement : "Elle mérite une décoration." Je les comprenais, tous les deux…

« À dix-neuf ans, j'ai été décorée de la médaille de la Bravoure. À dix-neuf ans, j'avais les cheveux blancs. À dix-neuf ans, au cours de mon dernier combat, j'ai eu les deux poumons perforés par des balles – la deuxième est passée entre deux vertèbres. J'avais les jambes paralysées, et on m'a tenue pour morte… Lorsque je suis rentrée à la maison, ma sœur m'a montré un avis de décès… »

*Nadejda Vassilievna Anissimova,
brancardière dans une section de mitrailleurs.*

« Je ne me souviens pas de ma mère, ma mémoire n'a conservé que les contours de son visage… Du moins, je crois… J'avais trois ans, lorsqu'elle est morte. Mon père faisait son service en Extrême-Orient, il était militaire de carrière. Il m'a appris à monter à cheval. C'est la plus forte impression que je garde de mon enfance. Mon père ne voulait pas que je devienne une mijaurée. À Leningrad, où j'ai vécu avec ma tante, j'ai des souvenirs qui remontent à l'âge de cinq ans. Ma tante avait été infirmière pendant la guerre russo-japonaise. Je l'aimais beaucoup...

« Quel genre d'enfant étais-je ? Pour gagner un pari, je sautais du premier étage de mon école. J'aimais le foot, j'étais toujours le goal dans une équipe de garçons. Lorsque la guerre avec la Finlande a éclaté, j'ai fugué à plusieurs reprises dans l'espoir de m'engager. Et en 1941, je venais de terminer ma troisième et j'ai eu juste le temps de m'inscrire dans un lycée technique. Ma tante pleurait : "La guerre !" et moi, je me réjouissais de l'occasion d'aller au front et de faire preuve de courage. Comment aurais-je pu savoir ce qu'était le sang ?

« Lorsqu'on a formé la première division de la garde à partir des effectifs des milices populaires, nous avons été plusieurs filles à être enrôlées dans le service sanitaire de campagne.

« J'ai appelé ma tante : "Je pars au front."

« À l'autre bout du fil, elle m'a répondu : "Rentre vite à la maison ! Le déjeuner est déjà froid."

« J'ai raccroché. Plus tard, je l'ai regretté. Follement regretté. Le blocus de la ville avait commencé, l'horrible blocus de Leningrad, au cours duquel la moitié de la population a péri, et elle était toute seule. Une vieille femme.

« Je me souviens d'une permission qu'on m'avait accordée. Avant d'aller chez ma tante, je suis entrée dans un magasin. Avant la guerre, j'adorais les bonbons. Je dis : "Donnez-moi des bonbons."

« La vendeuse m'a regardée comme si j'étais une malade mentale. Je ne comprenais pas ce qu'étaient des tickets de rationnement, ce qu'était le blocus. Tous les gens qui patientaient dans la queue se sont tournés vers moi. Mon fusil était plus grand que moi. Lorsqu'on nous avait distribué nos armes, j'avais regardé la mienne et je m'étais dit : "Quand atteindrai-je la même taille ?" Et subitement, les gens qui étaient là, toute la file d'attente, sont intervenus : "Donnez-lui des bonbons, prenez nos tickets."

« Et j'ai eu mes bonbons.

« Dans la rue, on collectait des fonds pour soutenir l'armée. On avait dressé des tables au beau milieu de la place, avec de grands plateaux. Les passants s'approchaient et y déposaient qui une bague en or, qui des boucles d'oreilles... On apportait des montres, de l'argent... Personne ne notait rien, ne signait rien... Les femmes ôtaient leurs alliances... Ce sont des scènes que j'ai vues...

« Mais il y a eu aussi l'ordre n° 227 : pas un pas en arrière ! Faites ce pas, et vous êtes fusillé ! Des détachements de barrage[1] marchaient derrière nous. Ils tiraient... Cet ordre m'a transformée tout de suite en adulte.

« Nous passions des journées entières sans dormir, tant il y avait de blessés. Une fois, personne n'avait dormi depuis trois jours. On m'a chargée d'accompagner jusqu'à l'hôpital une camionnette remplie de blessés. J'ai conduit les blessés à bon port, et comme la voiture rentrait vide, j'ai pu dormir tout mon saoul. À mon arrivée, j'étais toute fraîche et dispose, alors que mes camarades ne tenaient plus debout.

« Je croise le commissaire :

« "Camarade commissaire, j'ai honte.

« — Que se passe-t-il ?

« — J'ai dormi.

« — Où cela ?"

« Je lui raconte que j'ai accompagné des blessés et que, la voiture étant vide, j'ai dormi sur le chemin du retour.

---

1. Détachements spéciaux du NKVD qui avaient pour ordre de tirer sur les militaires qui battaient en retraite. *(N.d.T.)*

« "Et alors ? me réplique-t-il. Tu as bien fait ! Qu'il y ait au moins quelqu'un en forme, tout le monde autrement dort debout."

« Mais moi, j'avais honte. – Et nous avons vécu toute la guerre dans cet état d'esprit.

« Au service sanitaire, on m'aimait bien, mais moi, je voulais être éclaireuse. J'ai dit que j'irais toute seule en première ligne si on ne me laissait pas partir. J'ai failli être exclue du Komsomol. Mais j'ai fini quand même par mettre les bouts...

« Ma première médaille de la Bravoure...

« Le combat est engagé. On essuie des tirs en rafales. Les soldats attendent, couchés. L'ordre est donné : "En avant ! Pour la Patrie !" mais ils ne bougent pas. On répète l'ordre, ils ne bougent toujours pas. J'ôte mon bonnet pour qu'on voie bien que c'est une fille qui se porte en avant... Alors, tous se sont levés, et nous sommes montés à l'assaut...

« On m'a remis la décoration, et le jour même, nous sommes partis en mission. Et là, j'ai eu pour la première fois de ma vie... Vous savez... ce qui arrive à toutes les femmes... J'ai vu du sang sur moi et j'ai hurlé : "Je suis blessée !"

« Il y avait avec nous, dans le détachement, un infirmier militaire, un homme assez âgé déjà. Il me demande :

« "Où es-tu blessée ?

« — Je ne sais pas... Mais je saigne..."

« Alors il m'a tout expliqué, comme un père.

« Après la guerre, j'ai continué à partir en reconnaissance durant une quinzaine d'années. Toutes les nuits... Je rêvais que ma mitraillette s'enrayait, ou bien qu'on était encerclés... Quand je me réveillais, je claquais des dents.

« Lorsque la guerre a pris fin, j'avais trois désirs : le premier, c'était de ne plus jamais ramper, et de me déplacer désormais en trolley ; le deuxième, c'était d'acheter et de dévorer une miche entière de pain blanc ; et le troisième, c'était de dormir dans un lit, dans des draps blancs bien amidonnés... »

*Albina Alexandrovna Gantimourova,
sergent-chef, éclaireur.*

« J'attendais un second enfant... J'avais un fils de deux ans, et j'étais enceinte. La guerre a éclaté. Mon mari est parti au front. Je suis allée m'installer chez mes parents, et je me suis fait... Bon, vous comprenez ? Avorter... Alors que c'était interdit à l'époque... Comment donner naissance à un autre gosse ? C'était la guerre ! Partout autour de nous, il n'y avait que des larmes...

« J'ai suivi des cours pour devenir chiffreuse, et on m'a envoyée au front. Je voulais me venger pour mon bébé, me venger de ne pas lui avoir donné naissance. De l'avoir empêché de venir au monde... Ç'aurait dû être une petite fille...

« J'ai demandé à être expédiée en première ligne. Mais on m'a gardée à l'état-major... »

*Lioubov Arkadievna Tcharnaïa,
sous-lieutenant, chiffreuse.*

« Tout le monde partait... À midi, le 28 juin 1941, nous aussi, les étudiants de l'Institut pédagogique de Smolensk, nous nous sommes rassemblés dans la cour de l'imprimerie. La réunion a été brève. Nous avons quitté la ville, en empruntant la vieille route de Smolensk, en direction de Krasnoïe. Par précaution, nous marchions par petits groupes. Vers la fin de la journée, la chaleur s'est atténuée, la marche est devenue plus facile, on avançait plus vite sans regarder en arrière. Nous sommes arrivés à l'endroit prévu pour la halte, et c'est là seulement que nous avons regardé vers l'est. Tout l'horizon était embrasé : à une distance de quarante kilomètres, on avait l'impression que tout le ciel était inondé de pourpre. Nous avons compris que ce n'était pas une dizaine ni même une centaine de maisons qui brûlaient... Toute la ville de Smolensk était en feu...

« J'avais une robe neuve, très légère, avec des volants. Elle plaisait beaucoup à Vera, ma copine, qui l'avait essayée à plusieurs reprises. J'avais promis de la lui offrir pour son mariage. Elle avait l'intention de se marier. Elle sortait avec un gars bien.

« Et là, subitement, c'était la guerre. Nous partions creuser des fossés. Nous avions laissé nos affaires au gérant du foyer. Et la robe ? "Prends-la, Vera !" avais-je dit avant de quitter la ville.

« Elle avait refusé. La robe a brûlé dans cet incendie.

« On marchait et on regardait constamment en arrière. On avait l'impression que la chaleur nous soufflait dans le dos. On a marché toute la nuit, sans relâche, et à l'aube on a commencé le travail. Il fallait creuser des fossés antichars. Une muraille verticale de sept mètres de haut, puis une fosse de trois mètres et demi de profondeur. Je creuse, le manche de la pelle me brûle les mains, le sable me semble rouge. Et j'ai sans cesse devant les yeux notre maison entourée de fleurs et de buissons de lilas...

« Nous logions dans des huttes, dans une prairie séparant deux rivières, régulièrement inondée par les crues du printemps. Chaleur et humidité. Des nuées de moustiques. Avant de nous coucher, on enfumait les huttes pour les chasser, mais à l'aube, ils s'infiltraient malgré tout à l'intérieur et nous empêchaient de dormir.

« De là, j'ai été transportée au service sanitaire. On y couchait sur des paillasses posées à même le sol, côte à côte. Nous étions très nombreux à être tombés malades. J'avais beaucoup de fièvre, je frissonnais. Je pleurais, allongée par terre. La porte de notre chambre s'est ouverte, le médecin, une femme, a annoncé depuis le seuil (elle ne pouvait même pas entrer : les matelas occupaient tout l'espace) : "Ivanova, tu as du plasmodium dans le sang." C'est à moi qu'elle s'adressait. Elle ignorait que rien ne pouvait m'effrayer davantage que ce mot de plasmodium depuis que j'avais lu un manuel qui en parlait en classe de cinquième. Et là, le haut-parleur a entonné : *"Lève-toi, immense pays*[1]..." C'était la première fois que j'entendais ce chant. Et j'ai pensé : "Je vais guérir et je vais partir tout de suite au front."

« J'ai été transférée à Kozlovka, près de Yaroslavl, où on m'a déposée sur un banc. Je concentre toute mon énergie pour rester assise et ne pas tomber, quand j'entends comme dans un rêve :

« "Celle-ci ?

« — Oui, dit l'infirmier militaire.

« — Conduisez-la à la cantine. Donnez-lui à manger d'abord."

« Et me voici dans un lit. Vous comprenez ce que ça signifie : non plus par terre, auprès d'un feu de camp, non plus dans une tente sous un arbre, mais à l'hôpital, au chaud. Dans des draps. J'ai dormi sept jours d'affilée. On m'a raconté après : les infirmières me réveillaient et me faisaient manger, mais je n'en ai pas le souvenir. Et lorsque, sept jours plus tard, j'ai émergé toute seule du sommeil, le médecin est venu me voir et a déclaré : "Elle a un solide organisme, elle s'en sortira."

---

1. Célèbre chant patriotique qui appelait la population à se dresser contre l'envahisseur nazi. *(N.d.T.)*

« Et je me suis endormie de nouveau.

« À la guerre, le plus difficile était de combattre le sommeil. Tant qu'on travaille, on ne le sent pas, mais à la première pause, vos jambes se dérobent. Quand j'étais en faction, je déambulais sans arrêt, je marchais de long en large en récitant tout haut des poèmes. D'autres filles chantaient des chansons… »

*Valentina Pavlovna Maximtchouk,
servant d'une pièce de DCA.*

« On évacuait des blessés de Minsk. J'avais des souliers à talons hauts, car j'avais honte de ma petite taille. Un de mes talons s'est cassé, juste au moment où l'on criait : "Un parachutage !" Me voilà à courir pieds nus, les chaussures à la main, de très jolies chaussures, qu'il me faisait de la peine de jeter.

« Lorsqu'on s'est trouvés encerclés et qu'on a vu qu'il était impossible de percer l'encerclement, moi et une aide-soignante, Dacha, nous nous sommes dressées de toute notre taille hors de la tranchée. Nous ne voulions plus nous terrer : mieux valait être décapitées que d'être faites prisonnières et de subir des outrages. Les blessés, ceux qui en étaient capables, se sont levés, eux aussi…

« Lorsque j'ai vu le premier soldat nazi, je n'ai pu prononcer un mot, j'avais perdu l'usage de la parole. Ils marchaient, de jeunes gars très gais, ils souriaient. Et partout où ils s'arrêtaient, dès qu'ils apercevaient une prise d'eau ou un puits, ils se lavaient. Ils avaient toujours les manches retroussées. Ils se lavaient, se lavaient… Il y avait du sang tout autour, des cris, et eux se lavaient, se lavaient… Une haine immense montait en moi… Je suis rentrée à la maison, et j'ai deux fois changé de corsage. Car tout en moi protestait contre leur présence. Je ne pouvais dormir la nuit. Notre voisine, Mme Klava, a été, elle, frappée de paralysie lorsqu'elle les a vus fouler notre terre... Entrer dans sa maison... »

Maria Vassilievna Jloba, résistante.

« Les Allemands sont entrés dans le village à moto. Je les regardais, je n'en croyais pas mes yeux : ils étaient jeunes, gais et riaient tout le temps. Riaient aux éclats ! Je sentais mon cœur défaillir : ils étaient là, sur ma terre, et en plus, ils riaient.

« Je ne rêvais que de me venger... J'allais mourir et on écrirait un livre sur moi.

« En 1943, j'ai accouché d'une petite fille... Mon mari et moi étions déjà dans la Résistance. J'ai accouché dans les marais, dans une meule de foin. Je séchais ses langes sur moi, je les glissais sur mon sein, les réchauffais et remmaillotais ma gosse. Tout brûlait autour de nous, les villages étaient incendiés. Avec leurs habitants. On brûlait les gens sur de grands bûchers... Dans les écoles... Dans les églises... Ma petite nièce un jour m'a demandé : "Tante Mania, lorsque j'aurai brûlé, qu'est-ce qui restera de moi ? Rien que mes bottines..."

« Je ramassais les restes carbonisés. Je ramassais pour une amie tout ce qui était resté de sa famille. On retrouvait des os, et quand il subsistait un lambeau de vêtement, ne fût-ce qu'un infime morceau, on savait aussitôt qui c'était. J'ai recueilli un bout de tissu, elle l'a regardé et a dit : "La blouse de maman..." Et elle s'est évanouie. Certains collectaient les restes dans un drap, d'autres dans une taie d'oreiller. Chacun prenait ce qu'il avait de propre. Et l'on déposait tout dans une fosse commune. Rien que des os blancs. Ou de la cendre d'ossements. J'ai vite appris à la reconnaître... Je la distinguais des autres cendres... Elle était toute blanche...

« Après cela, on pouvait bien m'envoyer n'importe où, je n'avais peur de rien. Mon bébé était tout petit, il n'avait que trois mois, je l'emmenais en mission. Le commissaire me donnait les ordres, et lui-même avait les larmes aux yeux : "Ça me déchire le cœur", disait-il. Je rapportais de la ville des médicaments, des bandes, du sérum... Je les plaçais entre les jambes de ma gosse, sous ses aisselles, je la langeais, l'enveloppais dans une couverture et partais avec elle dans les bras. Dans la forêt, des blessés étaient en train de mourir. Il fallait y aller. Personne ne pouvait passer, s'infiltrer, il y avait partout des postes de contrôle dressés par les Allemands et la police collabo. J'étais la seule à pouvoir les franchir... Avec mon bébé emmailloté...

« Aujourd'hui, ça m'est difficile à avouer... Oh ! très difficile ! Pour que ma mouflette ait de la fièvre et qu'elle pleure, je la frottais avec du sel. Elle devenait toute rouge, ça la démangeait, elle braillait comme une forcenée. Je m'approchais du poste : "C'est la typhoïde, monsieur... La typhoïde..." Ils me chassaient pour que je m'éloigne au plus vite : *"Weg ! Weg !"* Je la frottais avec du sel et lui collais une gousse d'ail. C'était un tout petit bébé... Dès qu'elle a eu trois mois, je l'ai emmenée avec moi en mission... Je la nourrissais encore au sein...

« Passé les postes de contrôle, sitôt entrée dans la forêt, je fondais en sanglots. Je hurlais, tant je souffrais pour ma gosse. Mais un ou deux jours plus tard, je repartais en mission. Il le fallait... »

Maria Timofeïevna Savitskaïa-Radioukevitch,
agent de liaison pour la Résistance.

« La haine m'est venue ! Tout de suite ! Une haine terrible ! Comment osaient-ils fouler notre terre ! Qui étaient-ils ?... D'où venaient-ils ?... Il n'y avait que de la haine dans mon cœur. Jusqu'à la fièvre. J'en avais la fièvre qui montait... Savoir qu'ils étaient là...

« J'ai vu tant de sang, tant de morts sur les routes. J'en ai tant et tant vu... De nos soldats faits prisonniers... Quand une colonne passait, des centaines de cadavres restaient sur la route. Les hommes étaient affamés, n'avaient plus la force de marcher, ils tombaient... On les achevait. Comme des chiens...

« Les survivants ne pleuraient plus les morts... Ils n'avaient plus assez de larmes.

« Nous avons tous pris le maquis : papa, mes frères et moi. On a rejoint les partisans. Maman est restée seule, avec la vache... »

Elena Fiodorovna Kovalevskaïa, résistante.

« Je n'ai fait ni une ni deux. J'avais un métier dont on avait besoin au front. Alors je n'ai pas réfléchi, pas hésité une seule seconde. D'ailleurs j'ai rencontré peu de gens à l'époque qui auraient préféré passer cette période à l'abri ; à attendre que ça passe. Je me souviens d'une, pourtant... Une jeune femme, notre voisine... Elle m'a déclaré très honnêtement : "J'aime la vie. Je veux me poudrer, me maquiller, je ne veux pas mourir." Je n'en ai pas rencontré d'autre. Peut-être ne les voyait-on pas, peut-être se taisaient-ils... Je ne sais quoi vous répondre...

« Je me souviens avoir sorti les plantes de ma chambre et demandé aux voisins : "Arrosez-les, s'il vous plaît. Je serai bientôt de retour."

« Mais je ne suis rentrée que quatre ans plus tard...

« Les filles qui restaient chez elles nous enviaient, mais les femmes plus âgées pleuraient. L'une des filles, qui partait avec moi, se tenait campée là, tout le monde était en larmes, et pas elle. Alors, elle a pris un mouchoir et s'est mouillé les yeux avec de l'eau.

Elle se sentait mal à l'aise : tout le monde pleurait. Comprenions-nous ce que c'était que la guerre ? Nous étions si jeunes... »

*Anna Semionovna Doubrovina-Tchekounova,
lieutenant-chef de la garde, pilote.*

« Je venais d'obtenir mon diplôme d'infirmière... Je suis rentrée à la maison, mon père était souffrant. Et là, la guerre a éclaté. Je me souviens que c'était un matin... J'ai appris cette terrible nouvelle un matin... La rosée n'avait pas encore séché sur le feuillage des arbres et déjà on avait annoncé que la guerre était déclarée ! Et cette rosée que j'avais subitement remarquée sur les arbres, lorsqu'on avait annoncé la guerre, elle m'est revenue souvent en mémoire quand je me suis retrouvée au front. La nature se trouvait en opposition avec ce que vivaient les gens. Le soleil était très vif... Tout était en fleur... Mes chères campanules, il y en avait profusion dans les prés...

« Je me souviens : on est couchés au milieu des blés, par une journée de grand soleil. Les mitraillettes allemandes crépitent, puis le silence retombe. À nouveau les mitraillettes... Je me dis : "Entendras-tu encore une fois le bruissement des épis ?" »

*Maria Afanassievna Garatchouk,
infirmière militaire.*

« Nous avions été évacués à l'arrière. En trois mois à peu près, j'ai appris le métier de tourneur. On restait à travailler sur les machines douze heures d'affilée. Cependant, je n'avais qu'une seule envie : partir au front. Je suis allée au bureau de recrutement avec une amie, mais nous n'avons pas dit que nous travaillions à l'usine. Autrement, on ne nous aurait pas recrutées. Grâce à cette omission, nous avons été enrôlées.

« On nous a envoyées à l'école d'infanterie de Riazan. À la fin des classes, on est devenues chefs de sections de mitrailleurs. La mitrailleuse est lourde, il faut la traîner soi-même. Comme un cheval. La nuit. On est en faction et l'on guette chaque bruit. Comme un lynx. Le moindre bruissement. À la guerre, je vous dirai, on est à moitié des humains et à moitié des bêtes. Quelque chose de très ancien vous revient. Sinon, on ne pourrait survivre...

« Je suis allée jusqu'à Varsovie. Et tout ce trajet, à pied. Je n'aime pas les livres sur la guerre. Sur les héros... »

Lioubov Ivanovna Lioubtchik,
chef de section de mitrailleurs.

« Une parade avait été organisée... Notre détachement de partisans s'est joint aux unités de l'Armée rouge, et après le défilé, on nous a dit que nous devions rendre les armes et travailler à la reconstruction de la ville. Mais de notre point de vue, c'était difficile à accepter : "Comment ça ? La guerre n'est pas finie, seule la Biélorussie pour l'instant est libérée, et nous devons rendre les armes !" Chacune de nous voulait continuer à combattre. Nous sommes allées au bureau de recrutement, toutes les filles que nous étions... J'ai déclaré que j'étais infirmière et que je demandais à être envoyée au front. J'ai obtenu une promesse : "Bien, on vous inscrit dans le fichier, et si l'on a besoin de vous, on vous convoquera. Mais pour l'heure, allez travailler."

« J'attends. On ne me convoque pas. Je retourne au bureau de recrutement... Plusieurs fois... On a fini par m'avouer franchement qu'on n'avait pas besoin de moi, qu'il y avait suffisamment d'infirmières. Ce qui était urgent, en revanche, c'était de dégager les tas de briques à Minsk... La ville entière n'était que ruines...

« Qui étaient nos filles, me demandez-vous ? Nous avions une jeune, Tchernova, elle était enceinte et elle portait des mines sur son ventre, là où battait le cœur de son futur enfant. Allez chercher à comprendre, vous, quel genre de femmes c'étaient. À nous, ça nous importait peu, nous étions comme nous étions. On nous avait élevées dans l'idée que nous et la Patrie, c'était la même chose. Ou une autre de mes copines, qui traversait la ville avec sa fille : celle-ci, sous sa robe, avait le torse enveloppé de tracts. La fillette levait les bras et se plaignait : "Maman, j'ai trop chaud... Maman, j'ai trop chaud..." Or dans les rues, il y avait partout des Allemands, des policiers.

« Et tenez, même des enfants... Nous en avions accepté dans notre détachement, mais c'étaient quand même des enfants. Les Allemands nous ont encerclés. Blocus complet. Au vu du danger imminent, on a décidé de renvoyer les enfants derrière la ligne de front. Mais ils avaient tôt fait de s'échapper des foyers d'accueil pour retourner en première ligne. On les ramassait sur les routes, ils fuguaient à nouveau, pour rejoindre le front...

« L'Histoire va délibérer encore pendant des centaines d'années pour comprendre le phénomène. Vous imaginez ? Une femme enceinte qui trimballe une mine sur elle... Elle attendait tout de même un gosse... Elle aimait, elle voulait vivre. Et bien sûr, elle avait peur. Et pourtant, elle allait en avant... »

Vera Sergueïevna Romanovskaïa,
infirmière.

« Au début de l'été, je décroche mon diplôme d'infirmière. Et puis, la guerre éclate ! Je suis tout de suite convoquée au bureau de recrutement où on m'annonce :

"Vous avez deux heures pour vous préparer. On vous envoie au front." J'ai logé toutes mes affaires dans une seule petite valise.

— Qu'avez-vous emporté à la guerre ?
— Des chocolats.
— Comment cela ?
— Une pleine valise de chocolats. Dans le village où j'avais été expédiée d'office après mes études, on m'avait payé des indemnités de déplacement. J'avais donc des sous et, avec ce pactole, j'ai acheté une valise entière de chocolats. Et j'ai mis par-dessus la photo de ma promotion, avec toutes les filles. Je suis retournée au bureau de recrutement. Le commissaire me demande : "Où voulez-vous qu'on vous envoie ?" Je réponds : "Et ma copine, où est-ce qu'elle ira ?" Après nos études, nous étions arrivées ensemble dans la région de Leningrad, elle travaillait dans un village voisin, à quinze kilomètres du mien. Il a ri : "Elle a posé exactement la même question." Il a pris ma valise pour la porter jusqu'au camion qui devait nous conduire à la gare la plus proche : "Qu'avez-vous là-dedans qui pèse autant ? — Des chocolats. Une valise entière." Il n'a rien répondu. Son sourire s'est effacé. J'ai vu qu'il se sentait mal à l'aise, qu'il avait même un peu honte... C'était un homme assez âgé... Il savait où il m'envoyait... »

*Maria Vassilievna Tikhomirova,
infirmière militaire.*

« Au bureau de recrutement était affichée une annonce : "On recherche des chauffeurs." J'ai suivi un stage de formation pour être chauffeur... Un stage de six mois... On n'a même pas prêté attention au fait que j'étais institutrice (avant la guerre, j'avais fait l'école d'instituteurs). Qui a besoin d'instits pendant une guerre ? On a besoin de soldats. Nous étions beaucoup de filles : un bataillon entier de conductrices.

« Une fois, pendant les classes... Je ne sais pas pourquoi, je ne peux pas me rappeler cette histoire sans pleurer... C'était au printemps. Nous revenions d'un exercice de tir. J'ai cueilli des violettes. Un petit bouquet, pas plus gros que ça. J'ai cueilli ce bouquet et l'ai attaché à ma baïonnette. Et en avant, marche !

« Nous sommes revenus au camp. Le commandant nous a ordonné de nous mettre en rang puis il m'a appelée. Je fais un pas en avant... J'avais oublié les violettes attachées à mon fusil. Il s'est fichu en rogne : "Un soldat doit être un soldat, pas un cueilleur de fleurs !" Il trouvait inconcevable qu'on puisse penser à des fleurs en pareille circonstance.

« Mais je n'ai pas jeté mes violettes. Je les ai ôtées discrètement et les ai fourrées dans ma poche. Elles m'ont valu trois corvées supplémentaires...

« Une autre fois, je suis en faction. À deux heures du matin, la relève arrive, mais je refuse de quitter mon poste. Je renvoie dormir le gars qui devait me remplacer : "Tu prendras ton tour quand il fera jour, pour l'instant c'est moi." J'étais prête à rester debout toute la nuit, jusqu'à l'aube, pour écouter les oiseaux chanter. Seule la nuit me rappelait encore notre ancienne vie. Notre vie paisible.

« Quand nous sommes parties au front, nous sommes passées dans une rue, les gens formaient une haie : femmes, vieillards, enfants. Et tout le monde pleurait : "Ce sont des filles qui partent à la guerre !" Nous étions tout un bataillon de jeunes filles... Si jolies...

« Je me retrouve chauffeur. Après le combat, on ramasse les morts... Ils sont tous jeunes... Des garçons... Et puis soudain, on tombe sur une fille étendue par terre. Une jeune fille tuée... Là, tout le monde se tait... Et c'est en silence qu'on fait le chemin jusqu'à la fosse commune... »

Tamara Illarionovna Davidovitch,
sergent, chauffeur.

« Ce que j'ai emporté pour aller au front ? Je pensais que je serais vite revenue. J'ai pris une jupe, ma préférée, deux paires de chaussettes et une paire d'escarpins. On était en train d'évacuer Voronej, mais je me souviens que nous avons fait un saut dans un magasin et que je m'y suis acheté une autre paire d'escarpins à talons hauts. Je me rappelle, l'armée se repliait, c'était terrible, tout était noir, tout était envahi de fumée (mais le magasin était ouvert), et j'ai éprouvé l'envie irrésistible d'acheter ces escarpins. Je m'en souviens encore, des escarpins très élégants... J'ai aussi acheté du parfum...

« Il est difficile de renoncer d'un seul coup à la vie ordinaire qu'on a connue. Je n'avais pas encore envie de penser à la guerre. Ce n'étaient pas seulement mon cœur et mon esprit, c'était tout mon corps qui résistait. Je ne voulais pas laisser entrer en moi cette odeur... L'odeur de la peur... Quand je commençais à penser à la mort, je me sentais extrêmement seule... »

Vera Iossifovna Khoreva,
chirurgien militaire.

De la vie quotidienne et de l'existence

« Nous rêvions... Nous avions envie de nous battre...

« On nous a logées dans un wagon, et l'instruction a commencé. Tout était différent de ce que nous avions imaginé à la maison. Il fallait se lever très tôt et s'affairer toute la journée. Or nous étions encore imprégnées de notre ancienne vie. Nous étions indignées d'entendre le chef de notre unité, le sergent Gouliaev, qui n'avait pas dépassé l'école primaire, écorcher certains mots alors qu'il nous enseignait le règlement militaire. Qu'est-il capable de nous apprendre ? nous disions-nous. En fait, il nous apprenait comment ne pas mourir…

« Après la période de quarantaine, avant que nous ne prêtions serment, l'adjudant-chef nous a apporté nos uniformes et notre équipement de soldats : capotes, calots, vareuses, jupes. En guise de lingerie, nous avons reçu deux chemises en toile de coton coupées pour homme, des bas (à la place des *portianki*) et de lourdes bottines américaines, ferrées au talon et au bout. Dans ma compagnie, j'étais la plus petite : je mesurais un mètre cinquante-trois et chaussais du 35. Naturellement, l'industrie militaire ne confectionnait pas d'uniformes de taille aussi ridicule, et l'Amérique ne nous en livrait pas davantage. J'ai eu droit à la pointure 43 : j'enfilais et enlevais ces brodequins sans en délacer la tige, ils étaient affreusement pesants et quand je les portais, je n'avançais qu'en traînant les pieds. Si je marchais au pas, j'arrachais des étincelles au pavé, et ma démarche ressemblait à tout ce qu'on voulait, sauf au pas militaire. Je frémis encore au souvenir du cauchemar que fut ma première marche. J'étais prête à accomplir n'importe quel exploit, mais pas à porter du 43 alors que je chaussais du 35. C'était si lourd et si moche…

« Le commandant avait remarqué ma drôle de dégaine. Il m'interpelle : "Smirnova, c'est comme ça que tu marches au pas ? Est-ce qu'on ne t'a pas appris ? Pourquoi ne lèves-tu pas les pieds ? Je te colle trois corvées supplémentaires…"

« Je réponds : "À vos ordres, camarade lieutenant-chef, trois corvées supplémentaires !" J'ai fait demi-tour pour regagner les rangs, j'ai trébuché, et je me suis affalée par terre... j'ai perdu mes grolles en tombant... J'avais les jambes en sang à cause du frottement.

« C'est ainsi qu'il est apparu que je ne pouvais guère marcher autrement. On a alors donné ordre au cordonnier de la compagnie, un nommé Parchine, de me confectionner des bottes avec de la vieille toile de tente, pointure 35... »

Nonna Alexandrovna Smirnova,
soldat, servant d'une pièce de DCA.

«... Mais il y avait des tas de moments drôles... Discipline, règlement militaire, insignes distinguant les grades – toute cette science militaire était dure à assimiler du premier coup. On montait la garde auprès des avions. Or le règlement stipulait que si quelqu'un s'approchait, il fallait l'arrêter : "Halte ! Qui va là !" Une de mes copines aperçoit le commandant du régiment et crie : "Halte ! Qui va là ! Excusez-moi, mais je vais tirer !" Vous imaginez ! Elle lui crie : "Excusez-moi, mais je vais tirer !" »

Antonina Grirorievna Bondareva,
lieutenant de la garde, chef pilote.

« Les filles étaient arrivées à l'école militaire toutes joliment coiffées. Moi-même, j'avais des nattes enroulées autour de la tête. Mais comment se laver les cheveux ? Où les sécher ? Vous venez de les laver, et c'est l'alerte, vous devez courir. Notre commandant, Marina Raskova, nous a ordonné à toutes de couper nos tresses. Les filles ont obéi en versant des larmes. Mais Lilia Litvak, qui est devenue par la suite un pilote célèbre, refusait obstinément d'obtempérer.

« Je vais voir Raskova :

« "Camarade commandant, votre ordre a été exécuté, seule Litvak a refusé."

« Malgré sa douceur féminine, Marina Raskova pouvait être un commandant très sévère. Elle m'a renvoyée :

« "Quelle représentante du Parti tu fais, si tu es incapable d'obtenir qu'on obéisse aux ordres ! Demi-tour ! Marche !"

« Nos robes, nos escarpins à talons… Comme nous regrettions de ne pouvoir les porter ! Nous les gardions planqués dans nos sacoches. Durant la journée, on portait les bottes, mais le soir, ne fût-ce qu'un moment, on chaussait les escarpins devant un miroir. Raskova s'en est aperçue et, quelques jours plus tard, nous avons reçu l'ordre de réexpédier chez nous, par colis, tous nos vêtements féminins. En revanche, nous avons appris le maniement d'un nouvel avion en six mois, au lieu de deux ans, comme c'est la règle en temps de paix.

« Lors des premiers jours d'entraînement, deux équipages ont péri. Devant les quatre cercueils alignés, toutes, les trois régiments que nous étions, nous sanglotions comme des perdues.

« Raskova a pris la parole :

« "Les amies, séchez vos larmes. Ce sont nos premières pertes. On en aura beaucoup d'autres. Serrez votre cœur comme un poing…"

« Plus tard, à la guerre, les enterrements se déroulaient sans larmes. On avait cessé de pleurer.

« Nous pilotions des avions de chasse. L'altitude elle-même représentait une épreuve terrible pour l'organisme féminin, on avait parfois l'impression d'avoir le ventre collé à la colonne vertébrale. Mais nos filles volaient et abattaient des as. Et quels as ! Vous savez, lorsque nous passions, les hommes nous regardaient avec étonnement : "Voilà les femmes pilotes." Ils nous admiraient… »

Klavdia Ivanovna Terekhova,
capitaine dans l'armée de l'air.

« En automne, on me convoque au bureau de recrutement. Le chef du bureau me reçoit et me demande : "Savez-vous sauter en parachute ?" Je lui avoue que ça me fait peur. Il passe un long moment à me vanter les mérites des troupes aéroportées : bel uniforme, chocolat tous les jours... Mais depuis mon enfance, j'ai peur du vide. "Préférez-vous être incorporée dans la défense antiaérienne ?" Seulement est-ce que je sais, moi, de quoi il s'agit ? Il me propose alors de m'envoyer dans un groupe de partisans. "Comment ferai-je pour écrire de là-bas à maman qui est à Moscou ?" Alors il inscrit au crayon rouge sur mon dossier d'affectation : "Front sud"...

« Dans le train, un jeune capitaine est tombé amoureux de moi. Il a passé toute la nuit debout dans notre wagon. La guerre l'avait déjà marqué, il avait été blessé plusieurs fois. Il m'a regardée très longuement et m'a déclaré : "Chère Vera, prenez garde au moins à ne pas déchoir, à ne pas devenir grossière et brutale. Vous êtes si douce maintenant. Moi, j'en ai déjà tant vu !" Et il a continué sur le même mode, comme quoi il était difficile de rester pur à la guerre...

« Avec une amie, nous avons mis un mois à rallier la 4e armée de la garde du deuxième front ukrainien. Quand enfin nous avons rejoint notre affectation, le chirurgien-chef a jeté un rapide coup d'œil sur nous et nous a menées aussitôt à une salle d'opération : "Voici la table où vous opérerez..." Les ambulances arrivaient les unes derrière les autres, de grosses voitures, des Studebaker[1], les blessés étaient étendus par terre, sur des brancards. Nous avons juste demandé : "Desquels s'occupe-t-on en premier ? — De ceux qui se taisent..." Une heure plus tard, j'étais déjà à ma table d'opération, en plein travail.

---

1. À titre d'aide militaire pendant la guerre, les États-Unis ont livré à l'URSS près de 150 000 voitures et camions Studebaker. *(N.d.T.)*

Et ça n'a plus arrêté... On opérait jour et nuit, au bout de vingt-quatre heures on piquait un somme, on se frottait vivement les yeux, un brin de toilette, et retour au billard ! Et sur trois hommes qu'on nous amenait, un était déjà mort. On n'arrivait pas à soigner tout le monde à temps... Un sur trois était déjà mort...

« À la gare de Jmerinka, nous avons été pris sous un terrible bombardement. Le convoi s'est arrêté et nous nous sommes éparpillés dans la nature. Notre commissaire politique, opéré la veille de l'appendicite, a couru ce jour-là comme tout le monde. Toute la nuit, nous sommes restés tapis dans la forêt, tandis que notre train était entièrement détruit. À l'aube, les avions allemands, volant au ras des cimes, se sont mis à ratisser la forêt. Où se cacher ? Impossible de s'enfouir sous terre, comme une taupe. Alors j'ai enlacé un bouleau et j'ai attendu debout : "Oh ! maman chérie ! Est-ce que vraiment je vais mourir ? Si je m'en tire, je serai la personne la plus heureuse du monde." Plus tard, chaque fois que je racontais cette histoire, tout le monde riait. Et en effet, j'offrais une cible parfaite : debout, dressée de toute ma taille, contre l'écorce blanche du bouleau...

« J'ai fêté le Jour de la Victoire à Vienne. Nous sommes allés au zoo, nous avions très envie d'aller au zoo. On aurait pu visiter un camp de concentration. Mais ça ne nous disait rien... Aujourd'hui, je m'étonne de n'y être pas allée, mais à l'époque, je n'en avais aucune envie... On voulait voir quelque chose de joyeux... Provenant d'un autre monde... »

Vera Vladimirovna Chevaldycheva,
lieutenant-chef, chirurgien.

« Nous étions trois : maman, papa et moi. Mon père a été le premier à partir au front. Maman voulait partir avec lui, car elle était infirmière, mais on l'a envoyée dans une direction et mon père dans une autre. Moi, j'avais seulement seize ans... On ne voulait pas m'engager... Je suis allée régulièrement au bureau de recrutement, et un an plus tard, j'ai été prise.

« Nous avons effectué un long trajet en train. Il y avait avec nous des soldats qui revenaient de l'hôpital. Ils nous parlaient du front, et nous écoutions, bouche bée. Ils affirmaient que le train risquait d'être mitraillé, et nous restions là à attendre, guettant les premiers tirs. Car ainsi nous pourrions déclarer à notre arrivée que nous avions déjà eu notre baptême du feu.

« Nous sommes arrivées à destination. Mais on nous a collées non pas au maniement du fusil, mais à celui des chaudrons et des cuves à lessive. Les filles étaient toutes de mon âge ; jusqu'alors, nous avions été aimées, gâtées par nos parents. À la maison, j'étais fille unique. Et nous nous retrouvions là à coltiner des bûches dont on garnissait les fourneaux. Ensuite on en recueillait la cendre qu'on versait dans les cuves en guise de lessive. Or, le linge était sale, infesté de poux. Maculé de sang... »

Svetlana Vassilievna Katykhina,
combattante d'un détachement
d'hygiène de campagne.

« Je me souviens encore de mon premier blessé... De son visage... Il avait une fracture ouverte : la tête du fémur était brisée. Vous n'imaginez pas l'effet d'un éclat d'obus : un os qui saille hors des chairs et de la bouillie autour. Je savais en théorie ce qu'il fallait faire, mais lorsque j'ai eu rampé jusqu'à lui et que j'ai vu tout ça, j'ai eu un haut-le-cœur. Et puis soudain, j'entends : "Vas-y, frangine, avale donc un coup de gnôle." C'était le blessé qui me parlait. Il avait pitié de moi. Je revois la scène comme si c'était hier. Dès qu'il eut prononcé ces mots, je me suis ressaisie : "Ah ! ai-je pensé, je ne vaux pas mieux que ces foutues demoiselles à la Tourgueniev ! Ce type risque de crever, et moi, tendre créature, j'ai la nausée." J'ai ouvert une boîte de pansements, j'ai recouvert la blessure, et là, je me suis sentie mieux et j'ai pu le soigner comme il convenait.

« Il m'arrive aujourd'hui de regarder des films de guerre : on y voit des infirmières en première ligne, toutes proprettes et bien soignées, portant non pas un pantalon matelassé, mais une jolie petite jupe, et un calot sur la tête. Eh bien ! ça n'a rien à voir avec la réalité ! Est-ce qu'on aurait pu aller récupérer des blessés si on avait été attifées comme ça ? Ce n'est pas bien commode de ramper en jupe, quand il n'y a que des hommes autour de vous. Pour dire la vérité, des jupes, on n'en a reçu qu'à la fin de la guerre, pour défiler à la parade. C'est aussi à ce moment-là qu'on nous a donné des dessous en jersey, à la place des sous-vêtements masculins. Nous étions folles de joie. Nous déboutonnions nos vareuses pour qu'on puisse voir notre linge... »

Sofia Konstantinovna Doubniakova,
sergent-chef, brancardière.

« Un bombardement. Tout le monde se met à courir. Moi aussi. J'entends un gémissement : "À l'aide..." Mais je continue à courir... Quelques instants plus tard, une lueur se fait dans mon esprit, je sens mon sac d'infirmière sur mon épaule. Et aussi... une immense honte. Et hop ! ma peur s'est envolée ! Je reviens sur mes pas : je trouve un soldat blessé. Je m'empresse de le panser. Puis un deuxième, un troisième...

« Le combat avait pris fin à la nuit tombée. Au matin, il s'était remis à neiger. Les morts s'étaient trouvés ensevelis… Beaucoup avaient les bras levés dans un dernier effort… »

Anna Ivanovna Beliaï, infirmière.

« Je voyais mon premier tué : j'étais là, plantée debout, et je pleurais. Je le pleurais. Mais à ce moment, un blessé m'appelle : "Bande-moi la jambe !" Sa jambe n'était plus retenue que par son pantalon. Je coupe le pantalon : "Pose ma jambe, à côté de moi !" J'ai obéi. Aucun blessé, s'il était conscient, n'acceptait d'abandonner sur place son bras ou sa jambe. Il l'emportait avec lui…

« Quand j'étais à la guerre, je me disais : je n'oublierai jamais rien. Mais on oublie quand même…

« Cependant, j'ai ce souvenir, là… comme gravé dans ma mémoire… Un jeune gars, plutôt beau gosse. Il est étendu par terre, mort. J'imaginais qu'on enterrerait tous les morts avec les honneurs militaires, mais non, on empoigne celui-ci et on le tire vers une coudraie. On lui creuse une tombe… On le met en terre… sans cercueil, sans rien, on l'ensevelit tel quel. Il y avait un soleil magnifique, le corps baignait dans la lumière… C'était l'été. On n'avait ni toile de tente, ni rien d'autre pour l'envelopper : on l'a déposé dans sa tombe tel qu'il était, avec sa vareuse et sa culotte bouffante – et tout ça était encore neuf, on voyait qu'il venait d'arriver. Alors on l'a mis comme cela et on l'a recouvert de terre. La fosse n'était pas bien profonde, juste assez pour le recevoir. La blessure se voyait à peine, mais elle était mortelle : à la tempe. Dans ces cas-là, il y a peu de sang, l'homme paraissait encore vivant, il était seulement très pâle.

« Après les tirs d'artillerie, le bombardement aérien a commencé. L'endroit a été pilonné. Je ne sais pas ce qu'il en est resté…

« Et comment s'y prenait-on quand on était encerclés ? Eh bien ! on enterrait nos morts juste à côté de la tranchée où nous étions planqués, on creusait là, et point final. On ne voyait plus qu'un petit monticule de terre. Naturellement, si les Allemands venaient à passer là derrière nous, ou bien leurs engins, tout se retrouvait piétiné, aplati. Ne restait plus que la terre ordinaire, et plus une trace. Souvent nous enfouissions les corps dans la forêt, au pied des arbres... Sous un chêne, sous un bouleau...

« Depuis, je ne peux plus aller me balader en forêt. Surtout là où poussent de vieux chênes ou de vieux bouleaux... Je ne peux pas m'y asseoir... »

Olga Vassilievna Korj,
brancardière d'un escadron de cavalerie.

« Le plus insupportable pour moi, c'étaient les amputations... Souvent, on amputait si haut que lorsque la jambe était coupée, j'étais à peine capable de la soulever pour la déposer dans le bac. Je me souviens combien c'était lourd. Je prenais la jambe discrètement pour que le blessé n'entende rien, et je l'emportais dans mes bras comme un bébé... Surtout si c'était une amputation haute, loin au-dessus du genou. Je n'arrivais pas à m'y habituer. Dans mes rêves, je trimballais des jambes...

« Je n'écrivais rien de tout cela à maman. Je disais que tout allait bien, que j'étais chaudement vêtue et bien chaussée. Elle avait trois enfants au front, c'était dur pour elle... »

Maria Silvestrovna Bojok, infirmière.

« Je suis née et j'ai grandi en Crimée... Près d'Odessa. En 1941, je venais juste d'avoir mon bac, à l'école de Slobodka, district de Kordym. Lorsque la guerre a éclaté, les premiers jours, j'écoutais la radio... J'ai vite compris que nous battions en retraite... J'ai couru au bureau de recrutement, mais on m'a renvoyée chez moi. J'y suis retournée encore deux fois, et les deux fois j'ai essuyé un refus. Le 28 juillet, des unités qui battaient en retraite ont traversé notre Slobodka, et sans autre convocation, je suis partie au front avec elles.

« Quand j'ai vu mon premier blessé, je me suis évanouie. Puis ça m'a passé. Quand j'ai rampé pour la première fois sous les balles pour aller récupérer un homme, je hurlais si fort que ma voix semblait couvrir le vacarme du combat. Puis je me suis habituée. Dix jours plus tard, j'ai été blessée, j'ai extrait l'éclat moi-même, et j'ai pansé ma plaie...

« Le 25 décembre 1942, notre division – la 333e division de la 56e armée – a pris d'assaut une hauteur aux abords de Stalingrad. L'ennemi a décidé de la reprendre coûte que coûte. Un combat s'est engagé. Des chars ont fait mouvement sur nous, mais notre artillerie les a arrêtés. Les Allemands ont battu en retraite, et un lieutenant blessé, l'artilleur Kostia Khoudov, est resté étendu dans le *no man's land*. Les brancardiers qui ont tenté de le récupérer ont été tués. Deux chiens bergers spécialement dressés pour secourir les blessés y sont allés (c'était la première fois que j'en voyais), mais ils ont été abattus également. J'ai alors ôté ma chapka, je me suis redressée de toute ma taille et me suis mise à chanter, d'abord doucement, puis à pleine voix, notre chanson préférée d'avant-guerre : "Je t'ai accompagné sur la route de l'exploit[1]." Les tirs se sont tus des deux côtés – du nôtre et du côté allemand. Je me suis approchée de Kostia, me suis penchée sur lui,

---

1. Musique de N. Bogoslovski, paroles de V. Lebedev-Koumatch. (*N.d.T.*)

je l'ai placé sur le petit traîneau dont je m'étais munie, et je l'ai ramené vers nos lignes. J'avançais et je pensais : "Pourvu qu'ils ne me tirent pas dans le dos, je préférerais encore qu'ils visent la tête." Mais il n'y a pas eu un seul coup de feu pendant mon trajet...

« Il nous était impossible de garder un uniforme propre : nous étions constamment couverts de sang. Mon premier blessé a été le lieutenant-chef Belov, et mon dernier, Sergueï Petrovitch Trofimov, sergent d'une section de lance-mines. En 1970, il est venu me rendre visite, et j'ai montré à mes filles sa tête amochée, encore ornée d'une grosse cicatrice. Au total, j'ai ramené hors de portée des tirs quatre cent quatre-vingt-un blessés. Un journaliste a fait le compte : l'équivalent d'un bataillon entier de tirailleurs... On trimballait les hommes sur notre dos, des gars deux ou trois fois plus lourds que nous. Et quand ils sont blessés, ils sont encore plus lourds. On porte le blessé et son arme, et en plus sa capote et ses bottes. On se hisse quatre-vingts kilos sur le dos et on les porte. On dépose le blessé, et on repart chercher le suivant, et c'est à nouveau soixante-dix ou quatre-vingts kilos qu'il faut coltiner... Et ainsi cinq à six fois de suite au cours d'une même attaque. Or moi, je ne pesais que quarante-huit kilos, une vraie ballerine. Maintenant, on a du mal à y croire... Moi-même, je n'y crois pas... »

Maria Petrovna Smirnova (Koukharskaïa), brancardière.

« 1942... Nous partons en mission. On franchit la ligne du front, on fait halte près d'un cimetière. Nous savions que les Allemands se trouvaient à cinq kilomètres de là. C'était la nuit, ils lançaient des fusées éclairantes. Avec parachutes. Ces fusées brûlent longtemps et éclairent loin tout le terrain. Le chef de section m'a conduite en bordure du cimetière, il m'a montré l'endroit d'où les fusées étaient tirées, et les buissons d'où pouvaient surgir les Allemands. Je n'ai pas peur des morts, même dans mon enfance les cimetières ne m'ont jamais effrayée, mais j'avais vingt-deux ans, et c'était la première fois de ma vie que je me trouvais postée en sentinelle... En l'espace de deux heures, mes cheveux ont blanchi... Au matin, j'ai découvert mes premiers cheveux blancs, toute une mèche. Je montais la garde et j'observais ces buissons, ils bruissaient, bougeaient, j'avais l'impression de voir des Allemands en sortir... Et aussi d'autres créatures... Des espèces de monstres... Et j'étais là toute seule...

« Est-ce vraiment le rôle d'une femme que d'être postée en sentinelle la nuit, au milieu d'un cimetière ? Les hommes prenaient la chose plus simplement, d'une manière ou d'une autre ils étaient prêts à accepter l'idée de devoir rester en faction, de devoir tirer... Mais pour nous, tout cela était tout de même inattendu... Comme de faire une marche de trente, quarante kilomètres... Avec tout le barda... Les chevaux tombaient, les hommes tombaient... »

Vera Safronovna Davydova,
fantassin.

« On ne voulait pas de moi à l'armée : j'étais trop jeune, je n'avais que seize ans, je venais juste de les avoir. Au village, le *feldscher*, une femme, s'est trouvée mobilisée, elle s'est vu remettre une convocation. Elle pleurait toutes les larmes de son corps à l'idée de devoir laisser son petit garçon. Je suis allée au bureau de recrutement : "Enrôlez-moi à sa place." Maman ne voulait pas me laisser partir : "Nina, voyons, quel âge as-tu ? D'ailleurs, peut-être la guerre va-t-elle bientôt finir." Une mère, c'est toujours une mère. Mais qui, en ce cas, irait défendre la Patrie ?

« Les soldats me refilaient qui un biscuit, qui un morceau de sucre. Je leur faisais pitié. J'ignorais que nous avions une *"katioucha*[1]*"* en couverture derrière nous. Elle a commencé à tirer. Elle tirait, il y avait comme un roulement de tonnerre autour de nous, tout s'embrasait. J'ai été tellement surprise, tellement effrayée par tout ce fracas, ces flammes, ce chahut, que je me suis cassé la figure dans une flaque d'eau, et j'ai perdu mon calot. Les soldats rigolaient : "Eh bien ! qu'est-ce qui t'arrive, petite Nina ? Qu'est-ce qui se passe ?"

« Les combats au corps à corps… Quels souvenirs j'en garde ? Je me rappelle les craquements… Le corps à corps s'engage, et on entend aussitôt des craquements : cartilages qui se brisent, os qui craquent… Durant l'attaque, je marche à côté des soldats, légèrement en retrait, pour dire vrai, disons, juste à côté. Tout se déroule sous mes yeux… Les hommes embrochés par les baïonnettes… Les blessés qu'on achève…

« Après la guerre, je suis rentrée chez moi, à Toula. Dans mon sommeil, je n'arrêtais pas de crier. Ma mère et ma sœur passaient la nuit assises à mes côtés… Je me réveillais à mes propres hurlements… »

Nina Vladimirovna Kovelenova,
sergent-chef, brancardière
d'une compagnie de tirailleurs.

« Nous sommes arrivées à Stalingrad. On se livrait là des combats meurtriers. C'était l'endroit le plus atroce… Et voilà que nous devons traverser la Volga, passer d'une rive à l'autre. Personne ne veut nous écouter : "Quoi ? Des gonzesses ? À quoi diable allez-vous servir ici ? Nous, on a besoin de tirailleurs et de mitrailleurs,

---

1. Lance-fusées multiple, également surnommé « orgues de Staline ». *(N.d.T.)*

pas d'agents de transmission." Or nous étions nombreuses : quatre-vingts. À la tombée du jour, on a fait passer les filles les plus grandes, mais on nous a refusées, moi et une autre, parce que nous étions de petite taille. Nous n'avions pas assez grandi. On voulait nous laisser en réserve, mais j'ai poussé alors de tels cris...

« Lors de mon premier combat, les officiers s'ingéniaient à m'écarter du parapet, et moi, au contraire, je haussais la tête pour tout voir de mes yeux. J'étais poussée par une sorte de curiosité, une curiosité d'enfant... Le commandant me crie : "Soldat Semionova ! Soldat Semionova, vous avez perdu la tête ! Nom de Dieu... Vous allez vous faire tuer !" J'étais incapable de comprendre ça : comment pouvais-je être tuée, alors que je venais juste d'arriver sur le front ? Je n'avais pas encore combattu...

« Je découvrais la mort... Je ne savais pas encore combien elle était simple et dénuée de scrupule... »

Nina Alexeïevna Semionova,
simple soldat, agent de transmission.

« J'ai fait toute la guerre de bout en bout...

« Je traînais mon premier blessé, je sentais mes jambes flancher. Je le traînais et je murmurais : "Pourvu qu'il ne meure pas... Pourvu qu'il ne meure pas..." Je l'ai pansé, je pleurais, je lui disais des mots tendres. Le commandant passe à côté moi. Et le voilà qui m'engueule, qui laisse même échapper des injures...

— Pourquoi vous a-t-il engueulée ?

— On ne devait pas s'apitoyer autant, ni pleurer comme je le faisais. Je risquais d'y épuiser mes forces, or nous avions beaucoup de blessés.

« On passe en camion, les morts jonchent le sol, ils ont la tête rasée, et leurs crânes sont verts comme des pommes de terre exposées au soleil... Éparpillés comme des pommes de terre... Ils gisent dans les labours, fauchés en pleine course... »

Ekaterina Mikhaïlovna Rabtchaïeva,
simple soldat, brancardière.

« Je ne me rappelle plus où c'était... Une fois, il y en avait deux cents dans la grange, et j'étais seule. Les blessés qu'on nous amenait arrivaient directement du champ de bataille. C'était dans je ne sais plus quel village... Tant d'années ont passé... Je me souviens de n'avoir pas dormi pendant quatre jours, de ne pas m'être assise un instant, chacun criait : "Infirmière ! Eh ! frangine ! Aide-moi, petite !" Je ne cessais de courir de l'un à l'autre, et une fois, j'ai trébuché, je me suis étalée par terre et me suis endormie aussitôt. Un cri m'a réveillée : un commandant, un tout jeune lieutenant blessé, s'était redressé sur son flanc intact et criait : "Silence ! Silence, c'est un ordre !" Il avait compris que j'étais à bout de forces, alors que tout le monde m'appelait, tout le monde souffrait : "Infirmière ! Infirmière !" Je me suis relevée d'un seul bond, et me suis mise à courir sans savoir où ni pourquoi. C'est alors que j'ai pleuré, pour la première fois depuis que j'étais au front.

« Et voilà... On ne connaît jamais bien son propre cœur. Une fois, en plein hiver, on convoyait des soldats allemands prisonniers. Ils marchaient, transis de froid. Vêtus trop légèrement. Des couvertures en lambeaux sur la tête. Or, il gelait si fort que les oiseaux crevaient en plein vol. Ils tombaient. Dans cette colonne il y avait un soldat, tout jeune... Il était bleu de froid... Des larmes avaient gelé sur son visage... Moi, j'étais en train de pousser une brouette remplie de pain en direction de la cantine. Le gars ne pouvait détacher les yeux de cette brouette, il ne me voyait pas, il ne voyait qu'elle. J'ai attrapé une miche, je l'ai cassée en deux et lui en ai donné une moitié. Il l'a prise. Avec précaution... Lentement... Il n'y croyait pas...

« J'étais heureuse... J'étais heureuse de voir que je ne pouvais pas haïr. J'étais étonnée de moi-même... »

*Natalia Ivanovna Sergueïeva,
aide-soignante.*

« Je suis la seule à avoir revu
ma mère… »

JE ME RENDS À MOSCOU pour rencontrer Nina Yakovlevna Vichnevskaïa. Ce que je sais d'elle n'occupe que quelques lignes dans mon bloc-notes : à dix-sept ans, elle est partie au front, elle a servi comme brancardière dans le 1er bataillon de la brigade blindée de la 5e armée. Elle a participé à la célèbre bataille de chars de Prokhorovka, où chaque adversaire engagea mille deux cents blindés et canons automoteurs dans un duel sans merci. Ce fut l'un des plus grands combats de chars de l'histoire mondiale.

Son adresse m'a été donnée par des « trappeurs », des écoliers de la ville de Borissov, qui ont rassemblé beaucoup d'informations sur la 32e brigade blindée qui avait libéré leur contrée. Habituellement, c'étaient des hommes qui servaient comme brancardiers dans les unités blindées, et là, c'était une toute jeune fille. J'ai décidé d'y aller sur-le-champ…

Je commence à me poser la question : comment choisir parmi des dizaines d'adresses ? Au début, j'enregistrais tous les témoins que je rencontrais. On se transmettait mon nom, d'une femme à l'autre. On se téléphonait à mon sujet. Des vétérans m'invitaient à leurs réunions, et parfois, tout simplement, chez eux : « Viens à notre soirée de mémés. Nous évoquons toujours la guerre. Nous parlons plus de la guerre que de nos petits-enfants. » J'ai commencé à recevoir des lettres des quatre coins du pays. La filière des vétérans transmettait mon adresse. On m'écrivait : « Désormais, tu fais partie des nôtres. Tu es, comme nous, une fille du front. » Bientôt, j'ai compris qu'il était impossible d'enregistrer tout le monde, qu'il fallait arrêter un principe de sélection et d'accumulation du matériau. Oui, mais lequel ? Après avoir classé les adresses que j'avais déjà à ma disposition, ce principe, je suis parvenue à le formuler ainsi : je devrai m'efforcer de noter le témoignage de femmes ayant exercé différents métiers militaires. Car chacun d'entre nous voit la vie à travers son métier, à travers la place qu'il occupe dans le monde ou bien au sein de tel événement auquel il participe. Il serait logique de supposer, malgré le caractère très conventionnel d'une telle affirmation, qu'une infirmière a vu une certaine guerre, une boulangère une autre, une parachutiste une troisième, une pilote une quatrième, le chef d'une section de mitrailleurs une cinquième... À la guerre, chacune de ces femmes avait son propre champ de vision : pour l'une, c'était la table d'opération : « Combien j'ai vu de bras et de jambes coupés... J'avais du mal à croire qu'il restait quelque part des hommes entiers. J'avais l'impression qu'ils étaient tous ou bien blessés, ou bien morts... » (*A. Demtchenko, sergent-chef, infirmière.*) Pour une autre, c'étaient les marmites de la cuisine roulante : « Après le combat, il arrivait qu'il ne reste plus personne... On faisait cuire une marmite de kacha, une autre de soupe, et puis on n'avait personne à qui les donner... » (*I. Zinina, simple soldat, cuisinière.*) Pour une troisième, c'était sa cabine de pilotage : « Notre camp avait été installé dans la forêt. Je suis rentrée après un vol, et j'ai décidé d'aller faire un tour dans les bois, car on était au milieu de l'été, à l'époque où mûrissent les fraises des bois. J'ai suivi un sentier et soudain j'ai vu un

Allemand... mort... Déjà tout noir... Vous savez, j'ai été prise de peur. Car auparavant, je n'avais jamais vu de mort, même si je faisais la guerre depuis plus d'un an. Là-haut, c'était différent... Lorsqu'on vole, on n'a qu'un seul objectif : trouver la cible, lâcher ses bombes et revenir. Nous n'avions jamais été confrontés à des cadavres. Nous ne connaissions pas cette peur-là... » (*A. Bondareva, lieutenant de la garde, chef pilote.*) Pour cette partisane, la guerre est aujourd'hui encore associée à l'odeur du feu de camp : « Tout se faisait autour du feu : on y cuisait le pain et la nourriture, s'il restait des braises, on mettait à sécher à côté nos pelisses, nos *valenki*[1], ce que chacun possédait. La nuit, on s'y tenait au chaud... » (*E. Vyssotskaïa.*)

Mais il ne sera pas dit que je resterai plus longtemps plongée dans mes pensées. Le chef de wagon apporte du thé. Aussitôt, les passagers du compartiment font bruyamment connaissance. Selon la tradition, une bouteille de Moskovskaïa apparaît sur la table, ainsi que diverses provisions préparées pour la route, et une conversation cordiale s'engage. Une demi-heure après, quiconque viendrait à nous entendre penserait assister à une rencontre entre de vieux amis. Comme le veut chez nous la coutume, on parle de secrets de famille, de politique, de l'amour, de la haine, des dirigeants du pays et de ceux des pays voisins. En ces instants-là, il n'y a pas de sujets tabous. On peut dévoiler son âme à un inconnu, lui confier les secrets les plus intimes, se mettre à nu devant lui sans scrupules : de toute façon, au matin, on lui serrera la main au moment de prendre congé en sachant bien qu'on ne le reverra jamais. Mais vous aurez soulagé votre cœur, et vous vous sentirez plus léger, comme après une confession.

---

1. Grosses bottes de feutre qu'on porte en Russie l'hiver. *(N.d.T.)*

Nous sommes gens de voyage et de conversation...

Je raconte moi aussi qui je vais visiter et pour quelle raison. Deux de mes compagnons de route ont eux-mêmes combattu pendant la Seconde Guerre. L'un est allé jusqu'à Berlin, en tant que chef d'un bataillon de sapeurs, l'autre a été partisan, trois ans durant, dans les forêts de Biélorussie. Très vite, on parle « des années 1940, des années de poudre.

Je note ce qui m'est resté en mémoire :

— Nous sommes une espèce en voie de disparition. Des mammouths ! Nous appartenons à une génération qui croyait qu'il y avait quelque chose de plus grand que la vie humaine. La Patrie. L'Idéologie. Et, bien sûr, Staline. Pourquoi mentir ? On dit chez nous qu'on ne change pas les paroles d'une chanson.

Dans notre détachement, il y avait une fille très brave... Elle partait en mission faire sauter des trains. Avant la guerre, toute sa famille avait subi les répressions : son père, sa mère et ses deux frères aînés avaient été arrêtés. Elle vivait avec sa tante, la sœur de sa mère. Dès les premiers jours de la guerre, elle avait cherché à rallier les partisans. Dans le détachement, nous avions compris qu'elle recherchait le danger, délibérément. Elle voulait prouver... Tout le monde a reçu des décorations, et pas elle. On ne lui a jamais remis une seule médaille, à cause de ses parents tenus pour des ennemis du peuple. Juste avant l'arrivée de nos troupes, elle a eu une jambe emportée par une explosion. Je lui ai rendu visite à l'hôpital... Elle pleurait... « Au moins, maintenant, disait-elle, on me fera confiance. » Une jolie fille...

Quand j'ai vu deux filles arriver chez moi, toutes deux chefs de sections de sapeurs, qu'avait affectées chez nous je ne sais quel imbécile du bureau des cadres, je les ai aussitôt renvoyées. Elles étaient furieuses. Elles tenaient à aller en première ligne pour frayer des passages à travers les champs de mines.

— Pourquoi en ce cas les avez-vous renvoyées ?

— Pour plusieurs raisons. *Primo*, j'avais suffisamment de bons sergents capables d'exécuter le travail dont ces filles étaient censées se charger ; *secundo*, je considérais qu'il était inutile que des femmes aillent s'exposer en première ligne. Dans l'enfer. Il y avait bien assez de nous, les hommes. Je savais par ailleurs qu'il faudrait leur construire un abri spécial et les doter d'un tas de commodités pour femmes afin qu'elles puissent faire leur boulot de chefs de section. C'était trop de tintouin...

— Vous pensez donc que la femme n'a pas sa place à la guerre ?

— Si on considère l'Histoire, de tout temps, la femme russe ne s'est jamais contentée de regarder son mari, son frère, son fils partir à la guerre, et de se morfondre en les attendant. Il y a des siècles, la princesse Yaroslavna montait déjà sur les remparts pour verser de la poix bouillante sur la tête des ennemis. Mais nous, les hommes, éprouvions un sentiment de culpabilité à voir des gamines faire la guerre, et ce sentiment m'est resté. Je me souviens d'un jour où l'on battait en retraite. C'était en automne, il pleuvait jour et nuit. Une jeune fille tuée gisait sur le bord de la route... Elle avait une longue natte et était toute couverte de boue...

Est-ce la peine d'évoquer cela ? Est-ce la peine de l'écrire ? Lorsque j'entendais raconter que nos infirmières, prises dans un encerclement, tiraient sur l'ennemi pour défendre nos soldats blessés, parce que ceux-ci étaient aussi désarmés que des enfants, je pouvais le comprendre. Mais prenez cette autre scène : deux femmes qui rampent dans la zone neutre, armées d'une carabine de précision, pour aller tuer... Je ne peux me défaire du sentiment qu'il s'agit là malgré tout d'une sorte de chasse à l'homme. Moi-même, j'ai tiré sur l'ennemi... Seulement, je suis un homme...

— Mais l'ennemi avait foulé leur terre, n'est-ce pas ? Il avait tué leurs proches.

— Non... Je n'arrive pas à imaginer que ma femme ait été un tireur embusqué. J'aurais pu partir en reconnaissance avec une fille comme ça, mais je ne l'aurais pas épousée. Nous avons l'habitude de voir en une femme une mère, une fiancée. Mon frère cadet m'a raconté qu'un jour une colonne de prisonniers allemands avait traversé notre ville et que, eux, les gosses, leur avaient tiré dessus à coups de lance-pierres. Ma mère l'a surpris et lui a flanqué une gifle. Les prisonniers étaient de ces jeunes blancs-becs que Hitler enrôlait à la fin de la guerre. Mon frère avait sept ans, mais il se rappelle que notre mère pleurait en regardant ces Allemands : « Puissent vos mères devenir aveugles pour vous avoir laissés partir à la guerre, tout gamins que vous êtes ! » La guerre est une affaire d'hommes. Y a-t-il donc trop peu d'hommes dont l'histoire puisse faire un bouquin ?

— C'est injuste. Souvenez-vous de la catastrophe des premières années de la guerre. Les troupes allemandes aux abords de Moscou... Le blocus meurtrier de Leningrad. Des professeurs d'université s'engageaient dans les milices populaires... Les professeurs de Leningrad... Et les filles partaient comme volontaires, or on n'a jamais vu un lâche demander à être expédié au front. C'étaient des filles courageuses, des filles peu ordinaires. Les statistiques révèlent que les pertes parmi le personnel médical engagé à l'avant occupent la deuxième place après celles subies par les bataillons de tirailleurs. Dans l'infanterie. Savez-vous ce que c'est, par exemple, que de ramener un blessé du champ de bataille ? Je vais vous le raconter... Nous montons à l'attaque, et nous voilà fauchés par un tir de mitrailleuse.

Plus de bataillon. Tout le monde est étendu par terre. Tous n'ont pas été tués. Il y a beaucoup de blessés. Les Allemands continuent de tirer, ils ne cessent pas le feu. Tout à coup, à la surprise générale, une fille bondit hors de la tranchée, puis une deuxième, une troisième… Elles se mettent à panser et à ramener les blessés, même les Allemands durant un instant en restent muets de stupeur. Vers dix heures du soir, toutes les filles étaient grièvement blessées, et chacune d'elles avait sauvé au maximum deux à trois hommes. À l'époque, au début de la guerre, les récompenses pour elles étaient rares, on ne distribuait pas les décorations à tour de bras. Il ne suffisait pas de ramener le blessé, il fallait aussi rapporter son arme. La première question qu'on vous posait à l'hôpital de campagne, c'était : « Où est l'arme ? » Au début de la guerre, on en manquait. Fusil, mitraillette, mitrailleuse, il fallait rapporter tout cela. Le décret n° 281, promulgué en 1941, imposait le barème d'attribution suivant : pour quinze blessés graves ramenés du champ de bataille chacun avec son arme personnelle, on avait droit à la médaille du Mérite militaire ; pour le sauvetage de vingt-cinq personnes, c'était l'ordre de l'Étoile rouge ; pour le sauvetage de quarante, l'ordre du Drapeau rouge ; et pour le sauvetage de quatre-vingts, l'ordre de Lénine. Or je vous ai raconté ce que signifiait sauver au combat ne fût-ce qu'un seul homme… Sous les balles…

— On avait envoyé nos éclaireurs dans un village où une garnison allemande était cantonnée. Deux étaient partis… Puis encore un troisième… Aucun n'était revenu. Le commandant appelle une fille : « Lioussia, c'est à toi d'y aller. » On l'a costumée en bergère. On l'a accompagnée jusqu'à la route… Que pouvait-on faire ? Quelle autre solution ? Un homme était sûr de se faire tuer. Alors qu'une femme avait une chance de passer…

— Est-ce que la fille est revenue ?

— J'ai honte, mais j'ai oublié son nom de famille. Je ne me rappelle que son prénom : Lioussia. Elle est morte.

Tout le monde reste silencieux un long moment. Puis on porte un toast à la mémoire des disparus. La conversation dévie sur un autre sujet : on parle de Staline, qui liquida, juste avant la guerre, les meilleurs cadres de l'armée. L'élite militaire. De la brutalité de la collectivisation, et de l'année 1937, l'année des grandes purges. Des camps et des déportations. Du fait que, sans 1937, il n'y aurait pas eu 1941. Nous n'aurions pas battu en retraite jusqu'à Moscou et n'aurions pas payé si cher la victoire.

— Y avait-il place pour l'amour à la guerre ? demandé-je.

— J'ai rencontré beaucoup de jolies filles parmi celles qui étaient au front, mais nous ne voyions pas des femmes en elles. Même si c'étaient, à mon sens, des filles formidables. Seulement, elles étaient pour nous des camarades qui nous ramenaient du champ de bataille, qui nous sauvaient, nous soignaient. Deux fois, elles m'ont tiré d'affaire alors que j'étais blessé. Comment aurais-je pu mal me comporter envers elles ? Mais est-ce que vous-même, vous pourriez épouser un frère ? Elles, elles étaient comme nos sœurs.

— Et après la guerre ?

— Quand la guerre a été finie, elles se sont retrouvées terriblement seules. Prenez ma femme, par exemple. C'est une femme intelligente, et néanmoins elle a une attitude négative à l'égard des filles qui ont combattu dans l'armée. Elle croit qu'elles partaient à la guerre pour se trouver des fiancés, que toutes s'arrangeaient pour y avoir des aventures. Alors qu'en vérité, je vous le dis sincèrement, pour la plupart, c'étaient des filles honnêtes. Parfaitement innocentes. Mais après la guerre... Après la saleté, après les poux, après les morts... On avait envie de quelque chose de beau. D'éclatant. On voulait de belles femmes... J'avais un ami, au front, qui était aimé d'une jeune femme tout à fait épatante, ainsi que je m'en rends compte aujourd'hui. Elle était infirmière. Mais il ne l'a pas épousée, quand il a été démobilisé, il s'en est trouvé une autre, plus jolie. Et il est malheureux en ménage. Maintenant, il pense souvent à son amour de guerre, elle aurait été une bonne compagne pour lui. Mais après la guerre, il n'a pas voulu l'épouser, car durant quatre ans, il ne l'avait toujours vue que chaussée de bottes éculées, une veste matelassée sur le dos. Nous voulions oublier la guerre. Et nous avons aussi oublié nos filles...

Ainsi, cette nuit-là, personne n'a fermé l'œil. Nous avons bavardé jusqu'au petit matin.

... Juste au sortir du métro, je tombe dans une cour d'immeuble moscovite ordinaire. Une voix étonnée au téléphone : « Vous êtes déjà arrivée ? Et vous débarquez directement chez moi ? Vous n'avez besoin de demander aucune précision au Conseil des vétérans ? Ils possèdent tous les renseignements me concernant, ils ont tout vérifié. » La vie met chaque fois à l'épreuve la pertinence de mes idées romantiques. Elle ne les épargne pas. Je croyais auparavant que les souffrances endurées rendaient l'être humain plus libre. Plus indépendant. À présent, je découvre que non, pas toujours. Souvent elles subsistent à part, comme une sorte de réserve intangible. Alors peut-être vont-elles aider d'autres personnes. Appartenant à d'autres générations. Comme moi, par exemple.

Ce que j'apprends de la guerre me fait aussi réfléchir à notre vie d'aujourd'hui. Me conduit à chercher où s'est dissous tout ce savoir. À chercher qui nous sommes en réalité. De quoi nous sommes faits, de quel matériau. Et si celui-ci est bien solide.

Une petite femme ronde m'ouvre la porte. Elle me tend la main pour me saluer, comme le ferait un homme, tandis qu'un garçonnet, son petit-fils, se tient cramponné à son autre bras. À la mine impassible de ce dernier, à son air de curiosité blasée, je comprends qu'il vient beaucoup de visiteurs dans cette maison. Ils y sont attendus.

La grande pièce est presque vide de meubles. Sur une étagère : des livres, des Mémoires de guerre pour la plupart, ainsi que plusieurs agrandissements de photos prises sur le front ; un casque de tankiste accroché à un bois d'élan ; une rangée de chars d'assaut en modèle réduit alignés sur un guéridon verni, et ornés de dédicaces : « De la part des soldats de la énième unité », « De la part des élèves officiers de l'école des tankistes »... Trois poupées trônent sur le canapé à côté de moi, toutes les trois en uniforme de soldat. Même les rideaux et le papier peint des murs sont couleur kaki.

— Les voisines sont étonnées : « À quoi te sert-il d'avoir chez toi un musée militaire ? » Mais je ne peux pas faire autrement. Je vis toujours là-bas... Au front...

J'enclenche le magnétophone.

Nina Yakovlevna Vichnevskaïa,
adjudant-chef, brancardière
d'un bataillon de chars :

« Par où commencer ?... Il faut que je réfléchisse... Tu me demandes de te parler de mon âme, alors que je suis habituée à parler de la guerre. De notre Victoire. De la grande Victoire. Je t'avais même préparé un texte...

« Je vais te raconter comment c'était... De femme à femme... Comme à une amie.

« Je commencerai par le fait qu'on était très réticent à enrôler des filles dans les unités blindées. On peut même dire qu'on l'évitait carrément. Comment, moi, me suis-je débrouillée pour être prise ? Nous habitions Konakovo, dans la région de Kalinine. Je venais juste de passer mes examens pour entrer au lycée. Personne parmi nous ne se rendait compte de ce qu'était la guerre, pour nous, c'était un jeu, un truc un peu livresque. Nous étions élevés dans le romantisme de la révolution, dans les idéaux... Nous avions foi dans les livres...

« Ma famille logeait dans un grand appartement communautaire, partagé par plusieurs familles, et tous les jours des gens partaient à la guerre : oncle Pétia, oncle Vassia... Nous, les enfants, nous les accompagnions jusqu'à la gare, animés surtout par la curiosité. Nous les suivions jusqu'au train, et lorsque la musique se mettait à jouer, les femmes éclataient en sanglots – mais tout cela ne nous effrayait pas, au contraire, ça nous amusait. La première chose dont nous avions envie, c'était de monter dans le train et de partir. La guerre, dans notre esprit, était quelque part très loin. Moi, par exemple, j'adorais les boutons d'uniforme et leur aspect rutilant. Je suivais déjà les cours d'instruction sanitaire, mais encore une fois c'était pour moi comme un jeu. Puis, l'école a été fermée, et nous avons été mobilisés pour la construction d'ouvrages défensifs. On nous a installés dans des baraquements, au beau milieu d'un champ. Nous étions très fiers d'aller accomplir une mission liée à la guerre. On nous a inscrits dans le bataillon des "constitutions fragiles". On travaillait de huit heures du matin à huit heures du soir. On creusait des fossés antichars. Or, nous étions tous des garçons et des filles de quinze, seize ans... Et voici qu'un jour, pendant le travail, on entend s'élever des voix. Les uns criaient : "Des avions !" les autres : "Les Allemands !" Les adultes sont partis en courant se mettre à l'abri, mais nous, nous étions curieux : comment étaient-ils, ces avions allemands ? Comment étaient-ils, ces Allemands ? Ils sont passés tout près, mais nous n'avons rien eu le temps de voir. On en était même déçus... Quelques instants plus tard, ils ont fait demi-tour en volant à altitude plus basse. Tout le monde a bien distingué les croix noires. Nous ne ressentions aucune frayeur, juste de la curiosité. Et brusquement, ils ont ouvert le feu à la mitrailleuse et ont commencé à nous arroser. Plusieurs gars sont tombés sous nos yeux, des gars avec lesquels on avait étudié et travaillé. Nous sommes restés frappés de stupeur, nous n'arrivions pas à comprendre ce qui se passait. Nous restions là, debout, à regarder... Comme cloués sur place... Des adultes accouraient déjà vers nous pour nous plaquer à terre, mais la peur était malgré tout toujours absente...

« Bientôt, les Allemands se sont approchés tout près de la ville, à une dizaine de kilomètres. Moi et d'autres filles avons couru au bureau de recrutement : nous voulions nous aussi défendre la Patrie, être avec les autres. Tout le monde n'était pas enrôlé, on ne prenait que les filles les plus endurantes, les plus vigoureuses et, avant tout, celles qui étaient âgées de plus de dix-huit ans. Les bonnes komsomols. Un capitaine recrutait des filles pour son unité blindée. Il n'a même pas voulu m'écouter, car je n'avais que dix-sept ans et j'étais trop menue.

« "Si un fantassin est blessé, m'expliquait-il, il tombe à terre. On peut ramper jusqu'à lui, le panser sur place ou le traîner jusqu'à un abri. Mais avec un tankiste, c'est différent... S'il est blessé à l'intérieur de son char, il faut le tirer par la trappe. Crois-tu vraiment que tu en serais capable ? Tu sais que les tankistes sont tous de solides gaillards. Lorsqu'on doit grimper sur un char, celui-ci est exposé aux tirs, les balles et les éclats volent dans tous les sens. Et as-tu déjà vu un char en flammes ?

« — Mais je ne suis donc pas une komsomol, comme les autres ? ai-je répondu en pleurant.

« — Bien sûr, tu es aussi une komsomol. Mais trop petite..."

« Or, mes copines d'école qui fréquentaient, comme moi, le cours d'instruction sanitaire, étaient des filles costaudes, bien bâties, elles avaient toutes été enrôlées. Cela me rongeait de savoir qu'elles allaient partir quand moi, je devais rester.

« Naturellement, je n'avais rien dit à mes parents. Je suis venue faire mes adieux aux filles, et celles-ci ont eu pitié de moi : elles m'ont dissimulée à l'arrière du camion, sous une bâche. On roulait dans un camion ouvert, chacune portait un fichu différent : noir, bleu, rouge... Cela faisait un joyeux spectacle ! Choura Kisseleva avait même emporté sa guitare. Comme on approchait des premières tranchées, des soldats nous ont vues et ont crié : "Voilà les artistes ! Voilà les artistes !" On s'est senties vexées : on allait au front pour faire la guerre, et ceux-là nous traitaient d'artistes !

« On est arrivées devant l'état-major, et le capitaine a donné ordre de se mettre en rang. Tout le monde est descendu, et je me suis alignée avec les autres, la dernière. Les filles avaient leurs affaires personnelles, moi, je n'avais rien. Mon départ avait été impromptu, je n'avais rien emporté. Choura m'a passé sa guitare : "Tiens ça, au moins tu n'auras pas les mains vides."

« Le chef de l'état-major paraît et le capitaine lui fait son rapport :

« "Camarade lieutenant-colonel ! Douze filles viennent se mettre à votre disposition pour faire leur service."

« L'autre nous regarde : "Mais elles sont treize, pas douze.

« — Non, douze, camarade lieutenant-colonel", insiste le capitaine, tant il était sûr de son compte. Puis il se retourne, jette un coup d'œil et aussitôt me lance : "Mais toi, d'où sors-tu ?"

« Je réponds :

« "Je suis venue faire la guerre, camarade capitaine...

« — Viens un peu ici !

« — Je suis venue avec une amie...

« — Avec une amie, c'est bien d'aller au bal. Ici, c'est la guerre. Approche-toi donc plus près !"

« Je me présente, telle que j'étais, le pull de maman enroulé autour de la tête. Je montre mon certificat de brancardier. Je me fais suppliante :

« "Vous pouvez me croire, messieurs, je suis forte. J'ai déjà travaillé comme infirmière... J'ai plusieurs fois donné mon sang... S'il vous plaît..."

« Ils examinent tous mes papiers, puis le lieutenant-colonel ordonne :

« "Qu'on la renvoie chez elle ! Par le premier camion en partance !"

« Mais en attendant que se présente un véhicule susceptible de me ramener, je me suis retrouvée affectée à l'infirmerie de campagne. Je passais mon temps à confectionner des tampons de gaze. Dès que je voyais une voiture quelconque s'arrêter devant l'état-major, je filais aussitôt dans les bois. J'y restais une heure ou deux et je ne revenais qu'après le départ de la voiture. Cela a duré trois jours, jusqu'à ce que notre bataillon se trouve engagé. C'était le 1er bataillon de la 32e brigade blindée. Tout le monde est parti au combat, pendant que moi, je restais à préparer les gourbis pour les blessés. Une demi-heure ne s'était pas écoulée qu'on a commencé à ramener des blessés... Et des tués... Une de nos filles a péri dans cet engagement. Bon, et moi, on m'a oubliée, on s'est habitué à ma présence. Les chefs n'en parlaient plus...

« Et ensuite ? Ensuite, il fallait que je me trouve un uniforme. On nous avait distribué à toutes des sacs pour qu'on y range nos affaires. Des sacs tout neufs. J'ai pris le mien, j'en ai coupé les sangles, décousu le fond, puis je l'ai enfilé. Cela me faisait une jupe militaire. J'ai dégoté quelque part une vareuse pas trop abîmée, j'ai bouclé par-dessus un ceinturon et ai décidé de parader devant les autres filles. Mais à peine avais-je eu le temps d'esquisser un ou deux pas sous leurs yeux que l'adjudant-chef entre dans notre abri, suivi du commandant de l'unité.

« L'adjudant-chef : "Garde à vous !"

« Le lieutenant-colonel entre à son tour et l'adjudant-chef l'interpelle :

« "Camarade lieutenant-colonel, permettez-moi de m'adresser à vous. J'ai un pépin avec les filles : je leur ai délivré des sacs pour ranger leurs affaires, et voilà qu'elles se fourrent tout entières dedans !"

« À ce moment, le commandant de l'unité m'a reconnue :

« "Ah ! mais c'est toi, la resquilleuse ! Eh bien quoi, adjudant-chef, il faut fournir des uniformes aux filles."

« Personne ne se rappelait plus qu'il fallait me renvoyer par la première voiture. Nous avons reçu chacune notre paquetage. Les tankistes avaient des pantalons de grosse toile, renforcés aux genoux, mais à nous, on avait donné des combinaisons taillées dans un tissu léger comme de l'indienne. Or, la terre était pour moitié mêlée de débris de métal et de caillasse, aussi nous sommes-nous retrouvées rapidement en guenilles, car nous ne restions pas assises dans une voiture, nous étions constamment à ramper sur le sol. Les tanks étaient souvent la proie des flammes. Le tankiste, s'il était encore en vie, était couvert de brûlures. Et nous tout autant, car nous cherchions à sauver des hommes en train de brûler, nous allions les chercher dans le feu. C'est vrai... Il est très difficile de tirer un homme par une trappe de char, surtout le canonnier coincé dans sa tourelle. Et un mort est plus lourd qu'un vivant... Beaucoup plus. J'ai appris tout cela très vite...

« ... Nous n'avions reçu aucune formation militaire, et nous ne savions pas reconnaître les grades. L'adjudant-chef nous répétait constamment que désormais nous étions de vrais soldats, et que, de ce fait, nous devions saluer tous ceux qui avaient un grade supérieur au nôtre, avoir toujours une tenue impeccable, avec la capote boutonnée jusqu'au col.

« Mais les soldats, nous voyant si gamines, se plaisaient à nous jouer des tours. Une fois, l'infirmerie m'a envoyée chercher du thé. J'arrive devant un cuisinier. Il me regarde : "Qu'est-ce que tu veux ?" Je réponds : "Du thé."

« "Ah ! le thé n'est pas encore prêt.

« — Et pourquoi ?

« — Les autres cuistots sont en train de se laver dans les chaudrons. Dès qu'ils auront terminé, on mettra l'eau à chauffer..."

« Je l'ai cru. J'ai pris ça tout à fait au sérieux. J'ai empoigné mes seaux et j'ai tourné les talons. En chemin, je croise le médecin : "Pourquoi rentres-tu les mains vides ? Où est le thé ?"

« Je lui balance aussitôt : "Les cuisiniers sont en train de se laver dans les chaudrons. Le thé n'est pas encore prêt."

« Il se prend la tête à deux mains : "Quels cuisiniers se lavent dans les chaudrons ?"

« Il m'a ordonné de faire demi-tour, a passé un sacré savon à mon plaisantin et m'a fait verser deux seaux de thé. Me voilà donc portant mes deux seaux remplis, quand tout à coup je vois venir à ma rencontre le chef de la section politique et le commandant de la brigade. Je me suis aussitôt rappelé, comme on nous l'avait appris, qu'il fallait saluer tous les gradés, puisque nous n'étions que de simples soldats. Mais ils étaient deux. Comment pouvais-je les saluer tous les deux ? J'ai réfléchi. Au moment où ils arrivent à ma hauteur, je pose mes seaux par terre, je porte les deux mains à la visière et m'incline devant l'un puis devant l'autre. Ils seraient passés sans même me remarquer, mais là, ils sont restés paralysés de stupeur :

« "Qui t'a appris à saluer de cette façon ?

« — Notre adjudant-chef. Il dit qu'il faut saluer tous les gradés. Mais comme vous êtes deux et que vous marchez ensemble..."

« Pour nous, les filles, tout dans l'armée était compliqué. Nous avions beaucoup de mal à distinguer les différents insignes de grade. Lorsque nous avons été recrutées, il y avait encore les losanges, les cubes, les rectangles cousus sur les pattes d'épaule[1]. Allez donc comprendre avec ça qui porte quel grade ! On me dit : "Va porter cette lettre au capitaine." Bien, mais comment le reconnaître ? Pendant que je marche, même le mot "capitaine" me sort de la tête. J'arrive :

« "Monsieur, monsieur, l'autre monsieur m'a demandé de vous remettre ceci...

« — Quel monsieur ?

« — Mais l'autre, là, celui qui est toujours en vareuse. Sans la tunique."

---

1. Ce système d'insignes a été simplifié en 1943. *(N.d.T.)*

« On ne retenait pas que celui-ci était lieutenant et celui-là capitaine : ce qu'on retenait, c'était si l'homme était beau ou laid, roux ou grand. "Ah ! celui-là, le grand balèze" : ça, on s'en souvenait.

« Bien sûr, lorsque j'ai vu des combinaisons brûlées, des mains brûlées, des visages brûlés... Je... C'est étonnant... J'ai cessé de pleurer... Les tankistes sautaient hors de leur char en flammes, tout brûlait sur eux... fumait... Souvent ils avaient les bras ou les jambes brisés. C'étaient des blessés graves. Un gars comme ça est allongé et me demande : "Je vais mourir, écris à ma mère, écris à ma femme..." Et alors, vous vient un sentiment plus fort que la peur. Une sorte d'ahurissement... Comment raconter à quelqu'un la mort...

« Lorsque les tankistes m'ont ramassée moi-même avec les jambes esquintées, ils m'ont transportée au village de Joltoïe, près de Kirovograd, et la propriétaire de la chaumière où s'était installée l'infirmerie de campagne s'est mise à se lamenter : "Quel tout petit gars !"

« Les tankistes rigolent : "Ce n'est pas un gars, grand-mère, c'est une fille !"

« Elle s'assoit près de moi et me dévisage : "Comment ça, une fille ? Comment ça ? C'est un petit gars..."

« J'avais les cheveux courts, je portais une combinaison, un casque de tankiste – un vrai petit gars, quoi. Elle m'a laissé sa place dans la soupente et elle a même tué le cochon pour que je me remette sur pied plus rapidement. Et elle me plaignait tout le temps : "C'est-il qu'on manquait d'hommes pour qu'on aille prendre des gamins pareils... Des fillettes..."

« À dix-huit ans, à la bataille de Koursk, j'ai été décorée de la médaille du Mérite militaire et de l'ordre de l'Étoile rouge, et à dix-neuf ans, du Petit Ordre de la Guerre patriotique. Lorsque arrivaient de nouveaux renforts, il y avait des jeunots et, bien sûr, ils étaient étonnés. Ils avaient eux aussi dix-huit ou dix-neuf ans, et parfois ils me demandaient d'un air moqueur : "Pour quel exploit as-tu reçu tes médailles ?" ou bien : "Es-tu déjà allée au combat ?" ou encore, par exemple, pour me charrier : "Est-ce que les balles peuvent percer le blindage d'un char ?"

« Il m'est arrivé ensuite de donner les premiers soins à un de ces gars sur le champ de bataille, sous le feu de l'ennemi. Je me rappelle encore son nom : Chtchegolevatykh. Il avait une jambe fracturée... Je lui pose une éclisse, et lui, il me demande pardon :

« "Frangine, faut m'excuser de t'avoir fait enrager l'autre fois. Tu m'avais plu..."

« Que savions-nous alors de l'amour ? Toute l'expérience que nous avions, c'étaient nos amourettes de l'école. Des amours d'enfance. Je me souviens d'une fois où l'on s'était trouvés encerclés. Nous étions tenaillés de tous les côtés. À un moment, il a fallu nous rendre à l'évidence : soit cette nuit-là nous parvenions à percer, soit nous mourions. Et à dire vrai, cette dernière éventualité nous semblait la plus probable... Je ne sais pas si je dois te raconter tout cela...

« On s'est camouflés. Et nous voilà planqués là, à attendre la nuit pour tenter de nous dégager. Le lieutenant, Micha T., un jeune de dix-neuf ans, pas plus, qui remplaçait le chef de bataillon blessé, me dit :

« "Tu y as goûté, toi, au moins ?

« — Goûté à quoi ?" (Je dois dire que j'avais une faim terrible.)

« "Mais... au *plaisir* !"

« Or, avant-guerre, il y avait des gâteaux appelés comme ça.

« "Non, jamais...

« — Moi non plus, j'y ai pas goûté. Tu vois, on va mourir sans savoir ce que c'est que l'amour... On va se faire descendre cette nuit...

« — Mais qu'est-ce que tu racontes, imbécile !" (J'avais fini par comprendre de quoi il parlait...)

« On mourait pour défendre la vie, sans savoir encore ce qu'était justement la vie. On ne connaissait encore le monde que par les livres. J'adorais aussi le cinéma...

« Les brancardiers affectés dans les unités blindées mouraient vite. Il n'y avait pas de place prévue pour nous à l'intérieur du char : on s'accrochait au blindage et on ne pensait plus qu'à une chose : ne pas se laisser prendre les pieds dans les chenilles. Il fallait aussi repérer les chars qui se mettaient à flamber... Y courir, y ramper... Au front, nous étions cinq copines : Liouba Yassinskaïa, Choura Kisseleva, Tonia Bobkova, Zina Latych et moi. Les filles de Konakovo – c'est ainsi que les tankistes nous appelaient. Elles ont toutes été tuées...

« La veille de la bataille dans laquelle Liouba Yassinskaïa a été tuée, nous avions passé un moment assises, toutes les deux, enlacées. Le soir était tombé, nous causions. C'était en 1943. Notre division s'était arrêtée au bord du Dniepr. Tout à coup elle me dit : "Tu sais, je vais mourir dans cette bataille. J'ai un pressentiment. Je suis allée voir l'adjudant-chef, je lui ai demandé me faire délivrer du linge neuf[1], mais il n'a pas voulu : 'Tu en as touché il n'y a pas si longtemps. Retournons demain matin lui en demander à deux." J'essaie de la calmer : "Nous faisons la guerre, toi et moi, depuis deux ans. À présent, les balles ont peur de nous." Mais le lendemain matin, elle a réussi malgré

---
1. La tradition russe veut que la personne destinée à mourir soit habillée dans des habits neufs ou, en tout cas, propres. *(N.d.T.)*

tout à me convaincre de retourner voir l'adjudant-chef avec elle, et nous lui avons extorqué un change complet de linge de corps. La voilà donc avec sa chemisette toute neuve. Blanche comme neige, avec des cordons là et là... Elle était tout inondée de sang... Ce mariage du blanc et du rouge, du sang écarlate, ça m'est resté gravé dans la mémoire. C'était ainsi qu'elle s'était imaginée...

« Nous l'avons portée à quatre, sur une toile de tente, tant elle était devenue lourde. Au cours de cette bataille, nous avions perdu beaucoup de monde. Nous avons creusé une grande fosse commune. Nous y avons déposé tous nos morts, et couché Liouba par-dessus. Je n'arrivais pas à concevoir qu'elle n'était plus, que je ne la reverrais plus jamais. Je me suis dit : je vais garder quelque chose d'elle, en souvenir. Elle avait une bague à la main, je ne sais pas si elle était en or ou non. Je la lui ai prise. Les gars avaient pourtant bien cherché à m'en empêcher : "Ne fais pas ça, voyons, me disaient-ils, ça porte malheur." Eh bien ! au moment de faire nos adieux aux morts, quand chacun, selon la coutume, jette une poignée de terre dans la tombe, mon tour venu, cette bague m'a échappé des doigts pour aller atterrir au milieu des corps... Auprès de Liouba... Je me suis alors rappelé qu'elle tenait beaucoup à cette bague... Dans leur famille, le père a fait toute la guerre et est revenu vivant. Son frère aussi en est revenu. Les hommes sont rentrés chez eux... Et Liouba est morte...

« Choura Kisseleva... C'était la plus jolie d'entre nous. Une vraie actrice de cinéma. Elle a brûlé vive. Elle avait planqué des blessés graves au milieu de meules de paille ; quand le mitraillage a commencé, les meules ont pris feu. Choura aurait pu se sauver, mais il aurait fallu alors qu'elle abandonne les blessés :

aucun d'entre eux ne pouvait bouger... Les blessés ont brûlé... Et Choura avec eux...

« Il n'y a que très peu de temps que j'ai appris comment Tonia Bobkova était morte. Elle a protégé de son corps l'homme qu'elle aimait, alors qu'une mine explosait. Les éclats qui volent, c'est l'affaire d'une fraction de seconde... Comment a-t-elle eu le temps ? Elle a sauvé le lieutenant Petia Boïtchevski, elle l'aimait. Et il est resté en vie.

« Trente ans plus tard, Petia Boïtchevski est venu de Krasnodar et m'a rencontrée lors d'une réunion de vétérans. Il m'a raconté tout cela. Nous sommes allés ensemble à Borissov et avons retrouvé la clairière où Tonia était tombée. Il a pris de la terre sur sa tombe... Il portait cette poignée de terre et la couvrait de baisers...

« Nous étions cinq, nous les filles de Konakovo... Mais je suis la seule à avoir revu ma mère... »

Soudain, elle se met à me réciter des poèmes. Elle m'avoue les avoir écrits au front. Elle est loin d'être la seule. Aujourd'hui, on recopie ces textes avec soin, on les conserve précieusement dans les archives familiales : ce sont des poèmes certes maladroits, mais touchants, emplis d'un sentiment sincère, que je finis par considérer, après tant de contacts et de rencontres, comme de véritables documents. À travers ces « documents-sentiments », je puis entendre cette époque-là, voir cette génération – génération qui, pour moi, au bout du compte, ne serait pas tant celle de la guerre que celle de la foi. Quand ces hommes et ces femmes parlent de leur foi, leurs visages deviennent inspirés. Je ne vois pas aujourd'hui autour de moi de tels visages. Dehors règnent d'autres temps – autres temps, autres faces.

« Depuis toutes ces années, ce n'est pas ici que je vis... je suis toujours à la guerre... Il y a dix ans, j'ai retrouvé mon ami Vania Pozdniakov. Nous pensions qu'il était mort, mais il s'est trouvé que c'était faux. Le char qu'il commandait avait détruit deux blindés allemands à Prokhorovka, avant d'être touché à son tour et de prendre feu. Tout l'équipage avait péri, seul Vania avait survécu, mais il avait perdu la vue et était grièvement brûlé. On l'a envoyé à hôpital, mais personne ne croyait qu'il s'en tirerait. J'ai retrouvé son adresse trente ans plus tard... Bien du temps avait passé... Je me rappelle : je monte l'escalier, je sens mes jambes qui flageolent : est-ce bien lui que je vais revoir ? Il m'a ouvert lui-même la porte, il a posé ses mains sur moi et m'a reconnue : "Ninka, c'est toi ? C'est vraiment toi ?" Il m'a reconnue après tant d'années...

« Sa mère était très âgée, il vivait avec elle. Elle s'est assise à table avec nous et s'est mise à pleurer. Je me suis étonnée : "Pourquoi pleurez-vous ? Vous devriez plutôt vous réjouir de voir deux camarades de régiment se retrouver."

« Elle me répond : "Mes trois fils sont partis à la guerre. Deux ont été tués, seul Vania en est revenu."

« Mais Vania n'avait plus d'yeux. Elle allait passer le reste de sa vie à le guider par la main.

« "Vania, ai-je demandé, la dernière chose que tu as vue, c'est la plaine de Prokhorovka, la bataille de chars... Quels souvenirs gardes-tu de ce jour-là ?"

« Vous ne savez pas ce qu'il m'a répondu ?

« "Je n'ai qu'un seul regret : c'est d'avoir donné trop tôt l'ordre à mes hommes d'abandonner le char en flammes. De toute façon, les gars sont morts, alors que nous aurions pu bousiller encore un char boche..."

« C'était tout ce qu'il regrettait à ce jour...

« Mais lui et moi avons été heureux à la guerre... Je m'en souviens bien...

« Pourquoi suis-je restée en vie ? Qui m'a protégée ? Pour quoi ? Pour raconter tout cela... »

Ma rencontre avec Nina Yakovlevna a eu une suite, mais une suite épistolaire. Ayant transcrit son récit sur le papier à partir de l'enregistrement sur magnétophone, je lui en ai envoyé une copie, comme je le lui avais promis. Quelques semaines plus tard, j'ai reçu un lourd colis postal en provenance de Moscou. Je l'ai ouvert : il contenait des coupures de presse, des articles, des rapports sur le travail d'éducation militaire et patriotique que le vétéran de la dernière guerre, Nina Yakovlevna Vichnevskaïa, accomplissait dans des écoles moscovites. Elle me réexpédiait également le texte que je lui avais adressé. Il n'en subsistait presque plus rien. Elle en avait rayé des passages entiers : l'épisode comique des cuisiniers censés se laver dans leurs chaudrons, et jusqu'à cette phrase innocente : « Monsieur, monsieur, le monsieur m'a demandé de vous remettre ceci... » Et dans la marge des pages où était racontée l'histoire du lieutenant Micha T. figuraient trois points d'exclamation indignés. Par la suite, j'ai été plus d'une fois confrontée à la coexistence de deux vérités dans l'esprit d'une même personne : une vérité personnelle refoulée dans les tréfonds de la conscience, et une vérité empruntée, ou plutôt contemporaine, imprégnée de l'esprit du temps présent, de ses impératifs et de ses exigences. La première était rarement capable de résister à la pression de la seconde. Si, par exemple, une femme me racontait son expérience de la guerre et qu'il se trouvât alors près de nous quelqu'un de sa famille, un voisin ou bien un ami, son récit prenait un tour moins franc et moins intime que si nous nous fussions trouvées en tête à tête. La conversation, de fait, acquérait un caractère public. Il devenait difficile de remonter jusqu'aux impressions personnelles, je me heurtais sans cesse à une solide résistance intérieure. À une espèce d'autodéfense. Les souvenirs qu'on m'exposait étaient comme soumis à une correction permanente. J'ai découvert que le phénomène obéissait même à une sorte de loi : plus il y avait d'auditeurs, et plus le récit devenait terne et froid. Plus il ressemblait à ce qu'on attendait normalement qu'il fût. Plus il s'appliquait à se conformer prudemment au stéréotype le plus courant. Nina Yakovlevna n'avait pas échappé à ce travers : elle m'avait raconté une guerre – « comme je [l'aurais fait] à ma fille, pour que tu comprennes ce que nous, toutes gosses que nous étions, avons été amenées à endurer » – mais en réservait une autre à un grand auditoire – une guerre « telle que les autres la racontent, telle que les journaux en parlent, faite d'exploits et de héros, afin d'éduquer la jeunesse en lui fournissant de nobles exemples ». Chaque fois, j'étais frappée par cette défiance envers ce qui est simple et humain, par ce désir de substituer à la vie une image idéale. Un simulacre

Mais moi, je ne pouvais oublier que nous avions pris ensemble le thé, tout bêtement, à la cuisine. Et que nous étions toutes deux en larmes.

« Chez nous cohabitent deux guerres… »

Un petit immeuble, rue Kakhovskaïa, à Minsk. « Chez nous cohabitent deux guerres « : c'est avec ces paroles qu'on m'accueille alors qu'on vient juste de m'ouvrir la porte. Le second maître Olga Vassilievna Podvychenskaïa a servi pendant la guerre dans une unité de la flotte de la Baltique. Son mari, Saul Guenrikhovitch, était, lui, sergent dans l'infanterie.

On me montre d'abord des albums de famille, soigneusement et même amoureusement composés. Chacun porte un titre : « La guerre », « Mariage », « Enfants », « Petits-enfants ». Et ce respect qu'ils portent à leur propre vie me plaît. Cette affection, si richement documentée, qu'ils témoignent à leur passé, c'est un cas qui se rencontre assez rarement, bien que j'aie visité déjà des centaines d'appartements et été reçue dans des familles très différentes, aussi bien d'intellectuels que de gens simples. Sans doute la fréquence des guerres et des révolutions que nous avons connues nous a-t-elle désappris à conserver un lien avec le passé, à l'aimer et à soigneusement filer la toile de notre généalogie. À rassembler notre mémoire. J'apprends que la chronique de la famille est tenue par Saul Guenrikhovitch. Qu'il écrit même un peu. Qu'il prend des notes, pour son propre usage.

— Vraiment, c'est bien moi, ça ? s'interroge Olga Vassilievna en riant.

Elle prend une photo qui la montre en uniforme de marin, bardé de décorations.

— Chaque fois que je regarde ces photos, j'ai un sentiment de surprise. Saul les a montrées à notre petite-fille âgée de six ans. Elle a demandé : « Grand-mère, avant tu étais un garçon, c'est ça ? »

— Olga Vassilievna, êtes-vous partie tout de suite pour le front ?

— Ma guerre, à moi, a commencé par notre évacuation... J'ai quitté ma maison, ma jeunesse. Durant tout le trajet, le convoi a été canonné, bombardé, les avions volaient très bas. Je me souviens d'un groupe d'adolescents, élèves d'un lycée technique, qui avait sauté hors d'un wagon : ils portaient tous des uniformes noirs. Une cible parfaite ! Ils sont tous morts mitraillés par les avions qui volaient en rase-mottes... On avait l'impression que les Boches les comptaient à mesure qu'ils les descendaient... Vous imaginez ?

On travaillait à l'usine, la nourriture nous y était assurée, on y était plutôt bien. Mais mon cœur brûlait... En juin 1942, j'ai reçu ma feuille de route. Nous étions trente jeunes filles. On nous a fait traverser le lac Ladoga sur des barges non pontées, exposées à tous les tirs, et l'on nous a débarquées à Leningrad, en plein blocus. De ma première journée passée dans la ville, j'ai gardé le souvenir de la nuit blanche et d'un détachement de fusiliers marins qui passaient, tout vêtus de noirs. On sentait l'atmosphère tendue, la population était invisible, il n'y avait pour seul mouvement que la course des projecteurs et ces matelots qui marchaient, comme pendant la guerre civile, ceinturés de bandes de cartouches de mitrailleuses. Une vraie scène de film. Vous imaginez ?

La ville était entièrement encerclée. Le front n'était qu'à deux pas. Avec le tram n° 3, on pouvait atteindre l'usine Kirov, et c'était déjà là le début des premières lignes. Dès que le temps était clair, l'artillerie pilonnait. Qui plus est, à pointage direct. Les tirs se succédaient sans discontinuer... Il y avait de grands navires amarrés à un appontement ; naturellement, on les avait camouflés, mais on ne pouvait exclure pour autant la possibilité d'un coup au but. Nous sommes devenues artificiers. Un détachement spécial de camouflage par rideau de fumée avait été monté et placé sous le commandement du lieutenant de vaisseau Alexandre Bogdanov, ancien commandant d'une division de vedettes lance-torpilles. Les filles y étaient nombreuses. La plupart sortaient de lycées techniques ou bien avaient une ou deux années de fac derrière elles. Notre mission était de préserver les navires en les masquant par de la fumée. Lorsque la canonnade commençait, les marins disaient : « Que les filles se grouillent de tirer le rideau ! Avec lui, on est plus tranquilles. » On partait à bord de voitures, munies d'un mélange spécial, pendant que tout le monde se terrait dans les abris antiaériens. En fait, comme on dit, nous attirions le feu sur nous. Car c'est ce rideau de fumée que les Boches pilonnaient...

Vous savez, nous étions à la portion congrue sous le blocus, mais on tenait, malgré tout. Premièrement, nous étions jeunes, c'est un facteur important. Deuxièmement, nous étions soutenus par l'exemple étonnant des habitants de Leningrad. Car enfin, nous étions, nous, ravitaillés, si peu que ce fût, alors qu'on voyait ces gens-là marcher dans la rue et tomber d'inanition. Mourir en marchant... Des gosses venaient nous voir de temps à autre, et nous partagions avec eux nos maigres rations dans l'espoir de les requinquer un peu. Ce n'étaient plus des gosses, mais des espèces de petits vieillards. Des momies. Ils nous racontaient que tous les chiens et les chats de la ville avaient déjà été mangés. Il n'y avait plus un moineau, plus une pie. Et puis, ces enfants ont cessé de venir... Nous les avons longtemps attendus... Ils sont probablement morts. C'est ce que je pense... L'hiver venu, lorsque Leningrad s'est trouvé à court de combustible, on nous a envoyés démolir des maisons dans un quartier où subsistaient encore des constructions en bois. Le moment le plus dur était quand on s'arrêtait devant une habitation... On avait devant soi un bon bâtiment dont les occupants étaient ou bien morts ou bien partis, et on était censés l'abattre. Pendant une demi-heure, peut-être, personne n'osait lever sa barre de fer. Tout le monde restait là, debout, sans bouger. Ce n'est que lorsque le chef d'équipe s'approchait et commençait à montrer l'exemple qu'on se mettait à l'ouvrage.

On travaillait à l'abattage du bois, on trimballait des caisses de munitions. Je me souviens de m'être effondrée sous le poids de l'une d'elles : elle était plus lourde que moi. Combien de difficultés nous rencontrions, nous les femmes !... Tenez, un exemple. Par la suite, je suis devenue chef de section. Or ma section n'était composée que de jeunes gars. Nous passions des journées entières à bord d'une vedette. Un petit bateau, où il n'y avait pas de poulaine[1]. Les gars pouvaient faire leurs besoins par-dessus bord, pour eux, aucun problème. Mais moi ? Une ou deux fois, je n'en pouvais tellement plus que j'ai sauté à la baille et je me suis mise à nager. Les autres crient : « Le second maître à la mer ! » Et ils me tirent de l'eau. Un détail élémentaire, n'est-ce pas ? Et le poids même des armes ? Ça aussi, c'est très dur pour une femme. Au début, on nous

---

1. Construction en saillie à l'avant du navire. *(N.d.É.)*

avait donné des fusils qui étaient plus grands que nous. Les filles marchaient, et leurs baïonnettes les dépassaient d'un demi-mètre. Vous imaginez ?

Les hommes s'accommodaient plus facilement de tout. De cette vie ascétique. Mais nous, nous éprouvions une terrible nostalgie de la maison, de nos mères, du confort. Il y avait parmi nous une Moscovite, Natachka Jilina. Elle avait été décorée de la médaille de la Bravoure, et à titre de récompense, on lui avait accordé la permission de rentrer pour quelques jours chez elle. Eh bien ! lorsqu'elle est revenue, nous l'avons toutes reniflée. Oui, littéralement, on faisait la queue pour la renifler, on disait qu'elle sentait la maison. On avait une telle nostalgie de chez nous... Dès qu'on avait une minute de repos, on brodait quelque chose, des mouchoirs, par exemple. On nous distribuait des *portianki*, et nous, nous en faisions des écharpes, en y ajoutant une bordure de franges. Nous avions envie d'occupations féminines. Cette part féminine nous manquait, ça en devenait tout bonnement insupportable. On cherchait n'importe quel prétexte pour prendre une aiguille et coudre, retrouver, ne fût-ce que brièvement, notre aspect naturel. Bien sûr, nous connaissions des instants de rire et de joie, mais c'était bien différent d'avant la guerre. Et tant que la guerre a duré, on s'est trouvées dans une sorte de condition particulière dont il était impossible de sortir. Vous imaginez ?

Le magnétophone enregistre les mots, reproduit l'intonation. Les silences. Les sanglots et les moments de désarroi. Mais comment « enregistrer » aussi les yeux, les mains... Leur vie durant la conversation, leur vie propre. Indépendante. Comment enregistrer la coupe très « jeune fille » de ce chemisier qui sied si bien à Olga Vassilievna, avec son col à pois ? Ou encore le regard juvénile et amoureux que pose Saul

Guenrikhovitch sur sa femme. La fierté et l'admiration qu'il lui témoigne, sa foi en chacune de ses paroles. Mais quelque chose d'autre encore semble les unir, quelque chose, peut-être, de plus grand que l'amour. J'ai peur ici d'en prononcer le nom : la guerre.

— Nous avons vécu deux guerres différentes... c'est exact, intervient Saul Guenrikhovitch. Lorsque nous commençons à évoquer ces années-là, j'ai le sentiment qu'elle a le souvenir de sa guerre à elle, et moi, de la mienne. J'ai sans doute aussi vécu des moments comme ceux qu'elle vous a racontés : la maison à démolir ou cette fille devant qui elles faisaient la queue pour la renifler le jour où elle rentrait de permission. Mais je n'en ai rien gardé en mémoire... Ces choses-là ont passé à côté de moi... Elle ne vous a pas encore raconté l'histoire des bérets ? Olga, comment se fait-il que tu l'aies oubliée ?

— Non, je n'ai pas oublié. C'est tout simplement le plus... J'ai toujours peur de m'en souvenir... Une fois, à l'aube, nos vedettes sont parties en mer. Nous avons entendu le combat s'engager. Il a duré plusieurs heures et s'est approché jusqu'aux limites de la ville. Là, le silence peu à peu est retombé. Le soir, je suis sortie faire un tour. Et j'ai vu des bérets qui flottaient sur le canal de la Mer... Des bérets noirs... C'étaient les bérets de nos gars, de ceux qui avaient été précipités à l'eau... Tout le temps que je suis restée là, sans bouger, j'ai vu ces bérets passer, flottant sur l'eau. J'ai d'abord voulu les compter, et puis j'ai renoncé. Le canal de la Mer ressemblait à une immense fosse commune...

— J'ai retenu bon nombre de ses histoires, reprend Saul Guenrikhovitch. Comme on dit maintenant, je les ai assez bien « pigées » pour les raconter à nos petits-enfants. Souvent, ce n'est pas ma guerre que je leur raconte, mais la sienne. Ils sont alors davantage intéressés, voilà ce que j'ai remarqué. J'ai plus de connaissances militaires concrètes, elle – plus de sentiments. Et les sentiments sont toujours plus marquants. Nous avions aussi des filles chez nous, dans l'infanterie. Et il suffisait qu'une seule fasse son apparition parmi nous, pour que chacun se reprenne, surveille sa conduite et sa tenue. Vous ne pouvez pas imaginer... (*Il se reprend aussitôt.*) Ça aussi, c'est un mot que je lui ai emprunté... Vous ne pouvez pas imaginer comme c'est bon, un rire de femme à la guerre ! Une voix féminine...

S'il arrivait qu'on s'aime à la guerre ? Bien sûr ! Et les femmes que nous y avons rencontrées sont des épouses merveilleuses. Des compagnes fidèles. Ceux qui se sont mariés au front sont les gens les plus heureux du monde. Les couples les plus heureux. Nous aussi, nous sommes tombés amoureux l'un de l'autre à la guerre. Au milieu du feu et de la mort. Ça tisse un lien solide. Je n'affirmerai pas que tout a été rose car la guerre a été longue et nous y étions nombreux. Mais je me rappelle davantage les beaux moments. Les moments sublimes.

La guerre m'a rendu meilleur... Je suis devenu un homme meilleur parce que j'y ai connu beaucoup de souffrances. J'y ai vu beaucoup de souffrances, et j'ai moi-même beaucoup souffert. Là-bas, tout ce qui n'est pas essentiel dans la vie est aussitôt balayé, car inutile. Mais la guerre s'est vengée de nous... Et nous avons peur de nous l'avouer... D'en prendre conscience... Beaucoup de nos filles ont échoué dans leur vie personnelle. Et je vais vous dire pourquoi : leurs mères, qui avaient combattu pendant la guerre, les ont élevées comme elles avaient été élevées elles-mêmes, au front. Et leurs pères ont fait de même. Selon la même morale. Or, je vous ai déjà dit qu'au front chacun se trouvait à découvert : on voyait tout de suite qui il était et ce qu'il valait. Impossible de dissimuler. Ces jeunes filles, donc, n'avaient pas idée que, dans la vie, il pouvait en aller tout autrement que chez elles. On ne les a pas averties des pièges cruels que recelait le monde. En se mariant, ces filles sont tombées facilement sous la coupe de vauriens qui les ont trompées d'autant plus facilement qu'elles étaient d'une totale naïveté. La mésaventure est arrivée à nombre d'enfants de nos camarades du front. Et à notre fille également.

— Je ne sais pourquoi nous ne parlions jamais de la guerre à nos enfants, dit Olga Vassilievna d'un air pensif. Je ne portais même pas mes décorations. Une fois, je les ai ôtées et je ne les ai plus jamais épinglées. Après la guerre, je travaillais comme directrice d'une fabrique de pain. Lors d'une réunion, la présidente du trust a remarqué mes décorations et m'a reproché, en présence de tout le monde, de les porter comme si j'étais un homme. Elle-même avait la médaille du Travail qu'elle portait en permanence épinglée sur sa veste, mais mes décorations militaires, curieusement, n'étaient pas à son goût. Lorsque nous nous sommes retrouvées toutes deux seules dans son bureau, je lui ai exprimé, avec toute ma franchise de matelot, ce que je pensais d'elle. Elle s'est sentie dans ses petits souliers, mais moi, après cet incident, j'ai perdu l'envie de porter mes décorations. Aujourd'hui encore, je ne les montre plus. Même si j'en suis fière.

Il s'est écoulé des dizaines d'années avant que la célèbre journaliste Vera Tkatchenko écrive dans la *Pravda* un article sur nous, où elle expliquait que nous, les femmes, avions aussi fait la guerre. Elle y parlait des femmes vétérans qui étaient restées seules, avaient échoué à organiser leur vie et ne disposaient toujours pas d'un appartement[1]. Or, affirmait-elle, nous étions

---

1. Jusqu'à la fin des années 1960, la majorité des habitants des grandes villes ont vécu dans des appartements communautaires, partagés par plusieurs familles ou des personnes seules. *(N.d.T.)*

tous redevables à ces saintes femmes. C'est alors seulement qu'on a commencé, peu à peu, à leur prêter attention. Elles avaient entre quarante et cinquante ans, et vivaient souvent dans des foyers. Finalement, il a été décidé de leur octroyer des logements individuels. Une de mes amies... Je ne la nommerai pas, de peur qu'elle ne le prenne mal... Elle était *feldscher* dans l'armée... Trois fois blessée. Après la guerre, elle est entrée à la faculté de médecine. Elle n'avait pas de famille, tous ses proches avaient disparu. Elle vivait dans la gêne, faisait des ménages pour se nourrir. Mais jamais elle ne révélait à quiconque qu'elle était invalide de guerre. Elle avait déchiré tous ses papiers militaires. Un jour, je lui demande : « Pourquoi les as-tu déchirés ? » Elle fond en larmes : « Mais qui m'aurait épousée ? — Ma foi, c'est vrai, tu as bien fait », lui dis-je. Mais la voilà qui sanglote de plus belle : « C'est aujourd'hui que j'en aurais besoin, de ces papiers. Je suis gravement malade. » Vous imaginez ?

À l'occasion du trente-cinquième anniversaire de la Victoire, pour la première fois ont été invités à Sébastopol, ville où s'est forgée la gloire de la marine russe, cent marins vétérans de la Grande Guerre patriotique, parmi lesquels trois femmes. J'étais de celles-ci, ainsi qu'une de mes amies. L'amiral commandant de la flotte s'est incliné devant chacune de nous, nous a publiquement remerciées et nous a fait le baisemain.

— Mais pourquoi ne parliez-vous jamais de la guerre à vos enfants ?

Olga Vassilievna reste muette. C'est Saul Guenrikhovitch qui répond.

— La guerre était encore trop proche, et trop atroce, pour qu'on se risque à l'évoquer. Nous avions envie d'épargner les enfants...

— Envie d'oublier ?

— Nous sommes incapables d'oublier. Le jour anniversaire de la Victoire, tu te rappelles, Olia, nous avons croisé une très vieille femme qui portait accrochée au cou une affichette aussi vieille qu'elle l'était : « Je recherche Koulnev Tomas Vladimirovitch, disparu en 1942, pendant le blocus de Leningrad. » À vue de nez, elle avait plus de soixante-dix ans. Ça fait combien d'années maintenant, qu'elle le cherche ? Je montrerais volontiers cette photo à tous ceux qui nous disent aujourd'hui : combien de temps peut-on entretenir encore le souvenir de la guerre ? Et vous parlez d'oublier...

— Moi, je voulais oublier. Je voudrais oublier, prononce Olga Vassilievna d'une voix lente, presque en chuchotant. Écrivez-le : se rappeler la guerre, c'est continuer de mourir... De mourir et encore mourir...

Ils restent inscrits tous deux dans ma mémoire, tous deux ensemble – comme sur leurs photos de guerre.

« Le téléphone ne tue pas... »

Valentina Pavlovna Tchoudaïeva et moi avions longuement conversé au téléphone ; « conversé », c'est bien le mot, car elle parle lentement, de manière réfléchie, en pesant soigneusement chacune de ses phrases. Insensiblement, notre conversation s'était focalisée sur un thème : la haine. « C'est un point difficile, a reconnu Valentina Pavlovna. Mais, sans haine, on ne pourrait pas tirer. On est à la guerre, pas à la chasse. La guerre commence par la haine... Je me rappelle les cours d'instruction politique et l'instructeur qui nous lisait l'article d'Ilya Ehrenbourg intitulé *Tue-le !* "Partout où tu croises l'ennemi, tue-le..." Un texte célèbre, tout le monde le lisait à l'époque. On l'apprenait par cœur. Il avait produit sur moi une forte impression. Sur moi et sur toutes les autres. »

Nous avons décidé de nous rencontrer. Me voici au rendez-vous.

— On va manger des pirojki. Je m'affaire depuis ce matin, me dit gaiement Valentina Pavlovna Tchoudaïeva en guise de bienvenue. Nous avons bien le temps de causer. Je vais encore pleurer toutes les larmes de mon corps... Alors, d'abord les pirojki. Fourrés aux merises. Comme on fait chez nous, en Sibérie. Allez, entre. Entre.

Tu n'es pas fâchée que je te tutoie ? C'est une habitude héritée du front : « Eh bien ! la môme, vas-y, la môme ! » Et nous sommes toutes comme ça. Tu le sais bien. Tu vois, on ne fait pas dans les verres en cristal ici... Tout ce que nous avons amassé, mon mari et moi, tient dans une boîte à bonbons en fer-blanc : une paire de décorations et quelques médailles. Elles sont dans le buffet, je te les montrerai tout à l'heure.

Elle me conduit au salon.

— Le mobilier est vieillot, lui aussi, comme tu peux le constater. On y est habitués. On aurait scrupule à en changer.

Elle me présente son amie, Alexandra Fiodorovna Zentchenko, militante du Komsomol à Leningrad, durant le blocus.

Je m'assieds à la table déjà servie : allons-y pour les pirojki, qui plus est sibériens, fourrés aux merises, dont je n'ai jamais goûté.

Trois femmes. Des pirojki tout chauds, sortant du four. Et la conversation qui tout de suite aborde la guerre.

— Surtout, ne l'interrompez pas, me prévient Alexandra Fiodorovna. Si jamais elle s'arrête, elle se met à pleurer. J'ai appris à la connaître...

Valentina Pavlovna Tchoudaïeva,
sergent, chef d'une pièce de DCA :

« Je suis originaire de Sibérie. Qu'est-ce qui m'a poussée, moi, fille de la lointaine Sibérie, autant dire du bout du monde, à partir pour le front ? C'est un journaliste occidental qui m'a posé un jour la question en ces termes, lors d'une rencontre publique, dans un musée. Il me dévisageait depuis un bon moment, au point que je commençais à en être gênée. Puis il s'est approché de moi et m'a demandé, par l'intermédiaire de l'interprète, de lui accorder une interview. Bien sûr, je me suis sentie très troublée. Je me suis demandé ce qu'il voulait. Il venait de m'écouter au musée ! Mais visiblement ce n'était pas ça qui l'intéressait. En premier lieu, il m'adresse un compliment : "Vous avez l'air aujourd'hui si jeune... Comment est-il possible que vous ayez fait la guerre ?" Je lui réponds : "Comme vous comprenez, c'est la preuve que nous sommes parties au front quand nous n'avions pas vingt ans." Mais autre chose le turlupinait. Il m'a reposé la question en ajoutant que la Sibérie, pour lui, c'était comme le bout du monde ! "Non, ai-je deviné, ce n'est pas cela, apparemment, qui vous inquiète. En fait, vous voudriez savoir s'il n'y a pas eu chez nous de mobilisation totale, qui expliquerait que je me sois retrouvée au front alors que je n'étais encore qu'une écolière, c'est bien ça ?" Il a opiné du chef. Je lui ai raconté alors toute ma vie, comme je vais te la raconter à présent. Il était en larmes. Finalement, il m'a dit : "Ne m'en veuillez pas, madame Tchoudaïeva. En Occident, la Première Guerre mondiale a produit un bouleversement bien plus important que la Seconde. Nous avons partout des tombes et des monuments élevés en mémoire de ce premier conflit. Nous connaissons bien son histoire et il reste inscrit dans notre souvenir. Mais de vous, nous ne savons rien. Beaucoup de gens pensent sérieusement que l'Amérique a gagné toute seule la guerre contre Hitler. Nous savons peu de chose sur le prix que les Soviétiques ont payé pour remporter la victoire : vingt millions de vies humaines. Sur les souffrances que vous avez endurées. Des souffrances inhumaines. Je vous remercie : vous avez bouleversé mon cœur."

«... Je ne me souviens pas de ma mère. Elle est morte très jeune. Mon père était un délégué du comité de district de Novossibirsk. En 1925, on l'a envoyé dans son village natal, pour réquisitionner du blé. Le pays entier était dans le besoin, et les koulaks dissimulaient leurs récoltes, les laissaient pourrir. J'avais neuf mois à l'époque. Ma mère a eu envie de visiter le pays où était né mon père, et il a accepté qu'elle vienne avec lui. Elle m'a emmenée, ainsi que ma sœur, car elle n'avait personne à qui nous confier. Dans le passé, papa avait travaillé comme ouvrier agricole chez un riche paysan. Un soir, pendant une réunion, il a menacé cet homme : "Nous savons où le blé est caché. Si vous ne le livrez pas de votre plein gré, nous saurons le trouver nous-mêmes et nous le prendrons de force. Nous le confisquerons au nom de la Révolution."

« Après la réunion, toute la famille s'est rassemblée. Papa avait cinq frères dont aucun n'est revenu plus tard de la guerre, pas plus que mon père. Ils se sont donc retrouvés autour d'une table pour un repas de fête – des *pelmeni*[1] sibériens traditionnels. Les bancs étaient disposés le long des fenêtres... Ma mère était assise le dos contre le mur, une épaule exposée à une fenêtre, mon père à côté d'elle, là où il n'y avait pas de fenêtre du tout. C'était le mois d'avril... En Sibérie, il gèle encore parfois à cette époque de l'année. Ma mère a sans doute eu froid. Je ne l'ai compris que bien plus tard, à l'âge adulte. Elle s'est levée, a jeté la veste de cuir de mon père sur ses épaules et a entrepris de me donner le sein. C'est alors qu'un coup de feu a éclaté, un coup de fusil à canon scié. C'était bien sûr mon père qui était visé, on a tiré sur la veste... Ma mère a juste eu le temps de dire : "Pav..." et m'a laissée tomber sur les pelmeni brûlants... Elle avait vingt-quatre ans...

« Plus tard, mon grand-père est devenu président du soviet rural, dans le même village. Il a été empoisonné

---

1. Sortes de raviolis farcis à la viande de bœuf et de porc. *(N.d.T.)*

avec de la strychnine que l'on a versée dans de l'eau. J'ai gardé une photo de ses funérailles. Le cercueil est recouvert d'un calicot sur lequel est inscrit : "Mort assassiné par l'ennemi de classe."

« Mon père était un héros de la guerre civile, il avait commandé le train blindé engagé contre la rébellion du corps tchécoslovaque[1]. En 1931, il a été décoré de l'ordre du Drapeau rouge. À cette époque, très rares étaient ceux qui avaient obtenu cette distinction, surtout chez nous, en Sibérie. C'était un grand honneur, un signe de grande estime. Mon père avait reçu dix-neuf blessures, il avait tout le corps couturé. Ma mère a raconté – pas à moi, bien sûr, à des parents – que les Tchèques avaient condamné mon père à vingt ans de bagne. Elle a demandé à le voir. Or, elle était à ce moment-là au dernier mois de sa grossesse. Elle attendait Tania, ma sœur aînée. Il y avait là-bas, dans la prison, un long couloir à traverser. On ne lui a pas permis d'aller jusqu'à mon père, on lui a dit : "Salope bolchevique ! Rampe..." Et elle, à quelques jours de l'accouchement, elle a rampé jusqu'au bout de ce long couloir en ciment. Voilà à quel prix on lui a octroyé cette entrevue. Elle n'a pas reconnu mon père, ses cheveux étaient devenus tout gris...

« Pouvais-je rester indifférente, quand l'ennemi à nouveau est venu envahir ma terre, alors que j'avais grandi dans une telle famille, avec un tel père ? Son sang coule dans mes veines... Je suis la chair de sa chair... Il a connu beaucoup d'épreuves difficiles... En 1937, il a été l'objet d'une dénonciation, on a voulu le

---

1. La rébellion des anciens prisonniers de guerre tchécoslovaques (près de 45 000 personnes) contre les bolcheviks, entre mai et août 1918, dans la région de la Volga, dans l'Oural et en Sibérie. Le corps tchécoslovaque s'était rallié aux forces blanches, et notamment à l'armée de l'amiral Koltchak. *(N.d.T.)*

calomnier. Le faire passer pour un ennemi du peuple. Vous savez, ces horribles purges staliniennes... Mais il a obtenu d'être reçu par Kalinine[1], et son honneur a été rétabli. Tout le monde connaissait mon père.

« Mais tout cela, je ne l'ai appris que plus tard...

« Et puis est venu l'été 1941. La dernière sonnerie a retenti, marquant pour moi la fin du lycée. Nous avions toutes des projets, des rêves – comme toutes les gosses de notre âge. Après la fête, on a pris le bateau pour gagner une île sur l'Ob. Nous étions si gaies, si heureuses... Des jouvencelles, comme on dit, je n'avais même encore jamais eu de petit copain. Nous rentrons après avoir assisté au lever du soleil dans l'île... Et nous trouvons la ville en ébullition, les gens en larmes. De tous côtés, on entend répéter : "C'est la guerre ! C'est la guerre !" Partout, on écoute la radio. Mais pour nous, c'était impossible à comprendre. Quelle guerre ? Nous étions si heureuses, nous avions des projets si grandioses : les études que telle ou telle allait entreprendre, la fac où on allait s'inscrire, l'avenir qui nous attendait. Et brusquement, la guerre ! Les adultes pleuraient, mais nous, nous n'avions pas peur, nous nous confortions mutuellement de l'idée qu'avant un mois, "on aurait remis aux fascistes la cervelle à l'endroit" – avant la guerre, tout le monde chantait cette chanson. Qu'on aurait tôt fait de combattre en territoire ennemi...

« Nous n'avons commencé à comprendre que lorsque les premiers avis de décès sont arrivés...

« On ne voulait pas enrôler mon père. Mais il a insisté auprès du bureau de recrutement. Et finalement, il est parti à la guerre. Malgré sa santé, ses cheveux

---

1. Mikhaïl Kalinine, président du Comité exécutif central des soviets (de 1922 à 1938), proche de Staline, qui donna son aval aux purges. *(N.d.T.)*

gris, ses poumons : il était atteint de la tuberculose. Je ne parle pas de son âge... Mais il est parti quand même. Il s'est engagé dans la division d'acier, qu'on appelait aussi "division Staline[1]", où il y avait beaucoup de Sibériens. Nous avions nous aussi le sentiment que, sans nous, la guerre ne serait pas la guerre, que nous devions nous aussi y participer. Qu'on nous donne des armes, tout de suite ! Nous avons toutes couru au bureau de recrutement, toutes les filles de la classe. Et le 10 février, je partais pour le front. Ma belle-mère a beaucoup pleuré : "Valia, ne t'en va pas. Que fais-tu ? Tu es si maigre, si fragile, quelle espèce de soldat va-t-on faire de toi ?" J'avais été rachitique, pendant longtemps, très longtemps. Après qu'on eut tué ma mère. Je n'ai pas marché avant l'âge de cinq ans... Mais là, je ne sais d'où les forces me sont venues tout à coup !

« Nous avons été trimballées durant deux mois dans des wagons à bestiaux. Nous étions deux mille filles, un train entier. Le train de Sibérie. Des chefs de section nous accompagnaient, ils étaient chargés de nous former. Nous devions être affectées aux transmissions. Nous sommes arrivées finalement en Ukraine, et c'est là que nous avons été bombardées pour la première fois. Nous venions juste de nous présenter au service de désinfection, on nous avait expédiées aux bains. Il y avait là-bas un type de service pour surveiller l'étuve. Nous étions très gênées par sa présence : nous étions des jeunes filles, n'est-ce pas, toutes jeunes. Mais dès que le bombardement a commencé, nous nous sommes toutes précipitées vers cet homme, pour chercher secours. On s'est rhabillées en toute hâte, j'ai enroulé une serviette autour de ma tête,

---

[1]. Jeu de mots : le pseudonyme « Staline » provient du mot *stal*, « acier ». *(N.d.T.)*

la serviette rouge que j'avais emportée, puis on a bondi au-dehors. Le lieutenant-chef, un gamin tout comme nous, me crie :

« "Mademoiselle, vite, à l'abri antiaérien ! Et jetez cette serviette ! Vous allez nous faire repérer..."

« Je cours pour qu'il ne me rattrape pas :

« "Je ne fais rien repérer du tout ! Ma mère ne veut pas que je sorte avec les cheveux mouillés !"

« Après le bombardement, il m'a retrouvée :

« "Pourquoi ne m'obéis-tu pas ? Je suis ton chef."

« Je ne l'ai pas cru :

« "Il ne manquerait plus que ça, que tu veuilles me commander..."

« Je me suis querellée avec lui comme avec un gamin. Nous avions le même âge.

« On nous avait donné des manteaux, très grands, en drap épais. Quand on avait ça sur le dos, on ressemblait à des meules de foin, on ne marchait pas, on se traînait. Au début, il n'y avait même pas de bottes prévues pour nous. On avait bien des bottes, mais toutes de pointures d'homme. Plus tard, on nous les a remplacées par d'autres : l'empeigne était rouge, la tige en similicuir noir. C'était d'un chic ! Nous étions toutes maigrichonnes, les vareuses d'homme nous pendouillaient sur le corps. Celles qui savaient coudre arrivaient à les ajuster un peu. Mais nous avions besoin aussi d'autre linge, n'est-ce pas ? On était des filles ! L'adjudant-chef a donc entrepris de prendre nos mesures. Et là, quelle rigolade ! Le chef de bataillon se pointe : "Alors, l'adjudant-chef vous a-t-il distribué tous vos effets féminins ?" L'autre lui répond : "Je viens de prendre leurs mesures. Elles auront ce qu'il leur faut..."

« J'ai été affectée comme agent de transmission dans une unité antiaérienne. Je servais au poste de commandement. J'aurais peut-être continué ainsi jusqu'à la fin de la guerre, si je n'avais appris un jour que mon père était mort. Je n'avais plus mon papa bien-aimé. Mon cher petit papa... Mon seul et unique... Dès lors, j'ai supplié : "Je veux me venger. Je veux venger la mort de mon père." J'avais envie de tuer... De manier une arme... On pouvait bien chercher à me démontrer que le téléphone, dans l'artillerie, est un outil essentiel ; le téléphone, en lui-même, ne tue pas... J'ai écrit un rapport au commandant du régiment. Il a repoussé ma requête. Alors, sans réfléchir davantage, je me suis adressée au commandant de division. Le colonel Krasnykh arrive chez nous, nous fait mettre en rang et demande : "Où est celle qui désire devenir chef de pièce ?" Et moi, je suis là, au garde-à-vous, la mitraillette pendue à mon long cou maigre. Qu'elle était lourde ! Soixante et onze cartouches... Je devais avoir l'air pitoyable... Il m'a dévisagée : "Que veux-tu au juste ? — Je veux me battre", ai-je répondu. Je ne sais pas ce qu'il a pensé. Il m'a longuement considérée, puis soudain a tourné les talons et s'est éloigné. "Eh bien ! me suis-je dit, à coup sûr, c'est fichu." Notre chef arrive alors en courant : "Le colonel a donné son accord..."

« J'ai suivi un stage de courte durée, mais vraiment de courte durée : il n'a duré que trois mois. Et me voici devenue chef de pièce. J'ai été affectée au 1 357e régiment d'artillerie antiaérienne. Dans les premiers temps, je saignais du nez et des oreilles, j'avais des diarrhées horribles... La nuit, ce n'était encore pas trop terrible, mais le jour, j'étais morte de peur. Tu as l'impression que les avions volent droit sur toi, visent précisément ta pièce. Qu'ils te visent, toi. Qu'ils vont te pulvériser, t'anéantir. Tout ça n'est pas fait pour une jeune fille... N'est pas fait pour ses oreilles, pour ses yeux... Au début, nous avions des pièces de 85 qui avaient fait leurs preuves lors de la défense de Moscou ; par la suite, elles sont allées servir contre les chars, et on nous a donné à la place des canons de 37 mm. C'était dans la région de Rjev. Il se déroulait là des combats terribles... Au printemps, la glace s'est mise en marche sur la Volga... Et qu'est-ce que nous avons vu ? Nous avons vu dériver un gros glaçon sur lequel se trouvaient deux ou trois Allemands et un soldat russe... Ils étaient morts ainsi, cramponnés l'un à l'autre. La glace les avait pris, et le glaçon était encore couvert de sang. Toute la Volga était teintée de sang... »

Elle s'interrompt soudain au milieu d'un soupir et demande :

— Je n'en peux plus... Laissez-moi souffler un peu...

— En écoutant parler Valia, je me suis rappelé Leningrad durant le blocus, intervient alors Alexandra Fiodorovna Zentchenko qui, jusqu'à ce moment, s'était tenue silencieuse. En particulier, une histoire qui nous avait tous bouleversés. On nous avait raconté qu'une femme d'un certain âge ouvrait chaque jour sa fenêtre pour jeter de l'eau dans la rue au moyen d'une cruche, et que chaque fois elle parvenait à balancer la flotte un peu plus loin. Nous avons d'abord pensé qu'elle était sans doute folle : on en avait vu d'autres exemples pendant le blocus. Nous sommes donc allés la trouver chez elle pour voir de quoi il retournait. Or écoutez ce qu'elle nous a répondu : "Si jamais les nazis entrent dans Leningrad et mettent un pied dans ma rue, je les ébouillanterai. Je suis vieille, je ne suis plus bonne à rien, mais au moins je peux les ébouillanter." Alors elle s'entraînait... C'était une femme très cultivée. Je me souviens encore de son visage.

« Elle avait choisi le moyen de lutte pour lequel elle se sentait assez de force. Il faut bien se représenter ce moment : l'ennemi était déjà tout près, des combats avaient lieu à la porte de Narva, les ateliers de l'usine

Kirov étaient sous le feu ennemi... Chacun réfléchissait à ce qu'il pourrait faire pour défendre la ville. Mourir était trop simple, il fallait aussi agir. Des milliers de personnes pensaient de la sorte. J'en suis témoin...

— Je suis rentrée de la guerre infirme, reprend Valentina Pavlovna, poursuivant son récit. J'ai été blessée d'un éclat d'obus dans le dos. La blessure n'était pas bien importante, mais je me suis trouvée projetée assez loin, dans une congère. Or il y avait plusieurs jours que je n'avais pas fait sécher mes *valenki*, je ne sais plus pourquoi : soit le bois manquait, soit ce n'était pas mon tour de les mettre à sécher, car le poêle était petit, et nous étions nombreux à nous installer autour. Ainsi, le temps qu'on me retrouve, mes jambes avaient gelé. J'étais complètement ensevelie, mais comme je respirais, il s'était formé un trou dans la neige, comme une sorte de tube. Ce sont des chiens qui m'ont découverte. Ils ont creusé dans le tas de neige et ont rapporté ma chapka à des brancardiers. Dans la chapka, j'avais cousu mon passeport de la mort. Tout le monde en portait un sur lui : on y indiquait quels parents prévenir, à quelle adresse écrire en cas de décès. On m'a dégagée et allongée sur un brancard, ma pelisse était tout imbibée de sang... Mais personne n'a prêté attention à mes jambes...

« Je suis restée six mois à l'hôpital. On a voulu m'amputer d'une jambe, m'amputer au-dessus du genou, parce qu'il y avait un début de gangrène. Et là, j'ai fait preuve d'un peu de lâcheté, je ne voulais pas rester toute ma vie infirme. À quoi bon vivre, alors ? À qui pourrais-je être utile ? Je n'avais ni père, ni mère. Je ne serais qu'un fardeau. Allons, qui irait s'encombrer d'une estropiée ! Plutôt me pendre... J'ai demandé à une infirmière une grande serviette au lieu d'une petite... Or, à l'hôpital, tout le monde me taquinait : "Ah !

la grand-mère… Voici notre vieille grand-mère." Parce que, lorsque le directeur de l'hôpital m'avait vue pour la première fois, il m'avait demandé : "Quel âge as-tu ?" Et moi, je lui avais répondu bien vite : "Dix-neuf ans. J'aurai bientôt dix-neuf ans." Il avait ri : "Oh ! que tu es vieille. Ça, c'est du grand âge !" Et l'infirmière, qu'on appelait tante Macha, me taquinait elle aussi de la sorte. Elle m'a dit : "Je te donnerai ta serviette, puisque aussi bien on te prépare pour l'opération. Mais je vais garder un œil sur toi. Quelque chose dans tes yeux ne me plaît pas, ma fille. N'aurais-tu pas de mauvaises intentions ?" Moi, je reste coite… Mais je constate qu'en effet on me prépare pour m'opérer. Je ne savais pas ce que c'était, une opération, je n'étais jamais passée sur le billard (alors qu'aujourd'hui, j'ai une vraie carte géographique tracée sur le corps) mais j'avais deviné. J'ai caché la grande serviette sous mon oreiller, et j'ai attendu que tout soit silencieux. Que tout le monde soit endormi. On avait des lits en fer, et je m'étais dit que je pourrais attacher la serviette à une barre et me pendre. Mais la tante Macha ne m'a pas quittée de toute la nuit. Elle a préservé ma jeune existence. Elle ne s'est pas endormie…

« Cependant le médecin responsable de notre chambrée, un jeune lieutenant, suivait littéralement le directeur de l'hôpital pas à pas et le suppliait : "Laissez-moi essayer. Laissez-moi essayer…" L'autre lui répondait : "Que veux-tu essayer ? Elle a déjà un orteil tout noir. Cette fille a dix-neuf ans. À cause de nous deux, elle y laissera la peau." Mon médecin de chambrée était contre l'opération, il proposait d'user d'un autre procédé totalement nouveau à cette époque, à savoir introduire de l'oxygène sous la peau au moyen d'une aiguille spéciale. L'oxygène nourrissait les tissus… Bon, je ne vais pas vous expliquer exactement comment, je ne suis pas médecin… Mais ce jeune lieutenant a fini par convaincre le directeur. Ils ne m'ont pas coupé la jambe. Ils ont entrepris de me soigner par ce moyen. Deux mois plus tard, je recommençais à marcher. Avec des béquilles, bien sûr, car j'avais les jambes comme en chiffon, je ne pouvais m'appuyer dessus. Je ne les sentais pas, je les voyais seulement. Puis, j'ai appris à marcher sans béquilles. On me félicitait : c'était comme une deuxième naissance. Après l'hôpital, j'avais droit normalement à un congé. Mais quel congé ? Où ? Chez qui ? Je suis retournée dans mon unité, auprès de ma pièce d'artillerie. J'ai adhéré là-bas au Parti. À dix-neuf ans...

« J'ai accueilli le Jour de la Victoire en Prusse Orientale. Depuis deux ou trois jours, tout était calme, personne ne tirait, et soudain, au beau milieu de la nuit, le signal : "Alerte !" On a tous sursauté. Puis on entend crier : "C'est la victoire ! La capitulation !" La capitulation, je ne sais pas, mais la victoire – ça, on a tout de suite pigé : "La guerre est finie ! La guerre est finie !" Tout le monde s'est mis à tirer en l'air, chacun avec ce qu'il avait sous la main : mitraillette, pistolet... Pièce de DCA... L'un essuie ses larmes, un autre danse : "Je suis vivant ! Je suis vivant !" Le commandant nous a dit ensuite : "Eh bien ! vous ne serez pas démobilisés tant que vous n'aurez pas payé pour les munitions. Qu'avez-vous fait ? Combien d'obus avez-vous gaspillés ?" Il nous semblait que la paix allait désormais toujours régner sur terre, que plus personne ne voudrait jamais la guerre, et que toutes les munitions devaient être détruites. À quoi bon les garder ? Nous étions fatigués de haïr.

« Et comme j'avais envie de rentrer chez moi ! Même si mon père n'était plus, même si ma mère n'était plus. Mais je m'incline jusqu'à terre devant ma belle-mère : elle m'a accueillie comme une mère véritable. Plus tard, je l'ai appelée maman. Elle m'attendait, m'attendait avec impatience. Bien que le directeur de l'hôpital ait eu le temps de lui écrire qu'on allait m'amputer d'une jambe et qu'on lui ramènerait une infirme. Il voulait qu'elle soit préparée. Il lui promettait que je resterais un peu chez elle, et qu'ensuite on me placerait ailleurs... Mais elle, elle tenait à ce que je rentre à la maison...

« Elle m'attendait...

« Quand nous sommes parties au front, nous avions dix-huit, vingt ans, quand nous sommes revenues nous en avions vingt-deux, vingt-quatre. D'abord ce fut la joie, puis la peur nous est venue : qu'allions-nous faire dans la vie civile ? Nos amies avaient eu le temps de décrocher leur diplôme à la fac, mais nous, qu'étions-nous devenues ? Où était passée notre époque ? Notre époque avait été tuée par la guerre. Nous n'étions adaptées à rien, nous n'avions pas de métier. Tout ce que nous connaissions, c'était la guerre. Tout ce que nous savions faire, c'était la guerre. Nous avions le désir de nous en détacher le plus vite possible. J'ai eu tôt fait de transformer ma capote de soldat en manteau, d'y coudre de nouveaux boutons. Au marché, j'ai vendu mes bottes en similicuir et je me suis acheté une paire d'escarpins. Lorsque j'ai enfilé une robe pour la première fois, j'ai éclaté en sanglots. Je ne me reconnaissais pas dans le miroir : pendant quatre ans, n'est-ce pas, nous n'avions porté que le pantalon. À qui pouvais-je confier que j'avais été blessée, commotionnée ? Essaie de raconter ça, qui ira t'embaucher ensuite ? Je souffrais donc en silence de mes jambes malades, j'étais très nerveuse... Nous restions muettes comme des carpes. Nous ne disions à personne que nous avions été au front. Nous gardions juste le contact entre nous, en échangeant des lettres. C'est plus tard qu'on a commencé à nous couvrir d'honneurs, à nous convier à des réunions de vétérans, mais les premiers temps, nous nous dissimulions. Nous ne portions même pas nos décorations. Les hommes les portaient, les femmes non. Les hommes étaient des vainqueurs, des héros, des fiancés possibles, c'était leur guerre, mais nous, on nous regardait avec de tout autres yeux. Je vais vous dire : on nous avait confisqué la victoire. On nous l'avait échangée, discrètement, contre un bonheur féminin ordinaire. On refusait de partager la victoire avec nous. Et c'était vexant... Incompréhensible... Parce que, au front, les hommes avaient une attitude épatante vis-à-vis de nous, ils nous protégeaient toujours, je ne les ai jamais vus se comporter d'une telle manière avec les femmes dans la vie civile. Lorsqu'on battait en retraite, il arrivait qu'on s'étende à même le sol pour reprendre souffle, les hommes restaient eux-mêmes en vareuse pour nous prêter leurs manteaux : "Les gamines... Il faut couvrir les gamines..." S'ils trouvaient quelque part un bout de gaze ou de coton, ils nous le refilaient : "Tiens, prends, ça peut toujours te servir..." Ils partageaient avec nous leur dernier morceau de biscuit. Nous n'avions connu de leur part que de la chaleur et de la bonté. Aussi nous sommes-nous senties terriblement offensées quand, après la guerre, nous avons dû dissimuler nos livrets militaires...

« Après la démobilisation, mon mari et moi nous sommes installés à Minsk. Nous n'avions rien : pas une tasse, pas un drap. Deux capotes et deux vareuses de soldat. Nous avons trouvé une grande carte de géographie, elle était de bonne qualité, encollée sur une toile de coton. Nous l'avons mise à tremper pour récupérer son support... Eh bien ! ce drap de coton est le premier drap que nous ayons possédé. Plus tard, lorsque notre fille est née, il nous a servi à lui faire des couches. Cette carte... Je m'en souviens comme si c'était hier, c'était une carte politique du monde... Un jour, mon mari rentre à la maison : "Viens, maman, je viens de voir un vieux canapé abandonné dans la rue..." Et nous sommes allés chercher ce canapé, en pleine nuit, pour que personne ne nous voie. Comme nous étions contents de notre trouvaille !

« Malgré tout, nous étions heureux. Je m'étais fait tellement d'amies ! Les temps étaient durs, mais nous ne perdions pas courage. Dès qu'on obtenait quelque chose de comestible avec les tickets de rationnement, on s'invitait les uns les autres : "Viens, j'ai touché du sucre. On va prendre le thé." Il n'y avait rien au-dessus de nous, ni rien au-dessous, personne n'avait encore de ces tapis, de ces services en cristal... Nous n'avions rien... Et nous étions heureux. Heureux d'être restés en vie. On respirait, on riait, on marchait dans les rues. On était réchauffé par un sentiment d'amour. Chacun avait besoin de l'autre, tout le monde avait énormément besoin des autres. C'est plus tard que nous nous sommes dispersés, pour aller chacun chez soi, chacun dans sa maison, dans sa famille, mais à cette époque nous vivions encore ensemble. Épaule contre épaule, comme dans les tranchées...

« Récemment, j'ai donné une conférence dans un musée, devant des Italiens. Ils m'ont longuement questionnée, ils m'ont posé mille questions bizarres... Par quel médecin m'étais-je fait soigner ? De quoi souffrais-je ? Ils cherchaient, je ne sais pourquoi, à savoir si je m'étais adressée à un psychiatre. Et quels rêves je faisais. Si je rêvais de la guerre. Pour eux, m'ont-ils dit, la femme russe était une énigme. Autre chose les intéressait encore : m'étais-je mariée après la guerre ? Ils pensaient curieusement que je n'étais pas mariée. Que j'étais restée célibataire. Moi, j'ai ri : "Tout le monde a rapporté des trophées de la guerre, moi, j'en ai rapporté un mari. J'ai une fille. Et maintenant, j'ai aussi des petits-enfants." Je ne t'ai pas parlé d'amour aujourd'hui... Nous n'avons tout le temps parlé que de haine... Eh bien ! l'amour, ce sera pour une autre fois... Je te raconterai tout... Comment, au front, notre chef de bataillon est tombé amoureux de moi. Il a veillé sur moi durant toute la guerre, et une fois démobilisé il est allé me chercher à l'hôpital. Bon, mais je te dirai tout cela plus tard... Tu reviendras, il faudra absolument que tu reviennes. Tu seras ma seconde fille...

« Je n'ai qu'une seule fille. Bien sûr, j'aurais aimé avoir plus d'enfants, mais ma santé ne me l'a pas permis, je n'étais pas assez solide. Je n'ai pas pu faire d'études, non plus... Jusqu'à ma retraite, j'ai travaillé comme laborantine à l'Institut polytechnique. Mais tout le monde m'aimait... Les professeurs comme les étudiants. J'avais accumulé en moi énormément d'amour... C'est ainsi que je comprenais la vie, c'est ainsi, et pas autrement, que je voulais vivre après la guerre...

« Il y a deux ans, notre chef d'état-major, Ivan Mikhaïlovitch Grinko, est venu en visite chez nous. Il est à la retraite, depuis longtemps. Il était assis à cette même table. J'avais fait ce jour-là aussi des pirojki. Il était en train de discuter avec mon mari, ils échangeaient des souvenirs. Et puis ils se sont mis à parler des filles. Subitement, j'ai éclaté en sanglots : "De l'estime, dites-vous, du respect... Mais nos filles sont presque toutes restées seules. Elles vivent dans des appartements communautaires. Qui s'est soucié d'elles ? Qui les a défendues ?" Bref, je leur ai gâché leur bonne humeur...

« Le chef d'état-major était assis là, à ta place. "Montre-moi qui t'a causé du tort, m'a-t-il dit. Montre-le-moi seulement !" Puis il m'a demandé pardon : "Valia, je ne peux rien te dire, je n'ai que des larmes." Mais nous n'avons pas besoin d'être prises en pitié. Nous sommes fières... On peut bien récrire dix fois l'Histoire. Avec Staline ou sans Staline. Un fait restera : nous avons vaincu ! Et resteront aussi nos souffrances. Tout ce que nous avons enduré... »

Avant que je parte, on m'emballe des gâteaux dans un paquet :

— Ce sont des pirojki sibériens. Des spéciaux.

Je me vois remettre également une longue liste d'adresses et de numéros de téléphone :

— Toutes seront ravies de te voir. Elles t'attendent. Personne encore ne nous a écoutées.

Elles se sont tues durant si longtemps que leur silence, lui aussi, s'est changé en histoire.

« Nous n'avions droit qu'à de petites médailles... »

MON COURRIER PERSONNEL rappelle de plus en plus celui d'un bureau de recrutement ou d'un musée militaire : « Les aviatrices du régiment Marina Raskova vous saluent », « Je vous écris à la demande des partisanes de la brigade "Jelezniak" », « Les résistantes de Minsk [...] vous félicitent... Nous vous souhaitons du succès dans le travail que vous avez entrepris... », « Les simples soldates d'un détachement d'hygiène de campagne s'adressent à vous... » Durant tout le temps qu'ont duré mes recherches, je n'ai essuyé que quelques refus catégoriques : « Non, c'est comme un atroce cauchemar... Je ne peux pas ! Ne comptez pas sur moi ! » Ou bien : « Je ne veux pas me souvenir ! Je ne veux pas ! » Je garde aussi en mémoire une lettre, sans adresse d'expéditeur : « Après la guerre, mon mari, chevalier de l'ordre de la Gloire, a été condamné à dix années de camp. C'est ainsi que la Patrie a accueilli ses vainqueurs. Il avait écrit dans une lettre à un ami qu'il avait du mal à s'enorgueillir de notre victoire, car on avait jonché nos terres et celles de l'ennemi de cadavres russes. On les avait inondées de sang. Il s'est trouvé arrêté illico... Il n'est revenu de Magadan qu'après la mort de Staline... Miné par la maladie. Nous n'avons pas d'enfants. Je n'ai pas besoin de me souvenir de la guerre, ma guerre à moi n'est pas finie... »

Tout le monde n'ose pas écrire ses Mémoires, et nombreux aussi sont ceux qui ne parviennent pas à confier au papier leurs sentiments et leurs pensées. « Les larmes m'en empêchent... » *(A. Bourakova, sergent, radiotélégraphiste.)* Et, contre toute attente, cette abondante correspondance ne me livre que de nouveaux noms et adresses.

« Du métal, je n'en manque pas... Blessée à Vitebsk, je garde un éclat d'obus logé dans le poumon gauche, à trois centimètres du cœur. J'en ai un deuxième dans le poumon droit. Et deux autres encore dans la région de l'abdomen... Voici mon adresse... Venez. Je ne puis vous en écrire davantage : je n'y vois plus rien à cause des larmes... »

V. Gromova, instructeur sanitaire.

« Je n'ai pas de grosses décorations, juste quelques médailles. Je ne sais pas si ma vie vous intéressera, mais j'aimerais la raconter à quelqu'un... »

V. P. Voronova, standardiste.

« Je vivais avec mon mari dans l'extrême Nord, à Magadan. Mon mari était chauffeur, et moi contrôleuse. Dès que la guerre a éclaté, nous avons demandé tous deux à partir au front. On nous a répondu de continuer à travailler là où on avait besoin de nous. Nous avons alors adressé au camarade Staline un télégramme disant que nous faisions don de cinquante mille roubles pour la construction d'un char et que nous souhaitions tous deux partir au front. Nous avons reçu les remerciements du gouvernement. Et, en 1943, on nous a envoyés, mon mari et moi, à titre d'externes, à l'école technique de blindés de Tcheliabinsk.

« C'est là que nous avons reçu notre char. Nous étions tous les deux chefs conducteurs-mécaniciens, mais dans un char, il n'y a jamais qu'un seul conducteur-mécanicien. On a décidé en haut lieu de me nommer, moi, commandant du char "IS-122", et mon mari chef conducteur-mécanicien. C'est ainsi que nous sommes parvenus jusqu'en Allemagne. Nous avons tous deux été blessés. Et tous deux décorés.

« Il y a eu pas mal de filles tankistes dans les chars moyens, mais j'ai été la seule à commander un char lourd. Parfois, je me dis que je devrais raconter ma vie à un écrivain... »

A. Boïko, sous-lieutenant, tankiste.

« En 1942, j'ai été nommé commandant d'un groupe de batterie. Le commissaire du régiment m'a averti : "Prenez bien en considération, capitaine, que vous allez avoir sous vos ordres un groupe un peu spécial. La moitié de son effectif est composée de jeunes filles, et celles-ci réclament un traitement, une attention et un intérêt particuliers." Je savais bien sûr que des filles servaient dans l'armée, mais je me représentais mal la chose. Nous, officiers de carrière, nous méfiions quelque peu de l'apprentissage du métier militaire par le "sexe faible" car, de tout temps, il avait été considéré comme une affaire d'hommes. Bon, disons, les infirmières, on y était habitués. Elles s'étaient acquis une solide réputation pendant la Première Guerre mondiale, puis durant la guerre civile. Mais qu'allaient faire des filles dans l'artillerie antiaérienne, où l'on doit coltiner des obus pesant plusieurs dizaines de livres ? Comment les affecter à une batterie de DCA servie également par des hommes quand il n'y avait qu'une seule casemate à partager ? Elles auraient en outre à passer des heures perchées sur les appareils de pointage, lesquels sont en métal tout comme les sièges installés sur les pièces, or c'étaient des filles, et rien n'était plus mauvais pour elles. Enfin, où allaient-elles se laver et se sécher les cheveux ? Une masse de questions surgissait, tant le problème sortait de l'ordinaire...

« Je me suis mis à inspecter régulièrement les batteries, à observer avec attention ce qui s'y passait. J'avoue que je me sentais légèrement mal à l'aise : une fille en faction armée d'un fusil, une fille en haut d'un mirador, avec des jumelles, tandis que moi, voyez-vous, j'arrivais du front, des premières lignes. Et elles étaient toutes si différentes : timides, craintives, minaudières, ou bien résolues, énergiques. Toutes ne savaient pas se soumettre à la discipline militaire : la nature féminine résiste aux règlements de l'armée. L'une a oublié ce qu'on lui a ordonné de faire, l'autre a reçu une lettre de sa famille et pleuré toute la matinée. On les punit, puis la fois d'après on lève la punition tant elles vous font pitié. Je me disais : "Avec pareille engeance, je suis foutu !" Mais rapidement, j'ai dû me défaire de mes préjugés. Les filles sont devenues de vrais soldats. Nous avons accompli ensemble un chemin éprouvant. Venez. Nous parlerons longuement... »

I.A. Levitski, ancien commandant
du 5e groupe de batteries du 784e régiment
d'artillerie antiaérienne.

Les adresses sont des plus variées : Moscou, Kiev, Apcheronsk, dans la région de Krasnodar, Vitebsk, Volgograd, Ialoutorovsk, Galitch, Smolensk... Comment embrasser tout cela ? Le pays est immense. Et là, le hasard me vient en aide. Un jour, je trouve dans mon courrier une invitation de la part des vétérans de la 65ᵉ armée du général P. I. Batov : « Le 16 ou le 17 mai, nous nous rassemblons d'habitude à Moscou, sur la place Rouge. C'est une tradition, et c'est aussi un rite. Viennent tous ceux qui en sont encore capables. Ils arrivent de Mourmansk et de Karaganda, d'Alma-Ata et d'Omsk. De partout. Des quatre coins de notre immense Patrie... Bref, on vous attend... »

... Hôtel Moscou. On est au mois de mai, le mois de la Victoire. Partout, on s'embrasse, on pleure, on se prend en photo. Il n'y a pas là de connaissances et d'inconnus, on y est tous de la même fratrie. Je pénètre dans ce flot et sens la puissance de son courant souterrain, qui me soulève et qui m'emporte. Je me retrouve dans un monde ignoré... Sur une île ignorée... Notre pays est grand, certes, mais en son sein en existe un autre où vivent des gens doués de leur propre mémoire, de leurs propres valeurs et systèmes de mesure, de leurs peurs et de leurs rêves, qui ne ressemblent pas toujours aux nôtres. D'habitude, ils sont perdus au milieu des autres, mais une fois l'an, ils se réunissent tous ensemble, pour se réfugier, ne fût-ce qu'un instant, dans le temps qui est le leur. Et ce temps, ce sont leurs souvenirs.

Au septième étage, dans la chambre 52, s'est rassemblé tout l'hôpital n° 5 257. Alexandra Ivanovna Zaïtseva, médecin militaire, capitaine, préside la tablée. Elle me présente tout le monde.

Je note : Galina Ivanovna Sazonova, chirurgien, Elisaveta Mikhaïlovna Eisenstein, médecin, Valentina Vassilievna Loukina, infirmière en chirurgie, Anna Ignatievna Gorelik, infirmière en chef de salle d'opération, et les infirmières Nadejda Fiodorovna Potoujnaïa, Klavdia Prokhorovna Borodoulina, Elena Pavlovna Iakovleva, Anguelina Nikolaïevna Timofeïeva, Sofia Kamaldinovna Motrenko, Tamara Dmitrievna Morozova, Sofia Filimonovna Semeniouk, Larissa Tikhonovna Deïkoun.

Des poupées et des fusils

« Si l'on considère la guerre avec nos yeux de femmes... de simples femmes... elle est plus horrible que tout ce qu'on imagine. C'est pourquoi on ne nous pose jamais de questions... »

« Vous vous souvenez, les filles : on voyageait dans des wagons à bestiaux, et les soldats riaient de notre manière de tenir nos fusils. On ne les tenait pas comme on tient une arme, mais plutôt comme ça... Aujourd'hui, je ne saurais même plus vous montrer... On les tenait comme des poupées... »

« Les gens pleuraient, criaient : "C'est la guerre !" Et moi, je pensais : "Mais quelle guerre, si on a un examen demain à la fac ? Un examen, c'est si important. Comment peut-il y avoir la guerre ?"

« Mais une semaine plus tard, les bombardements commençaient, et nous étions déjà occupés à secourir des gens. Trois ans de fac de médecine, c'était beaucoup en pareille circonstance. Or, les premiers jours, j'ai vu tant de sang que je me suis mise à en avoir peur. Ah ! elle était belle, la presque diplômée en médecine ! Elle était belle, l'excellente élève en travaux pratiques ! Mais les gens se comportaient de façon exceptionnelle, et ça vous donnait des ailes.

« Les filles, je vous ai déjà raconté l'histoire... C'était juste après une vague de bombardements, je vois la terre devant moi qui remue. Je cours et je commence à creuser. Je sens sous mes mains un visage, des cheveux... C'était une femme... Je l'ai déterrée et j'ai fondu en larmes sur elle. Mais elle, lorsqu'elle a ouvert les yeux, elle n'a pas demandé ce qui lui était arrivé, elle m'a dit d'une voix inquiète :

« "Où est mon sac ?

« — Qu'avez-vous besoin maintenant de votre sac ? On le retrouvera bien.

« — Il y a ma carte du Parti dedans."

« Elle ne se souciait pas de savoir si elle était indemne, elle s'inquiétait pour sa carte du Parti. J'ai aussitôt entrepris de chercher son sac. Je l'ai trouvé. Elle l'a posé sur sa poitrine et a fermé les yeux. Bientôt, une ambulance est arrivée et nous l'y avons embarquée. Je me suis encore une fois assurée qu'elle avait bien son sac. Et le soir, je suis rentrée à la maison, j'ai raconté ça à maman et lui ai annoncé que j'avais décidé de partir au front. »

« Nos troupes battaient en retraite... Nous étions tous sortis sur la route... Un soldat d'un certain âge vient à passer, il s'arrête devant notre maison et s'incline très bas juste aux pieds de ma mère : "Pardonne-moi, mère... Mais sauve ta fille ! Oh ! il faut sauver ta gamine !" J'avais alors seize ans, j'avais une longue tresse... Et des sourcils... noirs, comme ça ! »

« Je me rappelle quand on avançait vers le front. Le camion était rempli de filles, un gros camion bâché. Il faisait nuit noire, des branches heurtaient la toile, et il régnait une telle tension qu'il nous semblait entendre des impacts de balles, comme si on essuyait des tirs... Avec la guerre, les sons, les mots se trouvaient changés... On disait "maman", et c'était un tout autre mot qui vous sortait de la bouche, on disait "je t'aime", et le sens n'en était plus du tout le même… Quelque chose d'autre venait s'y ajouter. Il s'y ajoutait plus d'amour, plus de peur. »

« J'étais une fille à sa maman… Je n'avais jamais quitté ma ville, je n'avais jamais passé une nuit en dehors de chez moi, et voilà que je me retrouvais médecin auxiliaire dans une batterie de mortiers. Qu'est-ce que j'ai souffert ! Dès que les mortiers se mettaient à tirer, je devenais complètement sourde. Comme si ça me brûlait. Je m'asseyais et je murmurais : "Maman… maman… ma petite maman…" Nous bivouaquions dans une forêt. Le matin, je sortais : tout était silencieux, constellé de gouttes de rosée. Était-il possible que ce fût la guerre ? Quand la nature était si belle, si paisible…

« On nous avait dit de revêtir l'uniforme, or je ne mesure qu'un mètre cinquante. J'avais bien tenté d'enfiler le pantalon, et les filles m'avaient ligotée dedans en me le nouant sous les aisselles. C'est pourquoi je continuais à porter ma robe, en m'appliquant à échapper aux regards de mes supérieurs. Finalement, j'ai été mise aux arrêts pour manquement à la discipline militaire. »

« Je ne l'aurais jamais cru… J'ignorais que je serais un jour capable de dormir en marchant. Tu es là, à marcher en colonne, et puis tu t'endors, tu heurtes celui qui est devant toi, tu te réveilles une seconde et tu replonges dans le sommeil. Une fois cependant, j'ai trébuché non pas en avant, mais sur le côté, et j'ai continué à marcher en plein champ, je marchais, tout endormie. Jusqu'à ce que je tombe dans un fossé : alors seulement je me suis réveillée et j'ai couru pour rattraper la troupe. »

« On opérait durant des jours et des nuits d'affilée. On était là, debout, et les bras vous en tombaient tout seuls. Il m'arrivait de piquer du nez sur le corps du blessé étendu sur le billard. On avait les jambes tellement enflées qu'elles ne rentraient plus dans nos bottes en similicuir. Et les yeux si fatigués qu'on avait du mal à fermer les paupières... »

« Je ne l'oublierai jamais : on nous amène un blessé, on le descend du brancard... Quelqu'un lui prend la main : "Non, il est mort." On passe au suivant. Et juste à ce moment, le blessé pousse un soupir. En entendant ça, je m'agenouille auprès de lui. Je pleure, je crie : "Le médecin ! Le médecin !" On essaie de réveiller le médecin, on le fait lever, on le secoue, mais il s'affaisse à nouveau comme une marionnette, tant il dort profondément. Nous n'avons jamais réussi à le tirer du sommeil, même en lui faisant respirer des sels. Il y avait trois jours entiers, avant cela, qu'il n'avait pas fermé l'œil. »

« C'était un bataillon de chasseurs à ski – rien que des gosses qui sortaient du collège. Ils se sont fait mitrailler... Quand on t'amène un gamin comme ça, il est en larmes. Nous avions le même âge qu'eux, mais nous nous sentions déjà plus vieilles. Tu l'embrasses : "Mon pauvre bébé." Et lui, aussi sec : "Si tu avais été là-bas, tu ne m'aurais pas traité de bébé." Il agonise, et toute la nuit, il appelle : "Maman, maman !" Il y avait parmi eux deux gars de Koursk, on les appelait les "rossignols de Koursk". Lorsqu'on venait pour les réveiller, ils dormaient à poings fermés, les lèvres mouillées de salive. De vrais gosses... »

« Les blessures étaient atroces... C'était à devenir fou. L'un avait la cage thoracique entièrement déchiquetée... Son cœur était à nu... Il était en train de mourir... Je lui fais un dernier pansement et je retiens mes larmes à grand-peine. J'ai envie que ça se termine au plus vite pour pouvoir me planquer dans un coin et sangloter tout mon saoul. Mais il me dit : "Merci, frangine..." et me tend quelque chose, un petit objet métallique. Je regarde : c'est un sabre et un fusil entrecroisés. "Pourquoi me donnes-tu ça ?

— Maman m'a dit que ce talisman me sauverait la vie. Mais je n'en ai plus besoin. Peut-être auras-tu plus de chance que moi..." Il m'a dit ça, puis a tourné la tête vers le mur."

« Un autre m'appelle : "Infirmière, j'ai mal à la jambe." Mais il n'a plus de jambe... Ce dont j'avais peur par-dessus tout, c'était de porter des cadavres : le vent soulève le drap, et le mort te regarde. Je ne pouvais pas porter un mort s'il avait les yeux ouverts. Il fallait que je les lui ferme... »

« On m'amène un blessé, entièrement bandé, il avait reçu une blessure à la tête, on ne voyait presque rien de son visage. Mais, visiblement, je lui rappelais quelqu'un, car il s'adresse à moi : "Larissa... Larissa... Ma petite Lara..." Ce devait être le nom de la fille qu'il aimait. Mais c'est aussi le mien. Je suis certaine de n'avoir jamais rencontré cet homme auparavant, mais il m'appelle. Je m'approche, je n'y comprends toujours rien, je le regarde attentivement. "Tu es venue ? Tu es venue ?" J'ai pris sa main, je me suis penchée vers lui... "Je savais que tu viendrais..." Il ajoute quelques mots dans un murmure, mais je n'arrive pas à entendre ce qu'il dit. Même aujourd'hui, je ne peux pas raconter cette histoire sans en avoir les larmes aux yeux. "Quand je suis parti au front, je n'ai pas eu le temps de t'embrasser. Embrasse-moi..." Je me suis inclinée sur lui et je l'ai embrassé. Une larme a perlé de son œil puis a disparu, absorbée par la gaze. Et c'est tout. Il était mort... »

De la mort et de l'étonnement devant la mort

« Les hommes ne voulaient pas mourir. Nous répondions à chaque gémissement, à chaque cri. Un blessé, qui avait senti qu'il mourait, m'avait saisie par l'épaule, comme ça, m'avait serrée contre lui et ne me lâchait plus. Il lui semblait que si quelqu'un était à côté de lui, si l'infirmière était tout près, la vie ne le quitterait pas. Il suppliait : "Si je pouvais vivre encore cinq minutes. Encore deux minutes..." Les uns mouraient sans bruit, tout doucement, d'autres criaient : "Je ne veux pas mourir !" On est à l'agonie, mais on refuse d'y penser, on refuse d'y croire. Et vous voyez une ombre jaune naître à la racine des cheveux, s'étendre d'abord sur le visage, puis sous les vêtements... L'homme repose sans vie, et une sorte d'étonnement est peint sur sa face, comme s'il gisait là et pensait : "Comment ça, je suis mort ? Non, c'est vrai, je suis bien mort ?"

« Tant qu'il entend encore... Jusqu'au dernier moment, vous lui dites que non, non, c'est impossible qu'il meure. Vous l'embrassez, le prenez contre vous : "Allons, allons, pas de bêtises !" Il est déjà mort, ses yeux fixent le plafond, et je lui chuchote encore des mots... Je cherche à l'apaiser... Les noms se sont effacés, sont sortis de ma mémoire, mais leurs visages me restent... »

« On amène les blessés... Ils pleurent... Ils pleurent non de douleur, mais d'impuissance. Le premier jour, quand on les a conduits au front, certains n'ont pas tiré un seul coup de feu. On n'avait pas eu le temps de leur distribuer des fusils, et il faut avouer que, les premières années, on en manquait. Leurs camarades tombaient, ils ramassaient leurs armes. Leurs grenades. Ou bien ils se ruaient au combat les mains nues... armés de couteaux de poche...

« Et se retrouvaient d'emblée à affronter des tanks... »

« Lorsqu'on coupe un bras ou une jambe, il n'y a pas de sang... On voit de la chair blanche, bien propre, le sang ne vient qu'ensuite. Aujourd'hui encore, je ne peux pas découper un poulet, si sa chair est trop blanche et nette. Un atroce goût de sel me vient dans la bouche... »

« Les Allemands ne faisaient pas prisonnières les femmes qui portaient l'uniforme. Ils les abattaient sur place. Ils les traînaient devant leurs soldats alignés et les leur montraient : "Tenez, regardez, ce ne sont pas des femmes, mais des monstres. Des fanatiques russes !" Aussi gardions-nous toujours une cartouche pour nous. Il valait mieux mourir que se laisser prendre...

« Une de nos infirmières avait été faite prisonnière. Le surlendemain, lorsque nous avons repris le village, nous l'y avons retrouvée : les yeux crevés, les seins coupés... Ils l'avaient empalée... Il gelait, elle était toute blanche, et ses cheveux étaient devenus gris. Elle avait dix-neuf ans. Une très jolie fille... »

« Nous battons en retraite, on nous bombarde. La première année, on ne cessait de reculer. Les avions fascistes volaient très bas, poursuivaient chaque individu. On court. On se cache dans la forêt. Un Allemand vole droit sur moi... Je le vois. Je distingue son visage... Et lui aussi, il voit que nous sommes des filles... Un convoi de blessés... Nous nous dissimulons derrière des pins... Il tire presque à bout portant et en plus, il sourit. Un sourire si insolent, si odieux... Et un beau visage... Je cours dans les maïs, il me suit, je cours vers la forêt, il me force à me plaquer au sol. Finalement, j'atteins les bois, je plonge dans un tas de feuilles mortes. J'ai si peur que j'en saigne du nez, je ne sais si je suis vivante ou non, je remue un bras... Oui, je suis bien vivante... Depuis ce jour, j'ai la phobie des avions. L'appareil peut être encore très loin, je tremble déjà, je ne peux plus penser à rien, je sais seulement qu'il s'approche, que je dois me cacher, me nicher quelque part pour ne pas le voir, ne pas l'entendre. Même aujourd'hui, je ne supporte pas le bruit des avions. Je ne prends jamais l'avion... »

« Avant la guerre, j'avais failli me marier. Avec mon professeur de musique. Une histoire folle. J'étais sérieusement amoureuse. Et lui aussi... Mais maman ne m'a pas laissée faire : j'étais encore trop jeune !

« Bientôt, la guerre a éclaté. J'ai demandé à partir au front. J'avais envie de partir de chez moi. De devenir adulte. À la maison, on a pleuré et on m'a aidée à faire mon bagage. Chaussettes chaudes, linge de corps...

« J'ai vu mon premier tué dès le premier jour... Un éclat d'obus a volé par hasard dans la cour de l'école où on avait installé l'hôpital et a blessé mortellement notre *feldscher*. On venait de nous amener au front... Et j'ai pensé : "Pour me marier, maman a décidé que j'étais trop jeune, mais pour la guerre, non... Pour la guerre, je suis apte..." »

« On vient à peine d'arriver... on vient à peine d'installer l'hôpital, aussitôt envahi d'une pléthore de blessés, que l'ordre tombe : il faut évacuer. On rembarque une partie de notre monde, une partie seulement. Il n'y a pas assez de véhicules pour les transporter tous. On

nous presse : "Laissez-les... Vous, vous devez partir..."
Tu te prépares au départ, ils te regardent. Ils te suivent des yeux. Tout y est, dans ce regard : la résignation, la colère... Et une telle tristesse ! Une telle tristesse ! Ceux qui peuvent tenir sur leurs jambes partent avec nous. Les autres restent. Et tu n'es plus en mesure d'aider aucun d'eux, tu as peur de lever les yeux... J'étais jeune, je pleurais toutes les larmes de mon corps...

« Quand nous sommes passés à l'offensive, nous ne laissions plus aucun blessé derrière nous. Nous ramassions même ceux des Allemands... Pendant quelque temps, j'ai travaillé avec eux. Je m'y habituais et je les soignais, comme si de rien n'était. Mais quand je me rappelais l'année 1941, le sort qu'ils réservaient aux blessés que nous abandonnions, j'avais l'impression que plus jamais je ne pourrais m'approcher d'aucun d'eux... Et puis le lendemain, je les soignais tout de même... »

« Qu'est-ce qui m'a marquée, qu'est-ce qui est resté gravé dans ma mémoire ? C'est d'abord le silence, l'extraordinaire silence des salles où reposaient les blessés graves... Ils ne parlaient pas... N'appelaient pas... Beaucoup étaient sans connaissance. Mais le plus souvent, ils ne disaient rien. Ils pensaient. Le regard perdu dans le vague, ils semblaient réfléchir. Si on les interpellait, ils n'entendaient pas...

« À quoi pouvaient-ils penser ? »

Des chevaux et des oiseaux

« Deux convois étaient en gare... L'un transportait des blessés, l'autre des chevaux. Et voici que survient une attaque aérienne. Nous avons ouvert aux blessés pour qu'ils puissent décamper, mais eux, au lieu de ça, se sont tous précipités vers les chevaux pour les tirer des flammes. Quand des blessés hurlent, c'est horrible bien sûr, mais il n'y a rien de plus horrible encore que le hennissement des chevaux martyrisés. Car, n'est-ce pas ? ils ne sont coupables de rien, ils ne sont pas responsables des problèmes des hommes. Ainsi, personne n'a couru se réfugier dans les bois, tout le monde s'est employé à sauver les chevaux. Qu'est-ce que je veux dire par là ? Je veux dire qu'on s'efforçait de rester des êtres humains... De ne pas devenir des bêtes sauvages... Les avions nazis volaient en rase-mottes... Tout près... J'ai réfléchi par la suite : les pilotes allemands, évidemment, voyaient tout... comment n'avaient-ils pas honte ? »

« Je me souviens d'un fait... On est arrivés dans un village, et là, à l'orée d'un bois, on a découvert les cadavres de partisans. Je ne peux vous décrire ce qu'ils avaient subi. Ils avaient été torturés, littéralement découpés en morceaux... Même ces mots me font peur, je ne veux pas raconter pareille horreur... Or à côté, tout près, il y avait des chevaux en train de paître. On voyait que c'étaient les chevaux des partisans, ils étaient même encore sellés. J'ignore s'ils avaient réussi à échapper aux Allemands et étaient revenus plus tard, ou si les Allemands n'avaient pas eu le temps de les emmener. Les bêtes étaient paisibles, l'herbe était abondante. Comment des hommes ont-ils pu commettre une telle abomination en présence des chevaux ? Devant des animaux qui les regardaient... »

« La forêt brûlait, le grain brûlait... J'ai vu des vaches et des chiens brûlés... Une odeur inhabituelle. Inconnue. J'ai vu brûler... des tonneaux de tomates en saumure, des tonneaux de choucroute. J'ai vu brûler des oiseaux… des chevaux, des vaches… Il fallait aussi s'accoutumer à cette odeur-là…

« J'ai alors compris que tout pouvait brûler… Même le sang… »

« J'avais pitié de tout être vivant : d'un chien blessé… l'une cigogne tuée… Pendant un bombardement, une chèvre s'est approchée de nous. Elle s'est couchée auprès de nous. Elle s'est allongée tout simplement et s'est mise à bêler. Lorsque le bombardement a cessé, elle nous a accompagnés, elle se serrait constamment contre nous ; normal : c'était un être vivant, elle avait peur. On arrive à un village et on dit à une femme : "Prenez-la, elle fait pitié." On avait envie de la sauver… »

« Dans la salle où j'officiais, il y avait deux blessés : un Allemand et un tankiste à nous, gravement brûlé. Je passe les visiter :
« "Comment allez-vous ?
« — Moi, ça va, répond le tankiste, mais celui-là n'est pas fameux.
« — C'est un nazi…
« — Non, moi ça va, mais lui est dans un sale état."
« Ce n'étaient plus des ennemis, mais simplement deux hommes blessés allongés l'un à côté de l'autre. Entre eux se nouait quelque chose d'humain. J'ai plus d'une fois observé comme ce phénomène survenait rapidement… »

« À la fin de l'automne, des oiseaux passaient dans le ciel… D'interminables volées d'oiseaux. Notre artillerie et celle des Allemands pilonnaient sans relâche, et eux volaient au-dessus de tout ça. Comment le leur crier ?

Comment les avertir ? "Pas par ici ! C'est dangereux !" Les oiseaux tombaient, s'abattaient par terre... »

« On nous avait amené des SS à soigner. Des officiers SS. Une infirmière s'approche de moi :
« "Comment s'y prend-on ? On les massacre ou bien on procède normalement ?
« — On procède normalement. Ce sont des blessés..."
« Et nous les avons soignés normalement. Plus tard, deux d'entre eux se sont échappés. On les a rattrapés, et pour qu'ils ne se fassent pas la belle encore une fois, je leur ai coupé leurs boutons de caleçon... »

« Nous sauvions des vies humaines... Mais beaucoup parmi nous regrettaient énormément d'appartenir au corps médical, et de n'être habilités qu'à soigner et non à prendre les armes ; à se battre pour de bon... Je m'étonne moi-même, je vis dans une sorte d'étonnement devant moi-même. Étonnement d'avoir pu endurer tout cela : dormir au milieu des morts, tirer au fusil, voir couler tant de flots de sang... Je me rappelle que l'odeur du sang sur la neige était particulièrement forte... »

« Vers la fin de la guerre, j'avais peur d'écrire chez moi. Non, je n'écrirai pas, me disais-je. Si jamais je suis tuée, maman sera folle de chagrin à l'idée que la guerre est finie et que je suis morte juste avant la victoire. Personne ne l'exprimait à haute voix, mais tout le monde pensait la même chose. Nous sentions déjà que la victoire était proche. Le printemps était déjà là... »

« Quand on m'a dit... eh bien ! ceci : "La guerre est finie !" je me suis assise sur la table stérile. Nous étions convenus, le médecin et moi, que le jour où l'on nous annoncerait que la guerre était finie, nous poserions nos fesses sur la table stérile. Que nous ferions quelque chose de ce genre, quelque chose d'impossible. Je ne laissais jamais personne s'approcher de cette table, voyez-vous. Moi, je portais des gants, un masque et une blouse stérile, et je tendais aux chirurgiens ce dont ils avaient besoin : tampons, instruments... Et là, hop ! je me suis assise sur cette table...

« De quoi rêvions-nous ? Premièrement, de la victoire. Deuxièmement, de rester en vie. L'une disait : "Quand la guerre sera terminée, j'aurai une flopée de gosses", une autre : "Je m'inscrirai à la fac", une troisième : "Moi, je passerai mon temps au salon de coiffure. Je m'habillerai chic, je me chouchouterai." Ou bien encore : "J'élèverai des oiseaux. Je les écouterai chanter. J'en ai ma claque du bruit des obus."

« Et voici que ce moment était venu... Tout le monde, tout à coup, était silencieux... »

« Nous venions de reprendre un village... Nous cherchons un endroit pour faire provision d'eau. Nous entrons dans une cour où s'élève un *chadouf*. Il y a là un puits en bois, sculpté... Le maître des lieux gît sur le sol, le corps criblé de balles... Un chien semble monter la garde à côté. Le chien nous voit, commence à geindre. Nous avons mis un moment à comprendre qu'en fait il nous appelait. Il nous a conduits vers l'entrée de la chaumière... Nous l'avons suivi. Sur le seuil étaient étendus la femme de l'homme et trois petits enfants...

« Le chien s'assoit près d'eux et se met à pleurer. À pleurer vraiment. Comme un être humain... Un grand chien... J'ai pensé pour la première fois : "Pourquoi les hommes n'ont-ils jamais honte devant les animaux ?..." »

« Nous entrions dans nos villages... il n'en restait debout que quelques cheminées, et c'est tout... Juste des cheminées ! En Ukraine, nous libérions des endroits où il ne restait plus rien, il n'y poussait plus que des pastèques, les gens ne se nourrissaient que de cela, ils n'avaient rien d'autre à manger. Ils nous accueillaient en nous offrant leurs pastèques… en guise de fleurs…

« Je suis rentrée chez moi. J'ai retrouvé, logeant dans une hutte, ma mère et ses trois jeunes enfants, et un petit chien qui mangeait de l'arroche. Ils faisaient cuire de l'arroche, en mangeaient eux-mêmes et en donnaient au chien. Qui la mangeait… Avant la guerre, il y avait chez nous quantité de rossignols. Après la guerre, personne n'en a plus entendu durant deux ans. Toute la terre avait été retournée, on avait soulevé, comme on dit, le fumier des aïeux. Tout avait été labouré. La troisième année, les rossignols ont réapparu. Où étaient-ils passés ? Nul ne le sait. Ils sont revenus trois ans plus tard. Les gens ont rebâti leurs maisons, et les rossignols sont revenus… »

« Chaque fois que je cueille des fleurs des champs, je pense à la guerre. Là-bas, on ne cueillait pas de fleurs… »

« Ce n'était pas moi… »

Q̲UE RETIENT-ON en premier ?
On retient la voix douce, souvent perplexe, de la personne qui vous parle. Elle est perplexe devant elle-même, devant ce qui lui est arrivé. Le passé n'est plus, et elle est encore là. Je deviens moi aussi témoin. Témoin de ce que ces gens évoquent et de la manière dont ils le font, de ce qu'ils veulent dire et de ce qu'ils tentent d'oublier ou bien de voiler, de refouler au plus profond de leur mémoire. Témoin de leurs efforts désespérés pour trouver les mots justes…

C'est encore à Moscou, le Jour de la Victoire, que j'ai rencontré Olga Iakovlevna Omeltchenko. Toutes les femmes étaient vêtues de robes printanières, fichus de couleurs claires sur la tête, mais elle, elle arborait l'uniforme et le béret militaires. Elle était grande, robuste. Elle ne parlait pas, ne pleurait pas. Elle gardait constamment le silence, mais son silence était singulier, il portait en lui beaucoup plus que des mots. Elle paraissait entretenir tout le temps une sorte de dialogue intérieur avec elle-même. Elle n'avait besoin de personne.

Nous avons fait connaissance, puis je suis allée lui rendre visite chez elle, à Polotsk.

Une nouvelle page de la guerre s'est trouvée tournée sous mes yeux, une page devant laquelle l'imagination la plus folle se sentirait intimidée…

Olga Iakovlevna Omeltchenko,
brancardière d'une compagnie
de fusiliers-voltigeurs :

— Ma mère... Elle voulait que je parte avec elle quand on a été évacués, elle savait que je brûlais de partir au front, aussi m'avait-elle liée à la charrette qui transportait nos affaires. Mais je me suis détachée en douce et je me suis fait la paire... La ficelle m'est restée autour du poignet... Le talisman de maman...

Autour de moi, tout le monde fuyait, courait. Qu'allais-je devenir ? En chemin, je rencontre un groupe de jeunes filles. L'une d'elles me dit : « Ma mère n'habite pas loin, viens chez moi. » Nous arrivons en pleine nuit, nous frappons à la porte. Sa mère nous ouvre, nous regarde – nous étions sales, déguenillées – et nous ordonne : « Restez sur le seuil ! » Nous obéissons. Elle apporte d'énormes seaux remplis d'eau, nous fait ôter tous nos vêtements. Nous nous sommes lavé les cheveux avec de la cendre (il n'y avait pas de savon), puis avons grimpé sur le poêle[1] où j'ai aussitôt sombré dans un sommeil de plomb. Le lendemain matin, la mère de cette jeune fille nous a préparé une soupe aux choux, et confectionné du pain avec du son mélangé à de la pomme de terre. Que ce pain nous a paru bon et cette soupe, savoureuse ! Nous sommes restées là quatre jours, le temps qu'elle nous remplume. Elle nous servait de petites quantités chaque fois, elle avait peur autrement de nous faire mourir d'une indigestion. Le cinquième jour, elle nous a dit :

---

1. Le poêle de la maison russe traditionnelle est un grand cube de maçonnerie servant à chauffer toutes les pièces adjacentes. À la base du poêle se trouve le foyer qui fait également office de four. Le sommet touche presque au plafond : la place est généralement réservée aux enfants et aux vieillards. *(N.d.T.)*

« Partez ! » Avant cela, une voisine était passée la voir, alors que nous étions installées en haut du poêle. La mère nous avait fait signe du doigt de rester silencieuses. Elle n'avait révélé à aucun de ses voisins que sa fille, que tout le monde savait partie à la guerre, était là, chez elle. Cette fille était son unique enfant, et cependant elle ne montrait pour elle aucune pitié, elle ne pouvait lui pardonner la honte que son retour faisait peser sur elle.

Elle nous a réveillées au milieu de la nuit, nous a donné à chacune un baluchon contenant de la nourriture. Puis elle nous a embrassées l'une après l'autre et à chacune a dit : « Partez ! »

— Elle n'a même pas essayé de retenir sa fille ?

— Non, elle l'a embrassée en lui disant : « Ton père est à la guerre, va te battre toi aussi. »

Ce n'est qu'en chemin que cette fille m'a raconté qu'elle était infirmière et qu'elle s'était retrouvée encerclée...

J'ai longtemps été ballottée d'un endroit à l'autre avant d'arriver à Tambov et d'y décrocher un poste à l'hôpital. On y était bien, après avoir tant crevé la faim, j'y ai pris du poids au point de devenir même un peu rondelette. Or quand j'ai eu mes seize ans, on m'a annoncé que je pouvais désormais donner mon sang, comme toutes les infirmières et tous les médecins. J'ai donc commencé à donner de mon sang tous les mois : l'hôpital en avait constamment besoin de centaines de litres, il en manquait toujours. J'en donnais d'un coup 500 cm^3, un demi-litre deux fois par mois. Je touchais la ration de donneur de sang : un kilo de sucre, un kilo de semoule, un kilo de saucisson, pour restaurer mes forces. Je me suis liée d'amitié avec une aide-soignante, qu'on appelait tante Nioura. Elle avait sept enfants, et son mari était mort au début de la guerre. Son fils aîné, qui avait onze ans, était allé chercher des provisions et avait perdu ses tickets de rationnement. Je leur avais offert alors ma ration de donneur de sang. Un jour, le médecin me dit : « On va marquer ton adresse ; comme ça, peut-être celui qu'on va transfuser avec ton sang se fera-t-il connaître. » Nous avons inscrit mon adresse sur une étiquette que nous avons attachée au flacon.

Et voici que quelque temps plus tard, deux mois tout au plus, alors que j'étais allée me coucher après avoir terminé mon service, brusquement on me réveille :

« Lève-toi ! Lève-toi, ton frère est là !
— Quel frère ? Je n'ai pas de frère. »

Notre foyer se trouvait au dernier étage de l'hôpital ; je descends et je vois un jeune et beau lieutenant en train d'attendre en bas. Je demande :

« Qui a demandé ici Omeltchenko ? »

Il répond :

« C'est moi. » Et il me montre le petit mot que le médecin et moi avions écrit. « Voilà... Je suis ton frère de sang... »

Il m'avait apporté deux pommes, et un sachet de bonbons, alors qu'il était impossible de s'en procurer à l'époque. Mon Dieu ! Qu'ils étaient délicieux, ces bonbons ! Je suis allée voir le directeur de l'hôpital : « Mon frère est là ! » On m'a accordé une permission. Il m'a invitée : « Allons au théâtre. » Moi qui n'avais encore jamais mis les pieds dans un théâtre, tout à coup c'était fait, et au bras d'un gars, par-dessus le marché ! Un beau garçon. Un officier !

Quelques jours plus tard, il a dû partir : il était affecté sur le front de Voronej. Quand il est venu me faire ses adieux, j'ai ouvert la fenêtre et j'ai agité la main pour lui dire au revoir. Je n'ai pas obtenu de congé : on venait de nous amener des blessés en grand nombre.

Je n'avais jamais reçu de lettres de personne, je n'avais même pas idée de ce que c'était que de recevoir une lettre. Et voilà qu'un beau jour on me remet une enveloppe triangulaire. Je la décachette, et je lis : « Votre ami, chef d'une section de mitrailleurs... est mort comme meurent les braves... » C'était mon frère de sang. Il était de l'Assistance, et visiblement, la seule adresse qu'il avait sur lui, c'était la mienne. Mon adresse... En partant, il avait beaucoup insisté pour que je reste dans cet hôpital afin de pouvoir me retrouver plus facilement après la guerre. Il m'avait tant suppliée... Et un mois plus tard, je reçois cette lettre qui m'annonce sa mort... Je me suis sentie atrocement mal. J'ai décidé de faire tout mon possible pour partir au front et venger mon sang, car je savais que quelque part mon sang avait été versé...

Mais ce n'était pas si simple d'être expédiée au front. J'ai adressé trois requêtes au chef de l'hôpital, et au lieu d'en écrire une quatrième, j'ai pris rendez-vous avec lui.

« Si vous ne me laissez pas partir, je m'enfuirai.

— Bon, très bien. Je vais te procurer une nouvelle affectation, puisque tu es si obstinée... »

Le plus terrible, bien sûr, c'est le premier combat. Le ciel tonne, la terre tonne, tu as l'impression que ton cœur va éclater, que ta peau va se fendre. Je ne pensais pas que la terre pouvait craquer ainsi. Tout craquait, crépitait, grondait... Vacillait... La terre entière... Tout bonnement, je n'en pouvais plus... Comment allais-je survivre à tout cela ? Et si je n'y parvenais pas ? J'avais une peur atroce, alors voici ce que j'ai décidé : j'ai pris ma carte de komsomol, je l'ai trempée dans le sang d'un blessé et l'ai glissée dans une petite poche contre mon cœur, qu'ensuite j'ai boutonnée. Par ce geste, je me faisais serment de tenir coûte que coûte, de ne pas flancher surtout, car si je flanchais au premier combat, je ne pourrais plus avancer d'un pas. On ne me garderait pas en première ligne, on m'expédierait au bataillon sanitaire. Or moi, je voulais être en première ligne, je voulais voir ne fût-ce qu'un seul nazi en face... De mes propres yeux... Puis nous sommes passés à l'attaque, nous progressions dans de l'herbe haute, qui nous arrivait jusqu'à la taille... La terre n'était plus cultivée depuis plusieurs années. La marche était très pénible. C'était à Koursk...

Après la bataille, j'ai été convoquée par le chef de l'état-major. Imaginez une petite isba à moitié démolie, dans laquelle il n'y avait rien, à part une chaise. Le colonel m'attendait là, debout. Il m'a ordonné de m'asseoir sur la chaise :

« Je te regarde et je me demande ce qui t'a poussée à venir dans cet enfer. Tu vas t'y faire tuer comme une mouche. C'est la guerre, nom d'un chien ! La boucherie ! Allons, je vais au moins te muter au service de santé. Et encore, que tu sois tuée ! mais imagine que tu te retrouves aveugle ou amputée des deux mains ? Y as-tu pensé ? »

Je lui réponds :

« Oui, camarade colonel, j'y ai pensé. Et je ne vous demande qu'une chose : laissez-moi dans ma compagnie.

— C'est bon, décampe ! » m'a-t-il crié, avec tant de véhémence que j'en ai été effrayée. Puis il s'est détourné vers la fenêtre...

Les combats étaient violents. J'ai été mêlée à des corps à corps. C'était atroce... On y devient si... ce n'est pas pour un être humain... On frappe, on plonge sa baïonnette dans un ventre, dans des yeux, on se prend mutuellement à la gorge pour s'étrangler. On brise des os... D'abord un hurlement, puis un cri... une plainte... Et ce craquement... Ce craquement ! Impossible de l'oublier... C'est la chose la plus cauchemardesque de la guerre. Il n'y a rien d'humain là-dedans... Ne crois pas ceux qui te diront qu'à la guerre on ne connaît pas la peur. Tiens, par exemple, les Allemands se relèvent, ils avancent, encore cinq, dix minutes et ce sera l'assaut. Tu te mets à grelotter... Te voilà secouée de frissons... Mais ça ne dure que jusqu'au premier coup de feu. Dès que tu entends lancer l'ordre, tu ne penses plus à rien, tu te lèves avec tout le monde et tu cours. Et à cet instant, tu ne penses plus à ta peur. Seulement, le lendemain, tu ne dors plus, c'est maintenant que la trouille te vient. Tout te revient en mémoire, tous les détails, tu prends conscience qu'on aurait pu te tuer, et tu es saisie d'une terreur folle. Mieux vaut ne pas regarder les visages des autres après une attaque, ce sont des visages complètement différents de ceux qu'ont d'ordinaire les gens. Je ne peux pas exprimer de quoi il s'agit. On a l'impression qu'ils sont tous un peu anormaux, qu'il y apparaît même, furtivement, quelque chose de bestial... Mieux vaut ne pas regarder... Aujourd'hui encore, j'ai du mal à croire que je sois restée vivante. Vivante... Blessée, commotionnée, mais saine et sauve... Je n'y crois pas...

Je ferme les yeux et tout se redessine devant moi...

Un obus touche le dépôt de munitions, le feu éclate. Le soldat qui montait la garde à côté est changé en torche. En un instant, ce n'est plus un homme, mais un bloc de chair noircie... Il danse d'un pied sur l'autre... Il sautille sur place... Les gars le regardent depuis la tranchée, mais aucun d'eux ne bouge, tant ils sont désemparés. Je saisis un drap, je cours vers ce soldat, je l'enveloppe et aussitôt me couche sur lui. Je le presse contre la terre... La terre est froide... Il continue ainsi un moment à se débattre, jusqu'à ce que son cœur lâche et qu'il cesse de bouger...

J'étais toute couverte de sang. Un des soldats les plus âgés s'approche de moi, m'entoure de ses bras, et je l'entends dire : « Quand la guerre sera finie, si elle est encore en vie à ce moment-là, elle ne sera plus jamais un être normal, c'en est terminé pour elle. » Il voulait exprimer qu'on ne pouvait, si jeune, vivre de telles horreurs sans en garder des traces. J'étais agitée de convulsions, comme si j'avais une crise d'épilepsie. On m'a empoignée sous les bras et on m'a entraînée dans un abri. Dans les bois... Cette fois-ci, c'était moi qu'on portait...

Et puis le combat a repris de plus belle... À Sevsk, les Allemands nous attaquaient sept à huit fois par jour. Ce même jour, j'ai ramené plusieurs blessés du champ de bataille, avec leurs armes. Le dernier que je suis allée chercher avait un bras complètement réduit en miettes. Il pendait, inerte... Tout ensanglanté... Il fallait le lui couper de toute urgence et bander le reste, c'était impossible autrement. Or je n'avais sur moi ni couteau, ni ciseaux. Ma musette, à force de brinquebaler contre ma hanche lorsque je rampais, les avait laissés échapper. Que faire ? Eh bien ! j'ai mordu dans cette chair. Je l'ai tranchée à coups de dents, puis j'ai posé un garrot... Pendant que je lui bandais ce qui lui restait de bras, le soldat me répétait : « Plus vite, infirmière. Je dois encore me battre... » Il avait la fièvre...

Mais le lendemain, quand les chars ont foncé sur nous, deux gars ont flanché. Beaucoup de nos camarades ont péri à cause d'eux. Les blessés que j'avais traînés à l'abri dans un trou d'obus sont tombés aux mains des Boches. Une voiture devait venir les ramasser... Mais quand ces deux-là ont cédé à la peur, la panique a commencé. La ligne n'a pas tenu le coup, les gars se sont débandés. On a abandonné les blessés. Nous sommes revenus un peu plus tard à l'endroit où ils étaient étendus : nous les avons retrouvés, les yeux crevés, le ventre ouvert... Quand j'ai vu cela, tout en moi s'est assombri, en l'espace d'une nuit. Car c'était moi, n'est-ce pas ? qui les avais tous regroupés à la même place... qui les avais sauvés...

Le lendemain matin, on a fait s'aligner tout le bataillon, on a sorti ces lâches et on les a amenés devant nous. On leur a donné lecture du jugement qui les condamnait à être fusillés. Il fallait sept hommes pour exécuter la sentence... Trois se sont portés volontaires, les autres n'ont pas bougé. J'ai pris ma mitraillette et je me suis avancée. Sitôt que j'ai quitté le rang, tous les autres m'ont suivie... On ne pouvait pas leur pardonner. À cause d'eux, des gars formidables étaient morts !

Et nous avons mis la sentence à exécution...

Je ne sais si je les pardonnerais aujourd'hui. Je ne saurais le dire. Ma vie ne me suffira pas à surmonter tout ce que j'ai vu à la guerre. Ma vie entière n'y suffira pas... Parfois, je voudrais pleurer. Mais je n'y arrive pas...

À la guerre, j'ai tout oublié. Toute mon existence antérieure. J'ai oublié aussi l'amour. Tout oublié...

Le commandant d'une compagnie d'éclaireurs était tombé amoureux de moi. Il m'envoyait des billets doux par l'intermédiaire de ses hommes. Une fois, je suis allée au rendez-vous qu'il me fixait. « Non, lui ai-je dit, j'aime un homme qui n'est plus de ce monde depuis longtemps. » Il s'est approché tout près de moi, m'a regardée droit dans les yeux, puis a tourné les talons et s'est éloigné. On tirait autour de nous, mais il marchait tout droit, sans même se baisser... Plus tard, on était déjà en Ukraine, nous avons libéré un grand village. Je me suis dit : « Allons faire un tour, je vais jeter un coup d'œil. » Il faisait beau, les chaumières étaient toutes blanches. Et puis, à la sortie du village :

des tombes, la terre fraîchement retournée... On avait inhumé là les hommes qui étaient morts au combat pour reprendre ce village. Je ne sais pourquoi, je me suis sentie soudain attirée. Or il y avait là, sur chaque tombe, une photographie collée sur une tablette au-dessus du nom de famille... Tout à coup, j'ai aperçu un visage familier... C'était ce commandant de la compagnie d'éclaireurs qui m'avait fait une déclaration d'amour. Il y avait son nom inscrit... Je me suis sentie très mal. C'était si terrible. Et à cet instant, j'ai vu des gars de sa compagnie qui se dirigeaient vers la tombe. Ils me connaissaient tous, c'étaient eux qui m'avaient porté les billets doux de leur commandant. Aucun ne m'a accordé un regard, comme si je n'existais pas. Ou qu'ils ne m'avaient pas reconnue. Ensuite, quand je les croisais, il me semble... j'ai l'impression... ils auraient voulu que je sois morte, moi aussi. C'était dur pour eux de voir que j'étais... toujours vivante... C'est ce que je ressentais... Comme si j'étais coupable... Devant eux... Peut-être aussi devant lui...

À mon retour de la guerre, je suis tombée gravement malade. J'ai longtemps traîné d'hôpital en hôpital, jusqu'à ce que j'échoue entre les mains d'un vieux professeur. Il m'a soignée. Il affirmait que si j'étais partie au front à l'âge de dix-huit ou dix-neuf ans, mon organisme aurait pu mieux se défendre, mais que, comme je n'avais alors que seize ans, qui est un âge très précoce, il avait subi un très violent traumatisme. « Bien sûr, les médicaments sont utiles, m'expliquait-il, ils peuvent aider à vous retaper un peu, mais si vous voulez vraiment vous rétablir, si vous voulez vivre, mon seul conseil c'est : mariez-vous et faites le plus d'enfants possible. C'est votre unique chance de salut. À chaque grossesse, votre organisme renaîtra... »

— Quel âge aviez-vous ?

— À la fin de la guerre, j'allais sur mes vingt ans. Bien entendu, je n'avais aucune envie de me marier.

— Pourquoi ?

— Je me sentais très fatiguée, bien plus âgée que les autres filles de mon âge, et même vieille. Mes copines dansaient, s'amusaient ; moi, je n'y arrivais pas. Je voyais la vie avec d'autres yeux. Extérieurement, ça ne se voyait pas, des tas de jeunes gars me faisaient la cour. Des gamins. Ils ne voyaient pas mon âme, ils ne voyaient pas ce qui se passait à l'intérieur de moi. Tenez, je ne vous ai raconté qu'une seule journée... celle des combats autour de Sevsk... Une seule journée... Si pénible, si violente, que durant la nuit, mes oreilles ont pissé le sang. Le matin, je me suis réveillée comme si je sortais d'une grave maladie. Mon oreiller était trempé de sang...

— Vous êtes-vous mariée finalement ?

— Oui. J'ai eu cinq fils, que j'ai élevés. Le plus étonnant pour moi, c'est d'avoir pu, après tant d'effroi et d'horreur, donner naissance à d'aussi beaux enfants. Et je me suis révélée une bonne mère, ainsi qu'une bonne grand-mère...

Je me souviens à présent de tout cela, et il me semble que ce n'était pas moi, mais une autre fille...

Je suis rentrée chez moi, remportant quatre cassettes (deux jours de conversation) sur lesquelles était enregistrée « encore une guerre ». J'étais partagée entre plusieurs sentiments : bouleversement et effroi, perplexité et admiration. Curiosité et désarroi. De retour chez moi, je relatai divers épisodes à des amis. Tout le monde eut la même réaction : « C'est trop horrible. Pareille héroïne fiche la trouille ! » Ou bien : « Personne n'y croira. Et on ne voudra pas le publier. » Mais tous avaient les larmes aux yeux, comme moi, et tous devenaient songeurs. Ce sont ces larmes qui me soutiennent, qui m'aident à ne pas m'effrayer, à ne pas succomber à la tentation de ne pas raconter cette vie en entier, d'en retrancher ce qui pourrait faire peur ou n'être pas compris. De retoucher ou de récrire l'histoire. Or comment la récrire, avec quelle encre, quand elle a été tracée avec du sang ? Ceci ressemble moins que tout à un récit : c'est une douleur vive. Une passion nue. Il faut se fier à cette douleur. Je me fie à elle, quant à moi. Je ne dirai pas que je n'ai jamais de doute ni d'hésitation. Il me faut aussi, à moi, du courage pour échapper à l'emprise de mon époque, de son langage et de ses sentiments. Il n'existe qu'une seule voie : aimer l'être humain. Le fort et le faible, le mal assuré et l'impitoyable. Le mortel et l'immortel. L'autre.

Je suis justement en train de faire l'apprentissage de cet amour.

« Je me rappelle encore ces yeux... »

C'EST AINSI QUE JE PROGRESSE... allant de l'amour vers la haine, de la haine vers l'amour...
Ma rue, à Minsk, porte le nom d'un héros de l'Union soviétique : Vassili Zakharovitch Korj, combattant de la guerre civile, héros de la guerre d'Espagne, commandant d'une brigade de partisans pendant la Seconde Guerre mondiale. Cet homme était une légende à lui tout seul. Mais ce jour-là, je marchais dans ma rue avec un sentiment nouveau : le nom que je connaissais par les livres et les films, le nom que j'avais tant de fois machinalement inscrit sur mes enveloppes quand j'indiquais l'adresse de l'expéditeur, avait soudain perdu l'importance et la distance du symbole, pour acquérir une familiarité quasi intime. Une consistance physique. Une demi-heure de trajet en trolleybus à l'autre bout de la ville, et j'allais voir les propres filles du héros. Devant mes yeux, le mythe allait se ranimer, se métamorphoser en une vie humaine. Une vie proche de moi, parfaitement intelligible.

C'est la fille cadette, Zinaïda Vassilievna, qui m'ouvre la porte. Elle a les mêmes sourcils larges et sombres, et le même regard, franc et obstiné, que son père sur les photos que j'ai vues.

— Nous sommes toutes là, dit-elle. Ce matin, ma sœur Olia est arrivée de Moscou. Elle vit là-bas. Elle enseigne à l'université Patrice-Lumumba. Maman est là aussi. Grâce à vous, nous nous trouvons réunies.

Les deux sœurs, Olga Vassilievna et Zinaïda Vassilievna Korj, étaient brancardières dans des escadrons de cavalerie. Elles s'assoient côte à côte et regardent leur mère, Féodossia Alexeïevna.

C'est elle qui prend la parole :

— Tout brûlait... On nous a ordonné de suivre l'évacuation... Le voyage a été long. On est arrivés dans la région de Stalingrad. Les femmes et les enfants étaient dirigés vers l'arrière du pays, les hommes faisaient la route inverse. Des conducteurs de moissonneuses-batteuses ou de tracteurs, tous allaient au front. Je me souviens d'un camion non bâché rempli d'hommes ; l'un d'eux s'est soulevé de son banc et a crié : « Eh ! les mères, les filles ! Partez à l'arrière, allez récolter le blé, qu'on puisse vaincre l'ennemi ! » Et les voilà tous qui ôtent leurs bonnets et qui nous regardent. Or, tout ce que nous avions eu le temps d'emporter avec nous, c'étaient nos gosses. On les tenait, qui dans ses bras, qui par la main. Et lui, qui demande : « Mères, Frères ! Partez à l'arrière, allez récolter le blé... »

Durant tout le reste de la conversation, elle ne prononce plus un seul mot.

Zinaïda Vassilievna :

« Nous vivions à Pinsk. J'avais quatorze ans et demi. Olia en avait seize, et notre frère Lionia, treize. Nous venions juste d'envoyer Olia, quelques jours plus tôt, dans un sanatorium pour enfants. Quant à nous, papa voulait nous emmener avec lui au village, il avait de la famille là-bas. Mais cette nuit-là, il n'a quasiment pas dormi à la maison. Il travaillait au comité régional du Parti, il a été convoqué pendant la nuit et il n'est rentré qu'au matin. Il est entré dans la cuisine, a avalé rapidement un morceau et nous a déclaré :

« "Les enfants, la guerre a éclaté. Ne sortez pas. Attendez-moi."

« Il nous a regardés, comme si c'était la dernière fois... Pendant toute la guerre, je me suis souvenue de ce regard. Je me rappelle encore ces yeux...

« Nous avons abandonné la maison en pleine nuit. Mon père avait rapporté un souvenir d'Espagne auquel il tenait beaucoup : un fusil de chasse, très luxueux, avec cartouchière. Il l'avait reçu à titre de récompense, pour sa bravoure. Il a lancé ce fusil à mon frère : "Désormais, tu es l'aîné, tu es un homme, tu dois veiller sur ta mère et tes sœurs..."

« Nous avons gardé ce fusil durant toute la guerre. Nous avons vendu ou troqué contre de la nourriture tout ce que nous possédions d'un peu précieux, mais ce fusil, nous l'avons gardé. Nous ne pouvions nous en séparer. C'était notre souvenir de papa. Au dernier moment, il avait aussi jeté sa grosse pelisse dans le camion qui nous emmenait vers l'arrière, c'était son vêtement le plus chaud.

« À la gare, nous avons pris le train, mais avant d'arriver à Gomel, nous nous sommes retrouvés sous le feu de l'ennemi. Lorsque les tirs ont cessé... D'abord un grand silence est tombé, puis des cris ont retenti... Tout le monde courait... Maman et mon frère ont réussi à sauter dans un wagon, pas moi. J'ai eu très peur... Très, très peur ! Je n'étais jamais restée toute seule. Et là, je me retrouvais sans personne. Je me suis accrochée aux basques d'une femme, je l'aidais à panser les blessés – elle était médecin, avec le grade de capitaine. J'ai continué le voyage au sein de son unité. Les gens m'ont bien accueillie, m'ont donné à manger, et puis, ils se sont ressaisis : "Quel âge as-tu ?"

« J'ai compris que si je disais la vérité, on m'expédierait dans un orphelinat. Mais moi, je ne voulais plus être séparée de ces gens dont la force m'impressionnait. Je voulais faire la guerre, comme eux. On nous avait toujours répété, et mon père le premier, que nous allions combattre sur le territoire de l'ennemi, que nos défaites étaient temporaires et que la guerre se terminerait bientôt par notre victoire. Quoi, tout cela allait se passer sans moi ? Telles étaient mes pensées d'enfant. J'ai répondu que j'avais seize ans, et on m'a laissée tranquille. Bientôt, on m'a envoyée suivre une formation. J'ai étudié pendant quatre mois. J'étudiais et, parallèlement, je continuais à soigner les blessés. Je suivais les cours non pas dans une école d'infirmières, mais sur place, au bataillon sanitaire. Notre armée battait en retraite, nous emmenions nos blessés avec nous.

« Nous évitions les routes, car elles étaient régulièrement bombardées et mitraillées. Nous passions par les marécages, longions les bas-côtés. En ordre dispersé. Toutes unités confondues. Par endroits, les troupes se concentraient, par endroits donc, on livrait combat. Et on marchait, marchait, marchait. Nous traversions des champs. Quelle récolte c'était ! On marchait en piétinant le seigle. Or, la récolte cette année-là était exceptionnelle, les blés n'avaient jamais été si hauts. L'herbe verte, un soleil splendide, et les morts étendus par terre, le sang... Des cadavres d'hommes et de bêtes. Des arbres abattus... Nous avons marché ainsi jusqu'à Rostov. Là, j'ai été blessée lors d'un bombardement. J'ai repris connaissance à bord d'un train, et j'ai entendu un soldat ukrainien, d'un certain âge, qui engueulait un plus jeune : "Ta femme, quand elle a accouché, ne braillait pas autant que toi." Mais quand il a vu que j'avais ouvert les yeux, il m'a dit : "Toi, tu peux crier, ma chérie. Crie, ne te

gêne pas ! Tu te sentiras mieux. À toi, c'est permis."
J'ai pensé à maman et j'ai fondu en larmes...

« À ma sortie d'hôpital, j'ai eu droit à un congé et j'ai essayé de retrouver ma mère. Mais maman, de son côté, me cherchait aussi, et ma sœur Olia nous cherchait toutes les deux. Nous nous sommes toutes retrouvées grâce à des amis de Moscou. Chacune a écrit à leur adresse et c'est ainsi que nous avons su où chacune se trouvait. Maman vivait près de Stalingrad, dans un kolkhoze. J'y suis allée. C'était à la fin de l'année 1941. Mon frère travaillait sur un tracteur, c'était encore un gamin, il n'avait que treize ans. Il avait d'abord été affecté à l'attelage des remorques, mais lorsque tous les tractoristes s'étaient trouvés mobilisés, il était devenu conducteur à son tour. Il travaillait de jour comme de nuit. Maman suivait l'engin à pied, ou bien montait s'asseoir à côté de son fils. Elle avait peur qu'il ne s'endorme et ne tombe de son siège. Tous deux logeaient chez quelqu'un du coin, couchant à même le sol... Ils dormaient avec leurs vêtements, parce qu'ils n'avaient rien pour se couvrir. Voilà le tableau... Bientôt, Olia est arrivée, on lui a trouvé un boulot de comptable. Elle écrivait des lettres au bureau de recrutement pour réclamer qu'on l'envoie au front, mais toutes ses demandes étaient rejetées. Nous avons décidé alors – j'avais déjà l'esprit guerrier – que nous partirions ensemble pour Stalingrad, bien certaines de trouver là-bas à nous enrôler. Nous avons rassuré maman en lui faisant croire que nous allions à Kouban, une région riche, où notre père avait des relations...

« Je possédais alors une vieille capote de soldat, une vareuse et deux pantalons. J'en ai donné un à Olia, qui, elle, n'avait rien du tout. Nous n'avions également qu'une paire de bottes pour deux. Maman nous a tricoté des espèces de chaussons montants, très chauds, en vraie laine. Nous avons parcouru soixante kilomètres à pied, pour atteindre Stalingrad : l'une portait les bottes, l'autre les chaussons, puis on échangeait. Il gelait, on était en février, nous étions transies, affamées. Qu'est-ce que maman nous avait préparé pour la route ? Une sorte de gelée à base d'os bouillis et quelques galettes. Nous mourions de faim... S'il nous arrivait de nous assoupir et de rêver, c'était toujours de nourriture. Dans mon sommeil, je voyais des miches de pain voler au-dessus de ma tête...

« Nous sommes arrivées à Stalingrad, mais on n'avait que faire de nous. Personne ne voulait nous entendre. Nous avons alors décidé de nous rendre là où maman pensait nous avoir envoyées, à l'adresse laissée par papa. Nous avons grimpé dans un train de marchandises : je passais le manteau militaire et me tenais assise, tandis qu'Olia se planquait sous le banc. Puis, nous échangions nos habits, et c'est moi qui me dissimulais, pendant qu'Olia prenait ma place. Les militaires n'étaient jamais inquiétés. Or nous n'avions pas un rond...

« Nous avons atterri à Kouban et trouvé les connaissances de papa. Et puis nous avons appris là-bas qu'un corps volontaire de cosaques était en train de se constituer. C'était le quatrième corps de cavalerie cosaque, qui par la suite devait être intégré à la garde. Il était formé uniquement de volontaires. Il y avait là des gens de tous âges : des cosaques que Boudienny et Vorochilov[1] avaient autrefois menés à l'attaque, aussi bien que des jeunes. On nous a acceptées. On nous a enrô-

---

1. Le maréchal Semen Boudienny (1883-1973) était le célèbre commandant de la Ire armée de cavalerie de l'Armée rouge ; le maréchal Kliment Vorochilov (1881-1969) avait été, durant la guerre civile, membre du Conseil militaire révolutionnaire et commandant de plusieurs armées et fronts. *(N.d.T.)*

lées au sein du même escadron. On nous a donné, à chacune, un équipement militaire et un cheval qu'il fallait nourrir, abreuver et soigner, bref, dont on devait entièrement s'occuper. Heureusement, nous avions eu une jument dans notre enfance, et je m'étais habituée à elle, je l'aimais beaucoup. Aussi quand on m'a confié une bête, j'ai grimpé sur son dos, et je n'ai rien éprouvé de bien terrible. Je n'ai pas tout réussi du premier coup, mais en tout cas je n'avais pas peur. C'était un petit cheval, sa queue balayait presque le sol, mais il était rapide et obéissant, et j'ai vite appris à monter. Par la suite, j'ai monté des chevaux hongrois, roumains. Et j'ai à ce point appris à les aimer, appris à les connaître qu'aujourd'hui encore je ne peux passer près d'un cheval avec indifférence : je passe les bras autour de son encolure. Nous dormions à leurs pieds : ils remuaient les jambes avec précaution, et jamais ils ne heurtaient personne. Un cheval ne marcherait jamais sur un cadavre, et il ne s'éloigne jamais, n'abandonne jamais un homme encore en vie, si celui-ci est seulement blessé. C'est un animal très intelligent. Pour un cavalier, le cheval est un ami... Le meilleur des amis...

« Notre baptême, ce fut lorsque notre corps contribua à repousser les chars allemands au village de Kouchtchovskaïa. Après la bataille de Kouchtchovskaïa – où eut lieu la célèbre charge de cavalerie des cosaques de Kouban –, notre corps, à titre de récompense, fut intégré à la garde. Ce fut un combat terrible. Pour Olia et moi, le plus terrible de tous, car nous avions encore très peur. J'avais beau avoir déjà combattu et savoir ce que c'était, quand cette armée de cavaliers s'est élancée au galop, sabre au clair, *tcherkeska*[1] flottant

---

1. Long cafetan des montagnards du Caucase et des cosaques. *(N.d.T.)*

au vent... les chevaux qui s'ébrouent... et les chevaux, lorsqu'ils filent à fond de train, ils ont une telle puissance..., et que tout ce torrent s'est rué sur les chars, sur l'artillerie, sur les Boches, ce fut comme dans un cauchemar. Et les Boches, ils étaient nombreux, bien plus nombreux que nous, ils avançaient, la mitraillette pointée en avant, ils marchaient à côté des tanks... et ils n'ont pas tenu, vous comprenez, ils n'ont pas tenu devant ce torrent. Ils ont abandonné leurs armes et se sont débandés... Voilà le tableau... »

Olga Vassilievna, à propos de la même bataille :

« Je pansais des blessés, un Boche gisait à côté, je pensais qu'il était mort et je ne lui avais prêté aucune attention, mais il n'était que blessé, et il voulait me tuer. Je l'ai senti, comme si quelqu'un m'avait flanqué un coup en douce, et je me suis retournée vers lui. J'ai réussi d'un coup de pied à lui faire sauter la mitraillette des mains. Je ne l'ai pas tué, mais je ne l'ai pas soigné non plus. Je me suis éloignée. Il avait une blessure au ventre... »

Zinaïda Vassilievna reprend :

« Je ramenais un blessé quand j'ai vu soudain deux Allemands surgir de derrière une chenillette. La chenillette avait été détruite mais, apparemment, ils avaient eu le temps de sauter à terre. Ça a été l'affaire d'une seconde : si je n'avais pas tiré une rafale, ils m'auraient descendue avec mon blessé. Tout s'est passé de manière tellement inattendue. Après le combat, je me suis approchée d'eux : ils gisaient les yeux ouverts. Je me rappelle encore ces yeux... L'un, je me rappelle, était un très beau garçon. C'était dommage, même si c'était un fasciste, peu importe... Ce sentiment ne m'a pas quittée pendant longtemps, car on n'a pas envie de tuer, vous comprenez ? On se dit avoir affaire au mal, on est empli de haine : pourquoi sont-ils venus nous envahir ? Mais qu'on essaie soi-même de tuer, c'est horrible... Atroce. Quand à son tour on doit tuer...

« La bataille était terminée. Les *sotnias*[1] de cosaques lèvent le camp, mais Olia n'est pas là. Je suis la dernière à me mettre en marche, je regarde tout le temps en arrière. Le soir tombe. Et Olia n'est toujours pas là... Une information relayée par les soldats m'apprend qu'elle et quelques autres se sont attardés pour ramasser des blessés. Je ne peux rien faire que l'attendre. Je laisse ma *sotnia* s'éloigner, j'attends encore, puis je rattrape les autres. Je pleure : aurais-je perdu ma sœur dans le premier combat ? Où est-elle ? Que lui est-il arrivé ? Si ça se trouve, elle est en train de mourir quelque part, elle m'appelle...

« En larmes... Olia aussi était tout en larmes... Elle ne m'a retrouvée qu'à la nuit... Tous les cosaques pleuraient en assistant à nos retrouvailles. On s'est pendues au cou l'une de l'autre, on ne pouvait plus se détacher. Nous avons compris alors qu'il était impossible, insupportable, pour nous, de rester ensemble. Mieux valait qu'on se sépare. Si jamais l'une mourait sous les yeux de l'autre, celle-ci n'y survivrait pas. Nous avons conclu que je devais demander à être mutée dans un autre escadron. Mais comment nous séparer... Comment ?

---

1. Escadron de Cosaques (qui, à l'origine, comptait cent hommes). *(N.d.T.)*

« Par la suite, nous avons fait la guerre chacune de notre côté, d'abord dans des escadrons différents, puis même dans des divisions différentes. On s'envoyait des petits messages à l'occasion, on savait ainsi que l'autre était en vie... La mort guettait à chaque pas. Aux alentours d'Ararat... Nous étions cantonnés dans des sables. Le bourg d'Ararat avait été pris par les Allemands. C'était Noël, et les Allemands faisaient la fête. On a sélectionné un escadron, et une batterie de 40 mm. Vers cinq heures de l'après-midi, nous nous sommes mis en route et nous avons marché toute la nuit. À l'aube, nous avons rencontré nos éclaireurs, qui étaient partis avant nous.

« Le bourg lui-même se trouvait en contrebas. Les Allemands n'avaient pas imaginé que nous pourrions traverser une telle étendue de sable, aussi n'avaient-ils établi qu'une défense très réduite. On s'est faufilés à travers leurs arrières dans le plus grand silence. On a descendu la montagne, maîtrisé d'un coup les sentinelles et fait irruption dans le bourg. Les Allemands ont bondi hors des maisons entièrement à poil, juste la mitraillette dans les mains. Il y avait des sapins de Noël... Ils étaient tous ivres... Et dans chaque cour, il y avait au minimum deux à trois chars. Des chenillettes, des voitures de transport blindées... Tous les engins possibles... Nous les avons fait sauter sur place, et déclenché une telle fusillade, un tel fracas, une telle panique... Tout le monde courait dans tous les sens... La situation était telle que chacun avait peur de toucher un des siens... De se tromper de cible...

« J'avais huit blessés à ma charge. Je leur ai fait gravir la montagne. Mais, visiblement, nous avions commis une faute en ne bousillant pas leurs transmissions. Et l'artillerie allemande nous a arrosés de tirs de mortiers et canons à longue portée. Je fais grimper en hâte mes blessés dans un fourgon d'ambulance. J'aide le dernier à monter et ils s'éloignent... Et voilà que, sous mes yeux, un obus touche ce chariot, tout vole en éclats. Je m'approche : il ne reste qu'un survivant. Entre-temps, les Boches avaient commencé d'escalader la montagne... Le blessé me dit : "Laisse-moi, frangine... Laisse-moi... Je vais mourir..." Il avait le ventre ouvert... Il perdait ses tripes... tout ça... Comment le transporter ?

« Je croyais que si mon cheval était couvert de sang, c'était à cause de ce blessé. Et puis, j'y regarde de plus près : lui aussi avait une blessure au flanc. J'ai utilisé une boîte entière de pansements pour la colmater. J'avais sur moi quelques morceaux de sucre, je les lui ai donnés. Déjà, ça canardait de tous les côtés, on ne comprenait plus où étaient les Boches, où étaient les nôtres. J'avance de dix mètres, je tombe sur d'autres blessés... Je me dis : il faut trouver un chariot et ramasser tout ce monde. Je pousse plus loin et j'arrive à une descente. En bas, trois routes : l'une qui s'en va par ici, l'autre par là, et la troisième qui continue tout droit. Me voilà toute paumée... Quel chemin prendre ? Jusque-là, je tenais solidement la bride. Le cheval allait vers où je le dirigeais. Mais là, je ne sais pas, une sorte d'instinct m'a soufflé – à moins que je l'aie entendu dire quelque part – que les chevaux savaient retrouver tout seuls leur route. Avant d'atteindre cette patte-d'oie, je lâche donc les rênes. Le cheval, alors, prend une direction tout à fait opposée à celle que, moi, j'aurais choisie. Et il marche, marche et marche encore...

« Je suis à bout de forces, au point que ça m'est complètement égal de savoir où il va. Advienne que pourra ! Le cheval continue ainsi de marcher, de marcher, et puis tout à coup il se met au trot, son allure est de plus en plus joyeuse, il remue la tête. Moi, j'ai repris la bride et je la tiens ferme. De temps en temps, je me penche et comprime sa blessure avec la main.

Le cheval trotte de plus en plus vite, et puis : *hi-i-i-i !* il pousse un hennissement parce qu'il vient d'entendre quelqu'un. Je n'en mène pas large : et si c'étaient des Allemands ? Je décide de laisser partir le cheval tout seul en avant, mais à ce moment, j'aperçois des traces fraîches : empreintes de sabots de chevaux et sillon laissé par les roues d'une *tatchanka*[1] – au moins cinquante personnes ont dû passer là. Deux à trois cents mètres plus loin, mon cheval tombe pile devant un chariot chargé de blessés. C'est là que j'ai vu ce qui restait de notre escadron.

« Mais des renforts arrivaient déjà : chariots, tatchankas... Un ordre est donné : récupérer tout le monde. Sous les balles, sous le feu de l'ennemi, nous sommes allés ramasser les nôtres. Nous les avons tous ramenés, tous jusqu'au dernier, les blessés comme les morts. J'ai grimpé moi aussi dans une *tatchanka*. Je les ai tous retrouvés, y compris celui qui avait été blessé au ventre, et je les ai tous tirés de là. Seuls les chevaux abattus sont restés sur le terrain. Il faisait déjà bien jour, on roule et on voit un troupeau entier jonchant le sol. De beaux chevaux vigoureux... Le vent faisait flotter leurs crinières... »

Un mur entier de la grande pièce où nous sommes installées est couvert d'agrandissements de photographies des deux sœurs, prises avant et pendant la guerre. Les voici encore écolières, coiffées de jolis petits chapeaux à fleurs. Le cliché date de deux semaines avant la guerre. Des visages enfantins ordinaires, rieurs, que la solennité du moment ne suffit pas à rendre sérieux. Ici elles portent déjà la *tcherkeska* et la

---

[1]. Voiture tirée par des chevaux et armée d'une mitrailleuse, version rudimentaire de l'auto-mitrailleuse très utilisée pendant la guerre civile. *(N.d.T.)*

bourka[1] des cavaliers. Elles ont été photographiées en 1942. Une année seulement sépare les deux photos, mais ce sont déjà des visages différents, des personnes différentes. Et cet autre portrait que Zinaïda Vassilievna a envoyé à sa mère quand elle était au front : la vareuse arbore la première médaille de la Bravoure. Celle-là montre les deux sœurs prises le Jour de la Victoire. Qu'est-ce qui s'inscrit dans ma mémoire ? Je dirais comme un mouvement du visage : allant de la douceur de traits enfantins à un regard de femme adulte, et même à une certaine dureté, une certaine sévérité. Il est difficile de croire que ce changement s'est produit en l'espace de quelques mois, une ou deux années tout au plus. Le temps accomplit d'ordinaire ce travail de manière bien plus lente et imperceptible. Le visage d'un homme met longtemps à se modeler.

Mais la guerre allait vite à créer son image d'être humain. Elle peignait ses propres portraits.

Olga Vassilievna :

— Nous avions repris un grand village. Environ trois cents foyers. Et les Allemands y avaient laissé leur hôpital de campagne. Installé dans les bâtiments de l'hôpital local. La première chose que j'ai vue, c'est une grande fosse creusée au milieu de la cour. Une partie des malades y gisaient, tués par balle : avant de partir, les Boches avaient abattu eux-mêmes leurs propres blessés. Une seule salle était encore occupée, sans doute n'avaient-ils pas eu le temps d'aller jusque-là, ou peut-être ces blessés-là avaient-ils été négligés parce qu'ils étaient tous amputés des deux jambes.

---

[1]. Sorte de longue cape de feutre qui complète le costume des montagnards caucasiens. *(N.d.T.)*

Lorsque nous sommes entrés dans la pièce, ils nous ont dévisagés avec haine : ils pensaient manifestement que nous allions les tuer. L'interprète leur a dit que nous n'avions pas coutume de tuer les blessés, mais de les soigner. L'un d'eux s'est mis alors à réclamer : d'après lui, ils n'avaient rien mangé depuis trois jours, ni reçu aucun soin. J'ai regardé : effectivement, c'était horrible. Il y avait belle lurette qu'aucun médecin ne les avait examinés. Leurs plaies suppuraient, les pansements s'étaient incrustés dans les chairs.

— Et vous avez eu pitié d'eux ?
— Je ne peux nommer pitié le sentiment que j'ai éprouvé alors, car avoir pitié, c'est forcément aussi compatir, mais je ne leur voulais pas de mal. Je n'avais plus de haine. Une fois, tenez, un de nos soldats – dont les nazis avaient torturé toute la famille, brûlé vifs la femme et les enfants – a frappé un prisonnier. Ses nerfs ont lâché. Moi, ça m'a semblé intolérable : j'ai pris la défense de ce prisonnier. Même si j'avais en mémoire... même si j'avais en mémoire certaine scène... Comment les Boches avaient exposé, devant leurs tranchées, une rangée de bottes contenant chacune une jambe coupée. C'étaient celles de nos camarades qui avaient péri la veille au combat... Je me souviens... Une première vague était montée à l'attaque et avait été fauchée, puis une deuxième, pareil... Beaucoup avaient sauté sur des mines... C'étaient des marins, leurs cadavres sont restés là longtemps, ils ont enflé, et à cause de leurs maillots rayés, on aurait dit que des pastèques avaient poussé. Dans un grand champ...

Zinaïda Vassilievna :

« C'était lors d'un combat aux abords de Budapest. On était en hiver... Je ramenais, donc, un sergent blessé, le chef des servants d'une mitrailleuse. J'étais moi-même vêtue d'un pantalon et d'une veste matelassée, et coiffée d'une chapka. Je le traînais vers nos lignes quand je vois de la neige toute noire... comme carbonisée... J'ai compris que c'était un trou d'obus très profond, exactement ce qu'il me fallait. Je me laisse glisser dans ce trou, mais il y a là quelqu'un de vivant – je sens qu'il est vivant, puis j'entends un cliquetis métallique... Je me retourne : c'est un officier allemand, blessé aux jambes, qui est étendu là, sa mitraillette braquée sur moi. Mes cheveux s'étaient échappés de dessous mon bonnet, je portais une musette d'infirmier à l'épaule, avec la croix rouge dessus. Lorsque je me suis retournée, il a vu mon visage, il a compris que j'étais une fille, et il a fait comme ça : "Ha-a-a !" Sa tension nerveuse, n'est-ce pas, était retombée. Il a lâché sa mitraillette. Tout lui était devenu égal...

« Et nous voici tous les trois dans ce trou : notre blessé, moi et cet Allemand. Le trou n'est pas large, nos pieds se touchent. Voilà le tableau... Je suis couverte de leur sang... De leurs sangs mêlés... L'Allemand ouvre des yeux comme des soucoupes, et il me dévisage avec ces yeux-là : que vais-je faire ? Il avait tout de suite relâché la mitraillette, vous comprenez ? Notre blessé, lui, ne pige rien à ce qui se passe, il empoigne son pistolet, il voudrait régler son compte au Boche... Il me regarde lui aussi... Je me rappelle encore ses yeux... Je suis en train de le soigner, alors que l'Allemand gît dans son sang, perd tout son sang : il a une jambe en miettes. Encore un peu, et il mourra. Alors moi, j'arrête de panser notre blessé. À cet Allemand, je lui déchire ses vêtements, je lui nettoie ses plaies et lui pose un garrot. Puis, je reviens à notre sergent. L'Allemand dit : *"Gut ! Gut !"* Il ne fait plus que répéter ce mot. J'achève de panser notre blessé...

Avant de perdre connaissance, il me crie quelque chose... me montre son pistolet... Et moi, je lui caresse la tête, je l'apaise comme je peux. Une voiture d'ambulance est arrivée jusqu'à nous, on les a tirés tous les deux du trou... Et embarqués... Tous les deux. Vous comprenez ? »

Olga Vassilievna :

« Si les hommes voyaient une femme en première ligne, leurs visages changeaient, le seul fait même d'entendre une voix féminine les métamorphosait. Une nuit, je me suis assise à l'extérieur de mon gourbi, et je me suis mise à chantonner tout bas. Je pensais que tout le monde dormait, que personne ne m'entendait, mais le matin, le commandant m'a dit : "Nous ne dormions pas. Nous avons une telle nostalgie des voix de femme..."

« Je suis en train de soigner un tankiste... On est en plein combat, en plein vacarme. Il me demande : "Mademoiselle, comment vous appelez-vous ?" Il me tourne même une espèce de compliment. J'ai trouvé ça tellement bizarre, de prononcer mon prénom au milieu de tout ce boucan, au milieu de cette horreur : "Olia." Je m'efforçais toujours de garder une tenue correcte, une silhouette harmonieuse. Et on me disait souvent : "Mon Dieu, ne me dis pas que tu étais au combat, tu es toute proprette." J'avais très peur, si j'étais tuée, d'avoir l'air moche, étendue par terre... J'avais vu beaucoup de jeunes filles tuées... Gisant dans la boue, dans la flotte... Enfin... Comment m'exprimer ? Je n'avais pas envie de mourir comme ça... Il m'arrivait de me planquer à l'abri quand on était arrosés par l'ennemi, mais je pensais moins à éviter d'être tuée qu'à protéger mon visage. Mes mains. Je crois que toutes nos filles étaient préoccupées par cela. Et les hommes se moquaient de nous, ils trouvaient ça drôle. Pour eux, c'était bizarre qu'on ne pense pas à la mort, mais à Dieu sait quoi... à des âneries... »

Zinaïda Vassilievna :

« C'était impossible de s'habituer à la mort. À l'idée de disparaître... On battait en retraite dans les montagnes devant l'offensive allemande. Mais il nous restait cinq blessés graves, tous blessés au ventre. Et c'étaient des blessures mortelles – un jour, deux jours, et ils y passeraient. Or, on ne pouvait pas les emmener, car nous n'avions aucun moyen de les transporter. On nous a laissées, moi et une autre infirmière nommée Oksana, avec eux dans un hangar, en nous promettant bien de revenir nous chercher deux jours après. Ils ne sont revenus, en fait, que trois jours plus tard. Pendant trois jours, nous sommes restées avec ces blessés. Des hommes vigoureux, totalement conscients. Ils ne voulaient pas mourir... Et nous, nous n'avions que quelques sachets de médicaments, rien d'autre... Ils réclamaient tout le temps à boire, or il ne fallait pas qu'ils boivent. Les uns comprenaient, les autres juraient. L'un nous a balancé son quart à la tête, un autre sa botte... Ça a été les trois jours les plus horribles de ma vie. Ils crevaient sous nos yeux, l'un après l'autre, et nous ne pouvions que les regarder mourir...

« Ma première décoration ? J'ai été proposée pour la médaille de la Bravoure. Mais je ne suis pas allée à la remise des récompenses. J'étais en colère. C'était ridicule, voyons ! Vous comprenez pourquoi ? Une de mes copines avait reçu la médaille du Mérite militaire, et moi je n'avais droit qu'à celle de la Bravoure. Elle,

elle n'avait été mêlée qu'à un seul combat, alors que moi, j'avais déjà participé à la bataille de Kouchtchovskaïa et à bien d'autres opérations. Alors je me suis sentie vexée : pour un seul combat, on lui reconnaissait le mérite, l'expérience d'un soldat, alors que moi, on avait l'air de dire finalement que je n'avais fait preuve que d'un peu de courage, comme si je ne m'étais distinguée qu'une seule fois. Le commandant a bien rigolé, lorsqu'il a appris quel était le problème. Il m'a expliqué que la médaille de la Bravoure était la plus importante, qu'elle valait presque les plus hautes distinctions.

« À Makeïevka, dans le Donbass, j'ai été blessée, blessée au bas du dos. Un petit éclat comme ça, gros comme un caillou, m'est entré dans la chair et y est resté logé. J'ai senti le sang couler, alors j'ai plié tout un paquet de pansements et l'ai plaqué sur la blessure. J'ai continué à courir, à panser les autres. Je n'osais pas dire que j'étais blessée. Et encore moins de préciser où ! À la fesse, au derrière !... À seize ans, on a honte de dire ça, d'avouer ça à quelqu'un. J'ai donc continué à galoper et à soigner les autres jusqu'à ce que je perde connaissance à cause de l'hémorragie. J'avais du sang plein les bottes...

« Les nôtres me voient tomber, sans doute se disent-ils que j'ai été tuée. "Quand les brancardiers passeront, ils la ramasseront." Les combats s'éloignent. Encore un peu, et j'y laissais la peau. Mais des tankistes partis en reconnaissance remarquent une fille étendue au milieu du champ de bataille. J'étais tête nue, ma chapka avait roulé plus loin. Ils ont écouté mon cœur et constaté que j'étais encore vivante. Ils m'ont amenée au service sanitaire de campagne. De là, j'ai été expédiée dans un hôpital, puis dans un autre. Six mois plus tard, par conséquent, une commission m'a déclarée inapte au service. La guerre s'est terminée, j'avais dix-huit ans, mais de santé, je n'en avais plus : trois blessures plus une sévère commotion. Mais j'étais encore une gosse, et bien sûr je dissimulais soigneusement ce dernier détail, je parlais de mes blessures, mais je passais la commotion sous silence. Or, ses séquelles se sont fait sentir. J'ai été de nouveau hospitalisée. On m'a reconnu une invalidité... Et moi, qu'ai-je fait ? J'ai déchiré tous ces papiers et je les ai jetés, j'ai même renoncé à toucher je ne sais plus quelle allocation. Car pour l'obtenir, il m'aurait fallu passer et repasser devant je ne sais combien de commissions. Raconter mon histoire : quand avais-je été commotionnée, quand avais-je été blessée ? À quel endroit ?

« À l'hôpital, le capitaine de l'escadron et l'adjudant-chef sont venus me rendre visite. Ce capitaine me plaisait beaucoup pendant la guerre, mais lui, là-bas, ne me remarquait même pas. C'était un bel homme, et l'uniforme lui allait très bien. L'uniforme va bien à tous les hommes. Les femmes, elles, elles avaient l'air de quoi ? En pantalon, pas de tresses – c'était interdit, on passait toutes à la tondeuse, comme des gamins. Ce n'est qu'à la fin de la guerre qu'on nous permettait parfois d'avoir des coiffures plus féminines, d'être dispensées de la coupe réglementaire. À l'hôpital, mes cheveux avaient beaucoup poussé, j'avais une longue natte, et eux... C'est idiot, mon Dieu ! Ils sont tombés tous les deux amoureux de moi... D'un coup ! Nous avions fait toute la guerre ensemble, il ne s'était rien passé de tel, et là, les deux à la fois, le commandant de l'escadron et l'adjudant-chef, qui me font leur demande ! L'amour !

« Après la guerre, j'avais envie d'oublier celle-ci au plus vite. Mon père nous y a aidées, moi et ma sœur. Papa était un sage. Il nous a pris toutes nos décorations, nos lettres de félicitations, les a rangées dans un coin et nous a dit : "Il y a eu la guerre, et vous avez combattu. Mais maintenant, oubliez tout. Hier, c'était la guerre, mais aujourd'hui, c'est une autre vie qui commence. Chaussez des escarpins. Vous êtes de jolies filles. Il faut reprendre vos études, il faut vous marier."

« Olia a eu du mal à s'adapter tout de suite à une autre vie, elle était fière. Elle ne voulait pas quitter sa capote de soldat. Et je me souviens de mon père disant à ma mère : "C'est ma faute si nos filles sont parties si jeunes à la guerre. J'espère qu'elle ne les a pas brisées. Qu'elles ne vont pas continuer à combattre toute leur vie durant."

« Grâce à mes décorations et à mes médailles, j'ai eu droit à des bons spéciaux pour pouvoir aller au *voïentorg*[1] faire des achats. Je me suis offert des bottes en caoutchouc qui étaient alors très à la mode, un manteau, une robe, des bottines. J'ai décidé de vendre ma capote. Je suis allée au marché... Je portais une robe de soie... Et qu'ai-je vu là-bas ? Des jeunes gens amputés des deux bras, des deux jambes... Tous anciens soldats... Ceux qui avaient encore leurs bras vendaient des cuillères en bois qu'ils fabriquaient eux-mêmes. Les autres... Ceux qui n'avaient plus ni bras ni jambes... Ils étaient là, inondés de larmes. Ils demandaient l'aumône. Voilà le tableau... Je suis repartie sans avoir vendu ma capote. Et tant que j'ai vécu à Moscou, cinq ans peut-être, je n'ai jamais pu retourner au marché. J'avais peur qu'un de ces infirmes ne me reconnaisse et ne dise : "Pourquoi m'as-tu sauvé ?" Je me rappelais un jeune lieutenant. Quand j'étais allée le chercher... Il avait les jambes... les deux jambes en sang, l'une avait été presque sectionnée par un

---

[1]. Grand magasin, géré par l'armée, où l'on pouvait se procurer aussi bien des fournitures militaires (uniformes, bottes, ceinturons, etc.), que des produits de consommation courante. *(N.d.T.)*

éclat. Je le pansais… Sous les bombes… J'ai failli moi-même y rester, mais je l'ai tiré de là, et j'ai réussi à stopper l'hémorragie. Et il me criait : "Laisse-moi ici ! Achève-moi ! !" Il l'exigeait. Vous comprenez ? Alors voilà, j'avais tout le temps peur de rencontrer ce lieutenant…

« Lorsque j'étais à l'hôpital, tout le monde là-bas connaissait un jeune et beau garçon, ancien tankiste, nommé Micha… Je ne me souviens plus de son nom. Il avait été amputé des deux jambes et d'un bras, il ne lui restait plus que le bras gauche. Il avait subi une amputation haute, ses jambes avaient été coupées au niveau de l'articulation coxo-fémorale, de sorte qu'il n'était pas question pour lui de porter des prothèses. On le promenait en chaise roulante. On avait fait fabriquer spécialement pour lui une chaise haute et tout le monde le promenait dehors, tous les visiteurs. Beaucoup de civils venaient à l'hôpital, ils aidaient à donner des soins, en particulier aux patients victimes de blessures graves, comme Micha. Des enfants, des femmes, des écoliers. Ils portaient ce Micha dans leurs bras. Et lui ne se décourageait pas. Il avait un tel désir de vivre ! Il n'avait que dix-neuf ans, il n'avait pas encore vécu. Je ne me rappelle pas s'il avait de la famille, mais il savait qu'on ne l'abandonnerait pas dans son malheur, il était convaincu qu'on ne l'oublierait pas. Même si, bien sûr, la guerre avait passé sur notre pays, et que tout n'y fût plus que ruine. Quand nous libérions un village, il n'en restait que des cendres. Seule la terre restait aux gens. Rien que la terre.

« Ma sœur et moi ne sommes pas devenues médecins, alors qu'on en rêvait avant la guerre. Nous pouvions fort bien entrer à la fac de médecine sans passer aucun examen, nous avions cette possibilité, comme tous les anciens combattants. Mais nous avions tellement vu de gens souffrir, de gens mourir, que nous ne pouvions plus en supporter le spectacle. Nous ne pouvions même plus l'imaginer. Trente ans plus tard, j'ai dissuadé ma fille de s'inscrire en fac de médecine, bien qu'elle en eût très envie. Des dizaines d'années plus tard... dès que je ferme les yeux, je revois tout... Le printemps... Nous marchons à travers un champ où vient de se dérouler un combat, nous cherchons des blessés. Le champ a été entièrement piétiné, un champ de blé en herbe. Je tombe sur deux corps : un jeune soldat à nous et un jeune Allemand... Ils sont étendus dans le blé vert et regardent le ciel... On ne voit pas encore sur eux l'empreinte de la mort. Ils regardent le ciel... Je me rappelle encore ces yeux... »

Olga Vassilievna :

« Et voici ce que moi, j'ai retenu des derniers jours de la guerre. Nous sommes à cheval – et soudain, on entend de la musique sortie d'on ne sait où. Un violon... Eh bien ! c'est ce jour-là que la guerre a pris fin pour moi, pas le Jour de la Victoire, où tout le monde tirait en l'air et s'embrassait. C'est lorsque j'ai entendu le violon. C'était un tel miracle : de la musique, tout à coup ! C'était comme si je sortais du sommeil... Il nous semblait à tous qu'après la guerre, après de tels torrents de larmes, la vie serait belle. Magnifique. Il nous semblait que tous les gens désormais seraient très bons, qu'ils s'aimeraient tous. Qu'ils deviendraient tous frères et sœurs. Comme nous attendions ce jour... Le Jour de la Victoire ! Et effectivement, ce fut un jour merveilleux. On aurait dit que la nature ellemême avait senti ce qui se passait dans nos âmes. Elle était avec nous, la nature. Nous nous mettions tous soudain à parler d'avenir ! D'amour. Durant toute la guerre, chaque jour je pensais : combien d'hommes aujourd'hui met-on en terre ! Combien en fait-on disparaître ! Des hommes si jeunes. Si beaux et si forts. J'avais peur de mourir sans avoir eu le temps de donner naissance à un bébé. De laisser une trace sur la terre.

« J'avais envie d'aimer… »

« Nous n'avons pas tiré… »

Il y a beaucoup de monde à la guerre… Et beaucoup de choses à faire…

On ne se contente pas d'y tirer, fusiller, bombarder, saboter, livrer combat au corps à corps, on s'y emploie aussi à laver le linge, cuire la kacha, pétrir le pain, réparer les véhicules, distribuer le courrier, apporter le tabac. La guerre n'est pas constituée que de grands événements, elle l'est aussi de petits détails. « Notre simple travail de bonnes femmes en représentait une part immense », dit l'aide-soignante Alexandra Iossifovna Michoutina. L'armée marchait en avant, derrière elle s'étirait un « second front » : blanchisseuses, cuisiniers, mécaniciens, postiers…

Ils ont leur propre mémoire, et cette mémoire est toujours la même. Car ils possèdent la même expérience acquise dans l'horreur : expérience non seulement de la guerre, mais de l'homme en général, du sublime dont celui-ci est capable en tant qu'homme, et de l'abject dont il est capable en tant qu'inhumaine créature. Là-bas, tout se côtoie : le noble et le vil, le simple et l'atroce. Mais ce n'est pas l'horreur dont on se souvient, du moins ce n'est pas tant l'horreur que la résistance de l'être humain au milieu de l'horreur. Sa dignité et sa fermeté. La manière dont l'humain résiste à l'inhumain, justement parce qu'il est humain.

« Nous progressons dans la boue, les chevaux s'y noient, les camions calent... Les soldats s'attellent eux-mêmes aux pièces d'artillerie. Aux chariots... Mon mari me dit, me répète : "Regarde ! Ouvre grands les yeux ! C'est de l'épopée ! De l'épopée !" » (*T.A. Smelianskaïa, journaliste militaire.*)

Ils ouvraient grands leurs yeux...

De bottines et d'une maudite jambe de bois

« Avant la guerre, j'ai vécu heureuse... Avec papa et maman. Mon père avait fait la guerre de Finlande. Il en était revenu avec un doigt en moins, et je lui demandais toujours : "Papa, à quoi sert la guerre ?"

« Mais la guerre est bientôt arrivée, je n'avais pas encore grandi comme il faut. J'ai été évacuée de Minsk. On nous a conduits à Saratov. Là-bas, j'ai travaillé dans un kolkhoze. Un jour, le président du soviet du village me convoque :

« "Je pense tout le temps à toi, ma fille."

« J'étais étonnée :

« "Et qu'est-ce que vous pensez ?

« — Oh, si seulement je ne traînais pas ce fichu bout de bois ! Tout ça à cause de cette maudite jambe de bois..."

« Je reste plantée là, sans rien comprendre. Il ajoute :

« "On vient de recevoir un papier, nous devons désigner deux personnes pour partir au front, seulement je n'ai personne à envoyer. J'y serais bien allé moi-même, sans cette maudite jambe de bois. Et toi, c'est impossible, tu es une évacuée. Mais peut-être accepterais-tu tout de même ? Je n'ai que deux filles ici : toi et Maria Outkina."

« Maria était une grande fille, bien balancée, moi, pas trop. J'étais très quelconque.

« "Es-tu d'accord ?

« — J'aurai droit à des bandes molletières ?"

« Nous étions en guenilles : vous pensez si on avait eu le temps d'emporter des bagages !

« "Tu es si mignonne que tu auras même droit à des bottines."

« Alors j'ai accepté.

«... On nous a fait descendre du convoi, et un gros homme moustachu est venu nous accueillir. Mais personne n'a voulu le suivre. Je ne sais pas pourquoi, je n'ai pas posé de questions, je n'étais pas une activiste et je ne me mêlais de rien. Le gars ne nous avait pas plu. Puis, un bel officier arrive. Beau comme une poupée ! Il nous a persuadées, et nous sommes parties avec lui. On est arrivées dans l'unité, et nous avons retrouvé là-bas le moustachu qui s'est mis à rire : "Alors, petites malignes, vous n'avez pas voulu venir avec moi ?"

« Le major nous a convoquées l'une après l'autre. À chacune il demandait : "Que sais-tu faire ?"

« L'une répond : "Je sais traire les vaches." Une autre : "À la maison, je faisais cuire les patates, j'aidais maman."

« Vient mon tour :

« "Et toi ?

« — Je sais faire la lessive.

« — Je vois que tu es une brave fille. Si seulement tu savais cuisiner...

« — Je sais aussi."

« Toute la journée, je travaillais aux fourneaux, et quand je rentrais le soir, il fallait laver le linge des soldats. J'avais à prendre aussi des tours de garde. On me crie : "Sentinelle ! Sentinelle !" et je suis incapable de répondre, je suis à bout de forces. »

*Irina Nikolaïevna Zinina,
simple soldat, cuisinière.*

« J'étais à bord d'un train sanitaire... Je me souviens avoir passé toute la première semaine à pleurer : d'abord je me retrouvais sans maman, ensuite je devais dormir en haut sur la troisième couchette, là où maintenant on pose les bagages. C'était ça, ma "chambre".

— À quel âge êtes-vous partie au front ?

— J'étais en seconde, mais je n'ai pas terminé l'année. Je me suis sauvée pour m'enrôler. Toutes les filles à bord du train étaient de mon âge.

— Quel était votre travail ?

— Donner des soins aux blessés, les faire manger et boire. Leur passer le bassin. Tout ça relevait de notre compétence. Je travaillais en équipe avec une fille un peu plus âgée ; au début, elle me ménageait : "Si quelqu'un réclame le pistolet, appelle-moi." On transportait des blessés graves : certains avaient perdu un bras, d'autres une jambe. Le premier jour, j'ai fait appel à elle, mais ensuite... elle ne pouvait tout de même pas rester avec moi jour et nuit... J'ai assuré le service toute seule. Et voici qu'un blessé m'appelle : "Infirmière, le pistolet !"

« Je lui tends l'objet mais il ne le prend pas. C'est alors seulement que j'ai vu qu'il n'avait plus de bras. Une idée m'a bien traversé la cervelle, j'ai fini par comprendre plus ou moins ce qu'il fallait faire, mais durant quelques instants je suis restée plantée là, debout, sans savoir comment réagir. Vous comprenez ? Il fallait que je l'aide... Seulement moi, je ne savais pas ce que c'était, je n'avais encore jamais vu ça.

Même au cours d'instruction, on ne nous l'avait pas enseigné... »

*Svetlana Nikolaïevna Lioubitch,
volontaire du service sanitaire.*

« Je n'ai jamais tiré un coup de feu... Je préparais la kacha pour les soldats. Et c'est pour ça qu'on m'a donné une médaille. Je n'y repense jamais : est-ce que j'ai vraiment fait la guerre, moi ? Je préparais la kacha, la soupe des soldats. Je trimballais des chaudrons, des bouilloires énormes. Tout ça pesait des tonnes... Le commandant, je me rappelle, était furieux : "J'aurais dû les transformer en passoires, tes chaudrons... Comment feras-tu pour avoir des gosses après la guerre ?" Un jour, il a pris tout ce que j'avais comme récipients et les a criblés de balles. On a dû aller en chercher d'autres, un peu plus petits, dans un village.

« Les soldats revenaient de première ligne, on leur accordait du repos. Les pauvrets, ils étaient tous sales, éreintés ; les pieds, les mains... ils étaient couverts d'engelures. C'étaient surtout les Ouzbeks, les Tadjiks qui craignaient le froid. Car chez eux, n'est-ce pas ? il y a toujours du soleil, il fait toujours chaud, alors que là, il faisait dans les moins trente, moins quarante. Un gars comme ça n'arrivait pas à se réchauffer. Il fallait lui donner à manger : lui-même était incapable de porter la cuillère à la bouche... »

*Alexandra Semionovna Massakovskaïa,
simple soldat, cuisinière.*

« Je lavais le linge... J'ai passé toute la guerre devant un baquet de lessive... On nous apportait le linge. Il était crasseux, pouilleux. Les cabans blancs – vous savez, pour le camouflage : ils étaient couverts de sang, ils n'étaient plus blancs, mais rouges. Il fallait changer l'eau après le premier trempage : elle était si rouge qu'elle paraissait noire... Vous trouviez là une vareuse sans manches, avec un énorme trou sur le devant, des pantalons auxquels manquait une jambe. On les lavait avec des larmes et on les rinçait avec des larmes. Des montagnes, des montagnes de linge comme ça. Quand j'y repense, j'en ai encore mal aux mains et aux bras. Je revois souvent tout ça en rêve... Du noir et du rouge... »

*Maria Stepanovna Detko,
simple soldat, blanchisseuse.*

« Notre boulot était un boulot de femmes... On habillait les soldats, on lavait leur linge, on repassait leurs habits, voilà toute notre part d'héroïsme. On se déplaçait à cheval, rarement en train, les chevaux étaient éreintés, on peut dire qu'on a terminé la route à pied pour atteindre Berlin. Et puisqu'on en est à évoquer des souvenirs, on a fait tout ce qu'il fallait : on aidait à porter les blessés, dans la région du Dniepr, on a même trimballé des obus qu'il était impossible de transporter autrement, on les portait dans nos bras pour les livrer à destination, à plusieurs kilomètres de là...

« J'ai l'impression d'avoir gardé très peu de souvenirs. Et pourtant, j'en ai vécu, des choses ! J'en ai vécu... »

*Anna Zakharovna Gorlatch,
simple soldat, blanchisseuse.*

« L'adjudant-chef me demande :
« "Ma fille, quel âge as-tu ?
» — Dix-huit ans, pourquoi ?
» — Parce que nous n'avons pas besoin de mineures.

" — Je ferai tout ce que vous voulez. Ne serait-ce que le pain."

« J'ai été enrôlée… »

*Natalia Moukhametdinova,
simple soldat, boulangère.*

« J'ai fait l'école d'instituteurs… J'ai obtenu mon diplôme alors que la guerre avait déjà éclaté. Comme c'était la guerre, au lieu de nous donner un poste, on nous a renvoyées chez nous. Je suis rentrée à la maison et, quelques jours plus tard, j'ai été convoquée au bureau de recrutement. Maman, bien sûr, ne voulait pas me laisser y aller, j'étais encore toute jeune, je n'avais que dix-huit ans : "Je vais t'envoyer chez mon frère, je dirai que tu n'habites plus ici. — Mais je suis une komsomol", ai-je répondu. Au bureau de recrutement, on nous a rassemblées pour nous dire qu'on avait besoin de femmes pour les boulangeries de l'armée.

« C'est un travail extrêmement pénible. Nous avions huit fours métalliques. On arrivait dans un village ou une ville en ruine, et on les installait. Une fois les fours en place, il fallait du bois, vingt à trente seaux d'eau, cinq sacs de farine. Nous, gamines de dix-huit ans, nous coltinions des sacs de farine de soixante-dix kilos. On les empoignait à deux, et hop ! c'était parti… Ou bien on nous posait quarante grosses miches de pain sur une civière. Moi, par exemple, j'étais incapable de soulever ça. Jour et nuit devant le four, jour et nuit. À peine avait-on fini de pétrir une fournée qu'il fallait s'occuper de la suivante. On nous bombardait, et nous, nous étions encore là à faire le pain… »

*Maria Semionovna Koulakova,
simple soldat, boulangère.*

« Nous construisions... Nous construisions des voies ferrées, des ponts de bateaux, des casemates. Le front était tout près. Nous creusions la terre pendant la nuit, pour ne pas être repérés.

« Nous abattions du bois. Dans ma section, il y avait surtout des filles, toutes très jeunes. Il y avait aussi quelques hommes, inaptes au service armé. Comment faisait-on pour dégager un arbre ? On s'y mettait tous pour parvenir à le soulever. Un seul arbre réclamait la section entière. On avait les mains, les épaules, couvertes de cals sanguinolents... »

Zoïa Loukianovna Verjbitskaïa,
chef de section d'un bataillon du génie.

« Au début de la guerre... j'avais dix-neuf ans... Je vivais à Mourom, dans la région de Vladimir. En octobre 1941, on nous a envoyés, nous les komsomols, sur le chantier de la route Mourom-Gorki-Koulebaki. Quand nous sommes rentrés du "front du travail", nous avons été mobilisés.

« J'ai été expédiée à Gorki, dans une école de liaisons et transmissions, pour suivre une formation de postier. Mon stage terminé, j'ai été engagée dans l'armée active, dans la 60e division d'infanterie. J'ai servi comme officier au service postal du régiment. J'ai vu de mes propres yeux des hommes pleurer, embrasser des enveloppes, quand ils avaient reçu une lettre en première ligne. Beaucoup étaient coupés de leur famille, tous leurs proches étaient morts ou bien habitaient dans les territoires occupés par l'ennemi. Ils ne pouvaient donc recevoir de courrier. Alors nous leur écrivions des lettres de l'Inconnue : "Cher soldat, c'est la Jeune Inconnue qui t'écrit. Comment combats-tu l'ennemi ? Quand reviendras-tu porteur de la

Victoire ?" On passait des nuits à écrire. Pendant la guerre, j'en ai rédigé des centaines... »

*Maria Alexeïevna Remneva,
sous-lieutenant, vaguemestre.*

« Les quatre années qu'a duré la guerre, je les ai passées sur les routes... Je voyageais selon les panneaux indicateurs : "Intendance Chtchoukine", "Intendance Kojouro". Au centre de ravitaillement, on se voyait remettre du tabac, des cigarettes, des pierres à briquet, bref, tout ce dont un soldat ne peut se passer en première ligne – et puis, en route ! Tantôt en voiture, tantôt en chariot, mais le plus souvent à pied, accompagnée d'un ou deux soldats. On se coltinait tout sur l'échine. On ne pouvait pousser les chevaux jusqu'aux tranchées, les Allemands auraient entendu les grincements. On trimballait tout sur soi. Sur son dos. Voilà, ma chérie... »

*Elena Nikiforovna Ievskaïa,
simple soldat, ravitailleuse.*

Du savon spécial « K » et des arrêts de rigueur

« Je me suis mariée le 1ᵉʳ mai... Et le 22 juin, la guerre éclatait. Les premiers avions allemands ont survolé la ville. Je travaillais dans un orphelinat abritant des enfants espagnols que nous avions ramenés chez nous, à Kiev, en 1937... après la guerre civile en Espagne... Nous ne savions pas quoi faire, mais les petits Espagnols, eux, se sont mis à creuser des tranchées dans la cour. Ils savaient déjà tout... On a évacué les enfants à l'arrière, et moi, je suis partie dans la région de Penza. On m'avait chargée d'une mission : organiser des cours de formation d'infirmières. Fin 1941, j'ai dû faire passer moi-même les examens organisés à l'issue des cours, car tous les médecins étaient partis au front. J'ai délivré les certificats et demandé moi aussi à être enrôlée. On m'a envoyée près de Stalingrad, dans un hôpital militaire de campagne. J'étais la plus âgée des filles qui se trouvaient là. Mon amie Sonia Oudrougova – nous sommes restées amies jusqu'à ce jour – avait seize ans à l'époque, elle n'était allée que jusqu'en première, puis avait suivi ces cours, justement, de formation médicale. Nous étions au front depuis trois jours, quand je découvre Sonia assise au milieu d'un bois, en train de pleurer. Je m'approche :

« "Sonia, mais pourquoi pleures-tu ?

« — Comment est-ce que tu ne comprends pas ? Cela fait trois jours que je n'ai pas vu maman."

« Aujourd'hui, quand je lui rappelle cette histoire, ça la fait rire.

« Au saillant de Koursk[1], j'ai été transférée de l'hôpital dans une section d'hygiène de campagne, en tant que *zampolit*[2]. Les blanchisseuses étaient des volontaires civiles. En général, nous nous déplacions en chariots : il fallait voir les bassines entassées, les cuves à lessive dressées au milieu, les samovars pour chauffer l'eau et, juchées tout en haut, des filles en jupes rouges, vertes, bleues, grises. Tout le monde riait : "L'armée

---

1. C'est ainsi qu'on dénomme la partie du front en forme d'arc, aux environs de Koursk, où eut lieu, en 1943, la plus grande bataille de chars de la Seconde Guerre mondiale, qui s'acheva par la victoire des troupes soviétiques. *(N.d.T.)*
2. Acronyme pour « suppléant instructeur politique ». *(N.d.T.)*

des blanchisseuses est en marche !" Quant à moi, on m'appelait la "commissaire-lingère". Il s'est passé du temps avant que mes filles puissent s'habiller plus décemment, "se saper", comme on dit.

« On travaillait très dur. Nous arrivions sur place, on nous attribuait une chaumière, une maison ou une simple hutte. Nous y faisions la lessive et, avant de l'étendre à sécher, nous imprégnions le linge de savon spécial "K" pour éliminer les poux. On avait bien du DDT, mais ça n'y faisait rien. Nous utilisions du savon "K", un truc puant, d'une odeur atroce. On mettait le linge à sécher dans le même local où nous faisions la lessive, et c'est aussi là que nous dormions. On nous donnait vingt à vingt-cinq grammes de savon pour laver le linge d'un soldat. Or, il était noir comme de la terre. Beaucoup de filles attrapaient des hernies à force de frotter le linge, de porter des charges trop lourdes, de subir une tension continuelle, beaucoup également avaient les mains rongées d'eczéma à cause du savon "K" ; leurs ongles tombaient, on pensait qu'ils ne pourraient jamais repousser. Et pourtant, elles se reposaient une journée ou deux, puis retournaient à leurs baquets.

« Les filles m'obéissaient...

« Une fois, on arrive dans un endroit où cantonnait une unité d'aviateurs. Imaginez la scène : quand ils nous ont vues, dans nos vêtements noirs d'usure et de crasse, ces gars-là ont détourné la tête avec dédain : "Oh ! ce ne sont que des blanchisseuses..." Mes filles en pleuraient presque : *"Zampolit*, vous avez vu...

« — Ce n'est rien, allez, on se vengera d'eux."

« Et nous avons élaboré un plan. Le soir, mes filles se mettent ce qu'elles ont de mieux et se réunissent dans le pré. L'une joue de l'accordéon, et les autres dansent. Ce qui était convenu, c'était qu'aucune ne danserait avec aucun pilote. Ceux-là abordent les filles, mais elles refusent toutes les invitations. Pendant toute la soirée, elles n'ont dansé qu'entre elles. Finalement, les gars nous ont implorées : "Vous ne pouvez pas nous en vouloir à tous, pour les paroles d'un seul crétin !"

« D'après le règlement, on ne pouvait infliger les arrêts de rigueur à des volontaires civils, mais que faire quand on a une centaine de filles réunies sous ses ordres ? Chez nous, à onze heures du soir, il y avait extinction des feux, pour toutes sans exception. Il y en avait toujours une pour chercher à s'esquiver – que voulez-vous, une fille est une fille. Quand la chose se produisait, je faisais mettre la coupable aux arrêts. Un jour, des officiers supérieurs de l'unité voisine se pointent, alors que deux de mes filles sont au trou.

« "Comment cela ? Vous mettez aux arrêts des volontaires civiles ?" me demandent-ils.

« Je réponds calmement :

« "Camarade colonel, rédigez un rapport pour le commandement. C'est votre affaire. Moi, je dois lutter pour assurer la discipline. Et chez moi règne un ordre exemplaire."

« Ils sont repartis là-dessus.

« J'imposais en effet une discipline très stricte. Un jour, je rencontre un capitaine qui passait devant ma maison, juste comme je venais d'en sortir. Il s'arrête :

« "Mon Dieu ! Vous sortez d'ici ? Mais savez-vous qui loge là ?

« — Oui, je le sais.

« — C'est la *zampolit*. Vous ne savez pas comme elle est mauvaise ?"

« Je réponds que je ne suis pas au courant.

« "Mon Dieu ! C'est quelqu'un qui ne sourit jamais, qui est toujours d'une humeur de chien.

« — Et aimeriez-vous la rencontrer ?

« — Que Dieu m'en préserve ! Non !"

« Alors, j'ai jeté le masque :

« "Faisons connaissance tout de même, c'est moi la *zampolit* !

« — Non, ce n'est pas possible ! On m'a raconté à son propos…"

« Je veillais sur mes filles. Nous en avions une très jolie, qui s'appelait Valia. Une fois, on m'a convoquée à l'état-major pour une dizaine de jours. Quand je suis revenue, on m'a dit que Valia était rentrée tard tous les soirs, durant toute mon absence, qu'elle sortait avec un capitaine. Ou plutôt qu'elle était sortie, car c'était déjà du passé. Deux mois s'écoulent, et j'apprends que Valia est enceinte. Je la convoque : "Valia, comment est-ce que cela a pu se produire ? Où vas-tu aller ? Ta belle-mère (elle n'avait plus de mère, mais une belle-mère) vit dans une hutte." Elle fond en larmes : "C'est votre faute, à vous, si vous n'étiez pas partie, rien ne serait arrivé." Elles voyaient en moi une mère, une sœur aînée.

« Elle ne possédait qu'un petit manteau léger, or il faisait déjà froid. Je lui ai donné ma capote. Et ma Valia s'en est allée…

« Le 8 mars 1945[1]… Nous avons organisé une fête. Préparé du thé. On avait réussi à dégoter des bonbons. Mes filles vont dehors et voient soudain deux Allemands sortir de la forêt. Ils traînent derrière eux leurs mitraillettes… Ils sont blessés… Mes filles les entourent aussitôt. Et moi, en tant que *zampolit*, je rédige bien sûr un rapport où je raconte comment, le 8 mars, des blanchisseuses ont fait prisonniers deux Allemands.

« Le lendemain, nous avions une réunion de commandants. Le chef du bureau politique nous annonce en guise d'entrée en matière :

---

1. Journée internationale de la Femme. *(N.d.T.)*

« "Camarades, j'ai envie de vous donner une bonne nouvelle : la guerre sera bientôt terminée. Hier, des blanchisseuses de la 21e section de blanchisserie de campagne ont capturé deux Allemands."

« Tout le monde a applaudi...

« Tant que la guerre avait duré, personne chez nous n'avait reçu de récompense, mais lorsqu'elle a été finie, on m'a dit : "Choisissez deux personnes pour être décorées." Mon sang n'a fait qu'un tour. J'ai pris la parole et j'ai expliqué dans mon intervention que j'étais *zampolit* d'une section de blanchisseuses, que c'était un travail extrêmement pénible, que beaucoup parmi celles qui l'accomplissaient avaient aujourd'hui des hernies, de l'eczéma aux mains, etc., qu'il s'agissait de filles toutes jeunes qui travaillaient plus que des machines et devaient porter chaque jour des poids énormes. On m'a demandé alors : "Pouvez-vous nous présenter demain une liste ? Nous décorerons d'autres personnes." Et j'ai passé la nuit, avec le chef de la section, à éplucher les états de service de chacune. Beaucoup de filles se sont vu décerner la médaille de la Bravoure ou celle du Mérite militaire ; une blanchisseuse a même été décorée de l'ordre de l'Étoile rouge. C'était la meilleure de toutes : il arrivait que tout le monde soit à bout de forces, au point de tomber littéralement par terre, mais elle, elle continuait à laver. C'était une femme d'âge mûr...

« Lorsque l'heure est venue de renvoyer les filles chez elles, j'ai eu envie de leur donner quelque chose. Elles étaient toutes de Biélorussie et d'Ukraine ; or, là-bas, tout avait été détruit, il ne restait que des ruines. Comment les laisser repartir les mains vides ? Il se trouve que nous étions cantonnés dans un village allemand, il y avait là un atelier de couture. J'y suis allée jeter un coup d'œil : par bonheur, les machines à coudre étaient intactes. Alors, à chaque fille qui partait, nous avons offert un cadeau. C'est tout ce que j'ai pu faire pour elles.

« Tout le monde avait envie de rentrer chez soi, mais en même temps, on avait peur. Car personne ne savait ce qui l'y attendait... »

> *Valentina Kouzminitchna Bratchikova-Borchtchevskaïa, lieutenant,* zampolit *d'une section d'hygiène de campagne.*

« Les troupes allemandes avaient été arrêtées devant Voronej... Il leur a fallu beaucoup de temps pour réussir à prendre la ville. Celle-ci était bombardée sans cesse. Les avions passaient au-dessus de notre village de Moskovka. Je n'avais pas encore vu l'ennemi, je ne voyais que ses avions. Mais j'ai très vite appris ce qu'était la guerre...

« Notre hôpital a été un jour informé qu'un convoi venait d'être bombardé juste aux abords de Voronej. Nous nous sommes rendus sur place et nous avons vu... Qu'est-ce que nous avons vu ? De la viande hachée... Je ne peux pas exprimer ça... Aïe aïe aïe ! Notre professeur a été le premier à se ressaisir. Il a commandé d'une voix forte : "Les civières !" J'étais la plus jeune, je venais juste d'avoir seize ans, et tout le monde avait un œil sur moi, de peur que je ne tombe dans les pommes. Nous avons longé les rails, inspecté les vestiges de wagons. Il n'y avait personne à allonger sur les civières : les wagons brûlaient encore, on n'entendait ni gémissements, ni cris. Il n'y avait plus une personne en vie. Je gardais la main crispée sur mon cœur, mes yeux se fermaient devant l'atrocité du spectacle. De retour à l'hôpital, nous nous sommes tous écroulés, l'un la tête sur la table, l'autre affalé sur une chaise, et nous nous sommes endormis comme ça.

« J'ai terminé mon service et je suis rentrée chez moi. Je suis arrivée le visage en larmes, je me suis étendue sur mon lit, mais dès que je fermais les yeux, je revoyais tout... Ma mère est rentrée du travail, puis mon oncle Mitia. J'ai entendu la voix de maman :

« "Je ne sais pas ce que va devenir Lena. As-tu vu comme elle a changé de figure depuis qu'elle travaille à l'hôpital ? Elle ne se ressemble plus, elle ne dit pas un mot, ne cause avec personne, pousse des cris dans son sommeil. Et où son sourire est-il passé ? Et son rire ? Tu sais pourtant comme elle était gaie. Maintenant, elle ne plaisante plus jamais."

« J'entends maman, et mes larmes ruissellent.

« ... Quand on a libéré Voronej en 1943, je me suis enrôlée dans les troupes auxiliaires de la défense civile. Il n'y avait là que des filles. Elles avaient toutes entre dix-sept et vingt ans. Toutes jeunes et belles, je n'ai jamais vu autant de jolies filles à la fois. La première que j'ai connue s'appelait Maroussia Prokhorova, et sa meilleure amie, Tania Fiodorova. Elles venaient du même village. Tania était une fille sérieuse, elle aimait l'ordre et la propreté. Maroussia, elle, aimait chanter, danser. Elle chantait des couplets coquins. Et, par-dessus tout, elle adorait se maquiller : elle s'asseyait devant un miroir et y passait des heures. Tania l'enguirlandait : "Au lieu de te pomponner, tu ferais mieux de repasser ton uniforme et de faire correctement ton lit." Nous avions aussi Pacha Litavrina, une fille terriblement intrépide. Elle était très amie avec Choura Batichtcheva qui, elle, était timide et réservée, c'était la plus sage de nous toutes. Quant à Lioussia Likhatcheva, elle aimait avoir les cheveux bouclés, elle se mettait ses bigoudis et sautait aussitôt sur sa guitare. Elle se couchait avec sa guitare et se levait avec sa guitare. Polina Neverova était la plus âgée d'entre nous, son mari était mort au front, et elle était toujours triste.

« Nous portions toutes l'uniforme. Quand maman m'a vue pour la première fois ainsi costumée, elle est devenue toute blanche :

« "Tu as décidé de t'engager dans l'armée ?"

« Je l'ai rassurée :

« "Mais non, maman, je t'ai déjà dit que je gardais des ponts."

« Elle s'est mise à pleurer :

« "La guerre sera bientôt finie. Et tu m'ôteras aussitôt ce manteau militaire."

« C'est ce que je pensais également.

« Deux jours après l'annonce de la fin de la guerre, nous avons eu une réunion au foyer. Le chef de notre unité de la défense civile, le camarade Naoumov, a pris la parole :

« "Mes chers soldats, a-t-il dit, la guerre est terminée. Mais j'ai reçu hier un ordre qui préconise l'envoi de combattants des troupes auxiliaires de la défense civile sur la route de l'Ouest."

« Quelqu'un dans la salle s'est écrié :

« "Mais il y a les hommes de Bandera[1] là-bas !..."

« Naoumov a gardé un instant le silence, puis a déclaré :

« "Oui, jeunes filles, il y a des hommes de Bandera là-bas. Ils combattent contre l'Armée rouge. Mais un ordre est un ordre, et il faut l'exécuter. Je demande à celles qui sont prêtes à y aller de déposer leurs demandes auprès du commandant de la garde. Seules partiront des volontaires."

« Nous sommes rentrées à la caserne, et chacune s'est allongée sur son lit. Il régnait un profond silence. Personne n'avait envie de s'en aller loin des lieux de son enfance. Et personne n'avait envie de mourir alors que la guerre était finie. Le lendemain, on nous a ras-

---

1. Détachements de partisans nationalistes qui menèrent, jusqu'au début des années 1950, sous la direction de Sémion Bandera, une lutte armée contre l'annexion soviétique de l'Ukraine occidentale. *(N.d.T.)*

semblées de nouveau. J'étais assise à la table de présidence, une table recouverte d'une nappe rouge. Et je pensais que c'était la dernière fois.

« Le chef de notre unité a prononcé un discours :

« "Je savais, Babina, que tu serais la première à te porter volontaire. Et bravo à vous toutes, les filles, aucune de vous n'a eu peur. La guerre est terminée, chacun peut rentrer chez soi, mais vous, vous allez défendre votre Patrie."

« Deux jours après, nous partions. On nous a fourni un train de marchandises, il y avait du foin sur le plancher et ça sentait l'herbe.

« Je n'avais jamais entendu parler auparavant de Stryï mais, à présent, c'était notre lieu d'affectation. La ville ne m'a pas plu, elle était petite et effrayante ; chaque jour, la musique jouait et l'on enterrait quelqu'un : milicien, communiste ou komsomol. À nouveau, nous avons vu la mort. Je me suis liée d'amitié avec Galia Korobkina. Elle est morte là-bas. Avec une autre fille... Elle aussi égorgée en pleine nuit... Là-bas, j'ai cessé totalement de plaisanter et de rire... Mon âme s'est figée... »

*Elena Ivanovna Babina, combattante
des troupes auxiliaires de la défense civile.*

Des roulements à billes
qui fondent et des jurons russes

« Je suis la réplique de mon père... Sa fille à lui...

« Mon père, Miron Lenkov, de gamin analphabète s'était hissé jusqu'au grade de chef de section pendant la guerre civile. C'était un vrai communiste. Quand il est mort, maman et moi sommes restées vivre à Leningrad, et je dois à cette ville tout le meilleur qui est en moi. Ma passion, c'étaient les livres. Je sanglotais en lisant les romans de Lidia Tcharskaïa[1], j'adorais Tourgueniev. J'aimais la poésie...

« En été 1941, vers la mi-juin, nous sommes allées chez ma grand-mère, dans la région du Don. La guerre nous a surprises en route. D'un coup on a vu galoper à travers la steppe, à bride abattue, des courriers à cheval porteurs de convocations émanant des bureaux de recrutement. Les femmes cosaques chantaient, buvaient et pleuraient à gros sanglots en accompagnant leurs maris qui partaient à la guerre. Je me suis rendue au bureau de recrutement de la *stanitsa*[2] Bokovskaïa. Là, on s'est montré avec moi bref et sévère :

« "Nous ne prenons pas les gosses au front. Tu es komsomol ? Parfait. Offre donc ton aide au kolkhoze."

« On remuait le grain à la pelle pour qu'il ne se dessèche pas dans les silos provisoires. Puis, on allait récolter les légumes. Les ampoules que j'avais aux mains ont fini par former des cals, mes lèvres se sont crevassées, mon visage a pris le hâle de la steppe. Et si je me différenciais encore un peu des filles du village, c'était seulement par le fait que je connaissais quantité de poèmes par cœur et pouvais les réciter pendant tout le long trajet entre les champs et la maison.

« Mais la guerre se rapprochait. Le 17 octobre, les nazis occupaient Taganrog. La population était évacuée. Ma grand-mère est restée, mais elle nous a enjoint, à moi et à ma sœur, de partir : "Vous êtes jeunes. Sauvez-vous." Nous avons marché durant cinq jours

---

[1]. Poète et romancière, auteur de près de quatre-vingts ouvrages, Lidia Tcharskaïa (1875-1937) était tout particulièrement appréciée des jeunes filles, avant la révolution d'Octobre. *(N.d.T.)*
[2]. Village cosaque. *(N.d.T.)*

et cinq nuits pour atteindre la station d'Oblivskaïa. Nous avons dû jeter nos sandales, nous sommes entrées dans le village pieds nus. Le chef de station prévenait tout le monde : "Ne vous attendez pas à des voitures fermées. Installez-vous sur les wagons plates-formes. On va vous atteler à une locomotive qui vous emmènera à Stalingrad." Nous avons eu la chance de grimper sur un wagon chargé d'avoine. Nous avons plongé nos pieds nus dans le grain, nous sommes couvertes d'un châle… Bien blotties l'une contre l'autre, nous nous sommes assoupies… Nous n'avions plus de pain depuis longtemps, ni de miel. Les derniers jours, c'étaient des femmes cosaques qui nous donnaient de quoi apaiser notre faim. Nous étions gênées, car nous n'avions pas de quoi les payer, mais elles insistaient : "Mangez donc, pauvrettes. Tout le monde va mal en ce moment, il faut s'entraider." Je me suis juré de ne jamais oublier cette bonté humaine… Jamais ! Pour rien au monde ! Et je n'ai pas oublié.

« À Stalingrad, nous avons pris le bateau, puis à nouveau le train, pour parvenir tant bien que mal, à deux heures du matin, à la gare de Medveditskoïe. Une vague humaine nous a rejetées sur le quai. Changées en deux glaçons, nous étions incapables de bouger et restions là, debout, l'une soutenant l'autre pour ne pas tomber. Ne pas voler en éclats, comme cette grenouille qu'on avait un jour plongée dans un bain d'oxygène liquide puis jetée sur le sol devant moi. Heureusement, quelqu'un qui avait fait le voyage avec nous nous a aperçues. Un chariot bondé s'est arrêté devant nous, et on nous a attachées derrière. On nous a passé des vestes matelassées et on nous a dit : "Il faut que vous marchiez, autrement vous allez geler. Vous ne pourrez jamais vous réchauffer. Mieux vaut pour vous que vous ne montiez pas." Au début, nous tombions à chaque pas mais ensuite, nous nous sommes mises à marcher, puis même à courir. Et nous avons parcouru ainsi seize kilomètres…

« Le village de Frank – le kolkhoze "1ᵉʳ-Mai". Le président du kolkhoze était ravi d'apprendre que je venais de Leningrad et avais eu le temps d'achever ma première :

« "C'est parfait. Tu vas pouvoir m'aider. À la place du comptable."

« Un instant, je me suis sentie très heureuse. Mais ensuite, j'ai vu l'affiche punaisée au mur derrière le président du kolkhoze : "Les filles, au volant !"

« "Je ne tiens pas à rester assise dans un bureau, ai-je répondu au président. Si on m'apprend, je peux conduire un tracteur."

« Les tracteurs étaient immobilisés, ensevelis sous la neige. Nous les avons dégagés, puis démontés, nous brûlant les mains au contact du métal glacé, y laissant des lambeaux de peau. Les boulons rouillés, serrés à bloc, étaient comme soudés. Quand on n'arrivait pas à les dévisser normalement, on essayait de tirer dessus en tournant dans l'autre sens, dans l'espoir de débloquer la vis. Mais comme par un fait exprès… juste à ce moment-là… notre chef d'équipe et mentor, Ivan Ivanovitch Nikitine, seul véritable tractoriste du kolkhoze, surgissait devant nous, comme s'il sortait de terre. Il se prenait la tête à deux mains et ne pouvait retenir d'épouvantables jurons : "Oh ! putain de ta mère !…" Ses injures étaient en fait autant de gémissements… Et pourtant, une fois, j'en ai fondu en larmes…

« Je suis partie pour les champs en marche arrière : dans la boîte de vitesses de mon STZ[1], la plupart des pignons étaient édentés. Le calcul était simple : en

---

1. Sigle d'une marque de tracteurs fabriqués à Sverdlovsk. *(N.d.T.)*

vingt kilomètres de trajet, l'un ou l'autre des tracteurs tomberait forcément en panne, et alors on démonterait sa boîte de vitesses pour la poser sur le mien. C'est exactement ce qui s'est produit. Une tractoriste aussi "chevronnée" que moi, la petite Sarah Gozenbouk, n'a pas remarqué que son radiateur fuyait et a bousillé son moteur. Oh ! putain de ta mère !...

« Avant la guerre, je n'avais même pas appris à faire du vélo, et là, je me retrouvais au volant d'un tracteur ! On réchauffait longuement les moteurs, au mépris de toutes les règles : directement à la flamme. J'ai aussi appris ce qui se passait quand on serrait trop fort. Et quel bazar c'était de démarrer le tracteur après une pareille gaffe : impossible d'effectuer un tour complet avec la manivelle, or ce n'était pas un quart de tour qui allait faire broncher l'engin... L'huile et le carburant étaient délivrés selon les normes imposées en temps de guerre. Une goutte gaspillée pouvait te coûter ta tête, de même qu'un palier fondu. Oh ! putain de ta mère !... Une seule goutte...

« Un jour, avant de partir pour les champs, j'ouvre le bouchon du carter pour vérifier l'huile. Il s'en écoule une espèce de petit-lait. Je crie au chef d'équipe qu'il faudrait vidanger. Il s'approche, écrase une goutte entre ses mains, renifle l'odeur, puis déclare : "Ne t'en fais pas ! Tu peux encore bosser une journée." Je lui rétorque : "Impossible, vous m'avez dit vous-même..." Il démarre alors au quart de tour : "J'en ai trop dit et ça me retombe sur le crâne ! Vous m'emmerdez, à la fin ! Ah ! ces donzelles de la ville ! Ça sait toujours tout. Allez, au volant, bordel de nom d'un chien !..." J'ai grimpé sur le tracteur. Il faisait chaud, l'engin crachait de la fumée, j'en avais du mal à respirer, mais tout ça n'était rien : que devenaient les paliers ? J'avais l'impression d'entendre un drôle de bruit. Je m'arrête – apparemment, non, tout va bien. J'accélère – ça se met à cogner à nouveau ! Et puis soudain, je sens, juste sous mon siège : clang, clang, clang !

« Je coupe le moteur, je cours à la trappe de visite : j'avais fait fondre entièrement deux paliers de bielle ! Je me suis affalée par terre, j'ai embrassé la roue et, pour la deuxième fois depuis le début de la guerre, j'ai éclaté en sanglots. C'était ma faute : j'avais bien vu dans quel état était l'huile ! Je m'étais laissé intimider par les jurons du chef d'équipe. J'aurais dû l'agonir d'injures à mon tour, mais non, voilà ce que c'était que d'appartenir à cette foutue intelligentsia !

« J'entends un bruit de voix, je me retourne. Mince alors ! Le président du kolkhoze, le directeur de la MTS[1], le chef du service politique et notre chef d'équipe, bien sûr, par qui tout était arrivé...

« Il se tient coi, abasourdi. Il a compris. Il n'ouvre pas la bouche. Oh ! putain de ta mère !...

« Le directeur de la MTS a lui aussi tout compris :

« "Combien ?

« — Deux."

« Selon les lois en vigueur en temps de guerre, je suis passible du tribunal. Chef d'accusation : négligence et sabotage.

« Le chef du service politique se tourne vers notre chef d'équipe :

« "Pourquoi fais-tu courir de tels ennuis à tes filles ? Comment puis-je traduire cette gamine en justice ?"

« Finalement, l'affaire s'est arrangée. À force de discussions. Mais le chef de l'équipe a cessé de jurer en ma présence. Et moi, au contraire, je suis devenue experte en la matière... Oh ! putain de ta mère !... Je pouvais en débiter des kilomètres...

---

1. Sigle pour « Station de tracteurs et de machines », entreprise d'État qui louait le matériel technique aux kolkhozes. Ce système a perduré jusqu'en 1958. *(N.d.T.)*

« Et puis, un événement heureux est survenu : nous avons retrouvé maman. Elle est venue nous rejoindre, et à nouveau, nous avons composé une famille. Un beau jour, maman me dit :

« "Je pense que tu dois retourner à l'école."

« Je n'ai pas tout de suite compris :

« "Où ça ?

« — Qui va faire ta terminale à ta place, à ton avis ?"

« Après tout ce que j'avais vécu, c'était bizarre de se retrouver à nouveau derrière un pupitre, à résoudre des problèmes, écrire des rédactions, apprendre par cœur des listes de verbes allemands au lieu de combattre les Boches ! Et ça, au moment où l'ennemi débouchait sur la Volga !

« Il me fallait patienter juste un peu : dans quatre mois, j'allais avoir dix-sept ans. Pas dix-huit, mais au moins dix-sept. Et là, personne ne me renverrait chez moi. Personne ! Au comité régional du Komsomol, tout s'est bien passé, mais au bureau de recrutement, j'ai dû me battre. À cause de mon âge, à cause de ma vue. Mais le premier obstacle m'a aidée à écarter le second... Lorsqu'il a été question de mon âge, j'ai accusé le chef du bureau de recrutement de n'être qu'un bureaucrate... Et j'ai déclaré une grève de la faim... Je me suis assise à côté de lui et pendant deux jours, je n'ai pas bougé de place, repoussant le morceau de pain et la tasse d'eau bouillante qu'il me proposait. Je l'ai menacé de me laisser mourir de faim, non sans avoir au préalable laissé une lettre désignant le responsable de ma mort. Je ne crois pas avoir réussi à beaucoup l'effrayer ; néanmoins, il a fini par m'envoyer devant la commission médicale. Tout cela se passait dans la même salle. Le médecin, après avoir contrôlé ma vue, a écarté les bras en signe d'impuissance, et le chef du bureau s'est esclaffé : je devais me rendre à l'évidence, j'avais fait la grève de la faim pour rien. Mais j'ai rétorqué aussitôt que c'était justement à cause de cette grève que je voyais trouble. Je suis allée à la fenêtre à côté de laquelle était accroché ce maudit tableau ophtalmologique et j'ai éclaté en sanglots. Et j'ai pleuré jusqu'à ce que... J'ai pleuré un bon moment... Jusqu'à savoir par cœur les lignes du bas. Alors, j'ai essuyé mes larmes et j'ai annoncé que j'étais prête à repasser l'examen médical. Et tout s'est bien passé.

« Le 10 novembre 1942, après nous être munies, selon les ordres, de provisions pour dix jours, nous (vingt-cinq jeunes filles, à peu près) avons grimpé dans un vieux camion déglingué et entonné *L'ordre est donné*, en y remplaçant les mots "combattre dans la guerre civile", par "pour défendre notre pays[1]". De Kamychine, où nous avons prêté notre serment, nous avons poursuivi à pied, en longeant la rive gauche de la Volga, jusqu'à Kapoustine Yar. Là était cantonné un régiment de la réserve. Au milieu de ces milliers d'hommes, nous nous sentions complètement perdues. Des "acheteurs" appartenant à différentes unités venaient là recruter des renforts. Mais ils s'appliquaient à ne pas nous voir. Ils passaient à côté de nous sans jamais s'arrêter...

« En chemin, je m'étais liée d'amitié avec deux filles, Annouchka Rakchenko et Assia Bassina. Aucune des deux ne possédait un métier, et moi, je considérais que le mien était purement civil. C'est pourquoi, quelle que fût la spécialité réclamée, nous faisions toujours ensemble trois pas en avant, considérant que nous pourrions toujours apprendre sur le tas. Mais on ne nous prêtait aucune attention.

---

1. Célèbre chanson de l'époque de la guerre civile qui commence ainsi : « L'ordre est donné : il partira à l'Ouest, elle, dans le sens opposé. Les komsomols partaient combattre dans la guerre civile. » *(N.d.T.)*

« Un jour, cependant, alors que nous venions de nous avancer en réponse au commandement : "Chauffeurs, tractoristes, mécaniciens – trois pas en avant !", l' "acheteur", qui était un jeune lieutenant-chef, n'a pas réussi à nous éviter. J'ai fait non pas trois pas en avant, mais cinq, et il s'est arrêté :

« "Pourquoi choisissez-vous uniquement des hommes ? Je suis tractoriste moi aussi !"

« Il s'est étonné :

« "Pas possible ! Tiens, dis-moi, quel est le cycle de fonctionnement d'un moteur de tracteur ?

« — Quatre temps : un, trois, quatre, deux.

« — As-tu déjà coulé des paliers ?"

« J'ai avoué honnêtement que j'avais bousillé deux paliers de bielle.

« "C'est bon, je te prends. Pour ta franchise." Il m'a saluée de la tête et a continué son chemin.

« Mes copines se sont rangées à côté de moi. Le lieutenant-chef a esquissé une mimique pour indiquer que c'était d'accord. Oh ! putain de ta mère !...

« Le commandant de l'unité, quand il a fait connaissance avec le nouveau personnel de renfort, a demandé au lieutenant-chef :

« "Pourquoi as-tu ramené ces gamines ?"

« L'autre s'est troublé et a répondu qu'il avait eu pitié de nous : "Si elles atterrissent sur un champ de bataille, elles se feront abattre comme des lapins."

« Le commandant a soupiré :

« "Bon, d'accord. Une aux cuisines, une autre à l'entrepôt, et celle qui est la plus instruite, à l'état-major, comme secrétaire." Il s'est tu un instant, puis a ajouté : "De si jolies filles, ce serait dommage."

« La plus instruite, c'était moi, mais bosser comme secrétaire ! Et puis que venait faire là-dedans notre apparence physique ? Oubliant toute discipline militaire, je suis vraiment montée sur mes grands chevaux :

« "Nous sommes des volontaires ! Nous sommes venues pour défendre la Patrie. Nous n'accepterons d'aller que dans des unités combattantes..."

« Je ne sais pourquoi, mais le colonel s'est aussitôt rendu :

« "Comme vous voudrez. Dans ce cas, ces deux-là dans une unité mobile, aux machines-outils. Et celle-ci, qui a la langue si bien pendue, à l'assemblage des moteurs."

« C'est ainsi qu'a commencé notre service au 44e atelier de campagne pour blindés et véhicules automobiles. Nous étions une véritable usine sur roues. Les machines-outils – fraiseuses, aléseuses, polissoirs, tours –, le groupe électrogène, les postes de rechapage et de vulcanisation, tout était installé à bord de camions (baptisés "unités mobiles"). Une machine-outil était servie par deux personnes dont chacune travaillait douze heures de suite, sans une seule minute de pause. Au moment du déjeuner, du dîner, du petit déjeuner, le coéquipier prenait le relais. Et si c'était le tour de votre coéquipier d'être de corvée, vous étiez bon pour turbiner vingt-quatre heures d'affilée. On bossait dans la neige, dans la boue. Sous les bombes. Et personne ne disait plus que nous étions de jolies filles. Mais on avait pitié des jolies filles à la guerre, on les plaignait davantage, c'est vrai. Ça faisait de la peine de les enterrer... Ça faisait de la peine de devoir expédier un avis de décès à leurs mamans... Oh ! putain de ta mère !...

« Je rêve souvent de mes camarades... Je rêve de la guerre... Et plus le temps passe, plus ça m'arrive souvent. Dans un rêve, une seconde suffit pour voir se dérouler ce qui, dans la vie, prend généralement des années. Mais parfois, je ne sais plus bien où est le rêve et où la réalité... Je crois que c'était à Zimovniki, où je devais faire une sieste de deux heures : j'étais à peine arrivée qu'un bombardement a commencé. Oh ! putain de ta mère !... Je me suis dit : mieux vaut être tuée qu'être privée de la joie d'un bon roupillon... Je me suis endormie en pensant : pourvu que je voie maman en rêve. Même si, à dire vrai, pendant la guerre je ne faisais jamais de rêves. Quelque part au voisinage a retenti une violente explosion. Toute la maison a tremblé. Mais je me suis endormie quand même...

« Je ne connaissais pas la peur, ce sentiment m'était étranger. Croyez-moi, je vous le dis honnêtement. Quand le pilonnage aérien avait été particulièrement intense, ma dent cariée se rappelait à moi par une sorte de douleur lancinante, mais c'est bien tout. Et encore, ça ne durait guère longtemps. Je me considérerais aujourd'hui comme quelqu'un de terriblement courageux si, quelques années après la fin de la guerre, je n'avais été obligée de consulter des spécialistes à cause d'atroces douleurs, permanentes et totalement inexplicables, en différents points de mon organisme. Un neurologue chevronné m'a demandé mon âge et n'a pas caché son étonnement :

« "À vingt-quatre ans, avoir ainsi ruiné tout son système neurovégétatif ! Comment comptez-vous vivre maintenant ?"

« J'ai répondu que je comptais vivre bien. J'étais vivante, non ? Oui, j'étais restée vivante, mais mes articulations enflaient, mon bras droit me refusait tout service et me faisait horriblement souffrir, ma vue était encore plus basse, un de mes reins était descendu, mon foie s'était déplacé et, comme on l'a découvert très vite, mon système neurovégétatif se trouvait complètement détraqué. Or, durant toute la guerre, j'avais rêvé de reprendre mes études. L'université est devenue pour moi comme un deuxième Stalingrad. J'ai décroché mon diplôme avec une année d'avance, car autrement, les forces m'auraient manqué. Pendant quatre ans, je n'ai porté que le manteau que j'avais rapporté de l'armée – que ce soit en hiver, au printemps ou en automne – et ma vareuse délavée au point d'avoir perdu toute couleur... Oh ! putain de ta mère !... »

*Antonina Mironovna Lenkova,
mécanicienne d'un atelier de campagne
pour blindés et véhicules automobiles.*

« On avait besoin de soldats…
Mais j'avais aussi envie d'être jolie… »

J'AI DÉJÀ ENREGISTRÉ des centaines de récits… Sur mes étagères sont classées des centaines de cassettes et des milliers de pages imprimées. J'ouvre bien les oreilles et me plonge dans la lecture…

Il y a quelque chose de naïf et d'encore très jeune dans l'intonation de mes conteuses, quelque chose qui remonte aussi sans doute à leur époque, au temps où coexistaient le Goulag, la Victoire et leur foi sincère. Seuls des cœurs purs pouvaient réunir tout cela. Des cœurs inexpérimentés et confiants. Aujourd'hui, l'une d'elles se rappelle que ceux qui étaient plus âgés « étaient assis dans le train, la mine pensive… Triste. Je me souviens qu'une nuit, alors que tout le monde dormait, un major[1] a engagé la conversation avec moi, à propos de Staline. Il avait un peu bu et s'était enhardi : il m'a raconté que son père se trouvait depuis dix ans dans un camp, sans avoir le droit de correspondre. Il ignorait s'il était encore vivant ou non[2]. Son père était un menchevik. Cet officier a alors prononcé

---

1. Dans l'armée de terre soviétique, grade situé entre capitaine et lieutenant-colonel. *(N.d.T.)*

2. « Dix ans sans droit de correspondance » était une formule consacrée qui signifiait habituellement que la personne avait été fusillée après les interrogatoires et un simulacre de procès. *(N.d.T.)*

des mots terribles : "Je veux bien défendre ma Patrie, mais pas ce traître à la révolution qu'est Staline." Mon propre père était communiste, il m'avait enseigné tout autre chose… J'étais effrayée… Heureusement, le lendemain matin ce major m'a fait ses adieux et est parti. Personne ne nous a entendus… » (*A. Nabatnikova, capitaine, médecin.*)

Cependant mes témoins n'abordent que rarement ce sujet, et toujours avec circonspection. Elles viennent malgré tout de cette époque stalinienne, et s'y sentent liées par la même peur, la même hypnose. Et puis il y a aussi… il y a aussi que les femmes, en n'importe quelle circonstance, la plus grandiose ou la plus terrible, sont capables de vivre leur propre histoire intime : leur propre vie de femme se fraie un chemin à travers n'importe quel obstacle, c'est elle qui compte le plus. Peut-être est-ce la raison pour laquelle ces femmes ont survécu à la guerre, sans y perdre leur âme. En préservant leur moi au plus profond d'elles-mêmes.

Dans chaque récit, il est fait une mention furtive de ce que je nommerais volontiers le « mystère féminin ». Elles me racontent leurs subterfuges naïfs de jeunes filles, leurs petits secrets, leur langage de signes : comment, même dans le quotidien « masculin » de la guerre, dans le métier « masculin » de la guerre, elles s'efforçaient de rester elles-mêmes. De préserver leur territoire intérieur. Et je veux maintenant sélectionner des récits où il est surtout question de cela : de la vie de femme. De ses joies et de ses angoisses face à la guerre. Des années après, ces femmes gardent en mémoire une quantité prodigieuse de menus détails concernant la vie militaire. Un prodigieux éventail de teintes et de nuances. De couleurs et de sons. Car les femmes vivent d'une manière plus sensuelle et subtile que les hommes : elles sont ainsi faites. Dans leur monde, l'existence et l'être se joignent, et le cours d'une vie possède sa propre valeur : elles se souviennent de la guerre comme d'une période de leur vie. Il s'agit moins d'actions accomplies que de vie vécue. « Quand j'étais belle, c'était la guerre, c'est bien dommage... Mes meilleures années se sont écoulées au front. S'y sont consumées. Et ensuite, j'ai vieilli très vite... » *(Anna Galaï, tirailleur.)*

Et puis... À plusieurs années de distance, certains événements prennent une place plus grande, tandis que d'autres s'amenuisent. Et ce qui acquiert plus d'importance, c'est la part humaine, la part intime du passé. Cela aussi, c'est intéressant : comparer ce qui s'oublie, s'efface de la mémoire, s'enterre en quelque sorte de soi-même, et ce qui demeure essentiel et palpitant, qui vous secoue l'âme même après des dizaines d'années. « N'aie pas peur de mes larmes. Ne me plains pas. Peu importe que j'aie mal, je te suis reconnaissante, tu m'as offert le moyen de me retrouver moi-même. De retrouver ma jeunesse... » (*K.S. Tikhonovitch, sergent, servant d'une pièce de DCA.*)

La vie humaine devenait histoire, et l'histoire se morcelait en milliers de vies humaines. On tirait et on mourait, on avait la foi et on connaissait le désenchantement ; et en même temps, on avait envie de se farder les sourcils, d'au moins porter pour dormir une légère chemise de femme... De ne pas oublier comment on sourit... Parfois même, on dansait...

Bottes d'homme et chapeaux de femme

« On vivait sous la terre... Comme des taupes... Et pourtant, on conservait divers menus objets. Au printemps, on rapportait une branche d'arbuste, on la mettait dans l'eau. On la contemplait en se disant : "Demain, je ne serai peut-être plus." Et on s'efforçait de tout bien garder en mémoire... Une fille avait reçu une robe de laine expédiée par sa famille. Nous étions toutes un peu jalouses, même s'il était interdit de porter ses habits personnels. Et l'adjudant-chef, qui lui était un homme, grommelait : "Tes parents auraient mieux fait de t'envoyer un drap. C'est plus utile." Nous n'avions ni draps ni oreillers. Nous dormions sur des lits de branchages. Mais j'avais des boucles d'oreilles dissimulées dans une cachette.

« Quand j'ai été commotionnée pour la première fois, je n'entendais plus rien et ne pouvais plus parler. Je me suis dit : si ma voix ne revient pas, je me jetterai sous un train... Je chantais si joliment, et là soudain j'étais muette... Mais la voix m'est revenue...

« Tout heureuse, j'ai mis mes boucles d'oreilles. J'arrive pour prendre mon service et j'annonce joyeusement :

« "Camarade lieutenant-chef, sergent Chtchelokova, à vos ordres !

« — Qu'est-ce que c'est que ça ?

« — Quoi donc ?

« — Dehors !

« — Mais pourquoi ?

« — Ôte-moi tout de suite ces boucles d'oreilles ! Tu es un soldat oui ou non ?"

« Le lieutenant-chef était beau garçon. Toutes nos filles en étaient un peu amoureuses. Il nous répétait qu'à la guerre, c'était de soldats qu'on avait besoin. Uniquement de soldats... Mais j'avais aussi envie d'être jolie... Durant toute la guerre, j'ai eu peur d'avoir les jambes estropiées. J'avais de jolies jambes. Pour un homme, quelle différence ? Pour lui, même s'il perd ses jambes, ça n'est pas bien grave. De toute façon, ce sera un héros. Un type qu'on peut épouser ! Mais dès lors qu'une femme se trouve mutilée, son destin est scellé. Son destin de femme... »

Maria Nikolaïevna Chtchelokova,
sergent, chef d'une section de transmissions.

« Pendant toute la guerre, je me suis appliquée à toujours sourire... J'estimais que je devais sourire le plus souvent possible, qu'une femme se devait d'être toujours rayonnante. Avant notre départ pour le front, c'est ce que notre vieux professeur nous avait enseigné : "Vous devez dire à chaque blessé que vous l'aimez. Votre médicament le plus efficace, c'est l'amour. L'amour préserve, donne des forces pour rester en vie." Un blessé est étendu là, il souffre tant qu'il est en larmes, et moi je lui dis : "Tiens bon, mon chéri. Courage, mon mignon... — Tu m'aimes, frangine ? (C'est ainsi qu'ils appelaient toutes les jeunes infirmières.) — Bien sûr que je t'aime. Mais il faut que tu guérisses au plus vite." Eux, ils avaient droit d'être en colère, de jurer, mais nous, jamais. Un seul mot grossier et l'on était punies, ça pouvait aller jusqu'aux arrêts de rigueur.

« C'était difficile... Bien sûr que c'était difficile... Ne serait-ce, tenez, que de grimper en jupe sur un camion, quand il n'y avait que des hommes autour. Les camions, voyez-vous, étaient hauts, c'étaient des voitures ambulances spéciales. Allez donc grimper sur le toit ! Essayez donc !... »

Vera Vladimirovna Chevaldycheva,
lieutenant-chef, chirurgien.

« On nous a donné des wagons... Des wagons à marchandises... Nous étions douze filles, et le reste, que des hommes. On roule dix à quinze kilomètres, puis le train s'arrête. Encore dix à quinze kilomètres, et l'on nous met de nouveau sur une voie de garage. Pas d'eau, pas de toilettes... Vous voyez le tableau ?

« À l'arrêt, les hommes allument un feu de camp. Ils secouent leurs vêtements au-dessus pour les débarrasser des poux, ils se sèchent. Mais nous, comment faire ? On court derrière un abri pour se déshabiller. J'avais un pull tricoté : pas une maille, pas un millimètre de laine qui ne fût infesté de bestioles. J'ai eu envie de vomir en découvrant ça. Mais je ne serais pas allée faire griller mes poux avec les hommes ! J'avais trop honte. J'ai balancé le pull et je suis restée en petite robe. Dans une autre gare, une femme m'a donné un chandail et de vieilles chaussures. Nous avons longtemps roulé en train, puis longtemps marché. Il gelait. Je marchais avec un petit miroir dans la main, pour vérifier si je n'avais pas d'engelures. À la tombée du soir, j'ai constaté que mes joues étaient gelées. Quelle idiote je faisais... J'avais entendu dire que les joues, quand elles gelaient, devenaient toutes blanches. Or les miennes étaient rouge vif. Je me suis dit que ce serait bien, finalement, d'avoir tout le temps des engelures. Mais le lendemain, mes joues étaient noires... »

Nadejda Vassilievna Alexeïeva,
simple soldat, télégraphiste.

« Il y avait beaucoup de jolies filles parmi nous... Un jour on va aux bains, et à côté il y avait un salon de coiffure ouvert. Alors, chacune regardant l'autre, on s'est toutes fardé les cils. Qu'est-ce que le commandant nous a passé ! "Vous êtes venues faire la guerre ou danser au bal ?" Nous avons pleuré toute la nuit, en nous frottant la figure pour ôter le maquillage. Le lendemain matin, il est passé et a répété à chacune : "J'ai besoin de soldats, et non de midinettes. Les midinettes ne survivent pas au combat." C'était un commandant très sévère. Avant la guerre, il était professeur de mathématiques… »

Anastasia Petrovna Cheleg,
sergent, aérostier.

« J'ai l'impression d'avoir vécu deux vies : une vie d'homme et une vie de femme…

Quand je suis arrivée à l'école d'officiers, j'ai connu tout de suite la discipline militaire : à l'exercice, dans les rangs, à la caserne, tout était soumis au règlement. Et aucune faveur pour nous, les filles. On n'entendait que des "Cessez les conversations !" ou des "Pas de bavardage !" Le soir, on n'avait qu'une envie : se reposer au calme, faire un peu de broderie… retrouver une activité un peu féminine… Mais ce n'était autorisé en aucun cas. Nous étions sans foyer, sans occupations domestiques, et ça nous mettait mal à l'aise. Nous n'avions droit qu'à une heure de repos par jour : on s'installait dans la salle Lénine[1], on écrivait des lettres, il était permis de se tenir comme on voulait, de bavarder. Mais pas de crier, ni de rire trop fort, ça, ce n'était pas admis.

— Pouvait-on chanter ?

— Non, c'était interdit.

— Pourquoi ?

— Ce n'était pas toléré par le règlement. Quand on marchait en colonne, là oui, on pouvait y aller si on en donnait l'ordre. L'ordre, c'était : "Premier chanteur, une chanson !"

— Mais spontanément, ce n'était pas possible ?

— Non. C'était contraire au règlement.

— Vous avez eu du mal à vous habituer ?

---

1. Désignation traditionnelle de la pièce destinée aux réunions dans l'armée, dans les écoles, dans les entreprises. *(N.d.T.)*

— Je crois que je ne me suis jamais habituée. À peine avait-on fermé l'œil qu'on entendait hurler : "Debout !" Et c'était comme si un coup de vent nous chassait du lit. On commence à s'habiller, seulement les femmes ont plus de linge que les hommes, et voilà qu'un truc t'échappe des mains, puis un autre. Enfin on court au vestiaire, le ceinturon à la main. On attrape son manteau au passage et on file à l'armurerie. Là, on enfile une housse sur sa pelle, on se la passe à la ceinture, on accroche la cartouchière par-dessus, et on se boutonne à la va-vite. Puis on empoigne son fusil, on referme la culasse tout en courant et on dégringole littéralement du cinquième étage jusqu'en bas. Une fois en rang, on rectifie comme on peut sa tenue. Et pour tout cela, on ne vous donne que quelques minutes.

Mais l'histoire suivante, c'est quand j'étais déjà au front... Mes bottes étaient trois pointures trop grandes, elles s'étaient recourbées au bout et étaient incrustées de poussière. Ma logeuse m'apporte deux œufs : "Prends ça pour la route, tu es si maigrichonne que tu vas finir par te casser en deux." Et moi, en douce, pour qu'elle ne voie pas, je casse les œufs, qui étaient tout petits, et je cire mes bottes avec. Bien sûr, j'aurais préféré les manger, ces œufs, mais c'est mon côté femme qui a pris le dessus : je voulais être élégante. Vous ne savez pas ce que c'est que le frottement du manteau sur la peau, ni à quel point tout ça est lourd, masculin, et le ceinturon, et tout et tout. Ce que je détestais par-dessus tout, c'était le frottement du drap sur le cou, et puis encore ces maudites bottes. Notre démarche était changée, tout était changé...

Je me souviens que nous étions tristes. Tout le temps tristes... »

Stanislava Petrovna Volkova,
sous-lieutenant, chef d'une section de sapeurs.

« Ce n'était pas si facile de nous transformer en soldats... Pas si simple...

« On reçoit notre paquetage. L'adjudant-chef fait mettre en rang :

« "La pointe des pieds sur une seule ligne !"

« Nous rectifions notre position. Nos bottes sont parfaitement alignées par le bout, mais nous-mêmes restons loin derrière, car ces bottes-là sont de pointure 41, 42. L'adjudant répète :

« "Alignez bien les pointes, mieux que ça !"

« Puis il nous donne un nouvel ordre :

« "Élèves officiers, la poitrine au niveau de celle de la quatrième à votre gauche !"

« Naturellement, avec les filles, cela ne marche pas, alors il s'époumone :

« "Qu'avez-vous mis dans les poches de vos vareuses ?"

« Nous éclatons de rire.

« "Arrêtez de rire !" gueule l'adjudant-chef.

« Pour nous apprendre à faire correctement et sans hésiter le salut militaire, il nous forçait à saluer n'importe quoi, une chaise, une affiche accrochée. Ah ! on peut dire qu'il en a sué, avec nous !

« Dans je ne sais plus quelle ville, un jour, on nous conduit aux bains. Nous arrivons, marchant au pas. Les hommes vont dans la partie qui leur est réservée, et nous dans la nôtre. Les femmes, dès qu'elles nous ont vues, se sont mises à hurler, chacune cherchant à dissimuler sa nudité : "Des soldats !" Il était impossible de deviner, à notre allure, si nous étions des gars ou des filles : nous avions le crâne tondu et portions des uniformes militaires. Une autre fois, on entre dans des toilettes publiques, et sur-le-champ des femmes s'en vont chercher un milicien.

« "En ce cas, où sommes-nous censées aller ?" lui demandons-nous.

« Il se tourne alors vers les femmes qui l'avaient fait venir et leur dit, furieux :

« "Mais ce sont des filles !

« — Tu parles de filles ! Ce sont des soldats…" »

*Maria Nikolaïevna Stepanova, major,
chef des liaisons et transmissions
dans un bataillon de fusiliers-voltigeurs.*

« Je me rappelle la route… toujours la route… Tantôt en avant, tantôt en arrière…

« Lorsque nous sommes arrivées sur le Deuxième Front de Biélorussie, on a voulu nous laisser à l'état-major de la division, au prétexte que nous étions des femmes et que nous n'avions rien à faire en première ligne. "Non, avons-nous répliqué, nous sommes tireurs d'élite, envoyez-nous là où nous pouvons être utiles." On nous a répondu alors : "On va vous affecter dans un régiment où le colonel est bien, il ménage les filles." Car des commandants, il y en avait de toute espèce. C'est ce qu'on nous avait dit.

« Le colonel en question nous a adressé le discours d'accueil suivant : "Prenez garde, les filles, vous êtes venues faire la guerre, faites-la, mais ne perdez pas votre temps à autre chose. Il y a des hommes autour de vous, et pas de femmes. Je ne sais pas comment vous expliquer mieux la chose. C'est la guerre, les filles…" Il comprenait que nous n'étions encore que des gamines…

« Dans un village allemand, on nous avait installées pour la nuit dans un château normalement habité. Il y avait là un nombre incroyable de pièces, des salons immenses. Et quels salons ! Des armoires bourrées de beaux vêtements. Les filles se sont choisi chacune une robe. Moi j'en ai déniché une jaune qui me plaisait beaucoup, et puis aussi une robe de chambre... je ne peux pas vous décrire comme elle était belle, cette robe de chambre... longue, légère... Comme une plume ! Mais c'était déjà l'heure de dormir, tout le monde était terriblement fatigué. Nous avons enfilé ces robes et sommes allées nous coucher. Nous avons passé les vêtements qui nous avaient plu, et nous sommes endormies aussitôt. Moi, je me suis mise au lit dans cette robe jaune, avec la robe de chambre par-dessus...

« Une autre fois, nous avons choisi chacune un chapeau dans un atelier de modiste abandonné. Et, histoire de les porter un peu, nous avons dormi toute la nuit assises. Le matin, on s'est levées... On s'est contemplées une dernière fois dans la glace... Et puis on a tout enlevé, on a renfilé nos vareuses et nos pantalons. Nous n'avons rien emporté. En route, même une aiguille finit par peser. On glisse sa cuillère dans sa botte, et c'est tout... »

Bella Isaakovna Epstein,
sergent, tireur d'élite.

« Les hommes... Ils sont différents... Ils ne nous comprenaient pas toujours...

« Mais nous aimions beaucoup notre colonel Ptitsyne. Nous l'appelions "le Paternel". Il comprenait nos cœurs de femme. À Moscou, au moment de la retraite, à l'époque la plus terrible, il nous avait dit :

« "Les filles, Moscou est à deux pas. Je vous ramènerai une coiffeuse. Fardez-vous les sourcils et les cils, faites-vous friser les cheveux. Ça n'est pas très réglementaire, mais je veux que vous soyez belles. La guerre sera longue... Elle ne se terminera pas de sitôt..."

« Et il a vraiment fait venir une coiffeuse. Nous nous sommes fait coiffer, maquiller. Et nous étions si heureuses… »

*Zinaïda Prokofievna Gomareva,
télégraphiste.*

« On s'est engagés sur la glace du lac Ladoga… C'était au moment de l'offensive… On s'est trouvés pris sous un feu intense. Avec l'eau partout autour de nous, si on était blessé, on coulait aussitôt à pic. Je rampe, je panse les blessures. Je m'approche d'un gars, il avait les deux jambes brisées. Il est en train de perdre connaissance, pourtant il me repousse et se met à fouiller dans son "flacul", je veux dire, dans sa musette. Il cherchait sa ration de réserve. Il voulait manger, avant de mourir… Or nous avions reçu des vivres, juste avant de tenter la traversée du lac. Je veux le panser, mais lui continue à fouiller dans sa musette, et ne veut rien entendre : les hommes, bizarrement, supportaient très mal la faim. La faim, c'était leur hantise, une hantise plus forte que la mort…

« Quant à moi, voilà ce qui m'est resté dans la mémoire… Au début, on a peur de la mort… On est habité à la fois par l'étonnement et la curiosité. Et puis, la fatigue est telle que l'un et l'autre s'effacent. On est tout le temps à la limite de ses forces. Au-delà même de cette limite. Ne subsiste qu'une seule peur, celle d'être moche après la mort. Une peur toute féminine… Celle d'être déchiquetée par un obus et réduite en morceaux… Je sais ce que c'est… J'en ai assez ramassé… »

*Sofia Konstantinovna Doubniakova,
brancardière.*

« Il pleuvait sans discontinuer… On courait dans la boue, on tombait dans cette boue. Des blessés, des tués. On avait tellement peu envie de mourir dans ce marécage ! Un marécage noir. Allons, comment une jeune fille aurait-elle pu se coucher là ?... Et une autre fois, dans la forêt d'Orcha, j'ai vu des buissons de merisier. Et des perce-neige bleus. Tout une clairière couleur de ciel... Le bonheur de mourir au milieu de fleurs pareilles ! Être étendue là... J'étais encore une dinde, je n'avais que dix-sept ans... C'est ainsi que je m'imaginais la mort...

« Je pensais que mourir, c'était comme s'envoler quelque part. Mais pour cela, j'avais besoin de beauté... De quelque chose d'un bleu profond... Ou de bleu ciel... »

Lioubov Ivanovna Osmolovskaïa,
simple soldat, éclaireuse.

« Notre régiment, entièrement féminin... a pris son envol pour le front en mai 1942...

« On nous a donné des avions "Po-2". Un petit appareil, très peu rapide. Il ne volait qu'à basse altitude, souvent même en rase-mottes. À deux doigts du sol ! Avant la guerre, il servait à l'entraînement de la jeunesse dans les clubs d'aviation, mais personne n'aurait pu même imaginer qu'on l'utiliserait un jour à des fins militaires. L'avion était fait d'une structure en bois, entièrement en contreplaqué, sur laquelle était tendue de la percale. Une sorte de gaze, si vous voulez. Il suffisait d'un coup au but pour qu'il s'enflamme, et alors il brûlait en l'air avant d'avoir touché le sol. Comme une allumette. Le seul élément métallique un peu solide, c'était le moteur lui-même, un M-II. Ce n'est que bien plus tard, vers la fin de la guerre, qu'on nous a fourni des parachutes et qu'on a installé une mitrailleuse auprès du navigateur. Auparavant, il n'y avait aucune arme embarquée à bord. Quatre porte-bombes sous les ailes, un point, c'est tout. Aujourd'hui, on nous traiterait de kamikazes, et peut-être en effet étions-nous des kamikazes. Oui ! c'est bien ce qu'on était ! Mais la victoire était estimée valoir plus que nos vies. La victoire !

« Vous vous demandez comment nous tenions le coup ? Je vais vous répondre...

« Avant de prendre ma retraite, je suis tombée malade, rien qu'à l'idée de ne plus travailler. C'est pour cela d'ailleurs que, la cinquantaine passée, je suis retournée à la fac. Je suis devenue historienne. Alors que toute ma vie, j'avais été géologue. Seulement, un bon géologue est toujours sur le terrain, et moi je n'avais plus la force pour ça. Un médecin est arrivé, on m'a fait un électrocardiogramme, puis on m'a demandé :

« "Quand avez-vous eu un infarctus ?

« — Quel infarctus ?

« — Vous avez le cœur couvert de cicatrices."

« Mais ces cicatrices sont probablement un souvenir de guerre. Quand tu survoles l'objectif, tu trembles de la tête aux pieds. Tout ton corps est secoué de frissons, parce que en bas, c'est l'enfer : les avions de chasse te tirent dessus, la DCA te tire dessus... Plusieurs filles ont été obligées de quitter le régiment, elles n'ont pas supporté ça. Nous volions surtout de nuit. Pendant quelque temps, on a tenté de nous envoyer en mission en plein jour, mais l'idée a été presque aussitôt abandonnée. Nos "Po-2" pouvaient être descendus d'un simple coup de fusil...

« On faisait jusqu'à douze sorties par nuit. J'ai vu le célèbre as Pokrychkine, à son retour d'un vol de combat. C'était un homme solide, il n'avait pas vingt ou vingt-trois ans, comme nous. Le temps qu'on remplisse le réservoir de son avion, un technicien lui ôtait sa chemise et l'essorait. Ça dégoulinait, comme s'il avait pris la pluie. Alors vous pouvez imaginer ce qui se passait pour nous. Quand on atterrissait, on était incapables de descendre de la carlingue, il fallait nous en extraire. Nous n'avions même pas la force de tenir notre porte-cartes, nous le laissions traîner par terre.

« Et le travail de nos filles armuriers ! Elles devaient accrocher, manuellement, quatre bombes sous l'engin – autant dire trimballer chaque fois près de quatre cents kilos. Et ainsi toute la nuit : un avion décollait, un autre atterrissait. Notre organisme subissait de telles contraintes que pendant toute la guerre, nous n'avons plus été des femmes. Nous n'avions plus de choses... Plus de règles... Bon, vous comprenez... Et après la guerre, certaines se sont trouvées incapables d'avoir des enfants...

« Nous fumions toutes. Et moi aussi, je fumais, cela me donnait comme la sensation de m'apaiser un peu. On atterrit, on tremble de tous ses membres, et puis on allume une cigarette et l'on se calme. Nous portions blouson de cuir, pantalon, vareuse, et en hiver une veste de fourrure par-dessus le tout. Bon gré mal gré, quelque chose de masculin apparaissait dans notre démarche, dans nos mouvements. Lorsque la guerre a été terminée, on nous a confectionné des robes kaki. Et nous avons subitement redécouvert que nous étions des filles... »

Alexandra Semionovna Popova,
lieutenant de la garde, navigateur.

« On m'a récemment décerné une médaille... De la Croix-Rouge... La médaille d'or internationale "Florence Nightingale"... Tout le monde me félicite et s'étonne : "Comment avez-vous pu sauver cent quarante-sept blessés ? Vous paraissez tellement gamine et minuscule sur les photos de guerre !" Mais j'en ai peut-être sauvé deux cents, qui en tenait le compte à l'époque ? Ça ne me serait même pas venu à l'esprit, nous ne l'aurions pas compris, de toute manière. Le combat ferait rage, des hommes se videraient de leur sang, et moi, je resterais assise à prendre des notes dans un carnet ? Je n'attendais jamais qu'une attaque soit terminée, je rampais pendant le combat et je tâchais de ramener les blessés. Si un gars était touché par éclat d'obus, si je n'arrivais près de lui qu'une ou deux heures plus tard, je ne pouvais plus rien faire, l'hémorragie l'avait déjà tué.

« J'ai été blessée trois fois et commotionnée trois fois. À la guerre, chacun avait un rêve : certains, celui de rentrer chez eux, d'autres, d'arriver jusqu'à Berlin, mais quant à moi, je n'avais qu'une idée : rester en vie jusqu'à mon anniversaire, pour fêter mes dix-huit ans. Je ne sais pas pourquoi, mais j'avais peur de mourir plus tôt, de ne jamais atteindre cet âge-là. J'étais toujours en pantalon, le calot sur la tête, toujours en guenilles, car je passais mon temps à me traîner à genoux, qui plus est sous le poids d'un blessé. Je ne parvenais pas à croire qu'un jour je pourrais me relever et marcher normalement, au lieu de ramper. Ça aussi, c'était un rêve. Une fois, le commandant de la division me voit et demande : "Qu'est-ce que c'est que ce gosse ? Pourquoi le gardez-vous ici ? Mieux vaudrait le renvoyer faire des études."

« Je me souviens d'un jour... j'étais à court de pansements... Les blessures par balles étaient si moches qu'il m'en fallait une boîte entière pour en panser une seule. J'ai déchiré mes sous-vêtements et j'ai demandé aux gars : "Allez, enlevez vite vos caleçons, vos maillots de corps, j'ai des hommes là qui meurent." Ils ont ôté leurs sous-vêtements et les ont déchirés en lambeaux. Je n'étais jamais gênée devant eux, ils étaient comme des frères pour moi, j'étais en quelque sorte leur benjamin. On marchait par trois en se tenant par le bras, celui du milieu dormait une heure ou deux. Puis, on changeait.

« Quand je vois une fosse commune, je me mets à genoux devant elle. Devant chaque fosse commune… Toujours à genoux… »

*Sofia Adamovna Kountsevitch,
adjudant-chef, brancardière
d'une compagnie de fusiliers-voltigeurs.*

De la voix de soprano des jeunes filles et des superstitions de marins

« J'ai entendu qu'on lançait derrière moi… des mots… des mots lourds comme des pierres… "Partir faire la guerre, disait-on, ce sont les hommes qui veulent ça. Vous êtes des anormales. Des femmes ratées… Des déficientes…" Mais non ! Non, c'était un vœu humain. Il y avait la guerre, je menais une vie ordinaire… Une vie de jeune fille de mon âge… Et puis ma voisine a reçu une lettre : son mari avait été blessé, il était dans un hôpital. J'ai pensé : "Il est blessé, qui va le remplacer ?" Un autre voisin est revenu amputé d'un bras : qui prendra sa relève ? Un troisième rentre chez lui avec une jambe en moins, c'est encore un qui manque. J'ai écrit, j'ai demandé, j'ai supplié qu'on m'enrôle dans l'armée. C'est ainsi que nous avions été élevées : nous avions appris que rien ne devait se faire sans nous dans notre pays. On nous avait appris à l'aimer. Et dès lors que la guerre avait éclaté, nous étions tenues d'apporter notre aide. Si l'on avait besoin d'infirmières, il fallait devenir infirmière. Si l'on manquait d'artilleurs pour la DCA, c'est là qu'il fallait s'engager.

« Vous demandez si nous désirions ressembler à des hommes, au front ? Au début, oui, beaucoup ! On se faisait couper les cheveux très court, on allait jusqu'à modifier sa façon de marcher. Mais ensuite, non, bernique ! Par la suite, on avait une telle envie de se maquiller ! Au lieu de manger le sucre, on le mettait de côté, pour se raidir la frange. Nous étions heureuses, quand nous réussissions à nous procurer une marmite d'eau pour nous laver les cheveux. Après une longue marche, on cherchait de l'herbe tendre. On l'arrachait et on se... Bon, vous comprenez... on s'essuyait les cuisses avec... On se nettoyait avec l'herbe... Nous, les filles, nous avions nos particularités, n'est-ce pas ?... Du coup, on avait les cuisses toutes vertes... Ça allait quand l'adjudant-chef avait un certain âge : il comprenait ces choses-là et ne nous ôtait pas du sac le linge superflu. Mais si on tombait sur un jeune, on était sûres de se le faire confisquer. Or, le linge n'est jamais superflu pour les filles, qui ont besoin de se changer deux fois par jour. Nous arrachions les manches de nos maillots de corps, seulement on n'en avait que deux. Ça ne faisait jamais que quatre manches... »

Klara Semionovna Tikhonovitch, sergent-chef,
servant d'une pièce de DCA.

« Avant la guerre, j'aimais tout ce qui était militaire... Viril... Je m'étais adressée à une école d'aviation pour qu'on m'envoie la liste des formalités d'admission. L'uniforme militaire m'allait bien. J'aimais les manœuvres en formation, la précision, la brièveté des paroles de commandement. L'école d'aviation m'a répondu que je devais d'abord avoir achevé mes études secondaires.

« Bien sûr, quand la guerre a commencé, avec ma tournure d'esprit, il était impossible que je reste tranquillement à la maison. Mais on refusait de me prendre pour m'envoyer au front. En aucun cas, parce que je n'avais que seize ans. Le chef du bureau de recrutement me disait :

« "Qu'est-ce que l'ennemi penserait de nous, si à peine la guerre commencée, nous expédiions au front des enfants, des gamines mineures ?

« — Il faut battre l'ennemi.

« — On le fera sans toi."

« Je m'évertuais à le persuader que j'étais grande de taille, que personne ne me donnerait seize ans. Je me tenais campée au milieu de son bureau et refusais de m'en aller.

« "Écrivez dix-huit au lieu de seize.

« — Tu parles comme ça maintenant, mais plus tard quel souvenir garderas-tu de moi ?"

« Mais après la guerre, je ne voulais plus, je ne pouvais plus, si vous voulez, m'engager dans aucune spécialité militaire. J'avais envie de me débarrasser au plus vite possible de tous mes habits kaki... Aujourd'hui encore, j'éprouve une aversion pour les pantalons, je n'en mets jamais, même lorsque je vais en forêt cueillir des baies ou des champignons. J'avais envie de porter des vêtements normaux, féminins... »

Klara Vassilievna Gontcharova,
simple soldat, servant d'une pièce de DCA.

« La guerre, nous l'avons tout de suite ressentie... Le jour même où nous terminions l'école militaire, des "acheteurs" sont venus. Les acheteurs, vous savez, c'étaient ces types dont l'unité d'origine avait été renvoyée à l'arrière pour être réorganisée, et qui avaient pour mission de compléter les effectifs. C'étaient toujours des hommes, et l'on sentait bien qu'ils avaient pitié de nous. Nous les regardions avec enthousiasme, alors qu'ils nous considéraient avec de tout autres yeux : nous étions prêtes à bondir hors du rang, nous avions hâte de nous manifester, hâte qu'ils nous remarquent et nous emmènent, mais eux, ils étaient fatigués, ils nous dévisageaient, sachant bien ce qui nous attendait.

« C'était un régiment essentiellement masculin, puisqu'il ne comptait que vingt-deux femmes : le 870e régiment de bombardiers à long rayon d'action. Nous avions emporté, en quittant la maison, deux, trois paires de sous-vêtements, il était impossible d'en prendre davantage. Un jour, nous avons été bombardés, nous nous sommes retrouvés sans rien, à part ce que nous avions sur le dos. Les hommes sont allés au centre de répartition, on leur a fourni un autre paquetage. Mais pour nous, il n'y avait rien. On nous a donné des *portianki*, dans lesquelles nous nous sommes taillé des culottes et des soutiens-gorge. Quand le commandant l'a appris, il nous a engueulées.

« Mais nous avions aussi besoin... Un jour, par exemple, on voit des maillots que des soldats ont accrochés à des buissons. Alors, hop ! on en fauche deux ou trois... Plus tard, ils ont deviné qui avait fait le coup, et ils rigolaient : "Adjudant, donne-nous d'autres sous-vêtements... Les filles nous ont piqué les nôtres..."

« Six mois se sont écoulés... À force de porter des charges trop lourdes pour nous, nous avions cessé d'être femmes... Nous n'avions plus de... Notre cycle biologique s'était détraqué... vous pigez ? C'était très effrayant ! C'est terrifiant de penser qu'on ne sera plus jamais femme... »

Maria Nesterovna Kouzmenko,
sergent-chef, armurier.

« Nous aspirions… Nous ne voulions pas qu'on dise de nous : "Ah ! ces femmes !" Alors nous nous mettions en quatre, nous en faisions plus que les hommes, car nous avions à prouver que nous valions autant. Or, pendant longtemps, nous nous sommes heurtées à une attitude condescendante, sinon méprisante à notre égard : "Des bonnes femmes, tu parles de guerrières !…"

« Nous marchons… Nous sommes deux cents filles à peu près, suivies de deux cents hommes. C'est l'été. Il fait une chaleur torride. Progression par petites étapes : marche de vingt kilomètres tous les jours… Et nous qui laissons derrière nous des taches rouges, grosses comme ça, sur le sable… Affaires de femmes… Comment cacher ça en pareilles circonstances ? Les soldats qui nous suivent font mine de ne rien remarquer… Mais nous, comment faire ? On ne nous donnait rien… Il n'y avait déjà pas assez de coton ni de gaze pour les blessés. Alors pour nous, n'en parlons pas… Le linge destiné aux femmes n'a fait son apparition que deux ans, peut-être, après le début de la guerre. Avant ça, on portait des caleçons d'homme et des maillots de corps comme eux… Donc, disais-je, nous marchons… On se hâte pour arriver au fleuve où les bacs nous attendent. On arrive au point de passage, et juste à ce moment, des avions nous attaquent. Un bombardement terrible, les hommes courent dans tous les sens à la recherche d'un abri. Mais nous, nous n'entendons même pas les bombes, tant nous sommes pressées d'atteindre le fleuve. De plonger dans l'eau… Et nous y restons tant que les taches ne sont pas parties… Heureuses… C'est comme ça… La honte nous effrayait plus que la mort. Plusieurs filles ont péri ce jour-là. Dans l'eau du fleuve. Touchées par des éclats… C'était cela aussi, notre vie de femmes à la guerre…

« Et puis c'est la Victoire. Les premiers jours, je marchais dans la rue et n'arrivais pas à le croire. Je m'asseyais à table et je ne croyais pas que c'était la Victoire. La Victoire ! ! Notre victoire... »

*Maria Semionovna Kaliberda,
sergent, agent de transmission.*

« On était en train de libérer la Lettonie... Nous étions cantonnés près de Daugavpils. C'était la nuit, et j'avais l'intention de faire juste un petit somme. Soudain, j'entends la sentinelle interpeller quelqu'un : "Halte ! Qui vive ?" Dix minutes plus tard, exactement, on m'appelle chez le commandant. J'entre dans son gourbi, j'y trouve nos camarades rassemblés et un homme en civil. Je me souviens très bien de cet homme. Car, pendant des années, je n'avais vu que des hommes en tenue militaire, en kaki, et celui-là portait un manteau noir avec un col de velours.

« "J'ai besoin de votre aide, me dit cet homme. Ma femme est en train d'accoucher à deux kilomètres d'ici. Elle est toute seule, il n'y a personne d'autre à la maison."

« Le commandant me dit :

« "C'est dans la zone neutre. Vous savez que ce n'est pas sans danger.

« — Cette femme est en train d'accoucher. Je dois l'aider."

« On m'a fourni une escorte de cinq soldats armés de mitraillettes. J'ai préparé un sac de matériel de soins, auquel j'ai ajouté des *portianki* toutes neuves en flanelle qu'on m'avait données peu de temps auparavant. Nous voilà partis. Sans cesse, nous essuyons des coups de feu ; heureusement, le tir est tantôt trop court, tantôt trop long. La forêt est si sombre qu'on ne voit même pas la lune. On finit par distinguer les contours d'une sorte de bâtiment. C'était une petite ferme isolée. Quand nous sommes entrés dans la maison, j'ai tout de suite vu la femme. Elle était étendue par terre, enveloppée dans de vieilles nippes. Son mari a aussitôt tiré les rideaux aux fenêtres. Deux soldats sont allés se poster dans la cour, deux autres devant la porte, tandis que le dernier restait auprès de moi pour m'éclairer avec la torche. La femme avait peine à retenir ses plaintes, elle souffrait beaucoup.

« Je lui répétais tout le temps :

« "Courage, ma jolie. Il ne faut pas crier. Allez, tenez bon."

« On était en zone neutre, vous comprenez. Si jamais l'adversaire remarquait quelque chose, nous étions bons pour une pluie d'obus. Mais quand mes soldats ont entendu que l'enfant était né... "Hourra ! Hourra !" Tout bas, comme ça, presque en chuchotant. Un bébé venait de naître en première ligne !

« On m'a apporté de l'eau. Il n'y avait rien pour la faire bouillir, alors j'ai nettoyé le bébé à l'eau froide. Je l'ai enveloppé dans mes *portianki*. Impossible de trouver autre chose dans la maison, il n'y avait que les vieux chiffons sur lesquels était couchée la mère.

« Je suis retournée voir cette femme plusieurs nuits de suite. La dernière fois, c'était juste avant l'offensive. Je leur ai fait mes adieux :

« "Je ne pourrai plus venir vous voir. Je pars."

« La femme a posé une question en letton à son mari. Il m'a traduit :

« "Ma femme demande comment vous vous appelez.

« — Anna."

« La femme a prononcé quelques mots encore, que son mari à nouveau a traduits :

« "Elle dit que c'est un très joli nom. En votre honneur, nous appellerons notre fille Anna."

« La femme s'est redressée – elle ne pouvait pas encore se lever – et m'a tendu un joli poudrier de nacre. C'était visiblement ce qu'elle possédait de plus précieux. J'ai ouvert le poudrier, et cette odeur de poudre dans la nuit, quand les tirs se succèdent sans relâche autour de vous, que des obus éclatent... Il y avait là quelque chose... Même aujourd'hui, ça me donne encore envie de pleurer... L'odeur de la poudre, ce couvercle de nacre... Un petit bébé... une petite fille... Il y avait là quelque chose de si familier, quelque chose de la vraie vie des femmes... »

Anna Nikolaïevna Khrolovitch,
lieutenant de la garde, feldscher.

« Une femme dans la marine... C'était impensable et même contre nature. On croyait que ça portait malheur à un navire. Je suis née près de Fastovo et, dans notre village, les commères se sont toujours moquées de maman, jusqu'à sa mort : "À qui as-tu donné naissance ? à une fille ou un garçon ?" J'ai écrit à Vorochilov[1] en personne pour être admise à l'École technique d'artillerie de Leningrad. Et c'est seulement sur son ordre personnel qu'on a bien voulu m'y accepter. J'y étais la seule fille.

« Lorsque j'ai eu mon diplôme, on a voulu néanmoins me garder à terre. J'ai décidé alors de dissimuler que j'étais une femme. Mon nom ukrainien de Roudenko me rendait bien service[2]. Un jour, cepen-

---

1. Vorochilov (Kliment Iefremovitch) : maréchal soviétique (1881-1969).
2. Une grande partie des noms de famille russes ont une désinence spéciale pour les noms de femmes, par exemple M. Ivanov, mais Mme Ivanova. Le nom ukrainien Roudenko n'a pas de désinence pour le genre féminin et est utilisé indifféremment pour un homme ou une femme. *(N.d.T.)*

dant, je me suis trahie. J'étais occupée à laver le pont. Tout à coup, j'entends un bruit. Je me retourne : je vois un marin en train de poursuivre un chat. Je ne sais toujours pas comment ce chat avait grimpé à bord ; hélas pour lui, il ignorait la superstition (remontant probablement aux premiers navigateurs) qui soutient que les chats et les femmes portent malheur en mer. L'animal n'avait aucune envie de quitter le navire et effectuait des bonds et des pirouettes à faire pâlir de jalousie un footballeur de classe internationale. Tout le monde sur le navire rigolait. Seulement, à un moment, le chat a failli tomber à la mer, j'ai eu peur et j'ai poussé un cri. Et la note, il faut croire, était si aiguë, si féminine, que les rires des hommes se sont interrompus aussitôt. Un silence de mort est tombé.

« J'entends la voix du commandant :

« "Officier de quart, une femme s'est-elle introduite sur le navire ?

« — Impossible, camarade commandant."

« Et là, nouvelle panique : il y a une femme à bord !

«... J'ai été la première femme-officier de carrière de la marine nationale. Pendant la guerre, je m'occupais de l'armement des navires et des unités de fusiliers marins. Un article est paru à l'époque dans la presse britannique, qui racontait qu'une créature étrange – mi-homme, mi-femme – combattait dans la flotte russe. Et qui insinuait également que personne ne voudrait jamais épouser cette "lady à la dague[1]". Allons donc, moi, personne ne voudrait m'épouser ? Non, vous vous trompiez, mes bons messieurs ! J'ai été prise pour femme par le plus bel officier...

« J'ai été une épouse heureuse, et je suis devenue une mère et une grand-mère heureuse. Ce n'est pas

---

1. La dague est un élément de l'uniforme de parade des officiers de la marine soviétique. *(N.d.T.)*

ma faute si mon mari a péri à la guerre. Quant à la marine, je l'ai toujours aimée, et je l'aimerai toute ma vie... »

*Taïssia Petrovna Roudenko-Cheveleva,
capitaine de corvette, commandant
d'une compagnie des équipages de la flotte,
aujourd'hui capitaine de frégate à la retraite.*

« Je travaillais à l'usine... Une usine de chaînes installée dans notre village de Mikhaltchikovo, district de Kstovo, dans la région de Gorki. Dès que les hommes ont commencé à être appelés au front, j'ai été affectée à une machine-outil pour y remplacer un ouvrier. De là, je suis passée à la forge, comme marteleur, à l'atelier où étaient fabriquées les chaînes de navires.

« J'ai fait plusieurs demandes pour partir au front, mais la direction de l'usine me retenait chaque fois à l'usine sous divers prétextes. J'ai écrit alors au comité de district du Komsomol et, en mars 1942, j'ai enfin reçu ma feuille de route. Nous étions plusieurs filles à partir au front, et tout le village est sorti sur la route pour nous faire ses adieux. Nous avons parcouru à pied trente kilomètres jusqu'à Gorki, et là, nous avons été affectées dans des unités différentes. J'ai été envoyée au 784e régiment d'artillerie aérienne de moyen calibre.

« Bientôt, j'ai été nommée premier pointeur. Mais ça ne me suffisait pas, je voulais devenir chargeur. Certes, ce travail était tenu pour exclusivement masculin : il fallait soulever des obus de seize kilos et être capable de soutenir une cadence de tir intensif, à raison d'un coup toutes les cinq secondes. Seulement, je n'avais pas travaillé comme marteleur pour rien. Un an plus tard, on m'a collé le grade de caporal-chef et nommée chef de la pièce numéro deux servie par deux filles et quatre hommes. À cause de l'intensité des tirs, les tubes de la pièce étaient portés au rouge et il devenait alors dangereux de tirer. On était obligé, au mépris de toutes les règles, de les refroidir avec des couvertures mouillées. Les pièces ne tenaient pas le coup, mais les hommes, eux, oui. Moi, j'étais une fille robuste, très endurante. Je sais cependant qu'à la guerre je me suis trouvée capable de beaucoup plus que dans la vie ordinaire. Même physiquement. Il me venait, je ne sais d'où, des forces insoupçonnées...

« Quand j'ai entendu à la radio la nouvelle de la Victoire, j'ai donné le signal d'alerte aux servants de ma pièce, et leur ai crié mon dernier ordre :

« "Azimut, quinze zéro zéro. Hausse, dix zéro. Détonateur cent vingt, cadence dix !"

« Je me suis approchée à mon tour de la pièce et j'ai tiré une salve de quatre coups, en l'honneur de notre Victoire après quatre années de guerre.

« Au bruit des tirs, tous ceux qui se trouvaient sur l'emplacement de la batterie ont accouru. Parmi eux, le chef de bataillon Slatvinski. Devant tout le monde, il a ordonné de me mettre aux arrêts pour insubordination, puis il a levé la punition. Et nous avons alors salué tous ensemble la Victoire, cette fois-ci avec nos armes personnelles, et nous sommes tous tombés dans les bras les uns des autres, nous nous sommes tous embrassés. Et ensuite, nous avons pleuré toute la nuit et tout le jour... »

Klavdia Vassilievna Konovalova,
sergent, chef d'une pièce de DCA.

« Je portais un fusil-mitrailleur sur les épaules... Jamais je n'aurais dit qu'il était trop lourd. Car alors, qui m'aurait gardée comme deuxième servant ? Inapte au combat : à remplacer ! On m'aurait envoyée aux cuisines. Et ça, c'était la pire des hontes. Dieu nous garde de passer toute la guerre aux fourneaux ! J'en aurais pleuré...

— Est-ce qu'on envoyait les femmes en mission au même titre que les hommes ?

— On s'efforçait de nous protéger. Il fallait vraiment insister pour partir en commando ou bien il fallait le mériter. Faire ses preuves. Pour cela, il fallait posséder une certaine dose d'audace, de témérité, et ce n'était pas le cas de toutes les filles. Il y en avait une, chez nous, Valia, qui travaillait à la cuisine. Elle était si douce, si sensible qu'on ne l'imaginait guère avec un fusil. Dans une situation extrême, bien sûr, elle aurait tiré, mais elle n'était nullement pressée d'aller au combat. Alors que moi, j'en brûlais d'envie...

Auparavant, je ne m'en serais jamais imaginée capable. Enfant, j'avais toujours le nez plongé dans les livres. J'étais une gosse très casanière... »

Galina Yaroslavovna Doubovik,
résistante, membre de la 12e brigade montée
de partisans, dite « brigade Staline ».

« Ordre : arriver sur place dans les vingt-quatre heures... Affectation : 713e hôpital mobile de campagne...

« Je me souviens d'être arrivée à l'hôpital vêtue d'une robe noire en voile de coton et chaussée de sandales ; par-dessus la robe, je portais la cape de mon mari. On m'a délivré aussitôt une tenue militaire, mais j'ai refusé de la prendre, car tout était trop grand pour moi, d'au moins trois ou quatre tailles. On a rapporté au directeur de l'hôpital que je refusais de me soumettre à la discipline militaire, mais il n'a pris aucune mesure. Il a décidé d'attendre quelques jours, bien certain que je ne tarderais pas à changer d'avis.

« Quelques jours plus tard, l'hôpital s'est déplacé dans un autre endroit, et nous avons essuyé un violent bombardement. Nous avons cherché refuge dans un champ de pommes de terre ; or, avant cela, il avait plu. Vous pouvez imaginer en quoi ont été changées ma robe en voile de coton et mes sandales... Le lendemain, j'étais habillée en soldat. La tenue complète...

« C'est ainsi qu'a commencé mon terrible chemin... Jusqu'en Allemagne...

« En 1942, aux premiers jours de janvier, nous sommes entrés dans le village d'Afonevka, dans la région de Koursk. Il faisait extrêmement froid. Les deux bâtiments d'école étaient remplis à craquer de blessés, les uns étendus sur des civières, les autres par terre, sur de la paille. Nous manquions de véhicules et d'essence pour les transporter tous à l'arrière. Le directeur de l'hôpital a pris la décision d'organiser un convoi de traîneaux en réquisitionnant ce qu'on trouverait à Afonevka et dans les villages environnants. Le lendemain matin, le convoi est arrivé. Tous les chevaux étaient conduits par des femmes. Dans les traîneaux étaient empilés couvertures de facture artisanale, pelisses, oreillers, et même quelques édredons. Aujourd'hui encore, je ne peux évoquer cette scène sans que les larmes me montent aux yeux... Ce tableau extraordinaire... Chaque femme s'est choisi un blessé, et l'a préparé pour la route en psalmodiant tout bas : "Mon fils adoré", "Allons, mon grand chéri !", "Allons, mon tout gentil !" Chacune avait apporté de chez elle un peu de nourriture, y compris des pommes de terre encore tièdes. Elles emmitouflaient les blessés dans les affaires dont elles s'étaient munies, les installaient avec précaution dans les traîneaux. J'ai encore dans les oreilles cette prière, cette douce lamentation de femmes : "Oh ! mon chéri !", "Oh ! mon gentil..." Je regrette de ne pas avoir demandé leurs noms à ces femmes, j'en ai même du remords.

« Je me rappelle aussi notre progression à travers la Biélorussie libérée, et les villages où nous ne croisions aucun homme. Nous n'étions accueillis que par des femmes. Comme s'il n'était resté partout que des femmes… »

Elena Ivanovna Varioukhina,
infirmière.

Du silence de la vie
et de la beauté de la fiction

« Est-ce que je trouverai les mots qu'il faut ? Je peux raconter comment je me battais. Mais raconter comment je pleurais, ça non, je ne peux pas. Cela restera non dit…

« Vous êtes écrivain. Inventez quelque chose. Quelque chose de beau… Pas d'aussi atroce que la vie… »

Anastasia Ivanovna Medvedkina,
simple soldat, mitrailleur.

« Mes mots n'y suffisent pas. Mes simples mots. Il faudrait raconter cela en vers… Il faudrait un poète… »

Anna Petrovna Kaliaguina, sergent,
brancardière.

« Il m'arrive d'entendre de la musique… Ou bien une chanson… Une voix féminine… Et là, je retrouve un peu de ce que je ressentais alors. Quelque chose d'approchant. Mais lorsque je regarde un film sur la guerre, tout me paraît faux, quand je lis un livre – pareil. Ou en tout cas pas tout à fait vrai, pas tout à fait comme les choses pouvaient être. Je commence à en parler moi-même – et ce n'est pas ça non plus. Ce n'était pas comme ça. Ce n'était ni si horrible, ni si beau. Vous ne savez pas quelles belles matinées on peut connaître à la guerre... Avant la bataille... tu regardes et tu sais que c'est peut-être pour toi la dernière... Et la terre est si belle... si belle... »

*Olga Nikititchna Zabelina,
chirurgien militaire.*

« Moi ? Je ne veux pas parler... Je veux me taire... »

*Irina Moïsseïevna Lepitskaïa,
simple soldat, fantassin.*

« Je ne me souviens que d'une chose : on a crié : "Victoire !" Toute la journée, un seul cri a retenti... "Victoire ! Victoire !" Et nous étions heureux ! Heureux !! »

*Anna Mikhaïlovna Perepelka,
sergent, infirmière.*

> « Mesdemoiselles, savez-vous bien
> qu'un chef de section de sapeurs
> ne vit que deux mois... »

Sur quoi portent le plus souvent mes questions ? Qu'est-ce que je tiens le plus à comprendre ? Sans doute mes questions les plus fréquentes portent-elles sur la mort. Sur leurs relations avec la mort – car celle-ci rôdait en permanence autour d'elles. Aussi près d'elles que la vie. J'essaie de comprendre comment il était possible d'en réchapper au sein de cette interminable expérience d'agonie.

Et peut-on seulement raconter cela ? Si oui, que raconte-t-on ? Sinon, pourquoi ? Qu'est-ce qui est accessible aux paroles et à nos sentiments ?

Parfois, je rentre chez moi après une série d'entretiens avec l'idée que la souffrance, c'est la solitude. L'isolement absolu. D'autres fois, il me semble que la souffrance est une forme particulière de connaissance. Une sorte d'information essentielle. Mais pour nous, il y a dans la souffrance quelque chose de religieux, de presque artistique. Nous sommes une civilisation à part. Une civilisation de larmes. Pourtant, là, ce n'est pas seulement l'abject qui se dévoile à nos yeux, mais aussi le sublime. En dépit de tout, l'homme tient tête. Il s'élève. Et garde sa beauté.

« Quand nous sommes parties au front, nous étions déjà officiers... Sous-lieutenants... On nous a accueillies ainsi : "Bravo, les filles ! C'est bien que vous soyez venues ici. Mais nous ne vous enverrons nulle part. Vous resterez chez nous, à l'état-major." C'est ainsi qu'on nous a accueillies à l'état-major des troupes du génie. Alors nous avons tourné les talons et sommes parties à la recherche du commandant du front, Malinovski. Pendant que nous déambulions dans le village, la nouvelle s'est répandue que deux jeunes filles étaient après le commandant. Un officier s'approche de nous et nous dit :

« "Montrez-moi vos papiers."

« Il les examine.

« "Pourquoi cherchez-vous le commandant du front, alors que vous êtes censées vous rendre à l'état-major des troupes du génie ?"

« Nous nous sommes plaintes à lui :

« "Nous avons été envoyées ici pour y prendre chacune le commandement d'une section de sapeurs, et on veut nous garder à l'état-major ! Mais nous ferons tout pour obtenir d'être chefs d'une section de sapeurs et rien d'autre. En première ligne."

« L'officier nous ramène alors à l'état-major. Là, tout le monde s'est mis à parler et parler à n'en plus finir, la baraque était pleine à craquer, chacun y allait de son conseil, certains même rigolaient. Mais nous, nous tenions tête, nous n'en démordions pas : nous avions reçu un ordre d'affectation, nous devions être chefs d'une section de sapeurs, et point barre. L'officier qui nous avait ramenées là s'est alors fichu en colère :

« "Mesdemoiselles ! Savez-vous combien de temps vit un chef de section de sapeurs ? Un chef de section de sapeurs vit deux mois, pas plus...

« — Nous le savons, et c'est bien pourquoi nous souhaitons être affectées en première ligne."

« Finalement, voyant que c'était peine perdue, ils se sont résignés à nous donner une section :

« "Très bien, on va vous envoyer dans la 5ᵉ armée, dans les troupes de choc. Vous savez probablement ce que c'est que des troupes de choc, le nom est suffisamment évocateur. Vous y serez en première ligne en permanence."

« Je ne dis pas toutes les horreurs qu'ils ont pu nous raconter. Mais nous étions contentes :

« "Nous sommes d'accord ! !"

« Nous arrivons donc à l'état-major de la 5ᵉ armée. Il y avait là un capitaine très galant et bien élevé qui nous a merveilleusement reçues. Mais quand il entendu que nous n'avions pas l'intention d'être autre chose que chefs d'une section de sapeurs, il s'est pris la tête dans les mains :

« "Non et non ! Mais quelle idée ! Nous allons vous trouver du travail ici, à l'état-major. Non, quoi, vous plaisantez, il n'y a que des hommes dans les sections, et d'un seul coup, il faudrait que leur chef soit une femme ! C'est de la folie. Non mais vraiment, quelle idée !!"

« Ils nous ont travaillées ainsi pendant deux jours. Encore une fois ! Nous n'avons pas cédé d'un pouce : chefs d'une section de sapeurs et rien d'autre. Pas de compromis. Mais ce n'était encore rien... Finalement... Finalement, nous obtenons nos affectations. On me conduit à la section que je dois commander... Les soldats me regardent : les uns avec un sourire ironique, certains avec méchanceté, d'autres haussent les épaules en faisant une telle moue que le message est tout de suite clair. Quand le commandant du bataillon vient à me présenter comme le nouveau chef de section, tout le monde pousse un cri de protestation :

"Ou-ou-ouh !" L'un va même jusqu'à cracher par terre : "Pouah !"

« Mais un an plus tard, lorsqu'on m'a remis l'ordre de l'Étoile rouge, ces mêmes gars – du moins ceux qui étaient restés en vie – me portaient en triomphe jusqu'à mon gourbi. Ils étaient fiers de moi.

« Si vous me demandez de quelle couleur est la guerre, je vous dirai : couleur de terre. Normal, pour un sapeur... Noire, jaune, couleur d'argile...

« Nous marchons en je ne sais quel endroit... Nous bivouaquons dans la forêt. Nous avons allumé un feu de camp, les flammes dansent, et tout le monde est assis là, paisible, silencieux, certains se sont même déjà assoupis. Je m'endors en regardant le feu, je dors les yeux ouverts : des phalènes, des moucherons sont attirés par les flammes, toute la nuit durant, ils volent autour sans un bruit, sans un frémissement, pour disparaître en silence au sein de cette grande torche. D'autres arrivent... C'était pareil pour nous. Nous marchions et marchions sans relâche. Nous roulions en un flot ininterrompu...

« Deux mois plus tard, je n'ai pas été tuée, j'ai été blessée. La première fois, la blessure était légère. Et j'ai cessé de penser à la mort... »

Stanislava Petrovna Volkova, sous-lieutenant,
  chef d'une section de sapeurs.

« Dans mon enfance... C'est par mon enfance que je vais commencer... À la guerre, c'étaient les souvenirs d'enfance, justement, que je redoutais le plus. Car à la guerre, mieux vaut ne pas se rappeler les moments les plus tendres... La tendresse, c'est interdit... Tabou.

« Alors, voilà... Dans mon enfance, mon père me tondait la boule à zéro. Ça m'est revenu quand on nous a coupé les cheveux, et que, de jeunes filles, nous nous sommes trouvées soudain métamorphosées en pioupious. Certaines étaient effarées... Mais moi, je n'ai eu aucun mal à m'y faire. J'étais dans mon élément. Mon père avait bien des motifs de soupirer : "Ce n'est pas une fille que nous avons faite, mais un garçon." Mais la cause principale en était une sorte de passion qui me tenait et à laquelle je dois d'avoir reçu de mes parents plus d'une paire de taloches : l'hiver, je sautais du haut d'un ravin abrupt pour atterrir dans la neige qui recouvrait l'Ob gelé. Après les cours, j'enfilais un vieux pantalon matelassé de mon père et le nouais par-dessus mes bottes de feutre avec une ficelle. J'enfonçais les pans de ma grosse veste dans le pantalon et serrais solidement la ceinture. J'avais sur la tête une chapka, les oreillettes nouées sous le menton. Et c'est dans ce costume que je me dirigeais vers le fleuve, en me dandinant comme un ours. Là, je m'élançais de toutes mes forces et bondissais du haut du ravin...

« Ah ! Quelle sensation c'était, de voler dans le vide et de plonger la tête la première dans la neige ! J'en avais le souffle coupé ! D'autres filles essayaient de m'imiter, mais ça tournait toujours mal pour elles : l'une se foulait une cheville, une autre se cassait le nez sur un bloc de neige durcie, une troisième était victime de je ne sais quel autre malheur... Mais quant à moi, j'étais plus leste et plus agile que tous les garçons de mon âge.

« J'ai parlé de mon enfance... Parce que je n'ai pas envie de parler tout de suite de sang...

« Nous sommes arrivées à Moscou en septembre 1942. On nous a trimballées pendant une semaine entière sur la ligne périphérique. À chaque arrêt, Kountsevo, Perovo, Otchakovo, etc., des filles débarquaient du train. Des "acheteurs", comme on dit, venaient, des commandants de différentes unités et de différentes armes, et cherchaient à nous persuader de devenir tireurs d'élite, brancardières, radios… Mais tout cela ne me tentait guère. Finalement, de tout le convoi, nous ne sommes restées que treize. On nous a regroupées dans un wagon de marchandises aménagé pour le transport de troupes. Deux voitures seulement stationnaient sur la voie de garage : la nôtre et celle de l'état-major. Pendant deux jours, personne n'est venu nous voir. On riait et on chantait la vieille chanson : "Oublié, abandonné…" Au soir du deuxième jour, nous avons vu trois officiers, accompagnés du chef du convoi, se diriger vers nos wagons.

« Des "acheteurs" ! Ils étaient grands, élancés, la taille bien prise dans leur ceinturon. Le manteau tiré à quatre épingles, les bottes rutilantes, avec des éperons. Alors là, oui ! Nous n'en avions encore jamais vu d'aussi beaux. Ils sont montés dans la voiture de l'état-major et nous avons collé nos oreilles contre la paroi pour entendre ce qui se disait. Le chef leur montrait ses listes et présentait brièvement chacune de nous : nom, lieu de résidence, formation. Finalement, nous avons entendu répondre : "Elles nous conviennent toutes."

« Alors, le chef du convoi est descendu du wagon et nous a ordonné de nous mettre en rang. "Souhaitez-vous apprendre l'art de la guerre ?" nous a-t-on demandé. Eh ! comment aurions-nous pu ne pas le souhaiter ? Bien sûr que nous le souhaitions. Énormément ! C'était même notre rêve ! Personne parmi nous n'a demandé où nous irions étudier ni quel serait l'objet exact de nos études. "Lieutenant-chef Mitropolski, conduisez ces jeunes filles à l'École militaire." Chacune a passé sa musette à l'épaule, nous nous sommes alignées en colonne par deux, et l'officier nous a guidées à travers les rues de Moscou. La Moscou bien-aimée… Notre capitale… Belle même en ces jours difficiles… Si chère à nos cœurs… L'officier marchait vite, à grands pas, et nous avions du mal à le suivre. Ce n'est qu'au cours d'une réunion à Moscou, à l'occasion du trentième anniversaire de la Victoire, que Sergueï Fiodorovitch Mitropolski nous a avoué, à nous, anciennes élèves de l'École du génie militaire de Moscou, combien il avait honte de nous conduire ainsi à travers la ville. Il s'efforçait de se tenir à distance de manière à ne pas attirer l'attention sur lui. Pour ne pas être associé à ce troupeau de filles... Ça, bien sûr, nous ne le savions pas et nous courions presque après lui pour le rattraper. Ah ! nous devions offrir un joli spectacle !

« Enfin... Dès les premiers jours à l'École militaire, j'ai écopé de deux corvées supplémentaires : tantôt c'était l'amphithéâtre mal chauffé qui ne me convenait pas, tantôt je ne sais quoi... Vous savez, les habitudes prises à l'école... Toujours est-il que j'ai été servie selon mes mérites : une première corvée, puis une autre... Très vite, elles se sont accumulées. Au moment de la pose des sentinelles dans la rue, les autres élèves m'ont remarquée et se sont mis à rire : voilà le planton en titre ! Pour eux, c'était drôle, mais moi, je n'allais plus aux cours, et je ne dormais pas de la nuit. Dans la journée, j'étais condamnée à rester debout à la porte du dortoir, à côté d'une petite commode, et la nuit, je devais cirer le plancher de la caserne. Comment s'y prenait-on à l'époque ? Je vais vous l'expliquer... Et en détail... Ça ne se faisait pas du tout comme maintenant, où il y a des brosses spéciales, des ponceuses à parquet, etc. À l'époque... après le signal d'extinction des feux, j'ôtais mes bottes pour ne pas les tacher avec l'encaustique, j'enroulais autour de mes pieds des lambeaux de vieux manteau, qui, maintenus avec de la ficelle, me faisaient comme des sortes d'espadrilles. Ensuite, je répandais l'encaustique sur le sol et l'étalais avec une brosse – pas une brosse en nylon, une brosse en crin, dont des touffes entières restaient collées au plancher. Enfin, après toutes ces opérations, je commençais à jouer des pieds. Il fallait frotter jusqu'à ce que ça brille comme un miroir. Ah ! en une nuit, j'avais le temps d'être dégoûtée de danser ! Mes jambes engourdies me faisaient mal, je ne pouvais plus redresser le dos, la sueur m'inondait les yeux. Au matin, je n'avais même plus la force de crier à la compagnie : "Debout !" Et dans la journée, je ne pouvais pas m'asseoir un instant, car le planton devait rester tout le temps debout, à côté de la commode. Une fois, il m'est arrivé une drôle d'histoire... Je me tenais à mon poste de planton, après m'être acquittée du ménage de la caserne. J'avais tellement sommeil que j'ai senti que j'allais tomber. Je me suis accoudée à la commode et je me suis assoupie. Brusquement, j'entends quelqu'un ouvrir la porte du local. Je me redresse d'un bond : c'était l'officier de service du bataillon. Je porte la main à ma tempe et lance : "Camarade lieutenant, la compagnie a eu quartier libre." Il me regarde avec de grands yeux ronds et ne peut étouffer un rire. C'est alors seulement que je me rends compte que, dans ma hâte, étant gauchère, j'ai porté la main gauche à mon calot. J'essaie de vite changer de main, mais c'est trop tard. J'ai commis une nouvelle faute...

« J'ai mis longtemps à piger que ce n'était pas un jeu ni une école ordinaire, mais un établissement d'enseignement militaire. Une préparation à la guerre. Et qu'un ordre donné par un supérieur avait valeur de loi pour un subordonné.

« Du dernier examen, je me rappelle la dernière question :

« "Combien d'erreurs commet un sapeur dans sa vie ?

« — Un sapeur ne commet qu'une seule erreur dans sa vie.

« — Eh oui ! jeune fille..."

« Puis est venue la formule consacrée :

« "Vous êtes libre, élève Baïrak."

« Et j'ai connu la guerre. La vraie guerre...

« On m'a conduite à ma section. Je lance : "Section, garde-à-vous !" mais la section ne montre aucune intention de bouger. L'un reste couché, l'autre assis à fumer, un troisième s'étire en faisant craquer ses os : "Ah-ah !" Bref, on fait mine de ne pas me remarquer. Les hommes étaient furieux que des éclaireurs comme eux, qui en avaient déjà vu de toutes les couleurs, soient tenus d'obéir à une gamine de vingt ans. Je le comprenais et je me suis vue obligée d'ordonner : "Repos !"

« À ce moment, des tirs d'artillerie ont éclaté. J'ai sauté dans un fossé, mais comme j'avais un manteau tout neuf, je ne me suis pas allongée au fond, dans la gadoue, mais collée sur le côté, dans la neige qui n'avait pas encore fondu. C'est ce qui arrive quand on est jeune : on pense plus à son manteau qu'à sa vie. Une gamine idiote ! Que voulez-vous, mes soldats ont bien rigolé...

« Enfin, voilà... En quoi consistaient ces missions de reconnaissance dont était chargé le génie ? Durant la nuit, les soldats creusaient un trou pour deux au milieu du no man's land. Avant l'aube, je rampais jusqu'à cette mini-tranchée, accompagnée d'un chef de groupe, et les soldats nous camouflaient. Et nous restions ainsi embusqués une journée entière, terrifiés à l'idée d'esquisser un mouvement de trop. Au bout d'une heure ou deux, on avait les mains et les pieds gelés, même équipés de *valenki* et d'une bonne veste fourrée. On se transformait en glaçon. En bonhomme de neige... Ça, c'était l'hiver. Sous la neige... L'été, il fallait rester immobiles dans la chaleur torride ou bien sous la pluie. Nous passions toute la journée à tout surveiller très attentivement et à dresser une sorte de carte d'observation de la première ligne. Nous notions tous les changements visibles à la surface du sol. Si nous découvrions de nouveaux monticules ou bien des mottes de terre, de la neige sale, de l'herbe piétinée ou encore des traînées dans la rosée, c'était bon pour nous... C'était notre objectif... Il était clair que les sapeurs allemands avaient installé là des champs de mines. Et s'ils avaient dressé une barrière de barbelés, il était indispensable d'en connaître la longueur et la largeur. Et de savoir quelles mines étaient utilisées. Des mines antipersonnel, des mines antichars ou des mines surprises ? Nous repérions également les positions d'artillerie de l'adversaire...

« Avant l'offensive de nos troupes, on travaillait pendant la nuit. On sondait tout le terrain centimètre par centimètre. On ménageait des couloirs à travers les champs de mines... On était tout le temps en train de ramper. Et moi, je faisais la navette entre les différents groupes. J'avais toujours le plus de mines "à mon compte"...

« Il m'est arrivé plein d'histoires... Il y en aurait assez pour tourner un film... Toute une série télévisée...

« Dans un village libéré, des officiers nous avaient invités à déjeuner. J'avais accepté, car les sapeurs n'étaient pas toujours ravitaillés en nourriture chaude, ils vivaient principalement sur leurs rations de guerre. Tout le monde est déjà installé à la table de cuisine, quand mon attention est attirée par le poêle russe dont la porte est fermée. Je m'approche pour examiner celle-ci de plus près. Les officiers me taquinent : cette femme-là, elle croit voir des mines jusque dans les chaudrons. Je réponds aux plaisanteries, et là, je remarque soudain un petit trou percé tout en bas, à gauche de la porte. Je regarde plus attentivement et découvre un fil très fin qui pénètre à l'intérieur du foyer. Je me retourne aussitôt vers la table : "La maison est minée, je prie tout le monde de quitter la pièce." Les officiers font silence et me considèrent avec incrédulité : personne n'a envie de sortir de table. Ça sent bon la viande et la pomme de terre frite... Je répète : "Videz immédiatement les lieux !" Avec mes sapeurs, on se met au travail. D'abord, on démonte la porte du poêle. Avec des ciseaux, on coupe le fil... Et là... Et là... À l'intérieur du poêle, il y avait plusieurs grands quarts émaillés d'un litre, liés ensemble par une ficelle. Le rêve du soldat ! Bien mieux que nos simples gamelles. Et tout au fond du foyer se trouvaient deux gros paquets enveloppés de papier noir. Vingt kilos d'explosif à peu près. Et on me parlait de chaudrons !

« Une autre fois, nous traversions l'Ukraine, nous étions dans la région de Stanislav, aujourd'hui région d'Ivano-Frank. La section reçoit un ordre : déminer d'urgence une raffinerie de sucre. Chaque minute était précieuse : on ignorait par quel moyen l'usine avait été piégée ; si un mécanisme d'horlogerie avait été enclenché, on pouvait s'attendre à une explosion à n'importe quel instant. Nous sommes partis en mission à marche forcée. Il faisait doux, nous portions des vêtements légers. Comme on passait près d'une position d'artillerie longue portée, un canonnier bondit soudain hors de sa tranchée et hurle : "Alerte ! Un moulin !" Je lève la tête pour chercher ce "moulin" dans le ciel, mais je n'aperçois aucun avion. Tout alentour était parfaitement calme et silencieux. Où était-il alors, ce mystérieux "moulin" ? Soudain, un de mes sapeurs demande l'autorisation de sortir des rangs. Il s'approche de l'artilleur et lui balance une gifle. Avant que j'aie le temps de comprendre ce qui se passe, l'artilleur se met à brailler : "Les gars, on s'en prend à un des vôtres !" D'autres surgissent alors de la tranchée et viennent entourer mon sapeur. Sans réfléchir plus longtemps, les hommes de ma section laissent tomber à terre sondes, détecteurs de mines et sacs à dos, et se ruent au secours de leur camarade. Une bagarre s'engage. Je n'arrivais toujours pas à comprendre ce qui s'était passé. Pourquoi ma section avait-elle déclenché ce pugilat ? Chaque minute comptait, et eux se mêlaient de faire le coup de poing. Je lance un ordre : "Section, à vos rangs !" Personne n'y prête attention. Je dégaine alors mon pistolet et tire un coup de feu en l'air. D'un bond, des officiers sortent de leur casemate. Pas mal de temps s'écoule avant qu'on réussisse à calmer tout le monde. Un capitaine s'approche de ma section et demande : "Qui commande ici ?" Je me présente à lui. Il écarquille les yeux, la mine presque désemparée. Puis il m'interroge : "Que s'est-il passé ?" Je suis incapable de lui répondre puisque je ne le sais pas moi-même. Alors, mon adjoint s'avance et explique la raison de l'échauffourée. C'est ainsi que j'ai appris ce qu'était un "moulin" : il s'agissait d'un terme insultant pour désigner une femme. Quelque chose comme une traînée, une grue. De l'argot du front...

« Vous savez... Nous parlons là en toute franchise... À la guerre, je m'efforçais de ne penser ni à l'amour, ni à l'enfance. Ni à la mort. Je vous l'ai dit : j'observais un certain nombre de tabous, pour être capable de survivre. Je m'interdisais en particulier tout ce qui était doux et tendre. Je m'interdisais même d'y penser. D'en évoquer le souvenir. C'est dans Lvov libéré que, pour la première fois, on nous a accordé quelques soirées de permission. Pour la première fois depuis le début de la guerre... Et tout le bataillon est allé voir un film au cinéma de la ville. Au début, c'était très bizarre de se retrouver là, assise dans un fauteuil moelleux, avec sous les yeux le joli décor d'une salle calme et confortable. Avant le début de la séance, il y a eu des attractions : un orchestre, des numéros d'artistes. Le film terminé, on a organisé un bal dans le hall. On a dansé la polka, la cracovienne, le paso doble et à la fin, bien sûr, l'immuable "danse russe". C'était la musique surtout qui agissait sur moi... J'avais du mal à croire qu'on se battait encore quelque part et que nous allions bientôt retourner en première ligne. Et que la mort rôdait tout près...

« Et puis, deux jours plus tard, ma section a reçu l'ordre de ratisser un terrain assez accidenté qui s'étendait entre un village et une voie ferrée. Plusieurs véhicules y avaient sauté sur des mines... Nos gars sont partis le long de la chaussée, munis de détecteurs. Il tombait une petite pluie glacée. Tout le monde était trempé jusqu'aux os. Mes bottes étaient complètement imbibées, j'avais l'impression de traîner des semelles de pierre, tant elles étaient devenues lourdes. J'avais fourré les pans de ma capote dans ma ceinture pour qu'ils ne se prennent pas dans mes jambes. Ma petite chienne, Nelka, courait devant moi au bout de sa laisse. Dès qu'elle découvrait un obus ou une mine, elle s'asseyait à côté et attendait que les démineurs aient terminé leur travail. Mon amie fidèle... La voilà justement qui s'arrête tout à coup... Elle attend en gémissant... Mais à ce moment, on me fait passer un message : "Lieutenant, un général vous demande." Je regarde en arrière : une Willis est garée sur un chemin de traverse. J'enjambe le fossé, libère tout en courant les pans de mon manteau, rectifie mon ceinturon et mon calot. Ma tenue, néanmoins, laissait beaucoup à désirer.

« Arrivée à la voiture, j'ouvre la portière et commence à me présenter :

« "Camarade général, conformément à votre ordre…"

« Je l'entends répondre :

« "Repos !"

« Je me tiens toujours au garde-à-vous. Mais le général ne me prête même pas attention, il scrute la route à travers la vitre de sa voiture. Nerveux, il consulte sans arrêt sa montre. Moi, je reste là, debout. Il s'adresse à son ordonnance :

« "Mais où donc est ce chef des sapeurs ?"

« Je tente à nouveau de me présenter :

« "Camarade général…"

« Il tourne enfin la tête vers moi et lâche avec agacement :

« "Nom de Dieu, fous-moi la paix !"

« Je devine soudain le malentendu et réprime un fou rire. L'officier d'ordonnance est le premier à concevoir un soupçon :

« "Camarade général, peut-être est-ce elle, justement, le chef de section ?"

« Le général me dévisage :

« "Qui es-tu ?

« — Le chef de la section de sapeurs, camarade général.

« — Tu es chef de section, toi ? s'exclame-t-il, indigné.

« — Oui, camarade général !

« — Ce sont tes sapeurs qui travaillent là ?

« — Oui, camarade général !

« — Cesse de rabâcher : général, général…"

« Il descend de voiture, fait quelques pas, puis se tourne à nouveau vers moi pour me toiser du regard. À son ordonnance :

« "Tu as vu ça ?"

« Puis il me demande :

« "Quel âge as-tu, lieutenant ?

« — Vingt ans, camarade général.

« — Tu es de quel coin ?

« — De Sibérie."

« Il m'a encore longuement interrogée puis m'a proposé de me joindre à son unité de chars. Il était scandalisé de me voir dans une tenue aussi lamentable : jamais il ne l'aurait toléré. Ils avaient besoin à tout prix d'une escouade de sapeurs.

« Finalement, il m'entraîne à l'écart et tend le bras en direction d'un bois :

« "C'est là que sont stationnés mes 'bahuts'. Je voudrais les faire passer par ce remblai de voie ferrée. Il n'y a plus ni rails ni traverses, mais le chemin peut être miné. Rends un service d'amie à mes tankistes : inspecte la voie. C'est la route la plus directe et la plus commode pour avancer jusqu'en première ligne. Tu sais ce que c'est qu'une attaque surprise ?

« — Oui, camarade général.

« — Allez, porte-toi bien, lieutenant. Et tâche de survivre jusqu'à la victoire. Elle est pour bientôt. Tu comprends ?"

« L'ancienne voie de chemin de fer avait en effet été minée. Nous l'avons vérifié.

« Tout le monde avait envie de vivre jusqu'à la victoire...

« En octobre 1944, notre bataillon, incorporé dans le 210e détachement spécial de déminage, entrait sur le territoire de Tchécoslovaquie, avec les troupes du Quatrième Front ukrainien. Nous étions partout accueillis dans la liesse. Qu'une jeune femme soit à la tête d'une section d'hommes, et qu'elle-même, par-dessus le marché, soit sapeur-mineur faisait sensation. J'avais les cheveux coupés à la garçonne, je portais pantalon et tunique d'uniforme, j'avais de plus acquis des manières d'homme, bref, j'avais tout d'un adolescent. Il m'arrivait d'entrer dans un village à cheval, et là, il devenait très difficile de deviner à qui l'on avait affaire, cependant les femmes en avaient l'intuition et me dévisageaient avec une attention redoublée. L'intuition féminine... C'était drôle... C'était vraiment drôle, lorsque j'arrivais dans la maison qu'on m'avait assignée pour logement, et que mes logeurs découvraient que leur hôte était certes un officier, mais pas un homme. Beaucoup en restaient bouche bée... Comme dans les films muets... Je n'exagère pas... Mais j'avoue que ça me plaisait bien. Ça me plaisait d'ébahir ainsi les gens. En Pologne, même chose. Je me souviens d'un village, où une vieille m'a caressé la tête. J'ai deviné ce qu'elle pensait et demandé : *"Co pani rogi na mne szukaje ?"* : "Est-ce que Madame cherche à voir si j'ai des cornes ?" Elle s'est trouvée confuse et a répondu que non, qu'elle voulait seulement réconforter *"taku mlodu panenku"* : "une si jeune demoiselle".

« Quant aux mines, il y en avait à chaque pas. Des quantités. Une fois, on pénètre dans une maison et quelqu'un y remarque de magnifiques bottes en *box-calf*. Il tend déjà la main pour s'en emparer, quand je lui crie : "N'y touche pas !" Je me suis approchée pour les examiner de près, et il s'est révélé qu'effectivement, elles étaient piégées. Nous avons vu des fauteuils, des commodes, des crédences, des poupées, des lustres piégés... Les habitants nous demandaient de déminer leurs rangs de tomates, de pommes de terre, de choux. Une fois, à seule fin de déguster des *vareniki*[1], les hommes de ma section se sont vus contraints de déminer non seulement un champ de blé mais aussi le fléau qui devait nous servir à battre le grain...

---

1. Plat ukrainien typique : de gros raviolis au fromage blanc ou aux fruits rouges. *(N.d.T.)*

« Enfin... J'ai traversé la Tchécoslovaquie, la Pologne, la Hongrie, la Roumanie, l'Allemagne... Mais il me reste peu d'impressions en mémoire, j'ai conservé surtout des sortes de photographies mentales du relief des localités traversées. Des blocs erratiques... De l'herbe haute... Était-elle vraiment si haute ou bien est-ce une illusion due au fait qu'elle rendait la progression et le travail avec sondes et détecteurs de mines incroyablement difficiles ? Je me rappelle aussi une multitude de ruisseaux et de ravins. D'épais fourrés, des barrières de barbelés posés sur des pieux pourris, des champs de mines recouverts de végétation sauvage. Des parterres de fleurs laissés à l'abandon. Des mines y étaient immanquablement planquées : les Boches adoraient les parterres de fleurs. Une fois, dans un champ, des paysans armés de pelles arrachaient des pommes de terre, tandis que, dans le champ voisin, nous étions, nous, occupés à déterrer des mines...

« En Roumanie, à Dej, je me suis trouvée logée dans la maison d'une jeune Roumaine qui parlait bien le russe. Sa grand-mère, m'a-t-elle appris, était russe. Cette femme avait trois enfants. Son mari était mort à la guerre, qui plus est dans les rangs de la division des volontaires roumains. Mais elle aimait rire et s'amuser. Un jour, elle m'a invitée à aller au bal avec elle. Elle m'offrait de me prêter des vêtements. La tentation était grande. J'avais envie de me distraire un peu, de me sentir femme. J'ai mis mon pantalon, ma vareuse et mes bottes en *box-calf*, et j'ai enfilé par-dessus le costume national roumain : longue chemise de coton brodée, jupe de laine à carreaux moulante et large ceinture d'étoffe noire serrant la taille. Je me suis couvert la tête d'un châle bariolé à longues franges. Et comme, à force de crapahuter dans les montagnes, j'avais fortement bruni au soleil pendant l'été, si l'on exceptait mon nez pelé et quelques mèches blanches débordant sur mes tempes, rien ne me distinguait d'une vraie Roumaine. Une vraie jeune fille de Roumanie...

« Il n'y avait pas de club, aussi les jeunes se rassemblaient-ils chez l'un ou l'autre des leurs. Quand nous sommes arrivées, la musique jouait déjà et l'on dansait. J'ai retrouvé là presque tous les officiers de mon bataillon. D'abord, j'ai eu peur d'être reconnue et démasquée, c'est pourquoi je suis allée m'asseoir très à l'écart, afin de ne pas attirer l'attention. Quitte à dissimuler à moitié mon visage sous mon châle, je tenais au moins à profiter du spectacle... Cependant, après avoir été invitée plusieurs fois à danser par un de nos officiers qui s'obstinait à ne pas me reconnaître sous mon rouge à lèvres et mon fard à paupières, j'ai commencé à me sentir gaie et rieuse. Je m'amusais comme une folle... Il me plaisait d'entendre dire que j'étais belle. J'ai reçu ce soir-là beaucoup de compliments... J'ai dansé et dansé...

« La guerre a pris fin, mais, durant une année entière, nous avons continué à déminer des champs, des lacs, des rivières. Pendant la guerre, on balançait tout à l'eau, l'important était de passer, d'arriver à temps au but. Mais désormais, il fallait penser à autre chose... À la vie... Pour les sapeurs, la guerre s'est terminée plusieurs années après la guerre, ils ont combattu plus longtemps que quiconque. Et savez-vous ce que c'est que de redouter sans cesse une explosion après la Victoire... Je ne vous le raconterai pas... Je n'en suis pas capable... Non, non ! La mort après la Victoire est la mort la plus atroce. La plus insensée... La plus intolérable...

« Enfin, bon... En guise de cadeau pour la nouvelle année 1946, on m'a donné dix mètres de satinette rouge. J'ai ri : "Allons, à quoi cela va-t-il bien pouvoir me servir ? À me confectionner une robe rouge quand j'aurai été démobilisée, peut-être ? Une robe de la Victoire ?" Je voyais juste... Mon ordre de démobilisation ne s'est pas fait attendre... Comme il était d'usage, mon bataillon a organisé pour moi une cérémonie d'adieu. Au cours de la soirée, les officiers m'ont offert un grand châle bleu très finement tricoté ; j'ai dû les remercier en chantant évidemment *Le Petit Châle bleu*[1]. Et j'ai continué à leur chanter des chansons toute la soirée.

« Dans le train, j'ai eu une poussée de fièvre. J'avais la figure tout enflée, je ne pouvais même plus ouvrir la bouche. C'étaient mes dents de sagesse qui perçaient... Je revenais de guerre... »

Appolina Nikonovna Litskevitch-Baïrak,
sous-lieutenant, chef d'une section de sapeurs.

---

1. L'une des chansons les plus populaires pendant la guerre, chantée par la célèbre chanteuse de l'époque, Klavdia Chouljenko. *(N.d.T.)*

« Le voir, au moins une fois… »

Ce sera une histoire d'amour.
L'amour est le seul événement personnel qu'on connaisse à la guerre. Tout le reste est collectif. Même la mort.

Qu'est-ce qui a été pour moi une surprise ? Le fait, sans doute, que les femmes me parlaient de l'amour avec moins de franchise que de la mort. Elles passaient toujours quelque chose sous silence, elles dissimulaient, comme pour protéger un secret sinon se protéger elles-mêmes. On devine bien de quoi elles se protégeaient : des insultes et des calomnies de l'après-guerre. Car elles en ont eu leur lot ! Si l'une d'elles se décidait à se montrer absolument sincère, si un aveu lui échappait, elle concluait forcément sur cette prière : « Changez mon nom, je ne veux pas qu'on sache. » En revanche, cet espace de vie amoureuse inséré dans la guerre, elles le briquaient jusqu'à le rendre éclatant ; jusqu'à lui donner un tour littéraire. On me rapportait des histoires surtout romantiques et tragiques. De belles histoires, en fait.

Bien sûr, ce n'est pas toute la vie. Pas toute la vérité. Mais c'est leur vérité. Dans l'histoire, il est bien des pages muettes qui nous émeuvent autant que des paroles. Comme ici…

D'une maudite bonne femme
et des roses de mai

« La guerre m'a pris mon amour... L'être que j'avais de plus cher... L'unique...

« La ville était sous les bombes. Ma sœur Nina accourt chez moi, nous nous faisons nos adieux. Elle me dit : "Je vais m'engager dans une équipe de volontaires des services de santé, mais je ne sais pas où les trouver." Et voici ce dont je me souviens : je la regarde, c'était l'été, elle portait une robe légère, et je vois sur son épaule gauche, ici, près du cou, un grain de beauté. C'était ma sœur, mais c'était la première fois que je remarquais ce détail. Je la regarde et je pense : "Je te reconnaîtrai n'importe où."

« Et il me vient un sentiment si poignant... Un tel amour... À me briser le cœur...

« Toute la population quittait Minsk. Les routes étaient mitraillées, on marchait par les bois. Une fillette crie : "Maman, c'est la guerre !" Notre unité battait en retraite. Nous passons à côté d'un grand champ, le seigle montait en épi. Une isba de paysan, au toit très bas, se dresse non loin de la route. C'est déjà la région de Smolensk... Une femme se tient au bord de la chaussée, et on a l'impression qu'elle est plus grande que sa bicoque. Elle est entièrement vêtue de lin, brodé de motifs populaires russes. Les bras croisés sur la poitrine, elle s'incline, les soldats passent et elle s'incline devant eux en disant : "Dieu fasse que vous retourniez chez vous." Et vous savez, elle s'incline ainsi devant chacun pour lui répéter chaque fois ces paroles. Tout le monde avait les larmes aux yeux...

« Son souvenir m'a accompagnée pendant toute la guerre... Et puis, cet autre épisode... c'était en Allemagne, à l'époque où nous pourchassions les Boches en sens inverse. Un village... Deux Allemandes sont assises dans une cour, affublées de leurs coiffes, et prennent le café. Comme si la guerre n'avait pas eu lieu... Et je me dis : "Mon Dieu ! chez nous tout est en ruine, chez nous les gens se creusent des trous dans la terre pour se loger, chez nous, on en est réduit à manger de l'herbe, et vous, vous êtes assises là, à siroter du café." Nos camions passaient devant elles, transportant nos soldats, et elles buvaient du café...

« Plus tard je voyageais à travers notre pays... Et qu'est-ce que j'ai vu ? Un poêle russe qui seul subsistait de tout un village. Un vieux assis et, debout derrière lui, ses trois petits-enfants. Il avait probablement perdu son fils et sa bru. Sa vieille rassemblait des braises pour allumer le foyer. Elle avait accroché sa veste ; visiblement, ils venaient de rentrer de la forêt. Et rien ne cuisait dans ce poêle...

« Un sentiment si poignant... Un tel amour...

« Oui, la haine, la colère – tout se trouvait mêlé. Mais tenez... Notre convoi un jour s'arrête. Je ne me rappelle pas pour quelle raison : travaux sur les voies, peut-être, ou changement de locomotive... Je suis assise à côté d'une infirmière, et deux de nos soldats sont occupés à faire cuire de la kacha. Deux prisonniers allemands sortis je ne sais d'où s'approchent de nous et nous demandent à manger. Il se trouvait que nous avions du pain. Nous en prenons une miche, que nous coupons en deux pour la leur donner. J'entends les soldats, devant leur marmite de kacha, protester :

« "Tu as vu tout ce que ces toubibs ont refilé, comme pain, à nos ennemis !" Suivi d'un autre commentaire, du genre : "Qu'est-ce qu'elles peuvent savoir de la vraie guerre, elles ont passé leur temps planquées dans des hôpitaux..."

« Quelques instants plus tard, d'autres prisonniers s'approchent de ces mêmes soldats. Et celui qui vient de nous adresser des reproches dit à un Allemand :

« "Quoi, tu veux bouffer ?"

« L'autre se tient coi... Il attend. Un autre soldat passe une miche à son copain :

« "Bon, d'accord, coupe-lui-en un morceau."

« Le premier coupe une tranche de pain pour chacun. Les Allemands prennent le pain, mais restent là, sans bouger : ils ont vu la kacha en train de cuire.

« "Bon, allez, dit un autre soldat, file-leur de la kacha.

« — Mais elle n'est pas encore prête."

« Les Allemands, comme s'ils comprenaient notre langue, ne bougent pas. Ils attendent. Finalement, les soldats ajoutent du lard dans la kacha et leur en servent une portion dans des boîtes de conserve vides.

« Voilà l'âme du soldat russe. Ils nous désapprouvaient, mais eux-mêmes ont donné du pain à leur ennemi, et aussi de la kacha, et seulement après avoir assaisonné celle-ci de lard. Voilà ce dont je me souviens...

« C'est un sentiment si vif... Du pur amour... Pour tout le monde...

« La guerre était terminée depuis longtemps, je m'apprêtais à partir en vacances. C'était au moment de la crise de Cuba. Le monde entier était à nouveau plongé dans l'inquiétude. Je prépare ma valise, j'y range des robes, des chemisiers. Est-ce que je n'ai rien oublié ? J'attrape la sacoche contenant tous mes papiers et en tire mon livret militaire. Je me dis : "En cas de malheur, j'irai tout de suite au bureau de recrutement, sur place."

« J'arrive au bord de la mer. Je me repose, et puis, un jour, au restaurant du sanatorium, je raconte à quelqu'un que j'ai pris avec moi, avant de partir, mon livret militaire. J'ai dit ça comme ça, sans arrière-pensée ni désir de faire l'intéressante. Mais un homme à notre table s'en est trouvé bouleversé :

« "Non vraiment, il n'y a que la femme russe pour avoir l'idée d'emporter son livret militaire au moment de partir en vacances, avec dans l'esprit de foncer au bureau de recrutement s'il arrive quoi que ce soit !"

« Je me rappelle son enthousiasme. Son admiration.

« Et maintenant, je vais vous parler de l'amour... De mon amour...

« Je suis partie au front avec mon mari. Nous sommes partis à deux. Nous ne voulions pas être séparés.

« Voici ce dont je me souviens...

« Le combat est terminé... Nous sommes étendus dans l'herbe fauchée. On a du mal à croire au silence. Il passe ses mains sur l'herbe, l'herbe est si douce... Et il me regarde... Me regarde avec de tels yeux...

« Son équipe est partie en reconnaissance. On les a attendus pendant deux jours... Pendant deux jours, je n'ai pas fermé l'œil... Puis, je me suis assoupie. Je me réveille parce que j'ai senti qu'il était assis à côté de moi et me regardait. "Couche-toi et dors. — Ce serait dommage de dormir maintenant."

« Un sentiment si fort... Un tel amour... À me briser le cœur...

« J'ai beaucoup oublié, j'ai presque tout oublié. Je ne me rappelle que le plus atroce, qui a supplanté le reste. Le plus atroce...

« Nous traversions la Prusse Orientale, tout le monde parlait déjà de la Victoire. Il est mort... Il est mort sur le coup... Touché par un éclat d'obus... Une mort instantanée. L'affaire d'une seconde. On m'a avertie, j'ai accouru... Je l'ai enlacé, j'ai empêché qu'on l'emporte. Qu'on l'enterre. À la guerre, on enterrait vite : ceux qui étaient morts au cours de la journée, si les combats progressaient rapidement, on les ramassait tous sans attendre, on les rassemblait de partout et l'on creusait une grande fosse commune. Où ils étaient ensevelis. Parfois, seulement sous une couche de sable sec. Et si vous regardiez longuement ce sable, vous aviez l'impression de le voir bouger. Trembler. S'agiter. Car en dessous, il y avait des vivants – des hommes qui vivaient encore quelques heures plus tôt... Je me souviens d'eux... Et j'ai empêché qu'on l'enterre là. Je voulais que nous ayons encore une nuit ensemble. Je voulais encore lui parler... Le voir...

« Au matin... j'ai décidé de le ramener chez nous. En Biélorussie. Or, c'était à trois mille kilomètres. Autour de nous, c'était la guerre. Tout le monde a pensé que le chagrin m'avait fait perdre la raison. "Tu dois te calmer. Tu devrais dormir un peu." Non ! Non ! Je suis allée d'un général à l'autre, et je suis remontée ainsi jusqu'à Rokossovski, le commandant du front. D'abord, il a refusé... Il m'a prise pour une folle !

« J'ai réussi à obtenir un deuxième rendez-vous avec lui :

« "Voulez-vous que je vous supplie à genoux ?

« — Je vous comprends... Mais il est déjà mort...

« — Je n'ai pas d'enfants de lui. Notre maison a brûlé. Je ne possède même plus une photographie. Je n'ai plus rien. J'aurai au moins sa tombe. Et un endroit où retourner après la guerre."

« Il ne répond pas. Il arpente son bureau. De long en large.

« "Avez-vous déjà aimé ?"

« Il reste silencieux.

« "Alors, je veux mourir ici, moi aussi. Mourir ! À quoi bon vivre sans lui ?"

« Il est resté un long moment sans répondre. Puis il s'est approché de moi et m'a baisé la main.

« On m'a donné un avion spécial, pour une nuit. Je suis montée dans l'avion... J'ai embrassé le cercueil... Et j'ai perdu connaissance... »

*Efrossinia Grigorievna Bréous,
capitaine, médecin.*

« La guerre nous a séparés... Mon mari était au front. J'ai été évacuée d'abord à Kharkov, puis en Tatarie. J'ai trouvé un emploi là-bas. Un jour, on vient me chercher au travail. Mon nom de jeune fille est Lissovskaïa, et j'entends appeler : "Sovskaïa ! Sovskaïa !" Je réponds : "C'est moi !" On me dit alors : "Allez au NKVD, faites-vous délivrer un laissez-passer et partez pour Moscou." Pourquoi ? Personne ne m'a rien expliqué, et je ne savais pas. En temps de guerre... Je prends donc le train, en imaginant que peut-être mon mari a été blessé et qu'on m'appelle à son chevet. J'étais sans nouvelles de lui, voyez-vous, depuis déjà quatre mois. J'avais l'intention, si je le retrouvais infirme, amputé des bras, des jambes, de le ramener tout de suite à la maison. Ensuite, on se débrouillerait bien pour vivre !

« J'arrive à Moscou, je me rends à l'adresse qui m'a été indiquée. Je lis sur la plaque : "CC PCB" (Comité central du parti communiste de Biélorussie) : il s'agissait, autant dire, du siège de notre gouvernement biélorusse. Il y avait là plein de femmes comme moi qui attendaient. Nous posons des questions : "Que se passe-t-il ? Pourquoi nous a-t-on fait venir ici ?" On nous répond : "Vous allez tout savoir dans un instant." Nous pénétrons dans une pièce où se trouvent déjà le secrétaire du Comité central de Biélorussie, le camarade Ponomarenko, et d'autres camarades. On me demande : "Aimeriez-vous retourner là d'où vous venez ?" Moi, d'où je viens, c'est de Biélorussie. Bien sûr que ça me plairait. Et c'est ainsi que je suis expédiée dans une école spéciale, où je reçois une préparation avant d'être envoyée à l'arrière de l'ennemi.

« Aujourd'hui, nous terminons le stage, le lendemain on nous fait embarquer dans des camions qui nous emmènent vers la ligne de front. Ensuite, nous poursuivons à pied. Je ne savais pas ce qu'était que le front, ce qu'était une zone neutre. Un ordre est donné : "Préparez-vous ! État d'alerte numéro un." Bang ! – on tire des fusées. Je vois la neige d'une blancheur parfaite, et, dessus, une longue file d'hommes : c'est nous, couchés les uns derrière les autres. Nous sommes nombreux. La dernière fusée s'éteint. Pas de coups de feu. Nouvel ordre : "Au pas de charge !" Et nous nous élançons en courant. C'est ainsi que nous sommes passés...

« Une fois ralliés les rangs des partisans, j'ai reçu, par je ne sais quel miracle, une lettre de mon mari. C'était une telle joie, c'était si inattendu, il y avait deux ans que je ne savais plus rien de lui. Et là, un avion nous a largué des vivres, des munitions... Et du courrier... Et au milieu de ce courrier, dans ce sac de grosse toile, il y avait une lettre pour moi. Je m'adresse alors, par écrit, au Comité central. J'écris que je ferai tout ce qu'on me demandera, pourvu que je puisse retrouver mon mari. Et, à l'insu du chef de notre détachement, je remets ma lettre au pilote. Bientôt, j'apprends la nouvelle : on nous a transmis par radio qu'après exécution de notre mission notre groupe est attendu à Moscou. Notre groupe spécial au grand complet. On nous expédiera ensuite ailleurs... Tout le monde doit s'envoler, et spécialement la nommée Fedossenko.

« Nous attendons l'avion. C'est la nuit, il fait noir comme dans un four. Un avion décrit des cercles au-dessus de nous, puis, soudain, nous largue des bombes. C'était un Messerschmitt, les Allemands nous avaient repérés. Il entame un nouveau virage, et entre-temps, notre avion, un U-2, descend pour se poser, juste devant le sapin sous lequel je suis postée. Le pilote a à peine touché le sol qu'il commence à remonter, car il sait que sitôt que le Boche aura achevé sa courbe, il reviendra nous mitrailler. Alors je m'accroche à l'aile et je crie : "J'ai besoin d'aller à Moscou ! J'ai une autorisation !" Il lâche une bordée de jurons, puis : "Grimpe !" C'est ainsi que nous avons fait le vol à deux. Il n'y avait ni blessés... ni personne.

« En plein mois de mai, à Moscou, je me trimballais en *valenki*. Je suis allée au théâtre chaussée de *valenki*. Et c'était merveilleux. J'écris à mon mari : comment pouvons-nous nous retrouver ? Pour l'instant, je suis dans la réserve... Mais on me fait des promesses... Partout, je réclame : envoyez-moi là où est mon mari, donnez-moi ne serait-ce que deux jours, accordez-moi de le voir au moins une fois, et puis, je reviendrai et vous pourrez m'envoyer où vous voudrez. Tout le monde hausse les épaules. Je finis malgré tout par apprendre, grâce au numéro postal de son unité, à quel endroit mon mari combat. Je me présente en premier lieu au comité régional du Parti, j'indique l'adresse de mon mari, je présente les papiers attestant que je suis sa femme, et je dis que je veux le rencontrer. On me répond que c'est impossible, qu'il est en première ligne et que je ferais mieux de rentrez chez moi. Mais moi, je suis tellement brisée, affamée, comment puis-je reculer ? Je vais trouver le commandant d'armes. Il me regarde et donne aussitôt l'ordre de me fournir de quoi me vêtir un peu. On me donne une vareuse, une ceinture. Il entreprend alors de me dissuader :

« "Ravisez-vous, voyons, c'est très dangereux là où est votre mari..."

« Je reste assise là, à pleurer. Il finit par se laisser émouvoir et me délivre un laissez-passer.

« "Avancez-vous sur la grand-route, me dit-il, vous y trouverez un agent de la circulation, il vous indiquera comment y aller."

« Je trouve la grand-route en question, puis l'agent de la circulation, il me fait monter dans une voiture. J'arrive à la position occupée par l'unité de mon mari, tout le monde là-bas est étonné, il n'y a que des militaires dans les environs. "Qui êtes-vous ?" me demande-t-on. Je ne peux pas dire : la femme d'un tel. Comment dire ça, alors que des bombes explosent partout autour de nous ?... Je réponds que je suis sa sœur. Je ne sais pas même pourquoi j'ai dit "sa sœur". "Attendez un peu, me dit-on, il y a encore six kilomètres pour arriver là-bas." Mais comment puis-je attendre, après la longue route que j'ai déjà faite ? Or, justement, des voitures arrivaient de là-bas pour chercher la soupe, et, parmi le personnel, il y avait un adjudant, un rouquin couvert de taches de son. Il me dit :

« "Fedossenko, oui, je le connais. Mais il est vraiment dans la tranchée..."

« À force de prières, j'ai réussi à le convaincre de m'emmener. On me fait grimper dans une voiture, on roule, mais on ne voit rien... La forêt... Un chemin qui la traverse... Pour moi, c'était nouveau : la première ligne, et personne, nulle part. Quelques coups de feu qui éclatent, de temps à autre. Enfin on arrive. L'adjudant-chef demande :

« "Où est Fedossenko ?"

« On lui répond :

« "Ils sont partis hier en reconnaissance, l'aube les a surpris là-bas, ils attendent la nuit pour rentrer."

« Mais ils avaient une liaison radio. On a informé ainsi mon mari que sa sœur était là. "Quelle sœur ?" a-t-il demandé. "Une rousse." Or, sa sœur était brune.

Il a donc tout de suite deviné quelle sorte de sœur le réclamait. J'ignore comment il a réussi à se dégager de l'endroit où ils étaient, mais toujours est-il que mon Fedossenko est bientôt apparu, et c'est là qu'ont eu lieu nos retrouvailles. Quelle joie c'était...

« Je suis restée auprès de lui une journée, puis une autre. Finalement, j'ai pris une décision :

« "Va à l'état-major et expose la situation. Je veux rester ici avec toi."

« Il s'en va trouver ses supérieurs, et moi, je ne respire plus : et si on lui dit que je dois avoir décampé dans les vingt-quatre heures ? On est au front, n'est-ce pas, ça pourrait se comprendre. Et puis, tout à coup, je vois les grands chefs entrer dans notre gourbi : le major, le colonel. Tous me tendent la main pour me saluer. Puis, bien sûr, on s'est assis là, on a bu et chacun y est allé de son discours : une femme était venue retrouver son mari dans les tranchées, et c'était sa vraie femme, elle avait des documents pour le prouver. Ça, c'était une femme ! Qu'on nous laisse contempler cette femme-là ! Ils prononçaient ce genre de paroles, et tous, ils pleuraient. Je me souviendrai toute ma vie de cette soirée...

« Je suis restée chez eux, comme aide-soignante. Je partais avec lui en reconnaissance. Un jour, des tirs de mortiers. Je le vois tomber. Je pense : mort ou blessé ? Je cours dans sa direction, mais le mortier continue de tirer, et le commandant me lance :

« "Où vas-tu, maudite bonne femme ?"

« Je m'approche en rampant : il est en vie...

« Au bord du Dniepr, une nuit, à la lumière de la lune, on m'a remis l'ordre du Drapeau rouge. Mon mari a été blessé, grièvement. Nous avions couru ensemble, marché ensemble dans les marécages, rampé ensemble. La mitrailleuse était embusquée, mettons, à droite, et nous, nous rampions dans les marécages par la gauche, et nous nous aplatissions tellement contre le sol que, même si la mitraillette était à droite, il a néanmoins été blessé au flanc gauche. Il a été touché par une balle explosive, et alors tu peux toujours courir pour appliquer un pansement, quand la fesse est atteinte. Tout était déchiré, et la boue, et la terre, tout avait pénétré dans la plaie. Or, nous cherchions à sortir d'un encerclement. Nous n'avions nulle part où évacuer les blessés, je n'avais pas non plus de médicament sur moi. Notre unique espoir était de percer les lignes ennemies. Lorsque nous l'avons fait, j'ai accompagné mon mari jusqu'à l'hôpital. Le temps que je le conduise à bon port, il était devenu impossible d'enrayer la septicémie. C'était le jour du nouvel an… Il était en train de mourir… Je comprenais bien qu'il allait mourir… Il avait été décoré à plusieurs reprises, j'ai rassemblé toutes ses médailles, et je les ai posées près de lui. C'était l'heure de la visite du médecin, et lui dormait. Le médecin s'approche :

« "Vous devez sortir d'ici. Il est mort."

« Je réponds :

« "Chut ! Il est encore vivant."

« Mon mari ouvre les yeux, juste à cet instant, et dit :

« "On dirait que le plafond est devenu bleu."

« Je regarde :

« "Non, Vassia, le plafond n'est pas bleu, il est blanc."

« Mais lui, il le voyait bleu.

« Son voisin lui lance :

« "Toi, Fedossenko, si jamais tu t'en tires, tu pourras chouchouter ta femme.

« — Je la chouchouterai, va", acquiesce-t-il.

« Je ne sais pas… il sentait sans doute qu'il était en train de mourir, car il m'a pris par les mains, m'a attirée contre lui et m'a embrassée. Vous savez, comme quand on embrasse pour la dernière fois :

« "Lioubotchka, c'est tellement dommage ; pour tout le monde, c'est le nouvel an, et toi et moi, nous sommes ici… Mais ne t'en fais pas, nous avons encore toute la vie devant nous…"

« Alors qu'il ne lui restait plus que quelques heures à vivre, il lui est arrivé ce pépin, à cause duquel il a fallu lui changer sa literie… Je lui ai mis un drap propre, j'ai refait le pansement à sa jambe, mais il fallait le hisser sur son oreiller, c'était un homme, il était lourd, je me penche sur lui, très bas, pour le redresser et je sens que tout est fini, que dans un instant, il ne sera plus… J'ai eu envie de mourir, moi aussi… Mais je portais notre enfant sous mon cœur, et c'est ce qui m'a retenue… J'ai survécu à ces jours-là… Je l'ai enterré le 1er janvier, et trente-huit jours plus tard, mon fils est né, il est de 1944, et lui-même a déjà des enfants. Mon mari s'appelait Vassili, mon fils s'appelle Vassili Vassilievitch, et j'ai un Vassia pour petit-fils… Vassiliok…[1] »

Lioubov Fominitchna Fedossenko, simple soldat, aide-soignante.

« Nous regardions tout le temps la mort en face…

« Il y avait tant de blessés, et on avait tant pitié d'eux tous, que lorsqu'on se voyait impuissante, que le gars était en train de mourir… et qu'on ne pouvait rien faire… on avait envie d'avoir le temps au moins de l'embrasser. D'avoir pour lui un geste de femme, à défaut de pouvoir agir en tant que médecin. De lui sourire…

« Plusieurs années après la guerre, un homme m'a avoué qu'il se rappelait mon sourire de jeune fille. Or,

---

[1]. Vassia est un diminutif de Vassili. Quant à Vassiliok, c'est à la fois un autre diminutif de Vassili, très tendre, et le nom d'une fleur, le bleuet. *(N.d.T.)*

pour moi, c'était un blessé comme les autres, je n'avais même pas gardé souvenir de lui. Il m'a confié que mon sourire l'avait ramené à la vie, l'avait ramené de l'autre monde, comme on dit... Un sourire de femme... »

*Vera Vladimirovna Chevaldycheva,
lieutenant-chef, chirurgien.*

« Nous sommes arrivées sur le Premier Front biélorusse... Vingt-sept jeunes filles. Les hommes nous regardaient avec admiration : "Ni des blanchisseuses, ni des téléphonistes, mais des filles tireurs d'élite. C'est bien la première fois que nous voyons ça. Et quelles filles !" Un adjudant-chef a composé un poème en notre honneur. Le sens en était qu'il espérait que les filles restent émouvantes comme les roses de mai, et que la guerre n'aille pas estropier leurs âmes.

« Au moment de partir au front, chacune de nous avait fait un serment : celui de n'y avoir aucune aventure. Tout cela nous viendrait, si nous en réchappions, après la guerre. Or, avant la guerre, nous n'avions pas même eu le temps de connaître un premier baiser. Nous portions sur ces choses-là un regard plus strict que les jeunes gens d'aujourd'hui. Pour nous, s'embrasser, ça voulait dire s'aimer toute la vie. Mais à la guerre, l'amour était comme frappé d'interdit (si les supérieurs apprenaient quelque chose, l'un des amoureux était muté dans une unité différente, on les séparait tout bonnement), aussi fallait-il le ménager, le protéger.

« Je crois que si je n'étais pas tombée amoureuse à la guerre, je n'aurais pas survécu. Ou bien, j'aurais survécu, mais avec une autre âme. L'amour nous sauvait. Il m'a sauvée... »

Sofia Kriegel, sergent-chef, tireur d'élite.

« Vous m'interrogez sur l'amour ? Je n'ai pas peur de dire la vérité... J'ai été EDC, ce qui veut dire épouse de campagne. Épouse de guerre, si vous préférez. Une deuxième. Illégitime.

« Mon premier était chef de bataillon.

« Je ne l'aimais pas. C'était un type bien, mais je ne l'aimais pas. Et pourtant, je l'ai rejoint dans son gourbi au bout de quelques mois. Que serais-je devenue sinon ? Il n'y avait que des hommes autour de moi, alors mieux valait vivre avec l'un d'eux qu'avoir constamment peur de tous. J'étais moins anxieuse durant le combat qu'après, surtout si on était de repos, et qu'on se trouvait éloignés du front avant d'être regroupés. Tant que l'ennemi tirait, tant qu'on était sous le feu, ils appelaient : "Infirmière ! Frangine !" mais après le combat, chacun te guettait... Impossible, la nuit, de sortir de son gourbi... Les autres filles ne vous l'ont pas dit ? Je pense qu'elles ont eu honte... Elles ont préféré passer ça sous silence. Elles sont trop fières ! Mais c'est comme ça que les choses se passaient... Parce que personne n'avait envie de mourir... C'est rageant de devoir mourir quand on est si jeune... Et puis, pour les hommes, c'était dur de rester quatre ans sans femmes... Dans notre armée, il n'y avait pas de bordels, et on ne distribuait pas non plus de comprimés. Peut-être ailleurs prêtait-on attention à ce problème, mais pas chez nous. Quatre ans... Seuls les chefs pouvaient se permettre quelques privautés, mais pas les simples soldats. C'était passible de sanctions. Mais on n'en parle pas... Moi, par exemple : au bataillon, j'étais la seule femme et je partageais un gourbi avec d'autres. Tous hommes. On m'avait attribué une place à l'écart, mais de quel écart pouvait-il être question quand le gourbi ne faisait pas six mètres carrés ? Je me réveillais la nuit, car j'agitais les bras sans arrêt : je giflais l'un, je tapais sur les mains d'un autre... Quand j'ai été blessée et que je me suis retrouvée à l'hôpital, je continuais là aussi à gesticuler dans mon sommeil. L'aide-soignante me réveillait la nuit : "Qu'est-ce que tu as ?" Mais à qui raconter ça ?

« Mon premier a été tué par une mine.

« Mon deuxième était lui aussi chef de bataillon...

« Celui-là, je l'aimais. Je l'accompagnais au combat, juste pour rester à ses côtés. Je l'aimais, même s'il avait une femme qu'il me préférait et deux enfants. Il me montrait leurs photos. Et je savais qu'après la guerre, s'il était encore en vie, il retournerait auprès d'eux. À Kalouga. Et alors ? Nous avons connu des instants si heureux ! Nous avons vécu un tel bonheur ! Par exemple, nous revenons du combat... Un combat terrible... Et nous sommes vivants... Jamais il ne connaîtrait la même chose avec quelqu'un d'autre. Ça ne marcherait pas. Je le savais... Je savais qu'il ne serait pas heureux sans moi... Qu'il ne le pourrait plus...

« À la fin de la guerre, je suis tombée enceinte. C'est moi qui l'ai voulu... Mais j'ai élevé notre fille toute seule, il ne m'a pas aidée. Il n'a pas levé le petit doigt. Pas un cadeau, pas une lettre. Des cartes postales. La guerre s'est terminée, l'amour s'en est allé. Comme une chanson... Il est parti retrouver sa femme légitime, ses enfants. Il m'a laissé sa photo en souvenir. Moi, je ne voulais pas que la guerre se termine... C'est terrible d'avouer ça... Je ne voulais pas... Je suis folle. Je savais bien que notre amour prendrait fin en même temps que la guerre. Son amour... Mais je lui suis quand même reconnaissante des sentiments qu'il m'a fait découvrir, que j'ai connus avec lui. Lui, je l'ai aimé toute ma vie, j'ai conservé mes sentiments intacts à travers toutes ces années. Je n'ai plus aucune raison de mentir. Oui, à travers toute ma vie ! Je ne regrette rien...

« Ma fille me le reproche : "Maman, pourquoi l'aimes-tu ?" Mais je l'aime... Récemment, j'ai appris qu'il était mort. J'ai beaucoup pleuré... Et je me suis même brouillée à cause de cela avec ma fille : "Pourquoi pleures-tu ? Pour toi, il y a longtemps qu'il est mort." Elle ne me comprend pas, mais moi, je suis comme ça. Je l'aime encore aujourd'hui.

« La guerre, c'est la meilleure période de ma vie, parce que c'est le temps où j'aimais. Où j'étais heureuse.

« Mais je vous en supplie, ne marquez pas mon nom. C'est à cause de ma fille... »

Sofia K-vitch, brancardière.

« Quels souvenirs je garde ? Pendant la guerre...

« On m'a conduite à mon unité... En première ligne. Le commandant m'a accueillie avec ces paroles : "Ôtez votre bonnet, s'il vous plaît." J'étais plutôt étonnée... J'ai obéi cependant... Au bureau de recrutement, on nous avait tondues comme des gars, mais le temps qu'on en termine avec les camps d'entraînement, puis qu'on parvienne jusqu'au front, mes cheveux avaient un peu repoussé. Ils recommençaient à boucler, car j'étais frisée à l'époque. Frisée serré comme un mouton... Aujourd'hui, on ne le devinerait pas... Le voilà donc qui me regarde, me regarde : "Je n'ai pas vu de femme depuis deux ans. Que je puisse au moins te regarder un peu..."

« Après la guerre...

« Après la guerre, j'ai habité dans un appartement communautaire. Toutes mes voisines avaient un mari, elles passaient leur temps à me chercher noise. Elles m'insultaient : "Ha ! ha ! ha !... Raconte-nous donc comment tu b... là-bas avec les hommes..." Tantôt elles versaient du vinaigre dans ma casserole de pommes de terre, tantôt elles y ajoutaient une grosse cuillère de sel... Et elles riaient, très contentes d'elles...

« Mon commandant a été démobilisé. Il est venu me rejoindre. Nous nous sommes mariés. Mais un an plus tard, il m'a quittée pour une autre femme, la directrice de la cantine de notre usine : "Elle sent bon le parfum, alors que toi, tu traînes une odeur de bottes et de *portianki*."

« À la guerre, j'avais connu un homme, après la guerre, j'en découvrais un autre. À la guerre, les hommes sont différents. Sans femmes, ils sont différents... Sans femmes et devant la mort... Devant les balles... »

Ekaterina Nikititchna Sannikova,
sergent, tirailleur.

D'un étrange silence devant le ciel et d'une bague perdue

« Quand j'ai quitté Kazan pour aller au front, j'étais une gamine de dix-neuf ans...

« Six mois plus tard, j'écrivais à maman qu'on m'en donnait vingt-cinq ou vingt-sept. Chaque jour dans la peur, dans l'horreur. Un éclat qui vole, et on croit être écorchée vive. Et les hommes qui meurent. Qui meurent chaque jour, à chaque heure qui passe. On a le sentiment même qu'il en meurt à chaque instant. On manquait de draps pour recouvrir les morts. On les déposait dans leur tombe en linge de corps. Un silence terrible régnait dans les chambres. Je ne me souviens pas d'avoir connu ailleurs un tel silence. Quand un homme est à l'agonie, il regarde toujours vers le haut, jamais il ne regarde de côté ou dans ta direction, si tu es auprès de lui. Seulement vers le haut... Vers le plafond... Mais ce plafond, il le regarde comme si c'était le ciel...

« Et je me disais que je serais incapable d'entendre le moindre mot d'amour au milieu de cet enfer. Que je ne pourrais y croire. La guerre a duré plusieurs années, et pourtant je ne me rappelle aucune chanson. Même pas la célèbre *Casemate*. Aucune chanson... Tout ce dont je me souviens, c'est qu'au moment de mon départ pour le front les cerisiers de notre verger étaient en fleur. En m'éloignant, je regarde derrière moi : "Peut-être est-ce la dernière fois que je vois des cerisiers en fleur." Par la suite, j'ai sûrement croisé d'autres vergers au bord des routes. Ils continuaient bien à fleurir, n'est-ce pas ? même pendant la guerre. Mais je n'en ai conservé aucun souvenir. À l'école, j'étais du genre rieuse, mais là, je ne souriais jamais. Si je voyais une des filles s'épiler les sourcils ou se mettre du rouge à lèvres, je me sentais indignée. Je réprouvais cela de manière catégorique : comment est-ce possible, comment peut-elle vouloir plaire à quelqu'un en des temps pareils ?

« Il y a partout des blessés, partout des gémissements... Des morts au visage jaune verdâtre. Comment pourrait-on penser à la joie ? À son propre bonheur ? Je ne voulais pas associer l'amour à cela. À cela, vous voyez... Il me semblait qu'ici, confronté à pareille ambiance, n'importe quel amour dépérirait dans l'instant. Sans solennité, sans beauté, quel amour est possible ? Lorsque la guerre serait finie, alors oui, on aurait une belle vie. On connaîtrait l'amour. Mais ici... Ici, non ! Et puis, si je venais à mourir, celui qui m'aurait aimée souffrirait. Et je souffrais, moi, à l'imaginer. C'est ainsi que je ressentais les choses...

« L'homme qui aujourd'hui est mon mari me faisait la cour là-bas, nous nous sommes rencontrés au front.

Mais je ne voulais pas l'écouter : "Non, non, quand la guerre sera finie, là nous pourrons en parler." Je n'oublierai jamais le jour où, de retour d'un combat, il m'a demandé : "As-tu un corsage ? Mets-le, s'il te plaît. Laisse-moi regarder comment tu es en corsage." Mais je n'avais rien, à part ma vareuse.

« Même à une de mes amies, qui s'est mariée au front, je disais : "Il ne t'a jamais offert de fleurs. Il ne t'a jamais fait la cour. Et du jour au lendemain, vous vous mariez. Est-ce bien ça, l'amour ?" Je n'approuvais pas ses sentiments...

« La guerre a pris fin... Nous nous regardions et nous ne parvenions pas à croire que c'était vrai et que nous étions encore en vie. Désormais, nous allions vivre... Nous allions aimer... Mais nous avions oublié tout cela, nous ne savions plus comment on s'y prenait. Je suis rentrée chez moi et je suis allée avec maman me commander une robe. Ma première robe de l'après-guerre.

« Mon tour arrive, on me demande :

« "Quel modèle souhaitez-vous ?

« — Je ne sais pas.

« — Comment cela ? Vous venez dans un atelier de couture et vous ne savez pas quel genre de robe vous voulez ?

« — Non, je ne sais pas..."

« Moi, depuis cinq ans, je n'avais pas vu une seule robe. J'avais même oublié comment ça se confectionnait, une robe. Toutes ces histoires de pinces, d'échancrures... De taille basse et de taille haute... Pour moi, c'était du chinois. J'ai acheté des chaussures à talons, je les ai essayées un peu à la maison puis les ai enlevées. Je les ai rangées dans un coin et je me suis dit : "Jamais je n'apprendrai à marcher avec ça..." »

Maria Selivestrovna Bojok, infirmière.

« Je tiens à me souvenir... Je tiens à dire que j'ai rapporté de la guerre un extraordinaire sentiment. Je ne saurais tout bonnement exprimer par des mots quel enthousiasme, quelle admiration les hommes nous témoignaient. J'ai partagé avec eux les mêmes gourbis, dormi sous les mêmes soupentes, accompli les mêmes missions, et quand je mourais de froid au point de sentir ma rate geler dans mon ventre, ma langue geler dans ma bouche, quand j'étais sur le point de perdre connaissance, je demandais : "Micha, déboutonne ta pelisse, réchauffe-moi." Il me réchauffait : "Alors, ça va mieux ? – Oui, ça va mieux."

Je n'ai jamais plus rencontré cela dans la vie. Mais il était impossible de penser à quoi que ce soit de personnel, quand la patrie était en danger.

— Mais il y avait des histoires d'amour ?

— Oui, il y en avait. J'ai été témoin de quelques-unes... Mais vous m'excuserez, j'ai peut-être tort, et ce n'est sans doute pas tout à fait naturel, mais dans mon for intérieur, je désapprouvais ces personnes-là. Je considérais que ce n'était pas le moment de penser à l'amour. Nous étions environnés par le mal. Par la haine. Je crois que beaucoup partageaient ce sentiment... Mes amies le partageaient...

— Quel genre de fille étiez-vous avant la guerre ?

— J'aimais chanter. J'aimais rire. Je voulais devenir aviatrice. J'avais autre chose à penser qu'à l'amour ! Pour moi ce n'était pas l'essentiel dans la vie. L'essentiel, c'était la patrie. Nous étions différentes... très différentes de vous. Nous avions la foi... »

Elena Viktorovna Klenovskaïa, partisane.

« À l'hôpital... Ils étaient tous heureux. Ils étaient heureux parce qu'ils étaient restés en vie. Un lieutenant de vingt ans souffrait d'avoir perdu une jambe.

Mais à l'époque, au milieu du malheur généralisé, il nous semblait qu'il avait eu de la chance : il était en vie, alors une jambe en moins, vous pensez, la belle affaire !... L'important, c'était d'être en vie. Il connaîtrait encore l'amour, il aurait une femme, il aurait tout ! Aujourd'hui, oui, avoir une jambe en moins c'est horrible, mais à l'époque, il fallait les voir tous sautiller sur un pied, fumer, rire. Ils étaient des héros, pour tout dire ! Alors, vous parlez !

— Il y en avait là-bas, parmi vous, qui tombaient amoureuses ?

— Bien sûr, nous étions si jeunes. Dès que de nouveaux blessés nous arrivaient, nous tombions forcément amoureuses de l'un d'eux. Une de mes copines s'était éprise d'un lieutenant-chef, le pauvre était couvert de blessures. Elle me le montre : tiens, c'est lui. Mais, moi aussi, bien sûr j'ai décidé qu'il me plaisait. Le jour où on est venu le chercher pour le transporter ailleurs, il m'a réclamé une photo de moi. Mais je n'en possédais qu'une seule : un portrait de groupe pris dans je ne sais plus quelle gare. J'ai pris cette photo pour la lui donner, et puis j'ai réfléchi : et si jamais ce n'était pas ça, le vrai amour, je lui aurais fait cadeau de ma photo pour rien ? Déjà on l'emporte, je lui tends la main, j'ai la photo dans mon poing, mais je ne me décide pas à desserrer les doigts. Et voilà la fin d'un amour...

Puis, il y a eu Pavlik, un lieutenant, lui aussi. Il souffrait beaucoup, alors je lui avais glissé du chocolat sous son oreiller. Et quand nous nous sommes retrouvés, vingt ans après la guerre, il a voulu remercier mon amie Lilia Drozdova pour ce chocolat. Lilia lui répond : "Quel chocolat ?" J'ai alors avoué que c'était moi... Et il m'a embrassée... Vingt ans après, il m'a embrassée... »

*Svetlana Nikolaïevna Lioubitch,
auxiliaire civile du service de santé.*

« Un jour après un concert... Dans un grand hôpital d'évacuation[1]... Le médecin-chef s'approche de moi et me dit : "Nous avons un tankiste grièvement blessé que nous avons installé dans une chambre à part. Il ne réagit pratiquement à rien, peut-être trouverait-il du réconfort à vous entendre chanter." Je me rends dans cette chambre. De ma vie, je n'oublierai cet homme qui n'avait réussi que par miracle à s'extirper de son char en feu et se trouvait brûlé de la tête aux pieds. Il était allongé sur son lit, immobile, le visage noir, les yeux morts. J'avais la gorge nouée, et j'ai mis plusieurs minutes à me reprendre en main. Puis, j'ai commencé à chanter doucement... Et j'ai vu le visage du blessé s'animer légèrement... L'homme a chuchoté quelques mots. Je me suis penchée sur lui et j'ai entendu : "Chantez encore..." Alors j'ai chanté, chanté, tout mon répertoire y est passé, jusqu'à ce que le médecin-chef me dise : "Je crois bien qu'il s'est endormi..." »

Lilia Alexandrovskaïa, artiste.

« Chez nous, c'étaient le chef de bataillon et Liouba Silina... Comme ils s'aimaient tous les deux ! Comme ils s'aimaient ! Tout le monde le voyait... Il partait au combat, elle s'y précipitait derrière lui. Elle disait qu'elle ne se le pardonnerait jamais, s'il venait à mourir loin d'elle, si elle n'était pas là pour le voir à son dernier instant. "Puissions-nous être tués ensemble,

---

1. Hôpital de regroupement situé dans la zone frontalière d'où l'on dirigeait les blessés, après leur avoir prodigué les premiers soins, vers les hôpitaux de l'arrière. *(N.d.T.)*

disait-elle. Qu'un même obus nous emporte tous les deux." Ils avaient l'intention de mourir ensemble ou de survivre ensemble. L'amour pour nous ne se divisait pas en aujourd'hui et demain, seul aujourd'hui comptait. Chacun savait que la personne qu'on aimait à l'instant présent pouvait fort bien n'être plus quelques minutes après. À la guerre, le temps n'est pas le même... il s'écoule de manière différente...

« Au cours d'un combat, le chef de bataillon a été grièvement blessé, tandis que Liouba s'en tirait avec une simple égratignure due à une balle. Il a été dirigé vers l'arrière, et elle est restée seule sur place. Comme elle était enceinte, il lui a remis une lettre : "Va trouver mes parents. Quoi qu'il puisse m'arriver, tu es ma femme. Et nous élèverons tous deux notre fils ou notre fille."

« Plus tard, Liouba m'a écrit que les parents de son homme ne les avaient pas acceptés, elle et l'enfant, qu'ils les avaient chassés. Et que le chef de bataillon était mort...

« Et néanmoins, je l'enviais... Malgré tout, elle avait été heureuse...

« À la guerre, tout se déroulait plus vite : la vie comme la mort. Tout se passait dans une autre dimension. Là-bas, en l'espace de quelques années, nous avons vécu une vie entière. Nous avons éprouvé tous les sentiments... »

Nina Leonidovna Mikhaï,
sergent-chef, infirmière.

« Le jour anniversaire de la Victoire...

« Nous nous sommes réunies pour notre traditionnelle rencontre. Je sors de l'hôtel, et les filles me disent :

« "Où étais-tu, Lilia ? Nous avons tellement pleuré."

« J'apprends qu'un homme les a abordées, un Kazakh, qui leur a demandé :

« "D'où êtes-vous, les filles ? De quel hôpital ?

« — Qui cherchez-vous ?

« — Je viens ici tous les ans et je cherche une infirmière. Elle m'a sauvé la vie. Je l'ai aimée. Je veux la retrouver."

« Mes camarades éclatent de rire :

« "Ce n'est plus la peine de chercher une petite infirmière, c'est sûrement une grand-mère déjà.

« — Non...

« — Vous avez bien une femme, vous ? Des enfants ?

« — J'ai des petits-enfants, j'ai des enfants, j'ai une femme. Mais j'ai perdu mon âme... Je n'ai plus d'âme..."

« Les filles me racontent ça, et l'on se remémore l'histoire ensemble : ce Kazakh serait-il le mien ?

« ... On nous avait amené un tout jeune Kazakh. Un gamin, vraiment. Nous l'avions opéré. Il avait sept ou huit déchirures de l'intestin. Son cas était tenu pour désespéré. Et il était à ce point prostré que je l'ai tout de suite remarqué. Dès que j'avais une minute de libre, je passais le voir en coup de vent : "Comment ça va ?" Je lui faisais moi-même les piqûres intraveineuses, prenais sa température. Finalement, il s'en est tiré. Il est entré en convalescence. Mais nous ne gardions pas les malades très longtemps chez nous, car nous étions en première ligne. On leur donnait les premiers soins, on arrachait les gens à la mort puis on les expédiait vers d'autres hôpitaux. Le jour donc arrive où il doit partir avec une nouvelle fournée de blessés à évacuer.

« Il est étendu sur un brancard, on vient me dire qu'il me demande.

« "Frangine, approche-toi.

« — Que se passe-t-il ? Que veux-tu ? Tu vas être évacué à l'arrière. Tout ira bien. Considère que tu t'en es bien tiré."

« Il dit alors :

« "Je t'en prie, mes parents n'ont pas d'autre enfant que moi. Tu m'as sauvé."

« Et là-dessus, il me donne un cadeau : une bague, une sorte de mince anneau. Moi, je ne portais jamais de bagues. Je n'aimais pas ça. Alors, je refuse :

« "Non, je ne peux pas, je ne peux vraiment pas."

« Il insiste. D'autres blessés viennent à son secours :

« "Mais prends donc, il te l'offre de bon cœur.

« — Je n'ai fait que mon devoir, vous comprenez ?"

« Ils ont fini malgré tout par me convaincre. À vrai dire, j'ai perdu cette bague par la suite. Elle était trop grande, et un jour que je m'étais assoupie, la voiture a fait une embardée, et la bague a glissé de mon doigt pour tomber je ne sais où. Je l'ai beaucoup regrettée.

— Avez-vous retrouvé l'homme qui vous cherchait ?

— Non, je n'ai pas réussi à le rencontrer. J'ignore si c'était bien lui. Mais nous l'avons cherché toute la journée, avec les filles.

«… En 1946, je suis rentrée à la maison. On me demande : "Vas-tu t'habiller en civil désormais ou en uniforme ?" En uniforme, bien sûr. Je n'avais aucune envie de l'ôter. Un soir, je suis allée à la Maison des officiers, pour un bal. Eh bien ! vous allez entendre comment on se comportait avec les jeunes filles qui avaient fait la guerre.

« Je passe une robe, j'enfile des escarpins, et je laisse au vestiaire ma capote et mes bottes.

« Un militaire s'approche de moi et m'invite à danser.

« "Vous n'êtes sûrement pas d'ici, me dit-il. Vous paraissez si cultivée."

« Il passe toute la soirée avec moi. Il ne me lâche pas d'une semelle. Lorsque le bal se termine, il me dit :

« "Donnez-moi votre jeton de vestiaire."

« Il passe devant moi. Et au vestiaire, on lui donne mes bottes et ma capote.

« "Vous devez faire erreur…"

« Je m'approche :

« "Non, c'est bien à moi.

« — Mais vous ne m'avez pas dit que vous étiez allée au front.

« — Vous me l'avez demandé ?"

« Il était décontenancé. Il ne pouvait plus lever les yeux sur moi. Or, lui-même venait juste de rentrer de la guerre…

« "Pourquoi êtes-vous si étonné ?

« — Jamais je n'aurais imaginé que vous étiez dans l'armée. Vous comprenez, ces filles qui étaient au front…

« — Vous êtes étonné, peut-être, que je sois seule ? Ni mariée, ni enceinte ?"

« Je ne lui ai pas permis de me raccompagner à la maison.

« J'ai toujours été fière d'avoir été à la guerre. D'avoir défendu la patrie… »

Lilia Mikhaïlovna Boutko, infirmière chirurgicale.

« Mon premier baiser…

« Le sous-lieutenant Nikolaï Belokhvostik… Je pensais… J'étais sûre que personne dans la compagnie ne soupçonnait que j'étais amoureuse de lui. Amoureuse éperdument. Et j'étais sûre que lui non plus n'en savait rien. Mon premier amour…

« Nous nous préparions à l'enterrer… Il était étendu sur une toile de tente, il venait juste d'être tué. Tout le monde était pressé. Les Allemands étaient en passe de nous encercler. Ils nous pilonnaient. Nous avons trouvé un arbre… Un vieux bouleau qui se trouvait un peu loin de la route. À l'écart. Je me suis efforcée de bien mémoriser les lieux pour pouvoir revenir plus tard et retrouver cet endroit. Pour ne pas le perdre.

Non... Ce n'est pas... Je voulais ajouter autre chose... J'ai oublié quoi. Je suis émue. Terriblement émue...

« Le moment des adieux est arrivé... On m'a dit : "Vas-y la première !" J'ai compris... J'ai compris que tout le monde était au courant de mon amour secret. Que peut-être lui aussi savait... Il était là, allongé... Mais il n'était plus... Et pourtant, je me suis sentie heureuse malgré tout à cette idée – à l'idée que, peut-être, il était au courant. Et que moi aussi je lui plaisais. Je me suis souvenue qu'il m'avait offert pour le nouvel an du chocolat allemand...

« Je me suis approchée de lui et je l'ai embrassé. Jamais avant cela je n'avais embrassé un homme que j'aimais. Il était le premier... »

Lioubov Mikhaïlovna Grozd, brancardière.

De la solitude de la balle et de l'homme

« Mon histoire est particulière... Je ne la raconte à personne... Mais qu'est-ce que je peux expliquer ? Je n'ai pas su moi-même déchiffrer mon destin... Je me suis mise à croire en Dieu. Les prières ne me soufflent rien, mais elles me réconfortent. Je prie avec mes mots à moi...

« Je me souviens d'un proverbe qu'aimait répéter ma mère : "La balle est imbécile, le sort est scélérat." Ce proverbe lui servait pour commenter n'importe quel malheur. La balle est seule, l'homme est seul, la balle vole où bon lui semble, tandis que le destin manipule l'homme à sa guise. Le pousse tantôt dans un sens, tantôt dans un autre. L'homme est comme une plume, une petite plume de moineau. Personne ne connaîtra jamais son avenir. Cela ne nous est pas accordé. Une gitane m'a dit la bonne aventure, alors que nous revenions de la guerre. Elle s'est approchée de moi dans une gare... Elle m'a choisie... Elle me promettait un grand amour... J'avais une montre, je l'ai ôtée et la lui ai donnée pour ce grand amour. Je l'ai crue.

« Et maintenant, je n'aurai pas trop de toute ma vie pour pleurer cet amour...

« Je me suis préparée gaiement à partir à la guerre. Comme une vraie komsomol. En même temps que tous les autres. J'ai appris à devenir tireur d'élite. J'aurais pu aussi bien devenir radiotélégraphiste, c'est un métier utile, en temps de guerre comme en temps de paix. Un métier féminin. Mais on m'a dit qu'il fallait tirer, alors j'ai tiré. Je tirais bien. J'ai reçu deux ordres de la Gloire et quatre médailles. En trois années de guerre.

« Aujourd'hui, j'ai de la peine moi-même à le croire. Mes mains tremblent. Je suis incapable d'enfiler une aiguille...

« On nous a crié : "victoire !" On nous a annoncé : "Victoire !!" Je me rappelle mon premier mouvement : c'était de la joie. Et puis aussitôt, dans le même instant, la peur ! La panique ! La panique ! Quelle vie à présent m'attendait ? Papa était mort à Stalingrad. Mes deux frères aînés avaient été portés disparus dès le début de la guerre. Ne restaient plus que maman et moi. Deux femmes. Qu'allions-nous faire ? Toutes les filles étaient songeuses... On se rassemblait le soir dans la casemate et on restait là, silencieuses. Chacune pensait à son avenir. À la vie qui pour nous n'allait commencer que maintenant... La vraie vie... Nous étions partagées entre la joie et la peur. Avant, nous avions peur de la mort, à présent nous avions peur de la vie. Peur pareillement. Je l'avoue... En toute sincérité...

« Allions-nous nous marier ou non ? Mariage d'amour ou sans amour ? On effeuillait des marguerites... On lançait des couronnes de fleurs dans la rivière, on faisait fondre des bougies... Je me souviens d'un village où l'on nous a dit qu'une sorcière habitait. Tout le monde s'est précipité chez elle, même notre commandant. Toutes les filles, sans exception. Elle lisait l'avenir dans l'eau... Dans les lignes de la main... Une autre fois, un joueur d'orgue de Barbarie nous a fait tirer au sort des petits papiers. Des billets...

« Comment la patrie nous a-t-elle accueillies ? Je ne peux pas en parler sans verser des larmes... Quarante ans ont passé, mais mes joues brûlent encore. Les hommes se taisaient, et les femmes... Elles nous criaient : "Nous savons bien ce que vous faisiez là-bas ! Vous couchiez avec nos maris. Putains à soldats ! Salopes en uniforme !..." Elles avaient mille manières de nous injurier...

« Un gars me raccompagne du dancing. Tout à coup, je me sens très mal, mon cœur défaille. Je marche, je marche et puis soudain je m'assois sur un tas de neige. "Qu'est-ce que tu as ? — Ce n'est rien, j'ai trop dansé." Mais en réalité, c'était la guerre. J'ai été blessée deux fois, dont une grièvement : la balle a passé près du cœur. C'est le hasard qui m'a sauvée. J'ai bougé juste à cet instant-là. De quelques centimètres... Le hasard... Et aussi, les prières de ma mère... Je voulais être frêle, fragile, mais mes pieds se sont élargis dans les bottes : je chausse maintenant du 40. Je n'avais pas l'habitude que quelqu'un me prenne dans ses bras. J'étais accoutumée à me prendre toute seule en charge. J'aspirais à des mots tendres... Mais je ne les comprenais pas, ils n'arrivaient pas jusqu'à moi. Au front, au milieu des hommes, on n'usait que de solides jurons russes. Une amie bibliothécaire qui n'avait pas été à la guerre me suggérait : "Lis de la poésie. Lis Essenine."

« Le mariage... Je me suis mariée vite. Un an plus tard. J'ai épousé un ingénieur de l'usine où je travaillais. Sa mère ne savait pas que j'avais combattu, nous le lui avons caché. Je rêvais d'amour. D'un grand amour. Mais j'étais surtout avide de tendresse, de mots doux. D'une maison et d'une famille. D'une maison emplie d'une odeur de couches de bébé. Les premières couches, je les humais à plein nez, je ne pouvais m'en rassasier. C'était là le parfum du bonheur, du bonheur au féminin. Pendant trois ans, je n'avais eu à renifler que des portianki. Des bottes en similicuir. À la guerre, il n'y a pas d'odeurs féminines. Toutes les odeurs sont masculines. La guerre sent l'homme.

« J'ai deux enfants... Un garçon et une fille. Le garçon, c'est l'aîné. Un bon garçon, intelligent. Il a fait des études supérieures. Il est architecte. Mais quant à la fille... Ma fille... Elle a commencé à marcher à cinq ans, elle a prononcé son premier mot, "maman", à sept. Et à ce jour, ce n'est toujours pas "maman" qu'elle dit, mais "moumo", et au lieu de "papa", "poupo". Elle... Encore aujourd'hui, j'ai l'impression que tout cela n'est pas vrai... Qu'il s'agit d'une erreur... Elle est placée dans un asile psychiatrique... Depuis quarante ans. Je vais la voir tous les jours, si seulement je ne suis pas malade et que j'arrive à marcher jusqu'au bus. Mon péché... Ma fille...

« Chaque année, le 1er septembre, je lui achète un nouvel abécédaire. Avec des images. "Achète-moi un abécédai-ai-ai-re. J'irai à l'éco-o-o-le." Je l'achète. Nous lisons l'abécédaire à longueur de journée. Parfois, quand je rentre à la maison après la visite, j'ai l'impression d'avoir désappris à lire et à écrire. À parler. Et de n'en avoir plus besoin.

« Je suis punie... De quoi ? Peut-être, d'avoir tué ? Quelquefois, c'est ce que je pense... La vieillesse, c'est une période de la vie où l'on a beaucoup de temps, beaucoup plus qu'avant. Je réfléchis et je réfléchis. Je porte ma faute. Chaque matin, je me mets à genoux, je regarde par la fenêtre. Et je prie Dieu... Je prie pour tous. Je n'en veux pas à mon mari, je lui ai pardonné. Quand notre fille est née... Il a attendu de voir... Il est resté quelque temps avec nous, puis il nous a quittés. Il nous a abandonnés en m'accablant de reproches : "Est-ce qu'une femme normale irait à la guerre ? Apprendrait à tirer ? C'est pour cela que tu n'es pas capable de donner naissance à un enfant normal." Je prie pour lui...

« Et s'il avait raison ?

« J'aimais la Patrie plus que tout au monde. Je l'aimais... À qui puis-je raconter ça aujourd'hui ? À ma fille... Je lui raconte mes souvenirs de guerre, et elle pense que ce sont des contes. Des contes pour enfants. D'affreux contes pour enfants...

« Ne marquez pas mon nom. Ce n'est pas la peine... »

Klavdia S-va, tireur d'élite.

« De minuscules patates… »

Il y avait encore une autre guerre : celle des partisans et des résistants… Un immense espace de solitude… Car dans cette guerre, on réclamait souvent des hommes un sacrifice doublement inhumain : sacrifice non seulement de sa vie, mais aussi de celle de sa propre mère, de son enfant, de toute sa famille. Souvent, le courage – comme la trahison – n'avait personne pour témoin. De même, cette guerre-là ne connaissait ni trêves, ni lois, ni commencement, ni fin. Ce n'étaient pas des armées qui combattaient – avec des fronts bien définis, des divisions, des bataillons –, mais le peuple : des partisans et des résistants. Et ces derniers combattaient chaque jour, chaque heure, chaque seconde. Tolstoï appelait cet élan aux multiples visages « le gourdin de la colère populaire », tandis que Hitler se plaignait à ses généraux de ce que « la Russie ne se battait pas dans les règles ».

Je me souviens que dans les villages de Biélorussie, on ne se réjouit pas le jour anniversaire de la Victoire. On pleure. On pleure beaucoup. On soupire. « C'était une époque horrible… J'ai enterré tous mes proches, j'ai enterré mon âme à la guerre. » (*V.G. Androssik, résistante.*) On commence à parler à voix basse et, à la fin, presque tout le monde hurle.

« Chacun était confronté à un choix... Mais il arrivait qu'après avoir effectué ce choix, il devenait impossible de continuer à vivre. Impossible ! J'en suis témoin... Le chef de notre détachement de partisans... Puis-je taire son nom ? Certains de ses proches sont encore en vie, ils en souffriraient...

« Des agents de liaison nous avaient transmis que sa famille – sa femme et ses deux fillettes – avait été arrêtée par la Gestapo. Les Allemands avaient placardé partout des affiches. Ils posaient un ultimatum : notre commandant devait sortir de la forêt et se rendre, autrement sa famille serait fusillée. Il avait deux jours pour réfléchir. Quarante-huit heures... Des policiers collabos parcouraient les villages pour y faire de la propagande : les commissaires rouges, disaient-ils, n'ont pas même pitié de leurs propres enfants. Ce ne sont pas des êtres humains, mais des staliniens fanatiques. Des bêtes féroces rouges... Le chef hésitait entre se rendre et se tuer. Se pendre. Il ne trouvait pas de solution... Moscou a été contacté. On a convoqué une réunion du Parti au sein du détachement. Une décision a été prise : ne pas céder à la provocation allemande ! En tant que communiste, il s'est soumis à la discipline du Parti. À la règle. En tant que communiste...

« Deux jours se sont écoulés. Quarante-huit heures. On a envoyé des espions en ville. Ils ont appris que la famille avait été fusillée. Les fillettes y comprises. Lors du premier combat qui a suivi, le chef a été tué... Il est mort de manière incompréhensible. Presque accidentelle. Je crois qu'il voulait mourir... Je vous raconte ça et je pleure... » (*V. Korotaïeva, partisane.*)

Combien la victoire nous a-t-elle coûté ? Quel en a été le prix ? Nous ne le saurons jamais totalement... Les victimes se taisent, les témoins sont devenus muets. J'entends souvent dire : « Il me vient des larmes au lieu de mots. »

Je n'ai plus la force d'écouter. Mais ils ont besoin, eux, de parler encore...

D'une corbeille contenant une bombe et un jouet en peluche, et de serviettes brodées posées sur des icônes

« J'ai rempli ma mission... Et du coup, je ne pouvais plus rester au village, je suis partie rejoindre les partisans. Quelques jours plus tard, ma mère a été arrêtée par la Gestapo. Mon frère a réussi à s'enfuir, mais ma mère a été prise. Elle a été torturée : on voulait lui faire dire où j'étais. Elle est restée deux ans en prison. Pendant deux ans, les nazis l'ont emmenée, avec d'autres femmes, chaque fois qu'ils partaient en opération : ils redoutaient les mines posées par les partisans et faisaient toujours marcher devant eux des otages pris dans la population locale. S'il y avait des mines, c'étaient ces gens-là qui sautaient, tandis que les soldats boches restaient sains et saufs. Ils servaient de bouclier vivant... Pendant deux ans, ma mère en a fait partie...

« C'est arrivé plus d'une fois : on est en embuscade, et tout à coup on voit venir un groupe de femmes suivi par des Boches. Elles se rapprochent, et certains d'entre nous reconnaissent leur mère parmi elles. Le plus terrible, c'est d'attendre que le chef donne l'ordre de tirer. Tout le monde attend ce moment avec terreur, parce que l'un murmure : "Là, c'est ma mère...", un autre : "Tiens, là, c'est ma petite sœur...", alors qu'un troisième n'aperçoit pas son gosse... Maman portait toujours un fichu blanc sur la tête. Elle était grande et on la distinguait toujours la première. Je ne l'ai pas encore remarquée, qu'on me transmet déjà : "Ta mère est là…" On donne l'ordre de tirer – nous ouvrons le feu. Je ne sais pas bien moi-même sur quoi je tire, n'ai qu'une idée en tête : ne pas perdre de vue le fichu blanc – est-elle en vie, est-elle tombée ? Le fichu blanc… Tout le monde se disperse, s'écroule par terre, et je ne sais pas si maman a été tuée ou non. Pendant deux jours ou davantage, je suis plus morte que vive, jusqu'à ce que nos agents de liaison reviennent du village et me disent qu'elle est vivante. Alors seulement je peux respirer à nouveau. Et ainsi jusqu'à la fois suivante. Il me semble qu'aujourd'hui je ne pourrais pas endurer ça… Mais je haïssais les Allemands, la haine me soutenait. Ma haine ! J'ai encore à ce jour dans les oreilles le cri d'un petit enfant qu'on jette dans un puits. Avez-vous jamais entendu un cri pareil ? L'enfant tombe dans le vide et crie, il crie comme s'il était déjà sous terre. Un cri d'outre-tombe. Ni enfantin ni humain… Et voir un jeune gars coupé en deux à la scie ?… Scié comme un rondin… C'était un gars de chez de nous, un partisan… Après cela, quand vous partez en mission, votre âme n'aspire qu'à une chose : tuer, en tuer le plus grand nombre possible, les anéantir par les moyens les plus cruels, les plus atroces. Lorsque je voyais des prisonniers nazis, l'envie me prenait aussitôt de leur sauter à la gorge. De les étrangler. De les étrangler de mes propres mains, de les déchirer à coups de dents. Je ne les aurais pas tués, non ç'aurait été une trop belle mort pour eux. Je les aurais liquidés sans armes, sans fusil…

« Juste avant de battre en retraite, en 1943, les nazis ont fusillé ma mère… Mais maman, vous savez, était une femme remarquable, elle nous avait elle-même donné sa bénédiction :

« "Partez, les enfants, vous devez vivre. Au lieu de se laisser faire, mieux vaut ne pas mourir bêtement."

« Maman ne faisait pas de grandes phrases, elle savait trouver de simples mots de femme. Son vœu était de nous voir vivre et faire de bonnes études. Ce dernier point lui importait beaucoup.

« Les femmes qui partageaient sa cellule m'ont raconté que chaque fois qu'on venait la chercher, elle demandait :

« "Oh ! mes amies, une seule chose me désespère : si je meurs, venez en aide à mes enfants !"

« Lorsque je suis revenue, après la guerre, une de ces femmes m'a hébergée chez elle, dans sa famille, alors qu'elle avait déjà à charge deux enfants en bas âge. Les nazis avaient brûlé notre maison, mon frère cadet avait péri dans la résistance, maman avait été fusillée, mon père avait fait toute la guerre au front. Il est rentré au village, mutilé et malade. Il n'a pas vécu longtemps, il est mort bientôt après. Je me suis retrouvée ainsi seule survivante de toute notre famille. Cette femme était très pauvre elle-même, et elle avait deux bouches à nourrir. J'ai décidé de faire mon paquet, de m'en aller n'importe où. Mais elle, elle pleurait et refusait de me laisser partir...

« Lorsque j'ai appris que ma mère avait été fusillée, j'ai failli perdre la raison. J'étais comme une âme en peine... Il fallait que je... je me devais de la retrouver... Mais les nazis avaient fusillé leurs prisonniers et avaient damé, avec des camions, le grand fossé antichar où les corps étaient tombés. On m'a montré approximativement à quel endroit elle se trouvait au moment de l'exécution et je m'y suis précipitée : j'ai creusé, j'ai retourné des cadavres. J'ai reconnu maman à la bague qu'elle portait au doigt... Quand je l'ai vue, j'ai hurlé, et c'est tout ce dont je me souviens... Tout s'est effacé de ma mémoire... Des femmes du village l'ont tirée du tas, l'ont lavée avec de l'eau qu'elles puisaient dans une boîte de conserve, puis l'ont inhumée. Cette boîte de conserve, je l'ai toujours. Elle est rangée avec mes décorations de résistante...

« Parfois, la nuit, je suis là, étendue dans mon lit et je pense... je me dis que ma mère est morte à cause de moi. Mais non, c'est faux... Si, par peur d'exposer mes proches, je n'étais pas allée me battre, un deuxième, un troisième, un quatrième auraient agi de même. Et alors, nous ne connaîtrions pas la vie que nous avons maintenant. Mais se dire que... Oublier... Ma mère qui marche devant... L'ordre qui retentit... Et moi qui tire dans sa direction... Son fichu blanc... Vous ne saurez jamais à quel point c'est dur de vivre avec ça. Plus le temps passe, et plus c'est difficile. Parfois, la nuit, j'entends des jeunes rire ou parler derrière mes fenêtres, et je tressaille, j'ai subitement l'impression qu'il s'agit d'un pleur d'enfant, d'un cri d'enfant. Ou encore, je me réveille en sursaut et je sens que je ne peux plus respirer. Une odeur de brûlé me suffoque... Vous ne savez pas quelle odeur dégage un corps humain qui brûle, surtout en été. Une odeur à fois suave et inquiétante. Aujourd'hui encore... C'est mon travail au comité exécutif du district qui veut ça : s'il y a quelque part un incendie, je dois me rendre sur place et établir un constat. Mais si l'on me dit que c'est une ferme qui a brûlé, que des animaux ont péri dans les flammes, je n'y vais jamais, je ne peux pas, ça me rappelle trop... Comme pendant la guerre... Les gens brûlés vifs... Il m'arrive de me réveiller en pleine nuit et de courir chercher du parfum, mais il me semble alors que même le parfum recèle cette odeur-là. Je n'arrive pas à la chasser... À la chasser de ma mémoire...

« Pendant longtemps, j'ai eu peur de me marier. J'avais peur d'avoir des enfants. Si jamais la guerre éclatait à nouveau et que je doive partir au front ? Que deviendraient mes enfants ? Parfois je me dis que j'aimerais bien savoir si je retrouverai maman dans l'autre monde. Que demandera-t-elle ? Que lui répondrai-je ? »

Antonina Alexeïevna Kondrachova,
agent de renseignement de la brigade
de partisans de Bytoch.

« Ma première impression... C'est quand j'ai vu un Allemand... C'était comme si on m'avait frappée, tout mon corps me faisait mal, chaque cellule de mon corps... Comment se faisait-il qu'ils soient ici ? En l'espace de deux, trois jours, je n'étais plus celle que j'étais avant la guerre. J'étais devenue une autre personne. La haine nous submergeait, elle était plus forte que la peur que nous éprouvions pour nos proches, pour ceux que nous aimions, plus forte que la peur de mourir. Bien sûr, nous pensions à nos parents et à nos amis... Mais nous n'avions pas le choix. Les nazis ne devaient pas rester sur notre terre...

« Quand j'ai appris qu'on devait m'arrêter, j'ai pris le maquis. Je suis partie en laissant toute seule chez nous ma mère âgée de soixante-quinze ans. Nous étions convenues qu'elle ferait semblant d'être sourde et aveugle. Ainsi, on ne la toucherait pas. Bien sûr, je me disais ça pour me consoler.

« Le lendemain de mon départ, les Boches ont fait irruption dans la maison. Maman a feint d'être aveugle et dure d'oreille, comme convenu. Ils l'ont battue atrocement pour la forcer à dire où était sa fille. Elle a failli en mourir... »

Iadviga Mikhaïlovna Savitskaïa, résistante.

« Je pensais être une matérialiste, qui plus est, irréductible. Mais en fait, je crois en l'esprit, je crois que l'homme est gouverné par l'esprit. C'est à la guerre que j'ai acquis cette conviction...

« Mon amie Katia Simakova était un agent de liaison des partisans. Elle avait deux filles. Toutes deux encore petites... voyons, quel âge pouvaient-elles avoir ?... dans les six, sept ans. Elle les prenait par la main et s'en allait parcourir la ville pour repérer quels engins militaires y étaient garés et à quelle place. Si une sentinelle l'interpellait, elle ouvrait la bouche et jouait les idiotes. Elle l'a fait pendant plusieurs années... La mère était prête à sacrifier ses filles...

« Il y avait aussi parmi nous une femme nommée Zajarskaïa. Elle avait une fille, Valeria, âgée de sept ans. Nous avions pour mission de faire sauter le réfectoire où mangeaient les Boches. Nous avons décidé de placer une bombe dans le poêle, mais il fallait réussir à la faire passer. Alors, la mère a déclaré que ce serait sa fille qui s'en chargerait. Elle a posé la bombe dans une corbeille et mis par-dessus deux robes d'enfant, une peluche, deux douzaines d'œufs et du beurre. Et c'est ainsi que sa fille a transporté la bombe au réfectoire. On dit : l'instinct maternel est plus fort que tout. Mais non, l'idéal est plus fort. Et la foi est plus forte. Nous avons gagné parce que nous avions la foi. La patrie et nous, c'était la même chose. Je resterai de cet avis jusqu'à la fin de mes jours... »

Alexandra Ivanovna Khromova,
secrétaire d'un comité clandestin du Parti
dans le district d'Antopol.

« Dans notre détachement, il y avait les frères Tchimouk... Ils sont tombés dans une embuscade au village, ils se sont retranchés dans une grange qui a été incendiée. Ils se sont défendus jusqu'au bout, puis, grièvement brûlés, ils ont fini par sortir. On les a promenés sur un chariot à travers tout le village, on les montrait aux gens dans l'espoir que quelqu'un les reconnaisse et trahisse leurs noms...

« Tout le village était présent. Leur père et leur mère étaient là, mais aucun son n'est sorti de leur bouche. Quel cœur avait cette mère pour ne pas crier ?... Pour ne pas réagir ?... Mais elle savait que si elle éclatait en sanglots, tout le village serait brûlé. Et tous ses habitants massacrés. On aurait brûlé ce village comme repaire de partisans. Il y a des décorations pour tout, mais aucune ne suffirait ; même la plus prestigieuse, l'Étoile du Héros, serait encore trop peu pour honorer cette mère... Pour la récompenser de son silence... »

Polina Kasperovitch, partisane.

« Nous sommes arrivées à deux chez les partisans... Nous les avons rejoints ensemble, ma mère et moi. Elle lavait le linge de tout le monde, faisait la cuisine. Si c'était nécessaire, elle montait aussi la garde. Une fois, je suis partie en mission, et l'on a transmis à ma mère que j'avais été pendue. Lorsque je suis rentrée, quelques jours plus tard, et que maman m'a vue, elle s'est trouvée paralysée, elle a perdu durant quelques heures l'usage de la parole. Et il fallait pourtant survivre à tout cela...

« Un jour, nous avons ramassé une femme sur la route, elle était inconsciente. Elle ne pouvait pas marcher, elle rampait et se croyait déjà morte. Elle sentait bien du sang couler sur son corps, cependant elle pensait n'être plus de ce monde, mais dans l'au-delà. Nous l'avons un peu secouée, elle a repris plus ou moins connaissance, et nous avons su... Elle nous a raconté comment ils avaient tous été tués... Qu'on les avait emmenés, elle et ses cinq enfants, pour être fusillés... Pendant qu'on les conduisait à une grange, les Boches avaient tué les enfants. Ils tiraient et s'amusaient... Comme à la chasse... N'en est resté plus qu'un, un nourrisson. Le nazi lui fait signe : lance-le en l'air, je vais tirer. La mère a lancé l'enfant, mais de manière à le tuer elle-même. Elle a tué son bébé. Pour que l'Allemand n'ait pas le temps de tirer... Elle disait qu'elle ne voulait plus vivre... Qu'après tout cela elle ne pouvait plus vivre dans ce monde, mais seulement dans l'au-delà...

« Je ne voulais pas tuer, je ne suis pas née pour tuer. Je voulais devenir institutrice. Mais j'ai vu incendier un village... Je ne pouvais pas crier, je ne pouvais pas pleurer tout haut : nous avions été envoyés en reconnaissance et venions juste de nous approcher du village. Je ne pouvais que me ronger les mains, j'en ai encore des cicatrices. Je me rappelle les hurlements des gens. Le meuglement des vaches, les cris des poules. Il me semblait que tout hurlait d'une voix humaine. Tout ce qui était vivant. Tout brûlait et hurlait...

« Ce n'est pas moi qui parle : c'est mon chagrin... Ce sentiment pour tout ce qui m'est cher... »

Valentina Mikhaïlovna Ilkevitch,
agent de liaison des partisans.

« Nous devions vaincre...

« Plus tard, les gens ont pensé que mon père avait été laissé sur place par le comité de district du Parti, avec une mission à accomplir. En réalité, personne ne nous a laissés, nous n'avions aucune mission. Nous avons décidé tout seuls de nous battre. Je ne me rappelle pas que notre famille ait connu un sentiment de panique. Un immense chagrin, ça, oui, mais pas de panique. Nous étions tous convaincus que la victoire serait à nous. Le premier jour où les Allemands sont entrés dans notre village, mon père a joué *L'Interna-*

tionale au violon. Il avait envie de faire un geste. De protester d'une manière ou d'une autre... »

*Valentina Pavlovna Kojemiakina,
partisane.*

« Comment oublier... Les blessés qui mangeaient du sel à la cuillère... On fait s'aligner les hommes, on appelle un nom, un combattant sort du rang et s'écroule, le fusil à la main. De faiblesse. D'inanition.

« Le peuple nous aidait. S'il ne nous avait pas aidés, le maquis n'aurait pu exister. Le peuple combattait à nos côtés. Ça n'allait pas toujours sans pleurs, mais nous étions tout de même ravitaillés :

« "Mes enfants, nous allons souffrir ensemble. Et attendre la victoire."

« On nous donnait jusqu'à la dernière minuscule pomme de terre, on nous donnait du pain. On préparait des sacs pour la forêt. L'un disait : "Je donnerai tant", un autre : "Et moi, tant." "Et toi, Ivan ?", "Et toi, Maria ?" , "Je ferai comme tout le monde, mais j'ai des enfants à nourrir."

« Qu'étions-nous sans la population ? Nous avions beau être toute une armée dans les bois, sans eux, nous étions perdus, car ce sont eux qui pendant toute la guerre ont semé, labouré, entretenu et habillé et leurs enfants, et nous. Ils labouraient les champs la nuit, quand les tirs avaient cessé. Je me souviens d'être arrivée dans un village où l'on enterrait un vieux. Il avait été tué la nuit précédente. Il semait du seigle. Et il avait serré si fort les grains dans sa main qu'on n'avait pu lui déplier les doigts. On l'a mis en terre comme ça, avec les grains dans son poing...

« Nous, nous avions des armes, nous pouvions nous défendre. Mais eux ? Pour avoir donné du pain à un partisan – peloton d'exécution. Moi, je pouvais bien m'arrêter dans une maison pour y passer la nuit, mais si quelqu'un venait à dénoncer ceux qui m'avaient hébergée, c'est toute la maisonnée qui était passée par les armes. Ailleurs, nous débarquons chez une femme seule, sans mari, qui vit là avec trois petits enfants. Eh bien ! elle ne nous chasse pas quand elle nous voit arriver, elle allume le poêle, elle nous lave nos vêtements... Elle nous donne tout ce qui lui reste : "Mangez, mes gars." Or, les patates au printemps sont minuscules, minuscules, pas plus grosses que des pois. Nous mangeons, et ses gosses, eux, perchés dans la soupente, pleurent. Car ces pois-là sont les derniers... »

Alexandra Nikiforovna Zakharova,
commissaire du 225ᵉ régiment
de partisans de la région de Gomel.

« Première mission... On m'a apporté des tracts. Je les ai cousus dans un oreiller. Maman, en changeant les draps, a senti quelque chose sous ses doigts. Elle a décousu l'oreiller et découvert les tracts. Elle s'est mise à pleurer. "Tu vas causer ta perte, et la mienne." Mais ensuite, elle m'a aidée.

« Des agents de liaison des partisans s'arrêtaient souvent chez nous. Ils dételaient leurs chevaux et entraient. Qu'est-ce que vous croyez ? Que les voisins ne voyaient rien ? Ils voyaient et ils devinaient. Je racontais que c'étaient des amis de mon frère qui vivait à la campagne. Mais tout le monde savait bien que je n'avais aucun frère à la campagne. Je leur suis reconnaissante, je dois m'incliner devant tous les gens de notre rue. Il aurait suffi d'un seul mot pour nous perdre tous, toute notre famille. Il aurait suffi de pointer le doigt de notre côté. Mais personne... Pas un seul... Pendant la guerre, je me suis prise d'une telle affection pour ces gens que je ne pourrai plus jamais cesser de les aimer...

« Après la libération... Je marche dans la rue et je me retourne sans cesse pour regarder derrière moi : je n'arrivais pas à ne plus avoir peur, à marcher tranquillement dans la rue. Je marchais et je comptais les voitures ; à la gare, je comptais les trains... Je ne parvenais pas à sortir de la résistance... »

Vera Grigorievna Sedova, résistante.

« Je pleure déjà... Il me vient des larmes au lieu de mots...

« Nous sommes entrés dans une chaumière, et là, il n'y avait rien à part deux bancs de bois brut, grossièrement rabotés, et une table. Je crois qu'il n'y avait même pas une tasse pour boire de l'eau. On avait tout confisqué à ces gens. Il ne restait qu'une icône dans un angle de la pièce, avec une serviette brodée posée dessus[1].

« Un vieux et sa vieille étaient assis là. Un de nos hommes a ôté ses bottes. Ses *portianki* étaient à ce point en lambeaux qu'il ne pouvait plus les enrouler autour de ses pieds. Or, il pleuvait, on pataugeait partout dans la boue, et ses bottes étaient trouées. Et voici que la vieille s'approche de l'icône, ôte la serviette brodée et la lui tend : "Mon fils, comment vas-tu marcher ?"

« Il n'y avait rien d'autre dans cette maison... »

Vera Safronovna Davydova, partisane.

« Chacun vivait sa guerre... Sa guerre à lui...

---

1. C'est un usage répandu dans les campagnes russes, ukrainiennes et biélorusses. *(N.d.T.)*

« Les premiers jours, j'ai ramassé deux soldats blessés à l'orée du village. L'un avait été touché à la tête, l'autre traînait un éclat d'obus dans la jambe. Je le lui ai extrait moi-même, puis j'ai versé du pétrole sur la plaie, car je n'avais rien d'autre sous la main. J'avais lu ça je ne sais plus où... Au sujet du pétrole...

« Je les ai tirés d'affaire, je les ai remis sur pied. L'un est parti pour la forêt, puis le tour de l'autre est venu. Celui-ci, au moment de partir, est tombé à genoux devant moi. Il voulait me baiser les pieds :

« "Ma sœur ! Tu m'as sauvé la vie."

« Il n'y avait eu ni prénoms, ni rien. Juste "frère" et "sœur".

« Les femmes se rassemblaient le soir chez moi, à la maison :

« "On raconte que les Allemands ont pris Moscou.

« — Impossible !!"

« Avec ces mêmes femmes, nous avons relancé le kolkhoze après la libération, on m'y a collée présidente. Nous avions encore chez nous quatre vieillards et cinq adolescents de treize ans. C'étaient mes laboureurs. Nous avions vingt chevaux couverts d'escarres, qu'il fallait soigner. C'était là tout notre équipement. Nous n'avions ni chariots, ni colliers pour les bêtes. Les femmes retournaient la terre à la bêche. On attelait la herse à des vaches. Les gamins hersaient toute la journée, le soir seulement ils dénouaient leurs baluchons. Ils avaient tous la même chose à manger : des *prasnaki*. Vous ne savez même pas ce que c'est. Des graines d'oseille, d'*oborotnik*... Vous ne connaissez pas ? C'est une sorte d'herbe. Puis, on ramassait du trèfle. On pilait tout ça dans un mortier. On y ajoutait des glands. Et on faisait cuire les *prasnaki*. Une manière de pain...

« À l'automne, un ordre nous arrive : abattre cinq cent quatre-vingts stères de bois. Avec qui ? J'ai pris avec moi mon gars de douze ans et ma fille de dix. Les autres femmes ont fait de même. Et nous avons fourni ce bois à l'État... »

> *Vera Mitrofanovna Tolkatcheva,*
> *partisane, agent de liaison.*

Pendant la guerre, Iossif Gueorguievitch Iassioukevitch et sa fille Maria ont servi d'agents de liaison au détachement de partisans Petrakov, affilié à la brigade Rokossovski. Voici ce qu'ils racontent :

Iossif Gueorguievitch :

« J'ai tout donné pour la victoire... Ce que j'avais de plus cher. Mes fils ont combattu au front. Mes deux neveux ont été fusillés pour avoir entretenu des contacts avec les partisans. Ma sœur, leur mère, a été brûlée vive par les Boches... Dans sa propre maison... Les gens m'ont raconté qu'avant que la fumée ne recouvre tout, elle se tenait toute droite, comme un cierge, une icône dans les mains. Depuis que la guerre est finie, quand le soleil se couche, j'ai toujours l'impression que quelque chose brûle... »

Maria :

« J'étais une gosse, j'avais treize ans. Je savais que mon père aidait les partisans. Je le comprenais. Des gens venaient chez nous la nuit. Ils laissaient une chose, en remportaient une autre. Souvent, mon père m'emmenait avec lui, il m'installait sur le chariot : "Reste assise là et ne bouge pas." Quand nous étions arrivés à destination, il déchargeait du chariot des armes ou des tracts.

Ensuite, il a commencé à m'envoyer à la station de chemin de fer. Il m'avait appris ce qu'il fallait que je retienne. Je me faufilais, ni vu ni connu, vers les buissons et j'y restais jusqu'à la nuit à compter combien de convois passaient. Je mémorisais ce qu'ils transportaient, par exemple, des armes, et ce qui défilait sous mes yeux : des chars ou bien des troupes. Deux ou trois fois par jour, les Allemands tiraient sur les buissons.

— Et vous n'aviez pas peur ?

— J'était petite, j'arrivais toujours à me faufiler de telle manière que personne ne me remarquait. Et puis un jour... je me rappelle bien... mon père avait essayé, à deux reprises, de s'éloigner de la ferme isolée où nous habitions. Les partisans l'attendaient de l'autre côté de la forêt. Deux fois il s'était mis en route, et deux fois des patrouilles l'avaient obligé à rebrousser chemin. Le soir tombait. Il m'a appelée : "Maria..." Mais maman, hurlant tout ce qu'elle pouvait : "Je ne laisserai pas partir ma gosse !" Elle m'a arrachée des mains de mon père...

Et cependant j'ai couru à travers la forêt, comme il me l'avait demandé. J'en connaissais tous les sentiers par cœur, même si, c'est vrai, l'obscurité m'effrayait. J'ai trouvé les partisans qui attendaient, je leur ai transmis tout ce que mon père m'avait dit. Mais quand j'ai pris le chemin du retour, le jour commençait déjà à se lever. Comment éviter les patrouilles allemandes ? J'ai tourné en rond dans la forêt, je suis passée à travers la glace qui couvrait le lac : la veste de mon père, mes bottes, tout a coulé au fond. J'ai réussi à me sortir de l'eau... J'ai couru pieds nus dans la neige... Je suis tombée malade et, une fois couchée, je ne me suis plus relevée de mon lit. J'ai perdu l'usage de mes jambes. Il n'y avait à l'époque ni médecins, ni médicaments.

Maman me soignait avec des tisanes. Elle m'appliquait de l'argile sur les jambes...

Après la guerre, on m'a conduite chez des médecins. J'ai subi dix opérations... Mais il était trop tard. Trop de temps avait passé... Je suis restée alitée... Je peux tenir assise, mais pas très longtemps... Je passe le plus clair de mon temps allongée, à regarder par la fenêtre... Je me rappelle la guerre... »

Iossif Gueorguievitch :

« Je la porte dans mes bras... depuis quarante ans. Comme un petit enfant... Ma femme est morte il y a deux ans. Elle m'a dit qu'elle me pardonnait tout. Mes péchés de jeunesse. Tout. Mais elle ne m'a pas pardonné Maria. Je l'ai lu dans ses yeux... Et j'ai peur de mourir à présent. Maria se retrouvera alors toute seule. Qui prendra soin d'elle ? Qui la bénira avant de dormir ? Qui priera Dieu ?... »

Des mamans et des papas

Village de Ratyntsy, district de Volojine, dans la région de Minsk. Une heure de trajet depuis la capitale. C'est un village biélorusse typique : maisons en bois, palissades peintes de diverses couleurs, rues peuplées de coqs et d'oies. Des enfants jouant dans le sable. De vieilles femmes assises sur des bancs. Je viens voir l'une d'elles, mais c'est toute la rue que je trouve rassemblée. On se met à parler. À pousser des lamentations.

Chacune parle de son expérience à elle, mais toutes ensemble, elles racontent la même histoire. Comment elles labouraient, semaient, cuisaient du pain pour les partisans, veillaient sur leurs enfants, consultaient des diseuses de bonne aventure et autres sorcières, cherchaient à interpréter leurs rêves et suppliaient Dieu de les protéger... Attendaient le retour de leurs maris partis à la guerre...

Je note leurs noms : Elena Adamovna Velitchko, Ioustina Loukianovna Grigorovitch, Maria Fiodorovna Mazouro...

« Ah, ma fille ! Ma chérie, je n'aime pas le Jour de la Victoire. Je pleure ! Oh ! je pleure ! Dès que j'y repense, tout me revient. Le bonheur est derrière les montagnes, mais le malheur est sur notre dos...

« Les Allemands ont brûlé notre village, ils ont tout pillé. Il ne nous restait plus que la roche grise. Quand nous sommes revenus de la forêt, il n'y avait plus rien. À part quelques chats. Ce que nous mangions ? L'été, j'allais cueillir des baies, des champignons. J'avais une pleine maison de gosses à nourrir.

« La guerre terminée, on a travaillé au kolkhoze. Je moissonnais, fauchais, battais le grain. On s'attelait à la charrue, à la place des chevaux. Il n'y avait plus de chevaux, ils avaient été tués. Les Allemands avaient même abattu nos chiens. Ma mère disait : "Après ma mort, je ne sais pas ce qui arrivera à mon âme, mais au moins, mes bras se reposeront." Ma fille avait dix ans, elle moissonnait avec moi. Le chef d'équipe est venu voir comment une si petite fille pouvait trimer ainsi jusqu'au soir pour s'acquitter de la norme journalière. Et nous, nous moissonnions, moissonnions, sans relâche, le soleil sombrait derrière la forêt, quand nous aurions voulu, nous, qu'il remonte dans le ciel. La journée ne nous suffisait pas. Nous abattions l'équivalent de deux normes journalières. Or, on ne nous payait rien, on se contentait de cocher le nombre de journées-travail[1] fournies. Quand nous avions travaillé tout l'été dans les champs, nous n'avions même pas droit à un sac de farine en automne. Nous avons élevé nos enfants uniquement avec des patates... »

« Le fléau de la guerre... Chez moi, il ne restait que des enfants. Ils ont usé leurs vêtements jusqu'à la corde. Ma fillette n'a pu aller à l'école que lorsque je lui ai acheté ses premières bottines. Elle dormait avec, elle ne voulait pas s'en séparer. Voilà quelle était notre vie ! Mon existence touche à sa fin, et je n'ai aucun souvenir à évoquer. À part la guerre... »

« La rumeur s'était répandue que les Allemands avaient amené au bourg une colonne de prisonniers, et que celles qui reconnaîtraient un des leurs parmi eux pourraient le reprendre. Nos femmes se sont levées aussitôt et s'y sont précipitées ! Dans la soirée, certaines ont ramené chez elles, l'une un parent, l'autre un parfait étranger. Elles racontaient des choses si incroyables qu'on n'avait pas la force d'y croire : que les hommes étaient couverts de plaies purulentes, qu'ils mouraient de faim, qu'ils avaient dévoré toutes les feuilles des arbres... qu'ils mangeaient de l'herbe... déterraient des racines... Le lendemain, j'ai couru là-bas, je n'y ai trouvé personne de ma famille, mais j'ai décidé d'au moins sauver le fils d'une autre. Un garçon

---

1. Unité fixée dans chaque kolkhoze pour mesurer la quantité de travail fournie par chaque kolkhozien. C'est le nombre de ces unités qui servait de base pour la distribution des denrées alimentaires par la direction du kolkhoze après la récolte. Esclaves de l'époque soviétique, les kolkhoziens ne touchaient pas de salaire (jusqu'en 1966) et n'avaient pas de passeports intérieurs qui leur auraient permis de partir en ville. *(N.d.T.)*

tout noiraud a attiré mon regard, il s'appelait Sachko, comme mon petit-fils aujourd'hui. Il avait dans les dix-huit ans... J'ai donné à un Allemand du lard, des œufs, j'ai juré par Dieu qu'il s'agissait de mon frère. J'ai même fait le signe de croix. Nous sommes arrivés à la maison... Il n'aurait pas pu avaler un œuf, tant il était faible. Tous ces gars n'étaient pas chez nous depuis un mois qu'il s'est trouvé un salaud pour nous dénoncer. Un type comme tout le monde, marié, deux enfants... Il est allé à la kommandantur et a déclaré que nous avions pris des étrangers chez nous. Le lendemain, des Boches sont arrivés sur des motos. Nous les avons suppliés, nous nous sommes traînées à genoux, mais ils nous ont fait croire qu'ils allaient seulement les conduire plus près de leur vrai lieu de résidence. J'ai donné à Sachko le costume de mon grand-père... Je pensais qu'il vivrait...

« En fait, ils les ont menés en dehors du village... et les ont mitraillés... Tous. Jusqu'au dernier... De si braves gars, et si jeunes, si jeunes ! Nous étions neuf à les avoir hébergés, et tous les neuf, nous avons décidé de leur donner une sépulture. Cinq d'entre nous se sont occupées de les tirer du trou, tandis que les quatre autres faisaient le guet pour éviter que les Allemands nous tombent sur le dos. Impossible de s'y prendre à main nue, car il faisait une chaleur de tous les diables, et les corps attendaient là-bas depuis quatre jours... Et nous avions peur de les amocher avec les pelles... Alors nous les avons placés chacun sur un *nastolnik*[1] que nous avons traîné derrière nous. On avait aussi emporté de l'eau, et on s'était noué un foulard sur le nez. Pour ne pas s'évanouir... Nous avons creusé une tombe dans la forêt, où nous les avons couchés l'un à

---

1. Nappe décorative brodée. *(N.d.T.)*

côté de l'autre… Avec des draps, nous avons recouvert leurs têtes… Leurs jambes…

« Pendant une année, nous sommes restées inconsolables, nous les pleurions sans cesse. Et chacune pensait : où est mon mari, où est mon fils ? Sont-ils encore en vie ? Parce qu'on peut revenir de la guerre, mais de la tombe, jamais… »

« Mon mari était un bon et brave homme. Nous n'avons vécu ensemble qu'un an et demi à peine. Quand il est parti, je portais notre enfant dans mon sein. Il n'a pas vu notre fille, j'ai accouché d'elle alors qu'il n'était plus là. Il est parti en été, et j'ai accouché en automne.

« Je la nourrissais encore au sein, elle n'avait pas un an. J'étais assise sur mon lit, en train de lui donner sa tétée… On frappe à ma fenêtre : "Lena, on a apporté un papier… Il s'agit de ton gars…" (C'étaient les femmes qui avaient barré la route au postier, pour venir me porter elles-mêmes la nouvelle.) Moi, je tenais la petite contre moi, et quand j'ai entendu ça, un jet de lait m'a jailli du sein, qui a tout éclaboussé par terre. La petite s'est mise à hurler, elle était terrorisée. Elle n'a plus jamais voulu prendre le sein. C'était juste la veille du dimanche des Rameaux. En avril, il y avait déjà un joli soleil. J'ai lu sur la feuille que mon Ivan était mort en Pologne. Sa tombe se trouvait près de Gdansk… Le 17 mars 1945… Un mince feuillet de papier… Nous attendions déjà la victoire, nos hommes allaient bientôt revenir… Les vergers étaient en fleurs…

« Après ce choc, ma fille est restée longtemps souffrante, jusqu'à ce qu'elle aille à l'école. Que la porte claque un peu fort ou que quelqu'un se mette à crier, elle tombait malade. Elle pleurait des nuits durant. J'ai eu beaucoup de soucis avec elle ; pendant sept ans, je n'ai pas vu le soleil, il ne brillait pas pour moi. Il faisait noir dans mes yeux.

« On nous a dit : c'est la victoire ! Les hommes ont commencé à rentrer chez eux. Mais il en est revenu bien moins que nous en avions envoyé. Moins de la moitié. Mon frère Youzik est arrivé le premier. Mutilé, il est vrai. Il avait une fille du même âge que la mienne. Quatre ans, puis cinq... Ma fille allait jouer chez eux, mais une fois elle revient en courant, tout en larmes :

« "Je n'irai plus chez eux !

« — Mais pourquoi pleures-tu donc ?

« — Son papa prend Oletchka (c'était le prénom de ma nièce) sur ses genoux, il la console. Et moi, je n'ai pas de papa. Je n'ai qu'une maman."

« Nous nous sommes embrassées...

« Ça a duré deux ou trois ans. Elle rentrait à la maison en courant et demandait : "Est-ce que je peux me promener à la maison plutôt ? Autrement, si jamais papa arrive et que je suis dans la rue, avec les autres enfants, il ne me reconnaîtra pas, puisqu'il ne m'a jamais vue." Je n'arrivais pas à la faire sortir de la maison pour qu'elle aille rejoindre les autres gosses dans la rue. Elle passait des journées entières enfermée. Elle attendait papa. Mais son papa n'est jamais revenu... »

« Lorsqu'il est parti à la guerre, le mien a beaucoup pleuré de laisser des enfants si jeunes. Il avait une peine immense. Les enfants étaient si petits qu'ils n'avaient même pas encore conscience d'avoir un papa. Surtout, c'étaient tous des petits gars. Le dernier, je le portais encore dans mes bras. Brusquement, il a pris le bébé et l'a serré très fort contre lui. J'ai couru derrière lui, on criait déjà : "Tout le monde en rang !" Mais il ne pouvait pas lâcher l'enfant. Il s'est mis dans la colonne avec lui... Le responsable militaire lui criait dessus, mais lui, il continuait d'inonder le gosse de ses larmes. Au point de tremper tous ses langes. Nous l'avons accompagné, les enfants et moi, loin après la sortie du village. Nous avons bien couru encore cinq kilomètres. D'autres femmes étaient avec nous. Mes enfants tombaient déjà de fatigue, et moi, c'est à peine si j'arrivais encore à porter le plus petit. Volodia, c'était le nom de mon homme, se retournait, et moi, je courais, je courais... J'ai été la dernière à suivre la colonne... J'avais laissé les enfants quelque part sur la route... Et je courais juste avec le petit...

« Un an plus tard, une lettre est arrivée : votre mari Vladimir Grigorovitch a été tué en Allemagne, près de Berlin. Je n'ai même jamais vu sa tombe. Un voisin est rentré, en bonne santé, puis un autre, avec une jambe en moins. Et j'ai été prise d'une telle peine : pourquoi le mien n'était-il pas revenu, même cul-de-jatte, mais vivant ? Je me serais occupée de lui... »

« Je me suis retrouvée seule avec mes trois fils... Je coltinais des gerbes de blé, des fagots de bois coupé dans la forêt, des sacs de pommes de terre, des bottes de foin. Tout ça toute seule... Je tirais moi-même la herse et la charrue. Eh ! que faire ? Chez nous, dans une maison sur deux ou trois, il y a une veuve, veuve de soldat. Nous sommes restées sans hommes. Sans chevaux. Car les chevaux avaient été pris eux aussi pour la guerre. Et pour vous parler franchement, la femme après la guerre a remplacé aussi bien l'homme que la bête : elle portait tout sur son dos. Moi, en plus, j'ai reçu le titre de kolkhozienne modèle. On m'a décerné deux diplômes d'honneur, et une fois même, donné dix mètres d'indienne. Pour sûr, j'étais heureuse ! J'ai pu faire des chemises à mes gars, aux trois. »

« Après la guerre… Les fils de ceux qui avaient péri devenaient adolescents. Ils grandissaient. À treize, quatorze ans, ces gamins pensaient déjà être adultes. Ils voulaient se marier. Il n'y avait pas d'hommes, et les femmes étaient encore toutes jeunes…

« Si on m'avait dit, par exemple : "Donne ta vache, et il n'y aura pas la guerre", je l'aurais donnée ! Pour que mes enfants ne connaissent pas ce que j'ai connu. Je passe mes jours et mes nuits à éprouver mon malheur… »

« Je regarde par la fenêtre, je crois le voir assis dehors… Il m'arrive, le soir, d'avoir de ces visions… Je suis déjà vieille, mais lui, je le vois toujours jeune. Tel qu'il était le jour de son départ. S'il m'apparaît dans un rêve, c'est toujours sous ses traits de jeune homme. Et je suis jeune, moi aussi…

« Toutes les femmes chez nous ont reçu un avis de décès, mais moi, tout ce qu'on m'a adressé, c'est un papier avec, écrit dessus : "porté disparu". Inscrit à l'encre bleue. Les dix premières années, je l'ai attendu chaque jour. Je l'attends encore. Tant qu'on vit, on peut tout espérer… »

« Et comment une femme peut-elle vivre seule ? Un type vient à la maison : qu'il m'aide ou qu'il ne fasse rien pour moi, ce n'est que du malheur. Chacun y va de son mot… Les gens jasent, les chiens aboient… Mais si seulement mon Ivan pouvait voir ses cinq petits-enfants. Parfois, je me plante devant son portrait, je lui montre des photos des petits. Je lui cause… »

« J'ai fait un rêve tout de suite après la guerre : je sors dans la cour, et mon homme est là, qui fait les cent pas… En tenue militaire… Et il m'appelle, m'appelle. J'ai bondi de sous ma couverture, j'ai ouvert la fenêtre... Tout était silencieux. On n'entendait même pas un oiseau. Ils dormaient. Le vent caressait le feuillage... On aurait dit qu'il sifflotait...

« Le matin, j'ai pris une douzaine d'œufs et je suis allée trouver une Tsigane. "Il n'est plus, m'a-t-elle dit après avoir tiré les cartes. Ne l'attends pas, c'est inutile. C'est son âme qui rôde autour de ta maison." Or, lui et moi, voyez-vous, nous nous étions mariés par amour. Un grand amour... »

« Une diseuse de bonne aventure m'a enseigné quoi faire : "Quand tout le monde sera endormi, enveloppe-toi d'un châle noir et assieds-toi devant un grand miroir. C'est par là qu'il apparaîtra... Tu ne devras pas le toucher, ni même effleurer ses vêtements. Contente-toi de lui parler..." J'ai passé toute la nuit sur ma chaise... Il est venu juste avant l'aube... Il ne disait rien, il restait muet et des larmes ruisselaient sur ses joues. Il est apparu ainsi trois fois. Je l'appelais, il venait. Il pleurait. Alors j'ai cessé de l'appeler. J'ai eu pitié de lui... »

« Moi aussi, j'attends de revoir mon homme... Jour et nuit, je lui parlerai. Je n'ai besoin de rien de sa part, juste qu'il m'écoute. Il a sûrement bien vieilli là-bas, lui aussi. Comme moi. »

« Mon sol, ma terre... J'arrache des patates, des betteraves... Il est quelque part là au fond et je le rejoindrai bientôt... Ma sœur me dit : "C'est le ciel que tu dois regarder, pas la terre. Tout là-haut. C'est là qu'ils sont." Tiens, voilà ma maison... Juste à côté... Reste avec nous. Quand tu auras passé une nuit ici, tu en sauras davantage. Le sang, ce n'est point de l'eau, ça fait peine de le verser, et pourtant, il coule. Je regarde la télévision... Il coule à flots...

« Tu peux bien ne rien écrire... Mais rappelle-toi. Toi et moi, nous avons parlé ensemble. Nous avons un peu pleuré. Alors, quand tu nous auras fait tes adieux, retourne-toi pour nous regarder, nous et nos bicoques. Retourne-toi, pas une fois seulement, comme une étrangère, mais deux. Comme quelqu'un de la famille. Il n'est besoin de rien de plus. Retourne-toi, c'est tout... »

Petite vie et grande idée

« J'ai toujours eu la foi... Je croyais en Staline... Je faisais confiance aux communistes. J'étais moi-même communiste. Je croyais au communisme... Je vivais pour ça, j'ai survécu pour ça. Après le rapport de Khrouchtchev au XXe Congrès, quand il a dénoncé les erreurs de Staline, je suis tombée malade, j'ai dû m'aliter. Je ne pouvais pas croire que c'était la vérité. Une vérité aussi effroyable... Moi-même, j'avais crié pendant la guerre : "Pour la patrie ! Pour Staline !" Personne ne m'y obligeait... J'avais la foi... Telle est ma vie...

« La voici...

« Pendant deux ans, j'ai combattu chez les partisans... Lors du dernier combat, j'ai été blessée aux jambes, j'ai perdu connaissance, or il gelait ce jour-là à pierre fendre, et quand je suis revenue à moi, j'ai senti que mes mains étaient gelées. Aujourd'hui, j'ai de bonnes mains, bien vivantes, mais à ce moment-là elles étaient toutes noires... Mes jambes, naturellement, étaient gelées elles aussi. S'il n'y avait pas eu le gel, peut-être aurait-on pu les sauver, mais elles étaient couvertes de sang, et j'étais restée longtemps étendue, immobile. Quand on m'a trouvée, on m'a mise avec d'autres blessés, on nous a rassemblés dans un même endroit, nous étions nombreux, mais là, les Allemands ont cherché de nouveau à nous encercler. Le détachement est parti... Pour tenter de se dégager... On nous a balancés sur des traîneaux, comme des bûches. On n'avait pas le temps de prendre des précautions, de nous ménager, on nous a tous transportés plus loin dans la forêt. On nous a cachés. On nous a trimballés ainsi d'un endroit à l'autre, puis on a informé Moscou de ma blessure. Car, savez-vous, j'étais députée du Soviet suprême. J'étais une personnalité, on était fier de moi. Je suis d'origine très humble, une simple paysanne. Issue d'une famille de paysans. J'ai adhéré très tôt au Parti...

« J'ai perdu mes jambes... On m'a amputée... On m'a sauvée là-bas, dans la forêt... L'opération s'est déroulée dans les conditions les plus primitives. On m'a allongée sur une table pour m'opérer, il n'y avait même pas d'iode, et on m'a scié les jambes, les deux jambes, avec une simple scie... On m'a allongée sur la table, et pas d'iode ! On est allé dans un autre détachement, à six kilomètres de là, chercher de l'iode, et pendant ce temps-là, moi, je suis restée étendue sur la table. Sans anesthésie. Sans... Il n'y avait rien, à part une scie ordinaire... Une scie de menuisier...

« On a contacté Moscou pour qu'ils envoient un avion. L'avion s'est approché à trois reprises, il décrivait des cercles et des cercles, sans pouvoir atterrir. Tous les alentours étaient pilonnés sans relâche. À la quatrième tentative, il s'est posé, mais j'étais déjà amputée des deux jambes. Puis, à Ivanovo, à Tachkent, on m'a réamputée quatre fois, et quatre fois la gangrène s'est déclarée. Chaque fois, on m'en ôtait un bout supplémentaire et finalement, je me suis retrouvée amputée très haut.

Les premiers temps, je pleurais… Je sanglotais… J'imaginais que j'allais devoir ramper par terre, que je ne pourrais plus marcher, mais seulement ramper. Je ne sais pas moi-même ce qui m'a soutenue, m'a empêchée de nourrir des idées noires. Comment j'ai réussi à me persuader moi-même. Bien sûr, j'ai rencontré de bonnes gens. Un tas de gens bien. Nous avions un chirurgien qui marchait lui-même avec des prothèses. Il disait de moi – ce sont d'autres médecins qui me l'ont rapporté : "Je m'incline devant elle. J'ai opéré bien des hommes, mais je n'en ai jamais vu qu'on puisse lui comparer. Elle n'a pas poussé un cri." Je tenais bon…

« Puis, je suis rentrée à Disna. Dans ma petite ville. Je suis rentrée avec des béquilles.

« Maintenant, je marche mal, parce que je suis vieille, mais à l'époque, je galopais dans la ville et ses alentours à pied. Je gambadais sur mes prothèses. J'allais même inspecter les kolkhozes. On m'avait nommée vice-présidente du comité exécutif de district. C'était un poste important. Je ne restais pas assise dans un bureau. J'étais toujours en expédition dans les champs, dans les villages. J'étais même vexée si je sentais la moindre indulgence à mon égard. En ce temps-là, il y avait peu de présidents de kolkhoze très compétents, et si on lançait une campagne importante, on envoyait sur place des représentants du district. Tous les lundis, nous étions convoqués au comité de district du Parti, et chacun se voyait confier une mission pour tel ou tel endroit. Un matin, je regarde par la fenêtre : des gens affluaient vers le comité, mais moi, on ne m'avait toujours pas appelée. Je me suis sentie mal tout à coup, j'avais envie d'être comme tout le monde.

« Finalement, le téléphone sonne. C'est le premier secrétaire : "Fiokla Fiodorovna, passez nous voir." Comme je me suis sentie heureuse alors, même si c'était affreusement difficile pour moi de parcourir les villages.

On m'envoyait à des vingt, trente kilomètres de distance, parfois je trouvais une voiture pour m'y amener, mais souvent, il fallait terminer le chemin à pied. Je suis là à marcher dans la forêt, je tombe, et je ne peux pas me relever. Je pose mon sac pour m'appuyer dessus ou bien je m'agrippe à un arbre, je me remets debout et je poursuis ma route. Or, je touchais une pension, j'aurais pu vivre pour moi, pour moi seule. Mais je voulais vivre pour les autres. Je suis une communiste...

« Je ne possède rien en propre. Juste des décorations : ordres, médailles, diplômes d'honneur. C'est l'État qui a construit ma maison. Si elle paraît si grande, c'est parce qu'il n'y a pas d'enfants dedans, c'est la seule raison... Et puis les plafonds sont hauts... Nous sommes deux à vivre là : ma sœur et moi. Elle est à la fois ma sœur, ma mère, ma nounou. Je suis vieille à présent... Le matin, je ne peux plus me lever toute seule...

« Nous vivons ensemble, toutes les deux, nous vivons du passé. Nous avons un beau passé... Notre vie a été dure, mais belle et honnête, et je ne regrette pas mon sort. Je ne regrette pas ma vie... »

Fiokla Fiodorovna Strouï, partisane.

« C'est l'époque qui nous avait faites telles que nous étions. Nous avons montré ce dont nous étions capables. On ne connaîtra plus d'époque semblable. Notre idéal alors était jeune, et nous-mêmes étions jeunes. Lénine était mort peu de temps auparavant. Staline était vivant... Avec quelle fierté j'ai porté la cravate de pionnier ! Puis l'insigne du Komsomol...

« Et puis – la guerre. Et nous qui étions comme nous étions... Bien entendu, chez nous, à Jitomir, la résistance s'est vite organisée. J'y ai adhéré tout de suite, on ne se posait même pas la question de savoir si on y allait ou pas, si on avait peur ou non. On ne se posait même pas la question...

« Quelques mois plus tard, la Gestapo est tombée sur la piste de plusieurs membres du réseau. J'ai été arrêtée... Bien sûr, c'était atroce. Pour moi, c'était plus atroce que la mort. J'avais peur de la torture... Peur de ne pas pouvoir tenir... Chacun de nous avait cette angoisse... Moi, par exemple, depuis l'enfance, j'étais très douillette. Mais nous ne nous connaissions pas encore, nous ne savions pas à quel point nous étions forts...

« Après mon dernier interrogatoire, j'ai été portée sur la liste des prisonniers à fusiller – et ce, pour la troisième fois, d'après le compte de l'enquêteur qui m'interrogeait et qui prétendait être historien de formation. Or, pendant cet interrogatoire, il s'est passé ceci... Ce nazi voulait comprendre pourquoi nous étions ainsi, pourquoi nous étions aussi attachés à défendre nos idéaux. "La vie est au-dessus de n'importe quelle idée", disait-il. Bien sûr, je n'étais pas d'accord avec lui, alors il hurlait, me frappait. "Qu'est-ce qui vous pousse à être comme ça ? À accepter tranquillement la mort ? Pourquoi les communistes croient-ils que le communisme doit vaincre dans le monde entier ?" me demandait-il. Il parlait parfaitement le russe. Alors j'ai décidé de tout lui dire. Je savais que j'allais être tuée de toute manière, aussi mieux valait-il que ce ne soit pas pour rien, qu'il sache combien nous étions forts. Il m'a interrogée durant quatre heures, et je lui ai répondu comme j'ai pu, selon ce que j'avais eu le temps d'apprendre du marxisme-léninisme à l'école et à l'université. Oh ! il était dans un état ! Il se prenait la tête à deux mains, arpentait la pièce à grands pas, pour s'arrêter soudain devant moi, comme atterré, et me dévisager longuement, mais pour la première fois, il ne me frappait plus...

« J'étais là, debout, devant lui... La moitié des cheveux arrachés ; or, avant ça, je portais deux grosses tresses... Affamée... Au début de ma détention, je rêvais d'un quignon de pain, même minuscule, puis je me serais contentée d'une simple croûte, enfin même de quelques miettes... Je me tenais ainsi devant lui... Le regard ardent... Il m'a longuement écoutée. Il m'a écoutée et ne m'a pas frappée... Non, il n'avait pas déjà peur, on n'était encore qu'en 1943. Mais il avait senti quelque chose... un danger. Il a voulu savoir lequel. Je lui ai répondu. Mais lorsque j'ai quitté la pièce, il m'a portée sur la liste des prisonniers à fusiller...

« Dans la nuit précédant l'exécution, je me suis remémoré ma vie, ma courte vie...

« Le jour le plus heureux de mon existence, c'était quand mon père et ma mère, après avoir parcouru plusieurs dizaines de kilomètres sous les bombardements, avaient décidé de rentrer. De ne pas partir. De rester à la maison. Je savais que nous, nous allions nous battre. Il nous semblait que de cette manière, la victoire viendrait vite. C'était obligé ! La première chose que nous avons faite, c'était de chercher et sauver des blessés. Il y en avait dans les champs, dans les prés, dans les fossés, ils se traînaient jusqu'aux étables dans l'espoir d'y trouver secours. Un matin, je sors pour ramasser quelques pommes de terre, et j'en découvre un au milieu de notre potager. Il était mourant... Un jeune officier qui n'avait même plus la force de me dire son nom. Je crois n'avoir jamais été aussi heureuse que durant ces jours-là... J'avais soudain comme de nouveaux parents. Jusque-là, j'avais pensé que mon père ne portait aucun intérêt à la politique, alors que sans être inscrit au Parti, il était bolchevik. Ma mère était une paysanne peu instruite, elle croyait en Dieu. Pendant toute la guerre, elle a prié. Mais vous savez comment ? Elle tombait à genoux devant l'icône : "Sauve le peuple ! Sauve Staline ! Sauve le parti communiste de ce monstre de Hitler !" Chaque jour à la Gestapo, lors des interrogatoires, je m'attendais à voir la porte s'ouvrir et mes parents entrer. Mon papa et ma maman... Je savais où j'étais tombée, et je suis aujourd'hui heureuse de n'avoir livré personne. Plus que de mourir, nous avions peur de trahir. Quand on m'a arrêtée, j'ai compris que le temps des souffrances était arrivé. Je savais que mon esprit était fort, mais mon corps – mystère !

« Je ne me rappelle pas mon premier interrogatoire. Je n'en garde qu'un très vague souvenir. Je n'ai pas perdu connaissance... Une fois seulement, ma conscience s'est dérobée, quand on m'a tordu les bras avec une sorte de roue. Je ne crois pas avoir crié, bien qu'on m'ait montré, au préalable, comment d'autres criaient. Lors des interrogatoires suivants, je perdais toute sensation de douleur, mon corps devenait comme de bois. Un corps de contreplaqué. C'est seulement quand tout était terminé et qu'on m'avait ramenée en cellule que je commençais à sentir la douleur, que je devenais blessure. Que tout mon corps se changeait en une seule plaie... Mais il fallait tenir. Tenir ! Pour que maman sache que j'étais morte en être humain, sans avoir trahi personne. Maman !

« On me battait, on m'attachait, les pieds dans le vide. Toujours entièrement nue. On me photographiait. Quand on me photographiait, je ressentais une douleur. C'est bizarre, mais je ressentais une douleur physique. Alors qu'avant ça, j'étais comme de bois. Avec les mains, on ne peut jamais que se couvrir la poitrine... J'ai vu des gens perdre la raison... J'ai vu le petit Kolenka, qui n'avait pas un an, et à qui nous cherchions à faire dire ses premiers mots, comprendre soudain, de manière surnaturelle, au moment où on l'arrachait à sa mère, qu'il la perdait pour toujours, et crier pour la première fois de sa vie : "Maman !" Ce n'était pas un mot ou pas seulement un mot... Je voudrais vous raconter... Tout vous raconter... Oh ! quels gens j'ai rencontrés là-bas ! Ils mouraient dans les caves de la Gestapo, et seuls les murs étaient témoins de leur courage. Et aujourd'hui, quarante ans plus tard, je tombe à genoux en pensée devant eux. "Mourir, c'est ce qu'il y a de plus simple", disaient-ils. Mais vivre... On avait une telle envie de vivre ! Nous étions sûrs que la victoire viendrait, la seule chose dont nous n'étions pas certains, c'était d'être encore en vie quand on fêterait ce grand jour.

« Dans notre cellule, il y avait une petite lucarne, ou plutôt non, pas une lucarne, un simple trou : il fallait que quelqu'un vous fasse la courte échelle pour entrevoir, même pas un morceau de ciel, mais un morceau de toit. Seulement, nous étions toutes si faibles que nous étions incapables de soulever qui que ce soit. Mais il y avait parmi nous une fille, Ania, une parachutiste. Elle avait été capturée au moment où elle touchait terre, son groupe était tombé dans une embuscade. Et la voilà qui, tout ensanglantée, couverte d'ecchymoses, nous demande soudain : "Portez-moi, je veux jeter un coup d'œil à l'air libre. Je veux monter là-haut !"

« "Je veux", point à la ligne. Nous l'avons soulevée, toutes ensemble, et elle s'est exclamée : "Les filles, il y a une petite fleur, là..." Alors, chacune s'est mise à réclamer : "Moi aussi... Moi aussi..." Et nous avons trouvé, je ne sais comment, les forces pour s'aider l'une l'autre. C'était un pissenlit, je ne saurais dire comment il avait atterri sur ce toit, comment il y avait survécu. Chacune a fait un vœu en regardant cette fleur. Je suis sûre aujourd'hui que nous avons toutes fait le même : celui de sortir vivante de cet enfer.

« J'aimais tant le printemps. J'aimais les cerisiers en fleur et le parfum qui enveloppait les buissons de lilas... Ne soyez pas étonnée par mon style, j'écrivais des poèmes à l'époque. Mais à présent, je ne l'aime plus. La guerre s'est interposée entre nous, entre moi et la nature. Quand les cerisiers étaient en fleur, je voyais les nazis dans ma ville natale de Jitomir...

« Je ne suis restée en vie que par miracle... J'ai été sauvée par des gens qui voulaient remercier mon père. Mon père était médecin, et en ce temps-là, c'était infiniment précieux. On m'a tirée hors de la colonne... On m'a tirée hors des rangs et poussée dans l'obscurité, pendant qu'on nous conduisait vers le lieu d'exécution. Et moi, je ne me suis rendu compte de rien à cause de la douleur, je marchais comme dans un rêve... On m'a amenée à la maison, j'étais tout entière couverte de blessures, j'ai fait sur-le-champ une poussée d'eczéma nerveux. Je ne supportais même plus d'entendre une voix humaine. Dès que j'entendais une voix, la douleur se réveillait. Maman et papa se parlaient en chuchotant. Je passais mon temps à crier, je ne m'apaisais qu'une fois dans un bain chaud. Je ne laissais pas ma mère s'éloigner une seconde de moi. Elle me disait : "Ma petite fille, j'ai un plat au four. Je dois aller au potager..." Je me cramponnais à elle... Sitôt que je relâchais sa main, tout me revenait d'un coup. Tout ce que j'avais subi. Pour me distraire un peu, on m'apportait des fleurs. Maman cueillait pour moi des campanules, mes fleurs préférées... Elle avait gardé dans ses affaires la robe que je portais quand j'avais été arrêtée par la Gestapo. Quelques jours avant de mourir, elle avait encore cette robe sous son oreiller. Elle l'a gardée ainsi jusqu'à sa mort...

« Je me suis levée pour la première fois lorsque j'ai aperçu nos soldats. Moi qui étais alitée depuis plus d'un an, j'ai brusquement rassemblé mes forces et je suis sortie en courant dans la rue : "Mes chéris ! Mes adorés... Vous êtes de retour..." Les soldats m'ont ramenée, dans leurs bras, à la maison. Dans mon enthousiasme, j'ai couru le lendemain puis le surlendemain au bureau de recrutement : "Donnez-moi du travail !" On en a informé papa, qui est venu me chercher : "Mon enfant, comment es-tu arrivée jusqu'ici ? Qui t'a aidée ?" Cet élan n'a duré que quelques jours… Les douleurs ont repris… Un calvaire… Je hurlais des journées entières. Les gens qui passaient près de notre maison prononçaient une prière : "Seigneur, accueille son âme en Ton royaume, ou bien fais qu'elle ne souffre plus."

« Ce sont les bains de boue de Tskhaltoubo qui m'ont sauvée. Ainsi que mon désir de vivre. Vivre, vivre – et rien de plus. J'ai encore eu une vie. J'ai vécu comme tout le monde… Pendant quatorze ans, j'ai travaillé dans une bibliothèque. Ce furent des années heureuses. Les meilleures. Mais, à présent, ma vie s'est transformée en un combat sans fin contre les maladies. Quoi qu'on en dise, la vieillesse est une saleté. Sans compter les maladies. Sans compter la solitude. Ces longues nuits sans sommeil… Des années ont passé, mais je suis toujours hantée par mon plus affreux cauchemar, je me réveille en sueur et glacée. Je ne me rappelle pas le nom de famille d'Ania… Je ne me rappelle pas si elle était de la région de Briansk ou de Smolensk. Je me souviens comme elle refusait de mourir ! Elle croisait ses mains blanches et potelées sur sa nuque et criait par la fenêtre, à travers les barreaux : "Je veux vivre !" Je ne sais pas à qui raconter cela… Comment retrouver ses proches…

« Vous pleurez… Je n'ai retrouvé personne de sa famille… Je parle d'elle à tous ceux qui pleurent… »

Sofia Mironovna Verechtchak, résistante.

« Après la guerre, nous avons appris l'existence d'Auschwitz, de Dachau… J'étais effarée devant le degré de monstruosité que les hommes pouvaient atteindre... Comment vivre après cela ? Or je devais bientôt accoucher...

« Vers la même époque, on m'envoie dans un village pour inciter ses habitants à souscrire à l'emprunt d'État. Le gouvernement avait besoin d'argent pour reconstruire les usines, les ateliers.

« J'arrive : il n'y avait plus de village, les gens vivaient à demi enterrés... Dans des huttes de terre battue... Une femme se montre, je ne vous dis pas ce qu'elle portait comme vêtements, ça faisait peur à voir. Je me suis risquée dans sa tanière où j'ai trouvé trois gosses assis là, tous les trois affamés. Elle leur pilait je ne sais quoi dans un mortier, une espèce d'herbe.

« Elle me demande :

« "Tu viens pour la souscription à l'emprunt ?"

« Je réponds oui.

« Elle alors :

« "Je n'ai pas d'argent, mais j'ai une poule. Je vais demander à ma voisine, hier elle la voulait. Si elle m'achète la poule, je te remettrai l'argent."

« Je raconte ça aujourd'hui, et j'ai une boule dans la gorge. Son mari avait été tué au front, elle avait trois enfants à charge et ne possédait rien, à part cette poule, et elle allait pourtant la vendre pour me donner l'argent. Nous collections alors uniquement des espèces. Elle était prête à tout donner pourvu seulement qu'il y ait la paix, et que ses enfants demeurent en vie. Je me rappelle son visage. Et ceux de tous ses enfants...

« J'ai de nouveau aimé les gens. De nouveau, j'ai eu foi en eux... »

Klara Vassilievna Gontcharova,
servant d'une pièce de DCA.

« Maman, qu'est-ce que c'est, papa ? »

ELLES ONT PARLÉ de la guerre en tant que soldats. Elles ont parlé en tant que femmes. Elles parleront à présent en tant que mères...

Du bain d'un enfant et d'une maman qui ressemble à un papa

« Je cours... Nous sommes quelques-uns à courir. À nous enfuir... Nous sommes poursuivis. Des coups de feu éclatent. Là-bas, ma mère est déjà sous le tir des mitraillettes. Mais elle nous voit courir... Et j'entends sa voix : elle crie. Des gens m'ont rapporté plus tard ce qu'elle criait. Elle criait : "Tu as bien fait de mettre ta robe blanche et tes chaussures blanches. Il n'y aura plus jamais personne pour t'habiller." Elle était certaine que je serais tuée et elle éprouvait une certaine joie à l'idée que je serais enterrée toute vêtue de blanc...

« Il régnait tout à coup un tel silence... On avait cessé de tirer, je ne sais pourquoi. On n'entendait plus que les cris de ma mère. Mais peut-être la fusillade continuait-elle, après tout ? Je ne me souviens pas... Je ne me souviens que de la voix de maman...

« Toute ma famille a péri pendant la guerre. La guerre a pris fin, et je n'avais plus à attendre le retour de personne... »

Lioubov Igorevna Roudkovskaïa, partisane.

« Le bombardement de Minsk a commencé...

« Je me suis précipitée au jardin d'enfants pour récupérer mon fils. Ma fille, elle, se trouvait en dehors de la ville. Elle venait juste d'avoir deux ans, elle était à la crèche, et la crèche avait déménagé à la campagne. J'ai décidé de récupérer mon fils et de le ramener à la maison, et ensuite d'aller chercher ma fille. J'avais envie qu'on soit rapidement tous ensemble.

« Je m'approche du jardin d'enfants, des avions survolent la ville, larguant des bombes au passage. J'entends la voix de mon fils derrière la palissade – il n'avait pas encore quatre ans :

« "N'ayez pas peur, maman a dit qu'on allait vite battre les Allemands."

« Je regarde par la porte : les gosses sont là, nombreux, et c'est lui qui rassure les autres. Mais lorsqu'il m'a vue, il s'est mis à trembler et à pleurer. En fait, il était terriblement effrayé.

« Je l'ai ramené à la maison, j'ai demandé à ma belle-mère de veiller sur lui et je suis partie chercher ma fille. J'ai couru ! À l'endroit où était censée être la crèche, je n'ai trouvé personne. Des femmes du village m'ont indiqué qu'on avait emmené les enfants. Où ça ? Qui ? Elles m'ont répondu qu'ils avaient probablement été ramenés en ville. Il y avait deux éducatrices avec eux, et comme le bus n'arrivait pas, ils étaient partis à pied. La ville était à dix kilomètres... Mais c'étaient de tout petits enfants, âgés d'un ou deux ans seulement. Ma chérie, je les ai cherchés pendant deux semaines... Dans un tas de villages différents... Quand je suis entrée finalement dans une maison et qu'on m'a dit que c'était bien là la crèche que je cherchais et les enfants, je n'y ai pas cru. Ils étaient couchés, pardonnez-moi le mot, dans leurs excréments, avec de la fièvre. On aurait dit qu'ils étaient morts... La directrice de la crèche était une très jeune femme, mais ses cheveux avaient blanchi. Elle m'a appris qu'ils avaient effectué tout le trajet jusqu'à la ville à pied, que quelques gosses s'étaient perdus en route et que quelques-uns étaient morts.

« Je passe au milieu d'eux et je ne vois pas ma fille. La directrice me rassure :

« "Ne désespérez pas. Cherchez bien. Elle doit être ici. Je suis sûre qu'elle y est."

« J'ai trouvé ma petite Ella grâce à l'unique bottine qu'elle avait encore au pied... Autrement, je ne l'aurais jamais reconnue...

« Ensuite, notre maison a brûlé... Nous nous sommes retrouvés à la rue, avec pour seules affaires celles que nous portions sur nous. Des unités allemandes étaient déjà entrées en ville. Nous n'avions nulle part où aller. J'ai erré dans la rue pendant plusieurs jours avec mes enfants. Puis, j'ai rencontré Tamara Sergueïevna Sinitsa, une fille que je connaissais vaguement avant la guerre. Elle m'a écoutée puis m'a dit :

« "Venez vous installer chez moi.

« — Mes enfants ont la coqueluche. Comment puis-je venir chez vous ?"

« Elle avait elle aussi des enfants en bas âge, ils risquaient d'attraper la maladie. Or, c'était une période épouvantable... Pas de médicaments, pas d'hôpitaux. Rien.

« "Ça ne fait rien, venez."

« Ma chérie, est-ce qu'on peut oublier ça ? Ils ont partagé avec nous les quelques pelures de pommes de terre qu'ils avaient à manger. Dans ma vieille jupe, j'ai taillé un petit pantalon à mon fils pour avoir un cadeau à lui offrir le jour de son anniversaire.

« Mais nous rêvions de nous battre... L'inaction me rendait folle... Quel bonheur ça a été, quand s'est présentée l'occasion de se joindre à la lutte clandestine, au lieu de rester là, les bras croisés. Au lieu de penser qu'il faut se résigner et attendre. Juste attendre. Pour parer à toute éventualité, j'ai casé mon fils, l'aîné, chez ma belle-mère. Elle m'a posé une condition : "Je prends mon petit-fils, mais tu ne te montres plus désormais chez moi. Tu nous ferais tous tuer." Pendant trois ans, je n'ai pas revu mon fils, j'avais peur de m'approcher de leur maison. Quant à ma fille, lorsque je me suis vue surveillée, que j'ai compris que les Boches étaient tombés sur ma piste, je l'ai prise avec moi et j'ai rallié un groupe de partisans. J'ai parcouru cinquante kilomètres à pied avec elle dans mes bras. Dans mes bras...

« Durant plus d'un an, elle est restée là-bas avec moi... Je me demande comment nous avons survécu. Si vous me posiez la question, je ne saurais pas vous l'expliquer. Parce que, ma chérie, pareille chose est en réalité impossible à endurer. Quand j'entends les mots "encerclement des partisans", j'ai encore les dents qui claquent.

« Mai 1943... On m'a envoyée porter une machine à écrire dans la zone de partisans voisine. La zone de Borissov. Ils en avaient déjà une, mais à caractères cyrilliques, or ils avaient besoin de caractères allemands. Notre détachement était le seul à posséder une machine de ce type. Sur ordre du comité de résistance, j'avais réussi à la sortir de Minsk à la barbe de l'occupant. Quelques jours après mon arrivée là-bas, dans la région du lac Palik, le blocus a commencé. Dans quel pétrin n'étais-je pas tombée !...

« Or, je n'y étais pas allée toute seule, mais avec ma fille. Quand je partais en opération pour un jour ou deux, je trouvais toujours quelqu'un pour la garder, mais je n'avais pas d'endroit où la laisser pour une longue période. Alors, bien entendu, je l'avais emmenée avec moi. Et nous nous sommes retrouvées ainsi, elle et moi, prisonnières du blocus... Les Allemands avaient encerclé la zone contrôlée par les partisans... Du ciel pleuvaient les bombes, du sol fusaient les tirs de mitrailleuses... Si les hommes, quand ils marchaient, n'avaient que leur fusil à porter, moi, j'avais mon fusil, la machine à écrire et ma petite Ella. Nous avançons, je trébuche, et la voilà qui tombe par-dessus moi pour atterrir dans le marais. Nous continuons – nouveau vol plané... et comme ça pendant deux mois ! Je me suis juré que si je m'en tirais, je ne m'approcherais plus à moins de mille kilomètres du marécage. Je ne pouvais plus le voir.

« "Je sais pourquoi tu ne te couches pas quand on tire. Tu veux qu'on soit tuées ensemble." C'est ma gosse qui me disait ça, une fillette de quatre ans. Mais en réalité, je n'avais pas la force de m'étendre à terre. Si je me couchais, je ne me relevais plus.

« Parfois, les partisans me prenaient en pitié :

« "Ça suffit. On va porter ta fille."

« Mais je n'avais confiance en personne. Et si soudain on était pris sous le feu, si elle était tuée sans que je sois là, sans que je la voie ?... Et si elle se perdait ?...

« Lopatine, le commandant de la brigade, m'a accueillie avec ces mots :

« "Quelle femme !" Il était bouleversé. "Dans une situation pareille, elle a porté l'enfant et ne s'est pas délestée de la machine. Bien des hommes n'en auraient pas été capables."

« Il a pris mon Ella dans ses bras, l'a embrassée, l'a couverte de baisers. Il a retourné toutes ses poches et lui a donné les miettes de pain qu'elles contenaient encore. Elle les a mangées puis arrosées avec l'eau du marécage. Suivant l'exemple du commandant, les autres partisans ont également vidé leurs poches et lui ont donné leurs dernières miettes.

« Quand nous sommes sortis de l'encerclement, j'étais complètement malade. J'étais couverte de furoncles, ma peau partait en lambeaux. Et j'avais toujours l'enfant dans les bras... Nous attendions un avion de la zone libre, on nous avait avertis que s'il arrivait jusqu'à nous, il embarquerait les blessés les plus graves et, éventuellement, ma petite Ella. Je me souviens de l'instant où je l'ai fait monter à bord. Les blessés lui tendaient les bras : "Ellotchka[1], avec moi...", "Viens par ici, il y a de la place..." Ils la connaissaient tous, à l'hôpital de campagne, elle leur chantait : "Ah ! si l'on pouvait vivre jusqu'au mariage..."

« Le pilote demande :

« "Avec qui es-tu, fillette ?

« — Avec maman. Elle est restée en bas de l'avion...

« — Appelle-la, qu'elle prenne le vol avec toi.

« — Non, maman n'a pas le droit de partir. Elle doit battre les nazis."

« C'est comme ça qu'ils étaient, nos gosses. Et moi, je regarde son petit visage et j'ai des crampes au ventre en me demandant si je la reverrai un jour.

« Je vais vous raconter également comment mon fils et moi nous nous sommes retrouvés... C'était après la libération. Je marche vers la maison où habitait ma belle-mère, et j'ai les jambes en coton. Les femmes de mon détachement, qui étaient plus âgées que moi, m'avaient prévenue :

---

1. Diminutif d'Ella. *(N.d.T.)*

« "Quand tu le verras, ne lui révèle en aucun cas tout de suite que tu es sa mère. Tu imagines tout ce qu'il a vécu en ton absence ?"

« La fille d'une voisine accourt :

« "Oh ! La mère de Lionia ! Lionia est en vie, tu sais !..."

« Mes jambes ne m'obéissent plus : mon fils est en vie. La fillette me raconte que ma belle-mère est morte du typhus et qu'une voisine a pris Lionia chez elle.

« J'entre dans leur cour. Comment suis-je vêtue ? J'ai une vareuse de l'armée allemande, une jupe noire rapiécée et de vieilles bottes. La voisine m'a reconnue aussitôt, mais elle se tait. Et mon fils est là, assis dehors, pieds nus, déguenillé.

« "Comment t'appelles-tu, mon garçon ? lui demandé-je.

« — Lionia...

« — Et avec qui vis-tu ?

« — Avant, je vivais avec ma grand-mère. Lorsqu'elle est morte, je l'ai enterrée. J'allais la voir tous les jours et je lui demandais qu'elle me prenne avec elle dans sa tombe. J'avais peur de dormir tout seul...

« — Et où sont ton papa et ta maman ?

« — Mon papa est vivant, il est au front. Et maman a été tuée par les nazis. C'est grand-mère qui me l'a dit..."

« J'étais en compagnie de deux anciens partisans, ils venaient pour l'enterrement de leurs camarades. Ils entendent ce que mon fils me répond et ils pleurent.

« À ce moment, je n'ai pas pu me retenir :

« "Pourquoi ne reconnais-tu pas ta maman ?"

« Il s'est précipité vers moi :

« "Papa ! !"

« Je portais des habits d'homme, n'est-ce pas, une chapka. Puis il m'a serrée dans ses bras en criant :

« "Maman !"

« C'était un tel cri. Une telle hystérie... Pendant un mois, il ne m'a pas lâchée d'une semelle, même quand j'allais au travail. Je l'emmenais avec moi. Il ne lui suffisait pas de me voir, d'être auprès de moi, il avait besoin de me toucher. On s'asseyait à table, il s'agrippait à moi d'une main et mangeait de l'autre. Il m'appelait uniquement "ma petite maman". Aujourd'hui encore, il ne m'appelle que comme ça, "petite maman" ou "mamounette"...

« Lorsque nous nous sommes retrouvés, mon mari et moi, nous n'avons pas eu trop d'une semaine pour tout nous raconter. Je lui parlais jour et nuit... »

Raïssa Grigorievna Khossenevitch, partisane.

« Nous enterrions... Nous avions souvent à enterrer des partisans. Tantôt c'était un groupe qui tombait dans une embuscade, tantôt des hommes qui mouraient au combat. Je vais vous raconter un de ces enterrements...

« Nous avions livré un combat très dur. Nous y avions perdu beaucoup de monde, et j'avais moi-même été blessée. Après le combat, il y a eu les funérailles. Généralement, on prononçait de brefs discours devant la tombe. D'abord parlaient les chefs, puis les amis. Mais cette fois-ci, il y avait parmi les morts un jeune gars du coin, et sa mère était venue l'enterrer. Elle a commencé à se lamenter, en biélorusse : "Ah ! mon fils chéri ! Et nous qui t'avions bâti une maison ! Et toi qui nous promettais de nous ramener une jeunette ! Te voilà maintenant à épouser la terre..."

« Dans les rangs, personne ne bouge, on garde le silence, on ne l'interrompt pas. Puis, elle relève la tête et s'aperçoit que son fils n'est pas la seule victime. Bien d'autres jeunes gens sont étendus par terre. Alors elle se met à pleurer ceux-là, eux-mêmes fils de parents qu'elle ne connaissait pas : "Ah ! mes fils chéris ! Et vos mamans qui ne sont pas là pour vous voir, elles ne savent pas qu'on va vous mettre en terre ! Et la terre qui est si froide. Et le gel féroce qui est partout. Eh bien ! je vous pleurerai à leur place, je vous pleurerai tous. Mes chéris... Mes adorés..."

« Quand elle a dit : "Je vous pleurerai tous" et "Mes adorés", tous les hommes, dans les rangs, se sont mis à sangloter tout haut. Personne ne pouvait se retenir, n'en avait même la force. Alors, le chef a crié : "Une salve !" Et la salve a couvert les pleurs.

« Et je me suis sentie bouleversée, vous voyez – j'y pense encore aujourd'hui –, par cette grandeur du cœur maternel. Dans son immense chagrin, alors même qu'on enterrait son fils, elle avait assez de cœur pour pleurer d'autres fils, comme s'ils étaient les siens... »

Larissa Leontievna Korotkaïa, partisane.

« Je suis retournée à mon village...

« Des enfants jouaient devant notre maison. Je les regarde et je pense : "Laquelle est la mienne ?" Ils sont tous pareils. Et tous tondus, comme on tondait autrefois les moutons, à la chaîne. Je n'ai pas reconnu ma fille, j'ai demandé qui d'entre eux était Lioussia. Je vois alors un des gamins, vêtu d'une longue chemise, s'élancer en courant vers la maison. Il était difficile de distinguer dans le lot qui était un garçon et qui était une fille, car ils étaient tous habillés pareil. Je demande à nouveau :

« "Alors, qui parmi vous est Lioussia ?"

« Ils tendent le doigt vers la maison. Et j'ai compris que le gamin qui venait de se sauver était ma fille.

« Quelques instants plus tard, une grand-mère la fait sortir en la tenant par la main – c'est ma grand-mère, la mère de ma mère. Elle la conduit vers moi :

« "Allez, allez. On va gronder cette maman de nous avoir abandonnées." »

« J'étais à cheval, je portais le calot et la tenue militaires. Ma fille imaginait, bien sûr, sa maman pareille à sa grand-mère et aux autres femmes. Et là, elle voyait devant elle un soldat. Elle a mis longtemps à accepter de venir dans mes bras, je lui faisais peur. Et je n'avais pas à me fâcher, ce n'était pas moi, après tout, qui l'avais élevée, elle avait grandi avec ses grands-mères.

« En guise de cadeau, j'avais apporté un savon. À l'époque, c'était un cadeau de luxe, et quand j'ai commencé à laver ma fille, elle y a mordu à pleines dents. Elle avait envie de le goûter, de le manger. C'est ainsi qu'ils avaient vécu. Je me rappelais ma mère comme une jeune femme, mais c'est une vieille qui m'a accueillie. On lui a dit que sa fille était là, elle s'est précipitée hors du potager. Elle m'a aperçue dans la rue, a ouvert grands ses bras et a couru vers moi. Moi aussi, je l'avais reconnue et je me suis élancée à sa rencontre. Elle n'a pas pu franchir les derniers pas qui nous séparaient, elle est tombée, à bout de forces. Je suis tombée, à côté d'elle. J'embrasse ma mère. J'embrasse la terre. Et j'ai un tel amour dans le cœur, et une telle haine.

« Je me souviens d'un Allemand blessé étendu par terre qui s'agrippe au sol, car il souffre. Un de nos soldats s'approche de lui : "Touche pas, c'est ma terre ! La tienne est là-bas, d'où tu es venu…" »

*Maria Vassilievna Pavlovets,
médecin chez les partisans.*

« Je suis partie à la guerre après mon mari…

« J'avais laissé ma fille chez ma belle-mère, mais elle fut bientôt décédée. Mon mari avait une sœur, et c'est elle qui l'a recueillie. Et après la guerre, quand j'ai été démobilisée, elle ne voulait pas me rendre mon enfant. Elle me disait comme ça que je ne pouvais pas ravoir ma fille, dès lors que je l'avais abandonnée toute petite pour aller faire la guerre. Comment une mère pouvait-elle abandonner son enfant, surtout quand il était encore si fragile et sans défense ? Quand je suis revenue de la guerre, ma fille avait déjà sept ans, je l'avais laissée, elle en avait trois. C'est une fillette adulte que j'ai retrouvée. Elle était toute chétive, elle ne mangeait pas à sa faim, ne dormait pas suffisamment ; il y avait un hôpital à proximité où elle allait régulièrement, elle faisait des numéros, elle dansait, on lui donnait du pain. Elle m'a raconté tout ça plus tard... Au début, elle avait attendu son papa et sa maman, puis sa maman seulement. Son papa était mort... Elle comprenait...

« Je pensais souvent à ma fille au front, je ne l'oubliais pas un instant, je la voyais dans mes rêves. Elle me manquait énormément. Mais je ne me suis pas fâchée contre ma belle-sœur. J'essayais de la comprendre : elle aimait beaucoup son frère, il était fort, beau, il était impossible qu'un garçon pareil pût être tué. Il est mort au cours des premiers mois de la guerre. Et elle ne voulait pas rendre ce qui lui restait de son frère. Elle était de ces femmes pour qui la famille, les enfants, c'est ce qui compte le plus dans la vie. Bombardement, pilonnage d'artillerie, mais elle n'a qu'une idée en tête : comment ça, on n'a pas donné le bain à l'enfant aujourd'hui ! Je ne peux pas la blâmer...

« Elle me disait que j'étais un être cruel... Que je n'avais pas un cœur de femme... Or, nous avons beaucoup souffert à la guerre... Sans famille, sans foyer, sans nos enfants... Beaucoup de femmes avaient laissé des enfants chez elles, je n'étais pas la seule. On est là, assis sous une toile de parachute, dans l'attente d'une mission. Les hommes jouent aux dominos, et nous, jusqu'à ce que s'élève le signal d'envol, nous brodons des mouchoirs. Nous restions des femmes. Vous savez, ma navigatrice, par exemple, elle voulait envoyer une photo chez elle ; eh bien ! l'une de nous a dégoté un châle dans ses affaires, on lui a noué ce châle sur les épaules pour dissimuler les épaulettes et on l'a drapée d'une couverture de manière à recouvrir sa vareuse. Et c'était comme si elle portait une robe... C'est ainsi qu'on l'a photographiée. C'était sa photo préférée...

« Quant à ma fille, nous sommes devenues amies... Et nous le sommes restées à vie... »

Antonina Grigorievna Bondareva,
lieutenant de la garde, chef pilote.

Du Petit Chaperon rouge et de la joie de rencontrer un chat à la guerre

« J'ai mis longtemps à m'habituer à la guerre...

« Nous sommes passés à l'offensive. Quand un blessé s'est mis à perdre du sang artériel – je n'avais encore jamais vu ça, le sang jaillissait comme une fontaine –, mon premier mouvement a été de courir chercher un médecin. Mais le blessé lui-même s'est mis à crier : "Où vas-tu ? Mais où vas-tu ? Pose-moi un garrot !" C'est alors seulement que j'ai repris mes esprits...

« Le plus terrible... C'est un gamin de sept ans qui avait perdu sa maman. Sa maman avait été tuée. C'était terrible quand des soldats mouraient, mais quand des mères mouraient... Le garçon était assis sur la route à côté du cadavre de sa mère. Il ne comprenait pas qu'elle n'était plus, il attendait qu'elle se réveille et lui réclamait à manger...

« Notre chef n'a pas laissé ce garçon partir, il l'a pris avec lui : "Tu n'as plus de maman, fiston, mais t'auras beaucoup de papas." C'est ainsi qu'il a grandi chez nous. Il était comme le fils du régiment. Il avait sept ans.

« Quand vous serez partie, mon mari va m'enguirlander. Il n'aime pas ce genre de conversations. Il n'a pas fait la guerre, il est jeune, plus jeune que moi. Nous n'avons pas d'enfants. Je me souviens tout le temps de ce gamin. Il aurait pu être mon fils...

« Après la guerre, j'avais pitié de tous les êtres vivants. Je ne pouvais voir saigner un coq... un sanglier... J'avais pitié des chiens boiteux, des chats. Je les ramassais tous... Bizarrement, je suis incapable de supporter la douleur d'autrui. J'ai travaillé à l'hôpital, et les malades m'aimaient beaucoup, de me trouver aussi bonne. Nous avons un grand jardin. Je n'ai jamais vendu une seule pomme, une seule baie. Je les distribue, je les distribue aux gens... J'ai envie d'aimer tout le monde... Ça m'est resté de la guerre... »

Lioubov Zakharovna Novik, infirmière.

« Je n'avais pas peur de la mort... Je m'étais dit : quand elle viendra, je ne serai plus... Mais j'avais peur de la torture... Si des camarades étaient arrêtés, nous passions plusieurs jours dans une attente atroce : allaient-ils supporter la torture ou pas ? S'ils craquaient, il y aurait de nouvelles arrestations. Quelque temps plus tard, on apprenait qu'ils allaient être exécutés. On me donnait pour mission d'aller voir qui aujourd'hui serait pendu. Je passais dans la rue, je voyais qu'on préparait déjà la corde... Il ne fallait pas pleurer, ni s'attarder une seconde de trop, car il y avait partout des mouchards. Et combien il fallait de courage (ce n'est peut-être pas le bon mot), combien de force morale, pour se taire. Ne pas crier. Ne pas pleurer...

« À cette époque, je ne pleurais pas...

« Je savais quel risque je prenais en m'engageant dans la Résistance, mais je l'ai vraiment compris et ressenti lorsque la SD[1] m'a arrêtée. J'ai été battue à coups de botte, à coups de cravache. J'ai appris ce qu'était la "manucure" nazie. On vous fixe les mains sur une table, et une espèce de machine vous enfonce des aiguilles en dessous des ongles... Sous chaque ongle en même temps. C'est une douleur infernale. On perd tout de suite connaissance. Je n'ai pas vraiment de souvenirs, je sais que c'est une douleur atroce, mais ce qui vient ensuite, je ne m'en souviens pas. J'ai été écartelée sur des poutres. Peut-être n'est-ce pas exact, peut-être est-ce mal formulé. Mais je me rappelle ceci : il y avait ici une poutre, et là une autre poutre, et on m'a placée entre les deux... Et puis une sorte de machine. Vous entendez vos os craquer et se déboîter. Est-ce que cela dure longtemps ? Je ne m'en souviens pas non plus... J'ai aussi subi la torture de la chaise électrique... C'est quand j'ai craché à la figure d'un de mes bourreaux... Je ne me rappelle pas s'il était jeune ou vieux. Ils m'avaient entièrement déshabillée, et celui-là s'est approché de moi et m'a empoignée par la poitrine... J'étais impuissante... Je ne pouvais que cracher... Alors je lui ai craché à la figure. Et ils m'ont fait asseoir sur la chaise électrique...

« Depuis, je supporte mal l'électricité. Je me rappelle les convulsions que cela produit... Aujourd'hui

---

1. Abréviation allemande pour *Sicherheitsdienst* (service de sécurité) : organe répressif de l'administration d'occupation allemande qui regroupait des services de renseignement, de contre-espionnage et de police politique, en dehors de la ligne de front. *(N.d.T.)*

encore, je ne peux même pas repasser le linge... Ça m'est resté à vie. À peine ai-je posé la main sur le fer, je ressens le courant dans tout mon corps. Je ne peux rien faire qui soit lié à l'électricité. Peut-être aurais-je eu besoin d'une psychothérapie après la guerre ? Je ne sais pas. Mais j'ai déjà vécu ma vie comme ça...

« Je ne sais pas pourquoi je pleure aujourd'hui. À l'époque, je ne pleurais pas...

« On m'a condamnée à la peine de mort par pendaison. On m'a transférée dans la cellule des condamnées à mort. Il y avait là deux autres femmes. Vous savez, nous ne pleurions pas, nous ne nous abandonnions pas à la panique : nous savions, en nous engageant dans la Résistance, ce qui nous attendait, et c'est pourquoi nous nous tenions tranquilles. Nous parlions de poésie, nous nous remémorions nos opéras préférés... Nous parlions beaucoup d'*Anna Karénine*... De l'amour... Nous n'évoquions même pas nos enfants, nous avions trop peur de ces souvenirs-là. Nous parvenions même à sourire, à nous réconforter l'une l'autre. Nous avons passé ainsi deux jours et demi. Au troisième jour, dans la matinée, j'ai été convoquée. Nous nous sommes fait nos adieux, nous nous sommes embrassées sans verser de larmes. Je n'avais pas peur : j'étais sans doute tellement habituée à l'idée de mourir que je n'avais plus peur. Je n'avais pas de larmes non plus. C'était comme un vide. Je ne pensais plus à personne...

« Nous avons roulé longtemps, je ne me rappelle même pas combien de temps exactement... Je faisais mes adieux à la vie, n'est-ce pas ? Mais le camion a fini par s'arrêter. Nous étions une vingtaine, et aucun ne parvenait à descendre tant nous étions amochés. On nous a jetés à terre, comme des chiens morts, puis le commandant nous a ordonné de ramper vers un baraquement. Il nous forçait à avancer à coups de cravache... Près d'une baraque il y avait une femme qui donnait le sein à son enfant. Eh bien ! vous savez... Les chiens, les gardes, tous sont restés cloués sur place, ils étaient là immobiles, aucun ne songeait à la toucher. Le commandant, quand il a vu ce tableau... Il a fait un bond. Il a arraché l'enfant des bras de sa mère... Et, vous savez, il y avait là une borne-fontaine, une pompe pour tirer de l'eau, et il s'est mis à cogner ce petit bébé contre la borne de fer. La cervelle a coulé... Comme du lait... Et je vois la mère qui s'effondre, je la vois, et je comprends... car je suis médecin, n'est-ce pas... Je comprends que son cœur n'a pas supporté...

« ... On nous mène au travail. On nous fait traverser la ville, par des rues qui me sont familières. On vient juste de s'engager sur une pente – à un endroit où il y avait une descente assez raide –, quand j'entends soudain une voix : "Maman, ma maman !" Et je vois alors ma tante Dacha, immobile sur le trottoir, de l'autre côté de la rue, et ma fille qui court vers moi. Elles passaient par hasard par là et m'avaient aperçue. Courant à toutes jambes, ma fille s'est jetée à mon cou. Or vous imaginez : il y avait là des chiens spécialement dressés pour attaquer les gens, et cependant aucun d'eux n'a bougé. Normalement, si quelqu'un s'approchait, ces chiens le mettaient en pièces, ils étaient dressés pour ça, mais là, pas un n'a esquissé un mouvement. Ma fille s'était précipitée dans mes bras, je ne pleurais pas, je disais seulement : "Ma petite fille ! Ma Natacha ! Ne pleure pas. Je serai bientôt rentrée à la maison." Et les gardes se tenaient là, eux aussi sans bouger, comme les chiens. Personne ne l'a touchée...

« À ce moment non plus, je ne pleurais pas...

« À cinq ans, ma fille récitait des prières, et non des poèmes. Tante Dacha lui avait appris comment il fallait prier. Elle priait pour son papa et sa maman, pour que nous restions en vie.

« Le 13 février 1944, j'ai été déportée dans un bagne nazi, au camp de concentration de Croisette, sur la Manche. Le 18 mars, jour de la Commune de Paris, des Français ont organisé notre évasion, et j'ai rejoint le maquis. J'ai été décorée de la croix de guerre française...

« Après la guerre, je suis rentrée chez nous... Je me souviens... Le premier arrêt sur notre terre... Nous avions tous sauté des wagons, nous embrassions notre terre, nous la caressions... Je me souviens : je portais une blouse blanche, je tombe à genoux, j'embrasse la terre, et j'en verse de pleines poignées sur mon sein. Je pense : "Est-il possible que je sois encore un jour séparée d'elle, séparée de cette terre si chère ?..."

« Je suis arrivée à Minsk, mais mon mari n'était pas à la maison. Ma fille était chez la tante Dacha. Mon mari avait été arrêté par le NKVD. Je me rends là-bas... Et qu'est-ce que j'entends... On me dit : "Votre mari est un traître." Or, mon mari et moi avions travaillé ensemble dans la Résistance. Mon mari était un homme honnête et courageux. Je comprends qu'il est l'objet d'une dénonciation... D'une calomnie... "Non, ai-je répliqué, mon mari ne peut pas être un traître. Je crois en lui. C'est un vrai communiste." L'officier en charge de son dossier se met alors à hurler : "Ferme-la, espèce de putain française ! Tais-toi !" Il y avait une méfiance à l'égard de tous ceux qui avaient été faits prisonniers par l'ennemi, de tous ceux qui avaient vécu sous l'occupation. On ne prenait même pas en considération notre engagement dans la lutte. Le peuple avait gagné la guerre, mais Staline n'avait pas pour autant confiance en lui. C'est ainsi que la patrie nous a remerciés... De l'amour qu'on lui portait, du sang versé pour elle...

« J'ai fait des démarches... J'ai écrit à toutes les instances. Mon mari a été libéré six mois plus tard. On lui avait cassé une côte et éclaté un rein… Les nazis, quand il était tombé entre leurs mains, lui avaient déjà fracturé le crâne et cassé un bras, ses cheveux avaient blanchi, mais, en 1945, le NKVD a définitivement achevé de faire de lui un invalide. Je l'ai soigné durant des années, je l'ai arraché plusieurs fois à la maladie. Mais je ne pouvais rien dire contre, il ne voulait pas m'écouter… "C'était une erreur", disait-il. Le plus important, pour lui, c'était d'avoir gagné la guerre. Point. Et je le croyais…

« Je ne pleurais pas. À cette époque, je ne pleurais pas… »

Lioudmila Mikhaïlovna Kachetchkina, résistante.

« Comment expliquer à un enfant ? Comment lui expliquer la mort…

« Je marche avec mon fils dans la rue, et celle-ci est jonchée de cadavres. Je lui raconte l'histoire du Petit Chaperon rouge, et il y a des morts partout autour de nous. C'est quand nous étions revenus d'exode. Nous nous installons chez ma mère, et je vois très vite qu'il y a quelque chose qui cloche chez mon garçon : il se glisse sous le lit et reste là blotti des journées entières. Il avait cinq ans à l'époque, et impossible de le faire aller dehors…

« Je me suis tourmentée durant un an à son sujet. Je n'arrivais pas à savoir de quoi il retournait. Or, nous logions au sous-sol : lorsque quelqu'un passait dans la rue, on ne voyait que ses souliers. Une fois, mon fils se décide à sortir de sous le lit et aperçoit une paire de bottes plantées devant la fenêtre. Il a poussé un hurlement… Je me suis rappelé alors qu'un nazi un jour l'avait frappé d'un coup de botte…

« Bon, cela a fini, malgré tout, par lui passer. Un autre jour, il joue dans la cour avec d'autres enfants, il rentre le soir et me demande :

« "Maman, qu'est-ce que c'est, papa ?"

« Je lui explique :

« "Il est beau, il est très beau, la peau très blanche, il combat dans l'armée."

« Or, quand Minsk a été libéré, ce sont les chars qui sont entrés les premiers dans la ville. Et voici que mon fils accourt à la maison en pleurs :

« "Mon papa n'y est pas ! Il n'y a que des hommes noirs là-bas, il n'y a pas de Blancs..."

« On était au mois de juillet, les tankistes étaient tous jeunes, tous bronzés.

« Mon mari est revenu de la guerre invalide. Ce n'était plus un jeune homme, mais un vieux, et c'était un malheur pour moi : mon fils s'était habitué à imaginer son père comme un bel homme à la peau toute blanche, et c'était un vieillard malade qui était arrivé. Aussi a-t-il mis longtemps à le reconnaître pour son père. Du coup, il ne savait pas comment l'appeler. J'ai dû leur apprendre à s'apprécier l'un l'autre.

« Mon mari rentre tard du travail, je lui dis en lui ouvrant la porte :

« "Pourquoi rentres-tu si tard ? Dima était inquiet, il se demandait où était son papa."

« Lui aussi, voyez-vous, en six années de guerre (il avait également combattu les Japonais[1]), il s'était déshabitué de son fils. De sa maison.

« Alors moi, quand j'achetais quelque chose pour mon fils, je lui disais :

« "C'est papa qui t'a acheté ça, il pense à toi..."

« Et petit à petit, ils ont fini par se rapprocher... »

Nadejda Vikentievna Khattchenko, résistante.

---

1. Dès 1939, le Japon déclenchait un certain nombre d'opérations contre l'URSS en Extrême-Orient. *(N.d.T.)*

« Ma biographie...

« J'ai travaillé dans les chemins de fer à partir de 1929. J'étais aide-mécanicien. À l'époque, il n'y avait pas une seule femme machiniste en Union soviétique. Or moi, je rêvais de l'être. Le chef du dépôt s'exclamait, découragé : "Ah ! cette fille ! Il n'y a que les métiers d'homme qui l'intéressent !" Mais moi, je continuais d'insister. En 1931, je suis devenue la première... la première conductrice de locomotive. Vous ne me croirez pas, mais lorsque je passais à bord de ma machine, les gens se rassemblaient sur les quais des gares : "C'est une fille qui conduit la locomotive !"

« Un jour, notre locomotive était au dépôt, en révision. Mon mari et moi partions bosser à tour de rôle, parce que nous avions déjà un bébé. Nous nous étions arrangés comme ça : s'il était de service, c'était moi qui gardais l'enfant, et si c'était à moi de partir, c'était lui qui restait à la maison. Justement ce jour-là, mon mari venait de rentrer, et c'était mon tour de partir. Le matin, je me réveille et j'entends un chahut anormal dans la rue. J'allume la radio : "C'est la guerre !"

« Je dis à mon mari :

« "Lionia, lève-toi, c'est la guerre ! Lève-toi, c'est la guerre ! !"

« Il a couru au dépôt et est rentré en larmes :

« "C'est la guerre ! C'est la guerre ! Tu sais ce que c'est, la guerre ?"

« Comment faire ? Que faire de l'enfant ?

« Nous avons été évacués, mon fils et moi, à Oulianovsk, à l'intérieur du pays. On nous a logés dans un deux-pièces, un bel appartement, comme je n'en ai pas aujourd'hui. On a inscrit mon fils au jardin d'enfants. Tout allait bien. Tout le monde m'aimait. Et comment ! Une femme machiniste, et qui plus est, la première... Vous ne me croirez pas, j'ai vécu là-bas peu de temps, pas même six mois. Et pourtant, je n'en pouvais plus : comment, tout le monde défend la patrie, et moi, je reste à la maison le cul sur une chaise !

« Mon mari est arrivé :

« "Alors, Maroussia, vas-tu rester à l'arrière ?

« — Non, lui ai-je répondu, on repart ensemble."

« À cette époque, un convoi de réserve spécial destiné à desservir le front était en train d'être organisé. Mon mari et moi avons demandé une affectation sur ce convoi. Mon mari était chef mécanicien, et moi, mécanicien. Nous avons passé quatre ans sur les rails, dans un wagon de marchandises aménagé, et notre fils avec nous. Au bout de quatre ans de guerre, il n'avait même jamais vu de chat. Quand il a fini par en attraper un, aux abords de Kiev, notre train essuyait un bombardement terrible, cinq avions nous avaient attaqués, et lui, il entourait la bestiole de ses bras : "Mon minou, qu'est-ce que je suis content de te voir. Je ne vois jamais personne, reste avec moi. Laisse-moi t'embrasser." Un gosse. Et un gosse, ça doit avoir son monde de gosse. Il s'endormait en disant : "Maman chérie, nous avons un chat. Maintenant, nous avons une vraie maison." Vous ne me croirez pas...

« Nous étions constamment bombardés, mitraillés. Et les tirs étaient en premier lieu dirigés sur la locomotive : l'important pour les Boches était de tuer le mécanicien, de détruire la locomotive. Les avions descendaient très bas et mitraillaient la locomotive ainsi que le wagon attelé derrière, or dans ce wagon se trouvait mon fils. Vous ne me croirez pas, mais quand nous étions bombardés, j'allais le chercher pour le prendre avec moi. Je le prenais dans mes bras et le serrais sur mon cœur : "Puissions-nous être tués par le même éclat d'obus." Mais est-ce qu'on peut être tué comme ça ? C'est peut-être ce qui a fait que nous sommes restés en vie.

« La locomotive, c'est ma vie, ma jeunesse, c'est la plus belle chose qui me soit arrivée dans l'existence. J'aimerais encore conduire des trains, mais on ne me le permet pas : je suis trop vieille...

« Que c'est affreux de n'avoir qu'un seul enfant. Que c'est bête... Actuellement, nous habitons... Moi, je vis avec la famille de mon fils. Il est médecin, chef de service. Nous avons un petit appartement. Mais je ne pars jamais en vacances, je n'accepte aucun bon de voyage[1]... Vous ne me croirez pas, mais je ne veux pas me séparer de mon fils, de mes petits-enfants. J'ai peur de me séparer d'eux, même pour un jour. Et mon fils ne part jamais, lui non plus. Cela fait vingt-cinq ans qu'il travaille, et jamais il n'a utilisé un bon de voyage. À son boulot, tout le monde est très étonné qu'il n'ait jamais voulu en profiter. "Maman chérie, il vaut mieux que je reste avec toi", voilà ce qu'il dit. Et ma belle-fille est comme lui. Vous ne me croirez pas, mais nous n'avons pas de datcha, uniquement parce que nous ne pouvons nous séparer même pour quelques jours. Je ne peux pas vivre une minute sans eux.

« Si vous aviez été à la guerre, vous comprendriez ce que c'est que de se séparer de quelqu'un, même pour un jour. Pour un jour seulement... »

Maria Alexandrovna Arestova,
conductrice de locomotive.

---

1. À l'époque soviétique, c'étaient les entreprises ou les services sociaux qui distribuaient aux travailleurs ou aux retraités des « bons de voyage » pour des cures ou des vacances en groupe. *(N.d.T.)*

Du cri et du chuchotement

« Aujourd'hui encore, je n'en parle qu'en chuchotant. Quarante ans après... En chuchotant...

« J'étends le linge sur le balcon. J'entends ma voisine qui m'appelle... Elle crie d'une voix bizarre : "Valia ! Valia !" Je descends en courant : Ivan est dans la cour... Mon mari... Il est revenu du front ! Vivant ! ! Je l'embrasse, je le touche. Je le caresse. Je le serre dans mes bras. Et lui... Il est comme changé en carton... Je le sens, il est comme à moitié mort, complètement glacé. La peur me prend : à coup sûr, il a été commotionné. Bon, tant pis, me dis-je. Je saurai le soigner. L'important, c'est qu'il soit rentré... Tout cela m'a traversé la tête en l'espace d'une seconde. D'une seule seconde...

« Les voisins s'étaient assemblés. Tout le monde était content, mais lui, il restait de pierre.

« Je lui dis :

« "Vania, que se passe-t-il ? Que t'arrive-t-il ?

« — Allons à la maison."

« On entre. On s'assoit.

« "Tu comprends..." Et il ne peut ajouter un mot de plus... Ensuite, il fond en larmes.

« Nous avons eu une nuit... Juste une nuit...

« Tôt le matin, on est venu le chercher. On l'a emmené, comme un criminel. Il savait qu'on allait l'arrêter. Il avait déjà subi un interrogatoire dans un service spécial de l'armée. On lui avait ôté ses épaulettes. Vous avez deviné, bien sûr ? Il avait été fait prisonnier, blessé, il s'était laissé capturer par l'ennemi, alors que son devoir aurait été de se tuer. Un officier soviétique ne se rendait pas... C'est ce qu'avait dit le camarade Staline... et ce que lui avaient répété les officiers chargés d'instruire son affaire. Il aurait dû se tirer une balle dans la tête, seulement il n'avait pas pu le faire, étant blessé... Il n'avait pas pu... Je sais pourtant qu'il en avait l'intention...

« Il s'était évadé et avait trouvé refuge dans la forêt. Avec les partisans. Il avait combattu avec eux pendant deux ans. Mais ça ne comptait pas, ce n'était pas retenu en sa faveur.

« Nous avons eu une nuit... Juste une seule nuit après notre victoire...

« Le matin, on l'a emmené... Je me suis assise à la table dans notre cuisine et j'ai attendu le réveil de notre fils, il avait neuf ans à l'époque. Je savais qu'à son réveil il me demanderait : "Où est papa ?" Que lui dire ? Et les voisins...

« Mon mari n'est rentré que sept ans plus tard. Nous l'avions attendu, mon fils et moi, les quatre ans qu'avait durés la guerre, et après la Victoire, nous avons attendu encore sept ans son retour des camps. Nous l'avons attendu onze années en tout. Mon fils était déjà grand...

« J'ai appris à parler en chuchotant. À penser en chuchotant. "Où est votre mari ? Où est ton père ?"

« Aujourd'hui, on peut le crier. Il faut le crier. Moi, je veux... Et cependant, j'ai toujours peur... »

Valentina Evdokimovna Mikhaltsova,
agent de liaison chez les partisans.

« Et elle pose la main
là où bat son cœur... »

ET ENFIN : LA VICTOIRE...
Si, auparavant, le monde s'était partagé, pour elles, entre paix et guerre, une nouvelle frontière désormais s'établissait entre guerre et victoire. De nouveau, c'étaient deux mondes différents, deux vies différentes. D'emblée, il apparut évident qu'il serait aussi difficile de réapprendre à vivre après la victoire, sinon même plus difficile, qu'après la défaite. Il n'était pas moins d'épreuves inédites et imprévues à surmonter, bien au contraire.

Mais le but était toujours le même : rester un être humain...

« Nous étions heureux...

« Nous avions franchi la frontière : notre patrie était libérée. Je ne reconnaissais pas les soldats, c'étaient d'autres hommes. Ils souriaient tous. Ils avaient passé des chemises propres. Cueilli, je ne sais où, des fleurs qu'ils tenaient à la main. Je n'ai plus jamais vu d'hommes aussi heureux. Je croyais que lorsque nous serions entrés en Allemagne, je n'aurais de pitié pour personne. Je sentais tant de haine accumulée en moi ! Pourquoi épargnerais-je l'enfant de l'ennemi s'il avait tué le mien ? Pourquoi ferais-je grâce à sa mère s'il avait pendu la mienne ? Pourquoi laisserais-je sa maison intacte, s'il avait brûlé la mienne ? Pourquoi ? Pourquoi, je vous le demande ? J'avais envie de voir leurs femmes, de voir les mères qui avaient engendré de tels fils. Comment feraient-elles pour nous regarder dans les yeux ?

« Tout ce que j'avais vécu me revenait en mémoire et je me demandais comment j'allais me comporter. Et comment allaient se comporter nos soldats. Car nous nous rappelions tout… Mais voici qu'on entre dans un village, des enfants courent dans la rue, affamés et malheureux. Et moi, qui avais juré de les haïr tous, je collecte chez nos gars tout ce qui leur reste de leur ration du jour, le moindre morceau de sucre, et je donne le tout à ces petits Allemands. Bien sûr, je n'avais rien oublié, tout était bien présent à mon esprit, mais je ne pouvais regarder tranquillement ces yeux d'enfants affamés.

« Le lendemain, dès l'aube, les gosses faisaient la queue devant nos cuisines où l'on distribuait soupe et plat principal. Chaque enfant portait un sac à bandoulière pour le pain, un bidon accroché à la ceinture pour la soupe, et un récipient quelconque pour le plat : kacha ou pois. Nous n'avions pas de haine pour la population. Je vous le dis : nous donnions à manger aux enfants, nous leur donnions des soins. Et même des caresses… »

Sofia Adamovna Kountsevitch,
brancardière.

« Je suis allée jusqu'en l'Allemagne…

« J'étais *feldscher* en chef dans un régiment de blindés. Nous avions des T-34, qui brûlaient très facilement. C'était horrible. Avant mon arrivée au front, je n'avais jamais entendu même un coup de fusil. Durant mon voyage vers le front, il y avait eu, une fois, un bombardement, quelque part au loin, très loin, et il m'avait semblé que la terre entière tremblait. J'avais dix-sept ans, je venais juste d'achever mes études dans un centre de formation pour personnel médical[1]. Et le destin a voulu qu'à peine arrivée je parte aussitôt au combat.

« Je m'extirpe du char... Un incendie... Le ciel brûle... La terre brûle... Le fer brûle... Ici il y a des morts, là-bas des hommes qui crient : "Au secours ! À l'aide !" Je me suis sentie saisie d'horreur ! Je ne sais pas comment je n'ai pas pris la fuite. Comment je n'ai pas détalé du champ de bataille ! C'était si effrayant que les mots me manquent, il faut l'avoir vécu. Autrefois, j'en étais incapable, mais à présent j'arrive à regarder des films qui parlent de la guerre, cependant je pleure toujours autant.

« Je suis allée jusqu'en Allemagne... Je me rappelle tout... La première chose que j'ai vue en territoire allemand, c'est une pancarte manuscrite en bordure de route : "La voici, la maudite Allemagne !"

« Nous sommes entrés dans un village où il ne restait plus qu'une seule vieille femme. Les Allemands abandonnaient tout et s'enfuyaient à notre approche... On les avait persuadés que lorsque les Russes seraient là, ils sabreraient, éventreraient, égorgeraient tout le monde...

« Je lui dis, à cette vieille :

« "Nous avons gagné."

« Elle se met à pleurer :

---

1. Sorte de lycée technique avec orientation médicale qui délivrait des diplômes d'infirmières. Normalement, il fallait faire des études supérieures (plus courtes cependant que celles d'un docteur en médecine) pour obtenir le diplôme de *feldscher*. Mais pendant la guerre, on pouvait bénéficier d'une formation accélérée pour accéder à un certain nombre de professions médicales, dont celle de *feldscher*. *(N.d.T.)*

« "J'ai deux fils qui sont morts en Russie.

« — Et qui en est responsable ? Combien des nôtres sont morts ?!"

« Elle me répond :

« "Hitler...

« — Hitler n'était pas tout seul à décider. Ce sont vos enfants, vos époux..."

« Cette fois-ci, elle reste muette. Ma mère était morte de faim pendant la guerre, ils n'avaient plus rien, même pas de sel. Mon frère était à l'hôpital, grièvement blessé. Seule ma sœur m'attendait à la maison. Elle m'avait écrit que lorsque nos troupes étaient entrées dans Orel, elle attrapait par leur manteau toutes les jeunes femmes militaires. Il lui semblait que je devais forcément être là. De notre famille, il ne restait plus que des femmes... »

Nina Petrovna Sakova, lieutenant, feldscher.

« Les routes de la victoire...

« Vous ne pouvez imaginer ce qu'étaient les routes de la victoire ! Des Polonais, des Français, des Tchèques, des Bulgares... Tous ces prisonniers libérés, avec charrettes à bras, baluchons, drapeaux nationaux... Tous mélangés, chacun rentrant chez soi. Tous nous embrassaient...

« Nous avons rencontré des jeunes femmes russes. J'ai engagé la conversation avec elles, et elles m'ont raconté... Sur le chemin du retour, l'une d'elles avait compris qu'elle était enceinte, elle avait été violée par le patron chez lequel elle travaillait. Elle marchait et pleurait, et se frappait sur le ventre : "Je ne vais tout de même pas ramener un Fritz à la maison ! Je ne le porterai pas !" Et elle s'était pendue.

« Voilà quand il fallait écouter – écouter et noter... Pourquoi personne ne l'a fait alors ?

« Une fois, une amie et moi roulions à vélo. Une Allemande marchait, elle avait trois enfants, je crois, deux assis dans un landau, l'autre qui la suivait à pied, cramponné à sa jupe. Elle semblait totalement épuisée. Et, vous comprenez, lorsque nous l'avons croisée, elle s'est mise à genoux et nous a saluées. Comme ça... Son front touchant le sol... Nous n'avons d'abord pas compris ce qu'elle disait. Alors elle a posé une main là où battait son cœur, puis désigné ses enfants. Cette fois-ci, nous avons compris : elle pleurait, s'inclinait devant nous et nous remerciait parce que ses enfants étaient encore en vie...

« C'était pourtant une épouse. Son mari avait probablement combattu sur le front de l'Est... En Russie... »

Anastasia Vassilievna Voropaïeva, caporal, éclairagiste.

« J'ai vu de tout... Chez nous, un officier est tombé amoureux d'une jeune Allemande. Il a été dégradé et renvoyé à l'arrière.

« Je me souviens d'une Allemande qui avait été violée. Elle gisait par terre, toute nue... Une grenade entre les cuisses...

« Peut-être vaut-il mieux ne pas en parler... »

A. Ratkina, téléphoniste.

« Notre terre natale était libérée... L'idée de mourir était devenue totalement intolérable, comme celle de devoir encore enterrer des hommes. On mourait désormais pour une terre étrangère, et l'on enterrait en terre étrangère. On nous expliquait qu'il fallait achever l'ennemi. Que l'ennemi était encore dangereux... Tout le monde comprenait bien... Mais c'était si triste de mourir... Quand même...

« Je me rappelle plusieurs pancartes le long des routes, elles ressemblaient à des croix : "La voici, la maudite Allemagne !" Tout le monde se souvient de cette pancarte-là...

« Et tous, nous avions attendu cet instant... Nous allions enfin comprendre... Enfin voir... D'où sortaient-ils ? Comment était leur terre, comment étaient leurs maisons ? Étaient-ce des gens ordinaires vivant une existence ordinaire ? Au front, je n'imaginais pas pouvoir jamais relire des poèmes de Heine. Ou de mon cher Goethe... D'être un jour capable d'écouter à nouveau du Wagner... Avant la guerre, moi qui avais grandi dans une famille de musiciens, j'adorais la musique allemande : Bach, Beethoven. J'avais rayé tout cela de mon univers. Par la suite, nous avons vu... on nous a montré les fours crématoires... Auschwitz... Les montagnes de vêtements de femmes, de bottines d'enfants... La cendre grise... La cendre humaine... Tout ce qui restait des gens... Elle était transportée et épandue dans les champs, pour servir d'engrais aux choux. Aux salades...

« Or voilà : nous étions sur leur terre... La première chose qui nous a étonnés, c'est la qualité des routes. Puis la taille impressionnante des fermes. Le tulle, les voilages blancs... Les pots de fleurs qui ornaient même des remises, les beaux rideaux. Les nappes blanches... la vaisselle de luxe... Nous n'arrivions pas à comprendre : pourquoi avaient-ils besoin de faire la guerre, s'ils vivaient aussi bien ? Chez nous, les gens vivaient dans des huttes de terre battue, quand eux, ils mangeaient sur des nappes blanches... Buvaient le café dans des tasses de porcelaine... J'ai oublié de vous raconter un autre choc que nous avions connu, qui s'était produit bien avant. Lorsque nous étions passés à l'offensive... dans les premières tranchées allemandes dont nous nous étions emparés... Quand nous y pénétrions, si c'était le matin, nous trouvions du café encore brûlant dans des thermos. Des galettes. Des draps blancs... Nous n'avions rien de tout cela. Nous dormions sur de la paille, sur des branchages. Parfois, nous passions deux ou trois jours sans rien manger ni boire de chaud. Eh bien ! nos soldats mitraillaient ces thermos... Ce café...

« Dans des maisons allemandes, j'ai vu mitrailler des services à café. Des pots de fleurs. Des oreillers...

« Il était difficile pour nous de comprendre d'où leur venait leur haine. La nôtre, elle était compréhensible, mais la leur ?

« On nous avait autorisés à expédier des colis à la maison. Du savon, du sucre. Certains envoyaient des souliers, car les Allemands avaient de la chaussure solide, des montres, des articles de maroquinerie. Moi, j'en étais incapable. Je ne voulais rien leur prendre, même si je savais que ma mère et mes sœurs cadettes étaient hébergées chez des gens. Notre maison avait brûlé. Lorsque je suis rentrée à la maison, j'ai raconté ça à maman, elle m'a embrassée : "Je n'aurais pu, moi non plus, leur prendre quoi que ce soit. Ils ont tué votre papa."

« Je n'ai repris un volume de Heine entre mes mains que vingt ans après la guerre... »

Aglaïa Borissovna Nesterouk, sergent, radio.

« Je regrette... Il y a une promesse que je n'ai pas tenue...

« On avait amené à notre hôpital un blessé allemand. Je crois que c'était un pilote. Il avait été blessé à la cuisse, et la gangrène s'était déclarée. J'ai été prise d'une sorte de pitié. Il était là, allongé, silencieux.

« Je savais un peu d'allemand. Je lui demande :

« "Voulez-vous boire ?

« — Non."

« Les autres blessés savaient qu'il y avait un Allemand dans la salle. Son lit était un peu à l'écart. J'y vais, ils s'indignent :

« "Ainsi vous portez de l'eau à un ennemi ?

« — Il est mourant... Je dois le soulager..."

« Sa jambe était déjà entièrement bleue, on ne pouvait plus rien pour lui. L'infection vous dévore un homme en très peu de temps, en vingt-quatre heures il est emporté.

« Je lui donne de l'eau, et lui me regarde et s'exclame soudain :

« *"Hitler kaputt !"*

« Or, nous étions en 1942. Nous nous trouvions près de Kharkov, encerclés.

« Je demande :

« "Pourquoi ?

« — *Hitler kaputt !"*

« Je lui réponds alors :

« "Tu penses et tu parles ainsi parce que tu es ici. Mais là-bas, vous tuez..."

« Lui :

« "Je n'ai jamais tiré, je n'ai pas tué. On m'a forcé. Mais je n'ai jamais tiré...

« — C'est ce que tout le monde dit pour se justifier quand il est fait prisonnier."

« Et puis soudain, il me demande :

« "Je vous en prie... vous en supplie... *Frau*..." Et il me donne un paquet de photographies. Il me montre sa mère, lui-même, ses frères, ses sœurs... De belles photos. Et sur le dos de l'une d'elles, il note une adresse : "Vous serez là-bas bientôt. Vous verrez !" C'était un Allemand qui me disait ça, en 1942 près de Kharkov. "Alors, jetez ça, s'il vous plaît, dans une boîte aux lettres."

« Il avait écrit son adresse sur une photo, mais il y en avait toute une liasse. Et ces photos, je les ai longtemps gardées sur moi. J'ai été très ennuyée quand je les ai perdues lors d'un violent bombardement. J'ai égaré l'enveloppe, alors que nous étions déjà entrés en Allemagne... »

Lilia Mikhaïlovna Boutko, infirmière chirurgicale.

« Je me souviens d'un combat...

« Lors de ce combat, nous avions fait beaucoup de prisonniers. Il y avait parmi eux des blessés que nous étions occupés à panser. Il faisait une chaleur torride. Nous avons dégoté une bouilloire et leur avons donné à boire. On était sur un découvert, exposés aux tirs. Nous avons reçu l'ordre de nous enterrer au plus vite, de nous dissimuler.

« Nous avons commencé à creuser des tranchées. Les Allemands nous regardent. Nous leur expliquons : aidez-nous à creuser, mettez-vous au travail. Lorsqu'ils ont compris ce que nous voulions d'eux, ils nous ont considérés avec terreur. Ils étaient certains que lorsque les trous seraient creusés, nous les ferions s'aligner devant pour les fusiller. Ils se préparaient à subir de notre part le même traitement qu'ils infligeaient à nos prisonniers. Il fallait voir avec quelle angoisse ils creusaient... Quels visages ils affichaient...

« Mais lorsqu'ils ont vu qu'après les avoir pansés et abreuvés d'eau fraîche nous leur donnions ordre de s'abriter dans les tranchées qu'ils venaient de creuser, ils n'en revenaient pas, ils étaient désarçonnés... Pour la première fois, je leur voyais des yeux d'être humain... »

Nina Vassilievna Iliinskaïa, infirmière.

« La guerre touchait à sa fin... Il fallait réapprendre à avoir pitié... Mais où pouvions-nous puiser de la pitié ?

« Le commissaire politique me convoque :

« "Vera Iossifovna, vous aurez à soigner des blessés allemands."

« À cette époque, mes deux frères avaient déjà été tués.

« "Je refuse.

« — Mais, comprenez-vous, il le faut.

« — J'en suis incapable : mes deux frères ont péri, je ne peux pas les voir, je suis prête à les égorger, pas à les soigner. Comprenez-moi donc...

« — C'est un ordre.

« — Si c'est un ordre, alors je m'y soumets. Je suis une militaire."

« J'ai soigné ces blessés, j'ai fait tout ce qu'il fallait, mais ça m'a été difficile. Difficile de les toucher, de soulager leurs souffrances. C'est à ce moment que j'ai découvert mes premiers cheveux gris. À ce moment précis. Je leur faisais tout : je les opérais, les alimentais, les anesthésiais – tout dans les règles de l'art. Il y avait une seule chose que je ne pouvais faire, c'était la visite du soir. Le matin, on panse le blessé, on prend son pouls, bref, on fait son boulot de médecin, mais lors de la visite du soir, il faut parler aux malades, demander comment ils se sentent. Et ça, c'était au-dessus de mes forces. J'ai été capable de les soigner, de les opérer, mais pas de leur parler. J'avais d'emblée averti le commissaire politique :

« "Je ne ferai pas de visite du soir..." »

Vera Iossifovna Khoreva, chirurgien militaire.

« En Allemagne... Il y avait beaucoup de blessés allemands dans nos hôpitaux...

« Je me souviens de mon premier. Il avait été atteint de la gangrène, et on l'avait amputé d'une jambe… Il se trouvait dans la salle dont je m'occupais…

« Un soir, on me dit :

« "Katia, viens voir ton Allemand."

« J'y suis allée, me disant qu'il avait peut-être une hémorragie.

« Il était réveillé, couché dans son lit. Il n'avait pas de fièvre, rien.

« Il me regarde, me regarde, puis sort un minuscule pistolet, comme ça :

« "Tiens…"

« Il parlait en allemand, je ne me souvenais pas de grand-chose, mais ce que j'avais retenu de l'école me suffisait à comprendre.

« "Tiens… me dit-il, je voulais vous tuer, maintenant, tue-moi."

« Il voulait dire par là, j'imagine, qu'on l'avait sauvé. Et moi, je ne pouvais lui dire la vérité, lui avouer qu'il était en train de mourir…

« Je suis sortie de la salle et me suis aperçue que j'avais les larmes aux yeux… »

Ekaterina Petrovna Chalyguina, infirmière.

« J'avais peur de cette rencontre…

« Lorsque j'étais à l'école, des écoliers allemands étaient venus en visite chez nous. À Moscou. Nous étions allés ensemble au théâtre, nous avions chanté ensemble. J'ai gardé le souvenir d'un garçon allemand. Il chantait merveilleusement. Nous nous étions liés d'amitié, j'étais même tombée amoureuse de lui. Et durant toute la guerre, je me suis demandé : et si je le croise et que je le reconnaisse ? Est-il, lui aussi, parmi ceux-là ? Je suis très émotive, depuis mon enfance, je suis terriblement sensible. Terriblement !

« Un jour, je passe dans un champ juste après un combat, et il me semble le voir, gisant parmi les tués. C'était un jeune gars qui lui ressemblait beaucoup... Sur la terre labourée... Je suis restée un long moment debout, immobile auprès de lui... »

Maria Anatolievna Flerovskaïa, instructrice politique.

« De nouveaux mots avaient fait leur apparition : "pitié", "pardon"... Mais comment pardonner ? Comment oublier... Pardonner les larmes de nos proches. Pardonner leur perte...

« Un de nos soldats... Comment vous expliquer ça ? Il avait reçu une lettre de sa femme, où elle lui écrivait que tous les siens avaient été tués. Tous ses frères. Ses parents. Il a empoigné une mitraillette et s'est rué dans une maison allemande, la première qu'il a vue, celle qui se trouvait le plus près de notre unité. Nous avons entendu des cris... Des cris affreux... Personne n'a eu le temps de l'arrêter... D'autres soldats ont couru après lui, mais il était trop tard. On lui a pris la mitraillette... On lui a attaché les mains... Il marchait et pleurait. Il proférait des jurons et sanglotait : "Laissez-moi me tirer une balle dans la tête."

« Il a été arrêté... »

S-va, servant d'une pièce de DCA.

« Je venais d'avoir mes dix-huit ans... On m'a apporté une lettre de convocation : je devais me présenter au comité exécutif de district avec des provisions pour trois jours, deux changes de linge de corps, un quart et une cuillère. Ça s'intitulait : mobilisation sur le front du travail.

« On nous a conduits à Novotroïtsk, dans la région d'Orenbourg. Nous avons commencé à travailler à l'usine. Le froid était si intense que mon manteau gelait dans ma chambre. Je le décrochais : il était lourd comme une bûche. Nous avons travaillé pendant quatre ans, sans congés ni jours de repos.

« Nous attendions avec impatience que la guerre se termine. Une nuit, à trois heures du matin, du bruit dans le foyer : le directeur de l'usine venait d'arriver avec toute la hiérarchie : "C'est la victoire !" Et moi, je n'arrive pas à me lever de mon lit, on me met debout, je m'écroule. La joie m'avait causé une sorte de choc. Lorsque, le lendemain matin, je suis enfin sortie dans la rue, j'avais envie d'embrasser tout le monde... »

Ksenia Klimentievna Belko,
combattante du front du travail.

« Quel joli mot : la victoire...

« La victoire... Des amies me demandent : "Que vas-tu faire ?" Or, pendant la guerre, nous avions terriblement souffert de la faim. Nous rêvions de manger ne fût-ce qu'une fois à notre faim. J'avais un rêve : dès que j'aurais touché mon premier salaire après la guerre, je m'offrirais une caisse entière de biscuits. Ce que je ferais après la guerre ? Cuisinière, bien sûr. Et aujourd'hui encore, je travaille dans l'alimentation collective...

« Deuxième question : "Quand te marieras-tu ?" Le plus rapidement possible... Je rêvais d'embrasser. J'avais une envie folle d'embrasser... S'il vous plaît, ne riez pas... J'avais envie aussi de chanter. De chanter ! Tenez, vous voyez... Vous souriez... Mais j'aime chanter... »

Elena Pavlovna Chalova,
responsable komsomol d'un bataillon d'infanterie.

« J'ai appris à tirer...

« Mais en trois ans... En trois ans de guerre, j'ai oublié toutes les règles de la grammaire. Tout le programme scolaire. J'étais capable de démonter une mitraillette les yeux fermés, mais au concours d'entrée à la fac, j'ai rédigé une composition bourrée de fautes puériles, et pratiquement sans virgules. Ce sont mes décorations militaires qui m'ont sauvé la mise.

« À la fac, j'ai réappris ce qu'était la bonté humaine. La nuit, j'avais des cauchemars : SS, aboiements de chiens, derniers cris d'agonisants. Un homme qu'on emmène pour être exécuté... Ses yeux emplis de terreur, terreur de vivre ses derniers instants... Et d'un tel désespoir ! ! Cela me pourchassait... Cela me tuait ! Les médecins m'ont interdit de poursuivre mes études. Mais mes voisines de chambre, au foyer, m'ont dit d'oublier les médecins. Ces filles m'ont prise, tacitement, sous leur tutelle. Chaque soir, à tour de rôle, elles m'emmenaient au cinéma, voir une comédie. "Tu dois rire le plus possible", me répétaient-elles. Que je le veuille ou non, elles me traînaient au cinéma. Les comédies étaient peu nombreuses, alors je voyais chacune au moins une centaine de fois. Les premiers temps, mes rires ressemblaient à mes pleurs...

« Mais les cauchemars ont reculé. J'ai pu faire mes études... »

Tamara Oustinovna Vorobeïkova, résistante.

« Lorsque je commence à parler de la guerre... mon cœur défaille...

« Des jeunes gars mouraient... mouraient au printemps... J'ai gardé le souvenir que c'était le plus dur, d'enterrer les gens au printemps, surtout lorsque les vergers étaient en fleurs. Je ne me souviens pas de prés fleuris, mais je me rappelle les vergers tout blancs. À la guerre, la blancheur était rare... Même si on vous l'a déjà dit, notez-le tout de même. C'est un souvenir très présent...

« Pendant deux ans et demi, je n'ai pas quitté le front. Mes mains ont fait des milliers de pansements, ont nettoyé des milliers de blessures... Je pansais et pansais, sans relâche... Une fois, je vais changer de fichu, je m'adosse au chambranle d'une fenêtre et j'ai comme une absence. Je reprends mes esprits, et me sens tout à coup bien reposée. Le médecin me croise et se met à m'enguirlander. Je n'y comprends rien... Il finit par s'éloigner, non sans m'avoir collé au préalable trois corvées supplémentaires. Ma coéquipière m'explique ce qui s'est passé : j'ai été absente plus d'une heure. En fait, je me suis assoupie.

« Ce n'est pas un hasard si j'ai à présent une petite santé, et de mauvais nerfs. Et quand on me demande quelles décorations j'ai reçues, je suis gênée de devoir avouer que je n'en ai pas, que mon tour n'était pas venu. Peut-être n'est-il pas venu parce que nous étions très nombreux à la guerre et que chacun accomplissait scrupuleusement la tâche qui lui avait été confiée. Comment aurait-on pu récompenser tout le monde ? Mais nous avons tous été gratifiés de la plus haute des récompenses : le 9-Mai. Le Jour de la Victoire ! Une amie à moi est décédée le Jour de la Victoire, quarante ans après la fin de la guerre. Son cœur a lâché juste ce jour-là... Notre jour...

« Mais voici ce dont je me souviens... Il est arrivé une étrange histoire dans notre unité. Un capitaine de chez nous est mort le jour même où nous avons posé pour la première fois le pied en territoire allemand. Toute sa famille avait péri. C'était un homme de courage, il avait tant attendu... tant attendu ce jour... où il verrait leur terre, leur malheur, leur chagrin. Leurs larmes. Leurs ruines... Il est mort simplement comme ça, sans avoir été blessé ni rien. Il est arrivé jusque-là, il a vu et il est mort... Je pense quelquefois à lui : pourquoi est-il mort ? »

Tamara Ivanovna Kouraïeva, infirmière.

« J'ai demandé à aller en première ligne dès que je suis descendue du train. Une unité passait par là, je l'ai rejointe. À cette époque, j'avais l'idée que si, au lieu de rester à l'arrière, j'allais en première ligne, je mettrais moins de temps à rentrer chez moi, même si je n'y gagnais qu'une journée. J'avais laissé maman seule à la maison. Nos filles s'en souviennent encore : "Elle ne voulait pas rester au poste de secours." C'est vrai, j'arrivais là, je me lavais, je changeais de linge, et je repartais aussitôt pour ma tranchée. En première ligne. Je ne pensais pas à moi. Je rampais, je courais... Il y avait seulement l'odeur du sang... Je n'ai jamais pu m'habituer à cette odeur...

« Après la guerre, j'ai travaillé un temps comme sage-femme dans une maternité, mais j'ai très vite laissé tomber. J'étais allergique à l'odeur du sang, c'est simple : mon organisme ne pouvait pas la tolérer. J'avais vu tant de sang à la guerre que je n'étais plus capable de le supporter... J'ai quitté la maternité pour les urgences. Je souffrais d'urticaire, de sensations d'étouffement.

« Et le jour où je me suis confectionné un corsage taillé dans un tissu rouge, le lendemain, j'avais les bras couverts de taches. De cloques. Mon organisme ne tolérait plus ni le sang, ni la cotonnade rouge, ni les fleurs rouges, que ce soient des roses ou des œillets... Rien de rouge... »

Maria Iakovlevna Iejova, lieutenant de la garde, chef d'une section d'infirmiers.

« La guerre s'est terminée... Pendant longtemps, j'ai entretenu des relations étranges avec la mort...

« On inaugurait à Minsk la première ligne de tramway. J'étais à bord de ce premier tram, quand la voiture stoppe brutalement. Tout le monde crie, des femmes pleurent : "Un homme a été tué ! Un homme a été tué !" Et moi, je reste toute seule dans le wagon sans parvenir à comprendre pourquoi on est si affecté autour de moi. Je n'avais pas le sentiment d'un événement tragique. Au front, j'avais vu tant de morts... C'était encore si récent... C'est pour cette raison que je n'ai pas réagi. J'avais l'habitude de vivre au milieu d'eux... On était toujours entouré de morts...

« Et puis, ce sentiment m'est revenu, j'ai recommencé à éprouver de l'effroi à la vue d'un cadavre. Ce sentiment m'est revenu quelques années plus tard. Je suis redevenue normale... J'étais à nouveau comme les autres... »

Bella Isaakovna Epstein, sergent, tireur d'élite.

« J'ai soudain éprouvé une terrible envie de vivre… »

Je leur posais des questions sur la mort, et elles me parlaient de la vie. Et mon livre, ainsi que je m'en rends compte à présent, est un livre sur la vie, et non sur la guerre. Un livre sur le désir de vivre…

J'avais une amie : Tamara Stepanovna Oumniaguina. Nous nous fréquentions depuis de longues années. Mais nous n'avions jamais parlé de la guerre, elle refusait d'aborder le sujet : « Interroge-moi sur ce que tu veux, ma très précieuse (c'est le petit nom qu'elle aimait me donner), mais pas sur cette époque-là. Pas sur la guerre… » Et puis un jour, je reçois un coup de fil : « Viens, j'ai peur de mourir bientôt. Mon cœur me joue des tours. Et je crains de ne pas avoir le temps. »

C'est ce qui est arrivé. Quelques jours après notre conversation. Dans la nuit, il a fallu appeler une ambulance. Hémorragie cérébrale. Ses dernières paroles, rapportées par les médecins à sa fille : « Je n'ai pas eu le temps… »

De quoi n'avait-elle pas eu le temps ? Quelles paroles avait-elle omis de prononcer ? Quelles affaires laissait-elle en plan ? On ne le saura jamais. C'est pourquoi je n'ai pas retranché un mot de son récit. J'ai tout conservé. D'autant plus que – comme toutes ces femmes – elle disait rarement « je », et plus souvent

« nous ». Chacune parlait d'elle-même et de toutes en général.

Mais elles ne se répétaient jamais, tout comme celui qui chante dans une chorale ne répète pas ce que chantent les autres...

*Tamara Stepanovna Oumniaguina,
sergent de la garde, brancardière :*

« Ah ! ma très précieuse...

« Bien, je vais commencer... J'ai passé toute la nuit à creuser ma mémoire, à rassembler mes souvenirs...

« J'ai couru au bureau de recrutement : je portais une jupette en grosse toile et des tennis avec fermeture à boucle, comme des escarpins, à la toute dernière mode. Et me voilà donc, en jupette et tennis, à réclamer d'être envoyée au front. Satisfaction qu'on m'a accordée. J'ai grimpé dans le premier camion. Je suis parvenue jusqu'à mon unité – une division d'infanterie cantonnée près de Minsk. Là-bas, on me dit qu'on n'a pas besoin de moi, que ce serait une honte pour les hommes si des gamines de dix-sept ans s'en allaient faire la guerre. Et, dans le même esprit, que de toute façon l'ennemi serait bientôt écrasé, et donc que la mouflette que j'étais n'avait plus qu'à retourner auprès de sa mère. Bien sûr, je me suis sentie toute désemparée qu'on ne veuille pas de moi pour se battre. Alors qu'ai-je fait ? Je suis allée trouver le chef de l'état-major. Or justement, le colonel qui venait de m'opposer un refus, était là lui aussi. J'ai dit alors : "Camarade chef supérieur, permettez-moi de ne pas obéir au camarade colonel. De toute manière, je ne pourrai pas rentrer chez moi, je devrai battre en retraite avec vous. Où irais-je, alors que les Allemands sont déjà à deux pas ?" Après ça, tout le monde ne m'appelait plus que : "Camarade chef supérieur". On en était au septième jour de guerre. Nous avions déjà commencé à reculer...

« Bientôt, nous nous sommes retrouvés à patauger dans le sang. Il y avait énormément de blessés, mais ils étaient tous si calmes, si patients, ils avaient un tel désir de vivre... Tout le monde voulait tenir jusqu'à la victoire. On l'attendait, c'était une question de jours... Je me souviens que toutes mes affaires étaient imprégnées de sang... épouvantable... Mes tennis étaient en loques, je marchais pratiquement pieds nus... De quoi ai-je été témoin ? Dans la région de Moguilev, j'ai vu une gare bombardée. Un convoi transportant des enfants était à quai. On s'est mis à sortir les gosses par les fenêtres : des petits enfants, âgés de trois, quatre ans. Il y avait un bois tout près, et les voilà qui courent s'y réfugier. À cet instant, des chars allemands ont surgi, ils ont foncé droit sur eux. Il n'est rien resté de ces mioches... Même aujourd'hui, pareille scène aurait de quoi ébranler la raison de n'importe qui. Mais pendant la guerre, les gens tenaient bon... Beaucoup n'ont sombré dans la folie qu'une fois la guerre terminée...

« Puis, notre unité s'est trouvée encerclée par les Allemands. J'avais beaucoup de blessés, mais aucune voiture ne voulait s'arrêter pour les prendre. Or, les Allemands étaient sur nos talons, ils étaient à deux doigts de refermer leur étau. Un lieutenant blessé me donne alors son pistolet : "Tu sais tirer ?" Mais comment aurais-je su ? J'avais seulement vu comment faisaient les autres. J'ai pris néanmoins le pistolet et je me suis avancée sur la chaussée pour arrêter des camions. C'est là que j'ai lancé mes premiers jurons. Bien virils. Une belle kyrielle d'obscénités choisies... Les voitures passaient en trombe... La première fois, j'ai tiré en l'air... Je savais que nous ne pourrions transporter les blessés sur des brancards. Que nous ne pourrions les emmener. Ils nous suppliaient : "Les gars, achevez-nous, ne nous abandonnez pas comme ça." Deuxième coup de feu... La balle va perforer l'arrière d'un camion... "Espèce de cruche ! Apprends d'abord au moins à tirer !" Mais le camion avait freiné... On nous a aidés à charger nos blessés à bord...

« Mais le plus atroce était encore devant nous, le plus atroce, ce fut Stalingrad... Quel champ de bataille était-ce là ? Une ville entière : des rues, des maisons, des caves. Vas-y pour dégager de là un blessé ! Tout mon corps n'était qu'un seul immense hématome. Et mon pantalon était entièrement trempé de sang. L'adjudant-chef nous enguirlandait : "Les filles, je n'ai plus de pantalons en stock, alors ne venez pas m'en demander." Une fois secs, nos pantalons tenaient debout tout seuls, mieux que si on les avait trempés dans de l'amidon : on aurait pu se blesser avec. Nous n'avions plus sur nous un millimètre carré d'étoffe propre, au printemps, nous n'avions rien à remettre à l'intendance. Tout brûlait : sur la Volga, par exemple, même l'eau était en flammes. Même en hiver, le fleuve ne gelait pas, mais brûlait... À Stalingrad, il n'y avait pas un pouce de terre qui ne fût imbibé de sang humain. Russe et allemand.

« Des renforts arrivent. De beaux jeunes gars. Et, deux à trois jours plus tard, ils ont tous péri, il n'en reste plus un. J'ai commencé à avoir peur des nouveaux. Peur de garder leur souvenir, de retenir leurs visages, leurs conversations. Parce que, à peine arrivés, ils étaient déjà morts. Deux à trois jours... On était en 1942 – le moment le plus dur, le plus pénible de la guerre. Une fois, sur trois cents que nous étions, nous n'étions plus que dix à la fin du jour. Et quand les tirs ont cessé, et que nous nous sommes comptés, nous nous sommes embrassés en pleurant, tant nous étions bouleversés d'être encore en vie. Nous formions comme une famille.

« Un homme meurt sous tes yeux... Et tu sais, tu vois que tu ne peux pas l'aider, qu'il ne lui reste que quelques instants à vivre. Tu l'embrasses, tu le caresses, tu lui dis des mots doux. Tu lui fais tes adieux. Mais c'est là tout le secours que tu peux lui apporter... Ces visages, je les ai encore tous en mémoire. Je les revois, tous ces gars, tous. Des années ont passé, mais si seulement je pouvais en oublier un seul, effacer un visage. Je n'en ai oublié aucun, je me les rappelle tous, je les revois tous... Nous aurions voulu leur creuser des tombes de nos propres mains, mais ce n'était pas toujours possible. Nous partions, et ils restaient. Quelquefois, tu étais occupée à bander entièrement la tête d'un blessé, et il mourait entre tes mains. On l'enterrait alors comme ça, le crâne bandé. Un autre, s'il était tombé sur le champ de bataille, pouvait au moins contempler le ciel. Ou bien, au moment de mourir, il te demandait : "Ferme-moi les yeux, sœurette, mais tout doucement." La ville en ruine, les maisons détruites, c'est horrible bien sûr, mais quand des gens sont là, gisant, des hommes jeunes... Tu ne peux pas reprendre haleine, tu cours... Il te semble être à bout de forces, ne plus guère en avoir que pour cinq minutes, sentir déjà tes jambes se dérober... Mais tu cours... C'est le mois de mars, on commence à patauger dans la flotte... Impossible de porter des *valenki*, et cependant j'en enfile une paire et j'y vais. J'ai passé une journée entière à ramper avec ces bottes aux pieds. À la tombée du soir, elles étaient tellement imprégnées d'eau que je ne pouvais plus les ôter. J'ai dû les découper. Et je ne suis pas tombée malade... Me croiras-tu, ma très précieuse ?

« Lorsque la bataille de Stalingrad a été terminée, on nous a confié pour mission de transporter les blessés les plus graves, par bateau, par péniche, jusqu'à Kazan et Gorki. On était déjà au printemps, au mois de mars, avril. Mais on trouvait toujours autant de blessés : ils étaient enfouis dans les ruines, dans les tranchées, les abris enterrés, les caves – il y en avait tant que je ne peux pas le décrire. C'était l'horreur ! On pensait toujours, lorsqu'on ramenait des blessés du champ de bataille, que c'étaient les derniers, qu'on les avait tous évacués, qu'à Stalingrad même il n'en restait plus, mais quand tout était fini, on en découvrait encore un tel nombre, que c'était à n'y pas croire... À bord du vapeur sur lequel j'avais embarqué, on avait rassemblé les amputés des deux bras, des deux jambes, et des centaines de tuberculeux. Nous devions les soigner, les réconforter d'un mot amical, les apaiser d'un sourire. Quand on nous avait confié cette mission, on nous avait assuré que ce serait pour nous comme des vacances après les combats, qu'on nous faisait même cette faveur en manière de gratitude, d'encouragement. Or l'épreuve se révélait plus terrible encore que l'enfer de Stalingrad. Là-bas, quand j'avais tiré un homme du champ de bataille, je lui donnais les premiers soins, je le confiais à d'autres, et j'avais la certitude qu'à présent tout allait bien, puisqu'on l'avait évacué. Et je repartais chercher le suivant. Mais à bord du bateau, je les avais constamment sous les yeux... Là-bas, ils voulaient, ils n'aspiraient qu'à vivre : "Plus vite, frangine ! Dépêche-toi, ma jolie !" Alors qu'ici ils refusaient de manger et désiraient la mort. Certains se jetaient à l'eau. Nous devions les surveiller. Les protéger. J'ai passé même des nuits entières auprès d'un capitaine : il avait perdu les deux bras, il voulait en finir. Et puis une fois, j'ai oublié de prévenir une autre infirmière, je me suis absentée pour quelques minutes, et il en a profité pour sauter par-dessus bord...

« On les a conduits à Oussolié, près de Perm. Il y avait là des maisonnettes toutes neuves, toutes propres, aménagées spécialement pour eux. Comme un camp de pionniers... On les transporte sur des civières, et eux, ils grincent des dents. J'avais le sentiment que j'aurais pu épouser n'importe lequel d'entre eux. Le prendre entièrement en charge. Nous sommes revenues par le même bateau, complètement vidées. Nous aurions pu alors nous reposer, mais nous ne dormions pas. Les filles restaient prostrées pendant des heures, puis soudain se mettaient à hurler. Nous restions enfermées, et chaque jour nous leur écrivions des lettres. Nous nous étions réparti les destinataires. Trois à quatre lettres par jour...

« Et tiens, un détail. Après cette expédition, j'ai commencé à protéger mes jambes et mon visage durant les combats. J'avais de belles jambes, j'avais très peur qu'on ne me les abîme. Ainsi que d'être défigurée... C'était juste un détail...

« Après la guerre, j'ai mis plusieurs années à me débarrasser de l'odeur du sang. Elle me poursuivait partout. Je lavais le linge, je sentais cette odeur, je préparais le repas, elle était encore là... Quelqu'un m'avait offert un chemisier rouge, c'était une rareté à cette époque où le tissu manquait. Mais je n'ai jamais pu le porter à cause de sa couleur qui me flanquait la nausée. Je ne pouvais plus aller dans les magasins faire des courses. Au rayon boucherie. Surtout l'été... Et voir la viande de volaille... Tu comprends... Elle ressemble beaucoup... Elle est aussi blanche que la chair humaine... C'était mon mari qui s'en chargeait... L'été, j'étais totalement incapable de rester en ville, je faisais tout mon possible pour partir, n'importe où. Dès que l'été arrivait, j'avais l'impression que la guerre allait éclater. Quand tout chauffait au soleil : les arbres, les immeubles, l'asphalte, tout ça dégageait une odeur, tout ça pour moi sentait le sang. Je pouvais bien manger ou boire n'importe quoi, impossible de me défaire de cette odeur ! Même les draps propres, quand je refaisais le lit, même ces draps pour moi sentaient le sang...

« ... Les journées de mai 1945... Je me souviens qu'on se photographiait beaucoup. Nous étions très heureux... Le 9 mai, tout le monde criait : "Victoire ! Victoire !" On avait du mal à y croire. Et qu'allions-nous faire à présent ?

« On tirait en l'air... Tous ceux qui avaient une arme tiraient en l'air...

« "Arrêtez ça, immédiatement ! ordonne le commandant.

« — Mais il nous restera des cartouches sur les bras, de toute manière. À quoi pourront-elles servir ?"

« Nous ne comprenions pas.

« Quoi que chacun dise, je n'entendais qu'un seul mot : victoire ! Brusquement nous étions pris d'un tel désir de vivre ! Ah ! quelle belle vie nous allions tous entamer à présent ! J'ai épinglé toutes mes décorations et j'ai demandé qu'on me prenne en photo. J'avais envie, je ne sais pourquoi, que ce soit au milieu des fleurs. J'ai été photographiée au milieu d'un parterre.

« Le 7 juin, ce fut mon jour de bonheur, le jour de mon mariage. L'unité a organisé une grande fête en notre honneur. Je connaissais mon mari depuis longtemps : il était capitaine, commandant d'une compagnie. Nous nous étions juré que si nous restions en vie, nous nous marierions après la guerre. On nous a accordé un mois de congé...

« Nous sommes allés à Kinechma, dans la région d'Ivanovo, chez ses parents. J'y allais en héroïne, je n'aurais jamais pensé qu'on pouvait accueillir de cette manière une jeune femme revenant du front. Nous avions traversé de telles épreuves, nous avions sauvé et rendu tant d'enfants à leurs mères, tant de maris à leurs femmes. Et brusquement... J'ai connu l'affront, l'insulte, les mots blessants. Jusque-là, je n'avais rien entendu d'autre que "chère frangine", "chère sœurette". Et je n'étais pas n'importe quelle fille, j'étais très jolie... On m'avait donné un uniforme tout neuf...

« Le soir, on s'assoit pour prendre le thé. La mère entraîne son fils dans la cuisine et lui dit entre deux sanglots : "Avec qui t'es-tu marié ? Une fille soldat... Tu as deux sœurs cadettes. Qui voudra les épouser maintenant ?" Aujourd'hui encore, quand je me rappelle cette scène, j'ai envie de pleurer. Imaginez : j'avais apporté un disque que j'aimais beaucoup. Il y avait là des paroles comme : "Il te revient de droit de porter les souliers les plus chics..." Une chanson où il était question d'une jeune fille partie faire la guerre. J'avais mis ce disque à jouer, la sœur aînée de mon mari s'est approchée et l'a brisé sous mes yeux : manière de me dire que non, je n'avais aucun droit. Ils ont détruit également toutes mes photos de guerre... Ah ! ma très précieuse, les mots me manquent pour ça... Je n'ai pas de mots...

« Pour se procurer de quoi manger, les militaires, à cette époque, avaient des bons, des sortes de cartes d'alimentation. Un jour, munis de nos cartes, mon mari et moi partons nous faire délivrer ce à quoi nous avions droit. Nous arrivons, il s'agit d'un entrepôt spécial, il y a déjà la queue, nous nous rangeons au bout et nous attendons. Je vois mon tour approcher, quand soudain l'homme qui se tenait derrière le comptoir enjambe celui-ci et se précipite sur moi. Il m'embrasse, me serre dans ses bras et crie : "Les gars ! Les gars ! Je l'ai retrouvée. Elle est là sous mes yeux. J'avais tellement envie de la revoir, tellement envie ! Les gars ! C'est elle qui m'a sauvé !" Et mon mari qui est là, à côté de moi. C'était un blessé que j'étais allée chercher sous le feu. Sous les tirs de l'ennemi. Il ne m'avait pas oubliée, mais moi ? Pouvais-je me souvenir de tous, il y en avait eu tellement ! Une autre fois, à la gare, un invalide me croise : "Infirmière !" Il m'avait reconnue. Et il fond en larmes : "Je m'étais dit, si jamais je la revois, je tomberai à genoux..." Or il avait perdu une jambe...

« Nous, les filles du front, avons connu notre part d'épreuves. Dont un bon nombre après la guerre, car nous avons dû alors affronter une autre guerre. Elle aussi atroce. Les hommes nous ont lâchées. Ne nous ont pas protégées. Au front, c'était différent. Tu es là à ramper... un éclat vole, ou bien une balle... Les gars veillent : "Couche-toi, frangine !" Quelqu'un crie ça et dans le même temps tombe sur toi, te recouvre de son corps. Et la balle est pour lui... Il est mort ou blessé. J'ai été sauvée ainsi trois fois.

«... Après Kinechma, nous avons regagné notre unité. À notre retour, nous avons appris que celle-ci n'allait pas être dissoute : nous allions déminer les champs. Il fallait rendre la terre aux kolkhozes. Pour tous, la guerre était terminée, mais pour les sapeurs, elle continuait. Or, les mères savaient déjà que c'était la victoire... Les herbes étaient très hautes, tout avait poussé pendant la guerre, on avait du mal à se frayer un chemin, alors qu'il y avait des mines et des bombes partout autour de nous. Mais les gens avaient besoin de la terre, et nous nous dépêchions. Chaque jour, des camarades mouraient. Chaque jour, il fallait enterrer quelqu'un... Nous avons perdu tant de monde là-bas, dans ces champs... Tant de monde... Nous rendons la terre au kolkhoze, un tracteur passe, une mine est encore planquée quelque part, il peut s'agir d'une mine antichar, et le tracteur explose, et le conducteur du tracteur est tué. Or, des tracteurs, il n'y en a pas tant que ça. Et des hommes, il n'en reste pas tant que ça non plus. Et voir ces larmes-là dans un village après la guerre... Les femmes qui pleurent... Les enfants qui pleurent... Je me souviens d'un soldat... Près de Staraïa Roussa, j'ai oublié le nom du village... il était originaire de là... il est allé déminer son kolkhoze, ses champs, et il y a laissé la vie. Il avait combattu pendant quatre ans, traversé toute la guerre, pour être tué après la victoire, dans sa patrie, sur sa terre natale...

« Dès que je commence à raconter, je deviens malade. Je parle, et je n'ai plus que de la gelée à l'intérieur de moi, tout tremble. Je revois tout et j'imagine : les corps gisant, la bouche ouverte, ils criaient et n'ont pas achevé leur cri, leurs tripes qui s'échappent de leur ventre... J'ai vu dans ma vie moins de bois coupé que de cadavres... Et quelle épouvante ! Quelle épouvante lors des combats au corps à corps, quand les hommes s'affrontent à la baïonnette... La baïonnette au clair. On se met à bégayer, pendant plusieurs jours on ne parvient plus à prononcer un mot correctement. On perd l'usage de la parole. Qui pourrait comprendre ça s'il ne l'a pas connu lui-même ? Et comment le raconter ? Avec quels mots ? Quel visage ? Certains y arrivent plus ou moins... Ils en sont capables... Mais moi, non. Je pleure. Or, il faut, il faut que ça reste. Il faut transmettre tout ça. Que quelque part dans le monde on puisse encore entendre nos cris... Nos hurlements... Notre souffle...

« J'attends toujours avec impatience notre fête. Le Jour de la Victoire... Je l'attends et je le redoute. Pendant plusieurs semaines, j'accumule exprès le linge sale, pour qu'il y en ait beaucoup, et toute la journée, je fais la lessive. Ce jour-là, je dois être occupée, je dois distraire mon attention. Et lorsque nous nous retrouvons, nous n'avons jamais assez de mouchoirs. Voilà ce que sont nos réunions de vétérans : des fleuves de larmes... Les magasins pour enfants qui vendent des jouets guerriers... Des avions, des chars... Qui a eu pareille idée ? Ça me retourne l'âme... Je n'ai jamais acheté, jamais offert de jouets guerriers à des enfants. Ni aux miens, ni à ceux des autres. Une fois, quelqu'un a apporté chez nous un petit avion de chasse et une mitraillette en plastique... Je les ai immédiatement balancés à la poubelle... Parce que la vie humaine, c'est un tel présent... Un don sublime...

« Vous savez quelle idée nous avions tous pendant toute la guerre ? Nous rêvions : "Ah ! les gars, pourvu qu'on vive jusque-là... Comme les gens seront heureux après la guerre ! Comme la vie qu'ils connaîtront sera heureuse et belle ! Les hommes, après avoir tant souffert, auront pitié les uns des autres. Ils s'aimeront. L'humanité sera transformée."

« Et cependant, rien n'a changé. Rien. On continue à se haïr et à s'entre-tuer. Pour moi, ma très précieuse, c'est la chose la plus incompréhensible...

« À Stalingrad. Durant les combats les plus violents. Je traîne deux blessés. Je traîne l'un sur quelques mètres, je le laisse, je retourne chercher l'autre. Je les déplace ainsi à tour de rôle, parce qu'ils sont tous les deux très grièvement blessés, on ne peut pas les laisser, tous les deux... comment expliquer ça sans termes techniques ?... tous les deux ont été touchés aux jambes, très haut, et ils sont en train de se vider de leur sang. En pareil cas, chaque minute est précieuse, chaque minute. Et puis tout à coup, comme je me suis déjà un peu éloignée du lieu des combats, la fumée se fait moins dense, et je découvre que l'un est un tankiste russe, mais que l'autre est un Allemand... Je suis horrifiée : nos hommes meurent là-bas et je suis en train de sauver un Boche. La panique me prend...

Là-bas, au milieu de la fumée, je n'avais pas fait de différence... J'avais vu un homme près de mourir, un homme qui hurlait de douleur... Tous les deux étaient brûlés, noircis... Leurs vêtements en loques... Pareils, tous les deux... Et là, en regardant mieux, je me rends compte qu'il porte un médaillon étranger, une montre étrangère, que tout sur lui est étranger. Que faire ? Je traîne notre blessé et je pense : "Est-ce que je retourne chercher l'Allemand ou non ?" Or il restait très peu de distance à franchir. Je savais que si je l'abandonnais, il mourrait au bout de quelques heures. D'hémorragie... Alors j'ai rampé pour aller le récupérer. J'ai continué à les traîner tous les deux. À tenter de sauver leurs vies.

« On était pourtant à Stalingrad... Aux heures les plus effroyables de la guerre. Et malgré tout, je ne pouvais pas tuer... abandonner un mourant... Ma très précieuse... On ne peut pas avoir un cœur pour la haine et un autre pour l'amour. L'homme n'a qu'un seul cœur, et j'ai toujours pensé à préserver le mien.

« Après la guerre, pendant longtemps j'ai eu peur du ciel, peur même de lever la tête en l'air. J'avais peur de n'y voir qu'un champ labouré... Or, déjà les freux le traversaient d'un vol paisible... Les oiseaux ont vite oublié la guerre... »

Table

L'homme est plus grand que la guerre 7
   Dix-sept ans plus tard........................ 20
   Ce que la censure a supprimé.................. 21
   Ce que j'ai écarté moi-même................... 27

« Je ne veux pas me souvenir… » 31

« Grandissez encore, les filles…
Vous êtes trop jeunes… » 51
   Des serments et des prières................... 56
   De l'odeur de la peur et d'une valise
   de chocolats.................................. 71
   De la vie quotidienne et de l'existence....... 88

« Je suis la seule à avoir revu ma mère… » 105

« Chez nous cohabitent deux guerres… » 130

« Le téléphone ne tue pas… » 140

« Nous n'avions droit qu'à
de petites médailles… » 158
   Des poupées et des fusils 163
   De la mort et de l'étonnement devant la mort . 168
   Des chevaux et des oiseaux 171

« Ce n'était pas moi… » 177

« Je me rappelle encore ces yeux... » 189

« Nous n'avons pas tiré... » 212
   De bottines et d'une maudite jambe de bois 213
   Du savon spécial « K » et des arrêts de rigueur 220
   Des roulements à billes qui fondent
   et des jurons russes 229

« On avait besoin de soldats... Mais j'avais
aussi envie d'être jolie... » 241
   Bottes d'homme et chapeaux de femme 243
   De la voix de soprano des jeunes filles
   et des superstitions de marins 257
   Du silence de la vie et de la beauté
   de la fiction 270

« Mesdemoiselles, savez-vous bien
qu'un chef de section de sapeurs
ne vit que deux mois... » 272

« Le voir, au moins une fois... » 291
   D'une maudite bonne femme et des roses
   de mai 292
   D'un étrange silence devant le ciel et
   d'une bague 308
   De la solitude de la balle et de l'homme 318

« De minuscules patates... » 323
   D'une corbeille contenant une bombe
   et un jouet en peluche, et de serviettes brodées
   posées sur des icônes 325
   Des mamans et des papas 339
   Petite vie et grande idée 348

« Maman, qu'est-ce que c'est, papa ? » 359
   Du bain d'un enfant et d'une maman
   qui ressemble à un papa 359

*Du Petit Chaperon rouge et de la joie
de rencontrer un chat à la guerre* 370
Du cri et du chuchotement 381

« Et elle pose la main là où bat son cœur... »... 383

« J'ai soudain éprouvé une terrible
envie de vivre... »... 400

7552

Composition
NORD COMPO

*Achevé d'imprimer en Slovaquie
par* NOVOPRINT
le 4 décembre 2018.

EAN 9782290135983
OTP L21EPLN002071C002
1er dépôt légal dans la collection : février 2005

ÉDITIONS J'AI LU
87, quai Panhard-et-Levassor, 75013 Paris

Diffusion France et étranger : Flammarion